Michael Frost // Alan Hirsch

Die Zukunft gestalten

Innovation und Evangelisation in der Kirche des 21. Jahrhunderts

Titel der Originalausgabe:
The Shaping of Things to Come: Innovation and Mission for the 21st-Century Church
>>>>>>>>>>>>>> Michael Frost & Alan Hirsch

>>>>>>>>>>>>>> 2. Auflage 2009
ISBN >>>>>>>>>> 978-3-86770-077-1 (C & P Verlag, Best.-Nr. 770 077)
ISBN >>>>>>>>>> 978-3-86591-332-6 (Gerth Medien, Best.-Nr. 816 332)

Übersetzung >>> Reinhold Scharnowski
Überarbeitung >> Fabian Vogt
Gestaltung >>>>> Andrea Nimtschke
Produktion >>>>> Markus Göbel
Titelbild >>>>>>> Simon Svard, Getty Images
Druck >>>>>>>>> GGP Media GmbH, Pößneck
>>>>>>>>>>>>>> Gedruckt auf FSC-zertifiziertem Papier

Für meine Studenten im Morling Seminar,
die mir geholfen haben, diese Ideen
auszuprobieren, bevor sie gedruckt wurden. >>> MF

Für all die wilden Gänse in Forge
(Ihr wisst schon, wer gemeint ist) –
und ganz besonders für Debs,
die mich zu dieser herausfordernden Reise
inspiriert hat. >>> AH

Eine Kirche, die ihre Zelte aufschlägt,
ohne nach neuen Horizonten Ausschau zu halten,
und nicht regelmäßig ihr Lager wieder aufhebt,
wird ihrem Ruf untreu.
Wir müssen unsere Sehnsucht nach Sicherheit ablegen,
das Risiko akzeptieren und
von Improvisation und Ausprobieren leben.

>>> Hans Küng

Inhalt

Vorwort

Was Sie vorab wissen sollten

In diesem Buch stehen einige revolutionäre Ideen, über die Sie sich möglicherweise gehörig aufregen werden. Aber vielleicht gehört das dazu, wenn sich etwas bewegen soll. Wir möchten gerne die leidenschaftliche Kreativität, die im biblischen Glauben schlummert, wieder wecken und das Volk Gottes zu mutigem evangelistischem Engagement in unserer Welt motivieren. Ja, wir wünschen uns, dass das Evangelium mitten in seinem jeweiligen kulturellen Kontext gelebt wird, anstatt sich weiterhin in festen institutionalisierten Formen zu verschanzen. Dieses Buch ist deshalb ein Plädoyer für umfassende Veränderungen der Formen, in denen Christen „Kirche“ leben und gestalten. Wie gesagt: Das wird nicht jedem gefallen.

>>>>>>> Wir haben am eigenen Leib erfahren, dass man von den meisten kirchlichen Leitungsgremien nicht mit offenen Armen empfangen wird, wenn man tief greifende Neuorientierungen in der Kirche fordert. Und doch können wir nicht anders. Wir fordern die Kirche liebevoll heraus, ihre festgefahrenen Strukturen wahrzunehmen und

sich den Herausforderungen der Zukunft mit Phantasie und Mut zu stellen.

>>>>>>> Aber keine Sorge: Wir sind hier nicht angetreten, um Kritik an einer vermeintlich altmodischen kirchlichen Theologie zu üben. Und wir haben dieses Buch auch nicht geschrieben, weil es gerade populär ist, Institutionen zu kritisieren. Uns bewegt eine grundlegende christliche Sehnsucht – wir möchten, dass das Evangelium von Jesus Christus in unserer Zeit und Welt neu gehört wird und Leben verändert: Unsere Vorstellungen davon, wie das gelingen kann, mögen sich revolutionär anhören; es geht aber immer noch um die gleiche Revolution, die durch das Leben Jesu Christi und die frühe christliche Bewegung ausgelöst wurde.

>>>>>>> Wir schämen uns dabei nicht, radikal zu sein. Radikal kommt von dem lateinischen Wort für Wurzel und meint, dass man einer Sache auf den Grund geht. Und auch wenn wir dabei herausfordernde Dinge über die kirchliche Praxis sagen, können Sie sicher sein, dass wir im christlichen Glauben tief verwurzelt sind. Lassen Sie sich deshalb durch unsere unorthodoxe Betrachtung vom Leben, der Mission und der Kirche nicht abschrecken – wir haben keine Angst, die kirchlichen Traditionen zu kritisieren, weil wir uns dabei an der Bibel orientieren und uns den grundlegenden christlichen Lehren verpflichtet wissen. Wenn Ihnen also beim Lesen dieses Buches vor lauter Einwänden der Hut hochgeht, sollten Sie nie vergessen: Was wir vertreten, ist nicht unbiblisch. Unkonventionell für die Kirche im Westen? Sicher. Aber: unbiblisch? Nein.

>>>>>>> Bei einigen von Ihnen kommt vielleicht das Gefühl auf, unsere Themen seien ziemlich weg weit von Ihrer konkreten Situation vor Ort, so weit, dass sie kaum relevant für Sie sind. Das könnte eine Täuschung sein. Wir sind der Überzeugung, dass in und zwischen den Zeilen dieses Buches eine Botschaft steckt, die sich die Kirche zu Herzen nehmen muss. Denn es steht nicht weniger auf dem Spiel als die

Fähigkeit der westlichen Kirche, das Zeugnis von Gottes Liebe dauerhaft zu bewahren und neu zu beleben.

>>>>>>> Eigentlich bitten wir Sie nur um eines: Betrachten Sie dieses Buch als den Versuch zweier leidenschaftlich missionarischer Leiter, die Probleme der Kirche offen anzusprechen. Sollte unser Stil dabei bisweilen zu provokativ oder anderweitig anstößig sein, dann freuen wir uns, wenn Sie uns den Übermut verzeihen und sich trotzdem mit den Inhalten auseinander setzen.

>>

Wir sind überzeugt, dass die Entwicklung neuer, kulturell vielfältiger und evangelistischer Gruppen oder Gemeinden für eine Kirche, die missionarisch herausgefordert ist, den besten Weg in die Zukunft darstellt. Unsere sich verändernde Gesellschaft im Westen erfordert es, dass wir eine durch und durch missionarische Grundhaltung einnehmen. Bestehende Gemeinden können durch neue Formen dann und wann neu belebt werden, aber unsere Erfahrung zeigt, dass das nur selten Erfolg hat. Es ist eher so, dass sich die grundsätzliche Ausrichtung unserer Gemeinden existentiell verändern muss: weg von dem Gedanken der kulturellen „Erneuerung", hin zu einer durch und durch missionarischen Gestalt, also von einer Konzentration auf die „Insider" hin zu denen, die draußen stehen.

>>>>>>> Eine solche Neufokussierung von Gemeinden wird dazu führen, dass die Kirche ihr wahres Wesen wieder entdeckt und ihre Bestimmung erfüllen kann. Es wird natürlich etablierte Gemeinden geben, die eine missionarische Gemeinschaft innerhalb ihrer bisherigen Strukturen schaffen. Andere werden die Gründung neuer Gemeinden in ihrer unmittelbaren Umgebung fördern, um diejenigen zu erreichen, die an traditionellen Formen kein Interesse (mehr) haben. Die größte Hoffnung setzen wir aber auf Leiter, die mutig die Entwicklung von ganz neuen, alternativen und experimentellen Glaubensgemeinschaften vorantreiben.

››››››› Bei unseren Reisen um die ganze Welt haben wir überall eine neue Generation solcher Leiter getroffen: jung, voller Energie und bereit, mit ungewohnten Formen christlicher Gemeinschaft in kirchenfernen Subkulturen zu experimentieren. Solche Gruppen blühen zurzeit überall auf – von Birmingham im Norden Englands bis Wellington in Neuseeland und quer durch die USA. Einige von ihnen werden wieder eingehen, andere werden großen Erfolg haben. Unser Eindruck ist, dass diese Pioniere vor allem dann erfolgreich arbeiten können, wenn sie von den bestehenden, traditionellen Gemeinden in ihrer Umgebung bestätigt, legitimiert und mitgetragen werden. Und das macht vor allem eines deutlich. Es ist an der Zeit, jede Form von Wettbewerb und Konkurrenz zwischen den Gemeinden aufzugeben – und zum Beispiel anzuerkennen, dass man von solchen experimentellen Gruppen viel darüber lernen kann, wie man inkulturiert (im göttlichen Sinn kann man sogar sagen „inkarniert", also „Fleisch geworden") und missionarisch in seinem Umfeld wirkt.
››››››› Gerard Kelly betont in seinem Buch „RetroFuture":
„Experimentelle Gruppen, die den christlichen Glauben in einem postmodernen Kontext ausleben wollen, haben oft nicht die gleichen Ressourcen, die gleiche Geschichte und den gleichen Erfolg, wie wir es von den Boomer-Gemeinden in den USA kennen. Sie sind per Definition neu, unerprobt, relativ unorganisiert und scheuen sich auch vor Eigenwerbung. Sie lehnen die unternehmensartige Struktur der Megagemeinden bewusst ab und scheinen deshalb unbedeutend zu sein. Aber täuschen Sie sich nicht. Irgendwo im Werden und Wirken dieser verschiedenen Gruppen ruht die Zukunft der Christen. Die jungen Gemeinden abzulehnen, bedeutet, den Samen für das eigene Überleben zu verwerfen."
››››››› Natürlich möchten wir mit diesem Buch auch bestehende Gemeinden ansprechen, geschrieben haben wir es aber vor allem für neu entstehende, missionarische Gemeinschaften und ihre Leiter. Unser Anliegen ist es, mutigen Leuten eine missionstheologische

Grundlage zu geben und der „emerging church"-Bewegung[1] ein tragfähiges Arbeitsvokabular zu verschaffen. Wir wollen die Frage, wie Jüngerschaft und christliches Leben in der postmodernen Gesellschaft aussehen können, aus einer lebendigen Christologie heraus entwickeln und das Bild von der Kirche der Zukunft ganz aus unserem missionarischen Auftrag entfalten.

>>>>>>> Obwohl es in diesem Buch auch einige konkrete Handlungsvorschläge gibt, geht es uns nicht so sehr darum, ein Buch über das *Wie* zu schreiben. Uns interessiert das *Warum*. Was Sie in Händen halten, ist also eine Art Reiseführer durch die Landschaft der neu entstehenden missionarischen Gemeinde. Wir möchten Ihnen damit einige wichtige Hinweise liefern, wie wir den neutestamentlichen Auftrag der Kirche im 21. Jahrhundert wieder entdecken können. Insofern betrachten wir uns selbst nicht in erster Linie als Akademiker oder Schriftsteller, sondern als Aktivisten und Missionare.

>>>>>>> Wir setzen uns zwar intensiv mit dem auseinander, was in den USA und in Großbritannien vor sich geht, sind aber weder Amerikaner noch Briten. Michael wurde in Australien geboren und stammt aus dem irischen Katholizismus, während Alans Wurzeln – auch wenn er zurzeit in Australien lebt – im südafrikanischen Judentum liegen. Das ermöglicht uns, die Kirchen in Großbritannien und den USA aus der Perspektive von „Außenseitern" wahrzunehmen. Als Australier sind wir es zwar gewohnt, uns in der britischen und US-amerikanischen Welt zu bewegen, aber wir gehören nicht dazu. Das gibt uns ein gewisses Maß an kritischer Distanz.

>>>>>>> Wir haben den Westen beide intensiv bereist und dabei überall Spuren der „emerging church" entdeckt und verfolgt. Sollte nun irgendwie der Eindruck entstehen, wir wären den Gemeinden in Nordamerika gegenüber unangemessen kritisch, hoffen wir, dass uns die Leserinnen und Leser aus den USA die eine oder andere Pauschalisierung verzeihen. Tatsache ist, dass einige der spannendsten Gedanken über missionari-

sche Gemeinden von US-amerikanischen Konzepten kommen. Und die Kritik, die wir an den konventionellen Formen in den USA üben, wurde von vielen amerikanischen Leitern selbst so ausgedrückt.

>>

Damit wir uns im Folgenden gut verstehen, müssen wir noch schnell ein paar grundlegende Begriffe klären, wie zum Beispiel „missionarisch"[2] und „institutionell". Um mit dem letzteren zu beginnen: Die Kirche hat sich im Lauf der Geschichte selbst immer wieder als Institution verstanden. Ihre Leiter haben sie zumeist als Institution betrachtet, zu der die Menschen von außen kommen müssen, um ein bestimmtes Produkt zu erhalten, nämlich das Evangelium und alle seine Segnungen. Aus unserer Sicht sollte die Kirche aber nicht institutionell sein, sondern missionarisch. Und das meint viel mehr als gelegentlich mal eine missionarische Aktion durchzuführen oder einen Missionar auszusenden. Das Wesen der Kirche sollte missionarisch sein. Sollten Sie noch den veralteten Begriff von Mission im Kopf haben, bei dem der Aktivismus im Vordergrund steht, dann legen Sie ihn bitte zur Seite.

>>

Uns geht es hier nicht um bestimmte Formen missionarischen *Handelns*, sondern um missionarisches *Sein*. Und das heißt, Kirche sollte sich durch ihre Mission definieren: das Evangelium in jeden spezifischen kulturellen Kontext hineinzubringen und der Kultur entsprechend auszudrücken.

>>>

Als Missionare beobachten wir die zunehmende Bedeutungslosigkeit der Kirche in unserer Kultur mit Trauer und Unwillen. Ja, manchmal haben wir für die seltsame Fähigkeit der Kirche, sich ständig neu zu erfinden, ohne wirklich etwas zu verändern, nichts als Zynismus übrig. Wenig später sind wir wieder voller Hoffnung, wenn wir sehen, wie mutig neue Wege beschritten werden. Kommen Sie also mit und lernen Sie die Beobachtungen und Erkenntnisse zweier hoffnungsvoller Zyniker kennen!

A. Der Stand der Dinge>>>>>>>>>>>>>>>>>>>>>>
>>>>>>>>>>>>>>>>>>>>>>>>>>>>>>>>>
>>>>>>>>>>>>>>>>>>>>>>>>>>>>>>>>>
>>>>>>>>>>>>>>>>>>>>>>>>>>>>>>>>>
>>>>>>>>>>>>>>>>>>>>>>>>>>>>>>>>>
>>>>>>>>>>>>>>>>>>>>>>>>>>>>>>>>>
>>>>>>>>>>>>>>>>>

1. Evolution oder Revolution?

You've got to get yourself together,
You've got stuck in a moment and now you can't get out of it,
Don't say that later will be better,
Now you're stuck in a moment and you can't get out of it. >>>U2

Die Bewegung von Black Rock

In der Wüste Nevadas, in der Nähe von Reno, ist viel los. Dort hat eine Bewegung angefangen, die immer mehr an Kraft gewinnt. Und wer damit in Berührung kommt, fühlt sich sofort angesprochen. Ja, der Einfluss dieser Bewegung erstreckt sich inzwischen über die gesamten USA.

>>>>>>> Worum geht es? Im Playa, einem flachen Wüstenbecken von ungefähr 1.000 Quadratkilometern Größe, das in Künstlerkreisen als Black Rock Desert bekannt ist, pilgern jedes Jahr Tausende zum „Burning Man", dem vielleicht ultimativen postmodernen Festival. Eine riesige Gemeinschaft von Künstlern, Musikern, Punks, Sprayern, Rappern und interessierten Zuschauern reist von überall her an, um bei weit über 40 Grad ein Festival zu erleben, das es kein zweites Mal gibt. Menschen, die sich nicht kennen, treffen sich hier für wenige Tage und achten gemeinsam auf ganz bestimmte Werte: Großzügigkeit, Umweltbewusstsein, Lebensfreude, Spiritualität und vor allem Kreativität.

>>>>>>> Das „Burning Man“-Festival war in den letzten fünf Jahren so erfolgreich, dass man es als Inbegriff all der Trends verstehen kann, die unsere westliche christliche Kirche herausfordern. Im Playa erlebt man Akzeptanz, Gemeinschaft, Gotteserfahrung, Erlösung und Versöhnung – all das, was die Kirche eigentlich anbieten sollte. Und viele Menschen empfinden die lebensverändernde Kraft des „Burning Man“ viel, viel stärker als alles, was sie je in einer Kirche erlebt haben.

>>>>>>> Christen kritisieren gern die heidnischen Elemente dieses Festivals: die Verherrlichung der Kunst, der Natur und des Individuums und das Praktizieren quasi-sakraler Rituale, in denen eine menschenähnliche Puppe und auf Papier geschriebene „Schuldbekenntnisse“ verbrannt werden. Doch es ist äußerst hilfreich zu überlegen, was dort genau passiert und warum Tausende von Menschen zu dieser Veranstaltung pilgern. Natürlich: Es ist leicht, den „Burning Man“ als religiöse Pseudo-Erfahrung zu verunglimpfen, aber Christen, die so denken, werden leider niemals verstehen, was die Menschen dazu treibt, eine Zeit lang in der Black Rock Desert zu leben. Sie werden nicht begreifen, wonach die Menschen heute suchen, und darum auch nie in der Lage sein, ihnen die authentischen spirituellen Erfahrungen zu ermöglichen, nach denen sie sich sehnen.

>>>>>>> Teilnehmer dieses postmodernen Festivals nennen sechs Schlüsselelemente, die für sie beim „Burning Man“ im Vordergrund stehen:

>>

1. Zugehörigkeit. Auf der offiziellen Website des „Burning Man“ heißt es: *„Du gehörst zu uns und bist ein Teil unserer Gemeinschaft. Du bist hier bestimmt nicht der Verrückteste in der Klasse – denn es gibt immer einen, dem etwas einfällt, woran du noch nicht einmal gedacht hast. Du bist hier, um Kunst zu atmen. Stell dir eine Eisskulptur vor, von der Musik ausgeht wie klirrender Frost – mitten in der Wüste. Stell dir die Figur des ‚Burning Man‘ vor, wie sie dich grüßt, strahlend und gütig, und über die*

Gemeinschaft wacht. Du bist hier, um Teil einer Gemeinschaft zu sein, die dich braucht und die sich auf dich verlässt." In einer Gesellschaft, die durch Ökonomie, Globalisierung, Rassenprobleme, ideologische Kriege, Angst und Gewalt gespalten ist, kommt die „Burning Man-Gemeinschaft" und bietet Trost, Willkommen und Angenommensein.

>>

2. Überleben. Der „Burning Man" ist nichts für Schwächlinge. Man fährt in die Wüste und versucht, ohne Restaurants, Klimaanlagen oder Einkaufszentren zu überleben. Warum ist das so wichtig? Wenn all die Annehmlichkeiten von zu Hause verschwunden sind, hat man keine andere Wahl, als auf sich selbst zu blicken, tief in sich zu schauen und zu entdecken, wer man wirklich ist – um den Willen und die Kraft zum Überleben von innen heraus aufzubauen; dort in der Wüste und auch nach der Rückkehr in die Welt „draußen".

>>

3. Freisetzung. Schauen wir noch einmal auf die Website: *„Du bist hier, um etwas zu schaffen. Beim ‚Burning Man' gibt es keine Zuschauer. Du bist hier, um dir eine neue Welt aufzubauen. Du baust ein Zelt in der Form eines Eis, du nähst dir einen Anzug aus Leuchtstäben, du malst dein Auto an wie einen Hai. Du trägst einen Strohhut und Perlenketten, behängst dich mit Silber oder trägst einen Rock, vielleicht zum ersten Mal in deinem Leben. Es gibt Künstler, die riesige, unglaublich komplizierte Installationen aufbauen, während andere lieber kleinere Arbeiten mitbringen. Manche Leute malen einfach nur ihre nackten Körper an. Wieder andere, die nur zuschauen wollten, lassen sich überreden, selbst etwas Kreatives auf die Beine zu stellen. Und jeder weiß: Keiner hier ist ohne Talent."*

>>

4. Sinnlichkeit. *„Die Gemeinschaft des ‚Burning Man' ist sehr sinnlich und experimentierfreudig. Du bist hier, um etwas Neues zu spüren. Nimm dein Fahrrad und fahr mit geschlossenen Augen in die Weite des Nichts.*

Geh zum Themencamp – sieh dir die verrückten Formen der Natur an oder entspann dich in Biancas Bude und iss ein heißes Käsesandwich. Du triffst die Liebe deines Lebens und redest mit ihr über Gott und die Welt beim Spaziergang unter dem Sonnenschirm. Lass dich in der Playa vom Schleier der Nacht einhüllen."

>>

5. Lebensfreude. Der Höhepunkt des Festivals ist die Verbrennung einer riesigen „Burning Man-Puppe" in der Mitte des Camps. Die Teilnehmer haben uns erzählt, dass es ein tief spirituelles Gefühl auslöst, wenn der „Burning Man" in Flammen aufgeht. Larry Harvey, der Gründer des Festivals sagt dazu: *„Wenn die Prozession beginnt, wenn alle sich im Kreis aufstellen und der Burning Man angezündet wird, spürt jeder etwas ganz Persönliches. Etwas, das man selbst so noch nicht kannte. Es ist eine Offenbarung, etwas völlig Ursprüngliches, es ist wie eine zweite Geburt. Und es ist bei jedem anders."* Die Künstler übergeben ihre Werke den Flammen. Offensichtlich empfinden sie so etwas wie eine Läuterung, eine Form von Sündenvergebung und ein Gefühl von Befreiung und Glück.

>>

6. Verwandlung. In der Anthropologie gibt es ein Fachwort: Liminalität. Vom lateinischen Wort „limen" (Schwelle) abgeleitet, bezeichnet es den Übergang zwischen verschiedenen Lebensphasen. Gemeint ist also eine Zeit menschlicher Verwandlung, nach der eine Person nicht mehr dieselbe ist wie zuvor. Die Gemeinschaft des „Burning Man" kommt im August zusammen und macht den ansonsten nahezu unberührten Playa zu ihrer Heimat. Im September verschwindet sie wieder und hinterlässt keinerlei Spuren. Man merkt nicht mehr, dass Menschen dort waren. Leute, die zum ersten Mal kommen, werden deshalb angewiesen: *„Wenn du vom ‚Burning Man' nach Hause aufbrichst, dann hinterlässt du keine Spuren. Alles, was du aufgebaut hast, baust du auch wieder ab. Der Müll, den du produziert hast, verlässt das Camp mit* *dir. Einige Freiwillige werden noch wochenlang damit beschäftigt sein, die Black Rock Desert in den Zustand zurückzubringen, in dem wir sie vorgefunden haben. Du aber wirst das Universum, das du dir geschaffen hast, mitnehmen. Wenn du auf staubigen Straßen der Heimat entgegen fährst, wirst du langsam wieder ein Teil der Welt, aus der du gekommen bist. Deine Seele ist mit den Menschen in den anderen staubbedeckten Fahrzeugen, die vor und hinter dir fahren, verbunden. Mit der Zeit werden lebhafte Bilder vor deinem geistigen Auge tanzen, wird die Gemeinschaft in der Wüste dich einholen, wenn das Wetter in der anderen Welt schlechter wird. Die Leute vom ‚Burning Man', deine neuen Freunde und Bekanntschaften, das ganze Projekt an sich, werden dir nahe sein. Am Ende, lange nachdem die Reise zum ‚Burning Man' und zurück vorbei ist, begibst du dich auf eine neue Reise."*

>>>

Wir haben unsere Eindrücke vom Burning Man an den Anfang dieses Buches gestellt, weil wir der Meinung sind, dass diese und vergleichbare Veranstaltungen auf der ganzen Welt uns etwas über unsere Gesellschaft im Allgemeinen und die Kirche im Speziellen sagen können. Der ‚Burning Man' ist nicht nur ein „Bad Day at Black Rock", wie der Titel eines hervorragenden Films lautet (dt. Titel: „Stadt in Angst"), er ist ein Aufschrei einer neuen, postmodernen Generation, die sich nach Zugehörigkeit und Gemeinschaft sehnt, nach Spiritualität, nach Erfahrungen mit allen Sinnen, Kreativität, Zuspruch und innerer Freiheit.

>>>>>>> Stellen Sie sich bitte einmal die Frage: Was kann die traditionelle Kirche jemandem bieten, der auch nur einmal in der Wüste von Nevada war und etwas so Überwältigendes wie den „Burning Man" erlebt hat? Wir, die Autoren, sind der festen Überzeugung, dass die Leben verändernde Kraft des Evangeliums von Jesus Christus stärker ist als alles, was es am Black Rock zu erleben gibt. Aber wir sind realistisch und geben zu, dass unsere Angebote keinen interessieren wer-

den, der schon mal beim „Burning Man“ war – es sei denn, die Kirche entdeckt ihre ursprüngliche Rolle als geerdete, missionarische Bewegung wieder. Uns als Missionaren fällt es schwer, ruhig zu bleiben und einfach zuzusehen, wie die Kirche der Gegenwart immer mehr zu einem blutleeren Abbild ihres früheren Selbst wird. Was wir brauchen, um die „Burning Man“-Generation zu erreichen, ist nicht weniger als ein umfassender Paradigmenwechsel in der gesamten Kirche.

>>

Dieselben Leute, von denen wir zum ersten Mal etwas über den „Burning Man“ gehört haben, erzählten uns mit gleicher Leidenschaft von ihrem Lieblingsfilm „Fight Club“ mit Edward Norton und Brad Pitt. In diesem Film sammelt sich eine Gruppe aggressiver junger Männer um einen charismatischen Anführer namens Tyler Durden (der sowohl von Pitt, als auch von Norton gespielt wird – wenn Sie den Film nicht gesehen haben, fragen Sie nicht wieso). Unter seiner Leitung treffen sich die Mitglieder, um miteinander zu kämpfen und wahllose Akte zerstörerischer Gewalt in der Gesellschaft auszuüben. Der „Fight Club“ ist also eine Gruppe autonomer Männer mit einer ausgeprägt konsumkritischen Einstellung. Wie beim „Burning Man“ geht es auch im Film um Ideale wie Zugehörigkeit, Freiheit, Rebellion und um die Ablehnung der Werte der amerikanischen Mittelschicht. Es steckt eine ungezügelte Energie in Durdens „Fight Club“, die Wildheit der Außenseiter – und wir kennen viele junge Männer, die dieser Film tief beeindruckt hat.

>>>>>>> Vermutlich empfinden es viele Christen als Zumutung, wenn wir ihnen vorschlagen, durch die Auseinandersetzung mit dem „Burning Man“-Festival oder dem Film „Fight Club“ etwas über die Notwendigkeit einer neuen missionarischen Kirche zu lernen. Aber wir sind davon überzeugt, dass beide ein eindrückliches Beispiel für die Sehnsüchte sind, die in den letzten zehn oder fünfzehn Jahren in unserer Welt freigesetzt wurden. Durch das Aufkommen der Postmoderne

wurde bei vielen Menschen der Wunsch nach einer experimentellen, lebendigen Form religiöser und mystischer Erfahrung geweckt. Die christliche Kirche hat diese Erwartung bislang nicht erfüllt, auch wenn ihr vielleicht einige Pfingst- oder charismatische Gemeinden für kurze Zeit näher kamen als der Rest der Kirche. Dennoch wird die traditionelle Kirche der Gegenwart meist als der letzte Ort angesehen, den man auf der Suche nach einer künstlerischen, politisch engagierten, aktiven Gemeinschaft des Glaubens in Betracht ziehen würde. Dabei kann die Kirche nicht mehr so tun, als wäre die „Burning Man"-Generation eine kleine, unbedeutende Subkultur.

>>>>>>> Was in der Black Rock-Wüste passiert, muss nicht jedermanns Sache sein, aber die Sehnsucht, die hinter diesem Festival steckt, ist viel weiter verbreitet, als die Kirche zugibt. D. H. Lawrence stellte bereits 1924 fest: *„Das christliche Unternehmen hat seinen Abenteuergeist verloren."* Deshalb schlug er vor, dass die Menschheit einen neuen Aufbruch in Richtung Hoffnung starten sollte. Die Sehnsucht, die aus dieser Idee spricht, ist immer noch aktuell.

Evolution oder Revolution?

Wir sind zunehmend davon überzeugt, dass die Kirche zu Beginn des 21. Jahrhunderts gut auf graue Theorien verzichten kann, zumindest auf alle Theorien, die davon handeln, dass Wachstum ohne eine grundlegende Veränderung der Strukturen möglich ist. Was die Kirche braucht, ist ein radikal neuer Aufbruch. Dazu wollen wir in diesem Buch ermutigen, indem wir die inspirierenden Geschichten der kleinen Helden erzählen, die wir auf unseren Reisen um die Welt getroffen haben. Wir vertreten also keine allgemeingültige Philosophie oder behaupten, dass eine bestimmte Gemeindeaufbautheorie für jede Gemeinde an jedem Ort auf dem Globus gleich gut wäre. Die Modelle, die wir hier vorstellen, sind bestimmt kein Allheilmittel und nicht

„das“ Modell, aber sie sind Beispiele für das, was einzelne Missionare getan haben, um ihre jeweilige Stadt – Melbourne, San Francisco, Los Angeles, Glasgow und viele weitere Städte der westlichen Welt – neu mit dem Evangelium zu erreichen.

>>>>>>> Wir werden dabei natürlich auch eine Reihe grundlegender Prinzipien vorstellen, die dazu beitragen, dass eine Gemeinde missionarisch werden kann. Im Netzwerk „The Gospel and Our Culture“ (GOCN) heißt es: *„Die missionarische Kirche vertritt Gott in der Begegnung zwischen Gott und dem Menschen in seiner Welt. Sie existiert nicht durch menschliche Ziele oder Träume, sondern als Ergebnis von Gottes Schöpfungs- und Erlösungshandeln in der Welt. Die missionarische Kirche ist ein sichtbarer Ausdruck der Guten Nachricht von Jesus Christus, die im Leben der Menschen präsent ist und ihre Kultur so verändert, dass sie immer mehr Gottes Vorstellungen von seiner Schöpfung widerspiegelt. Sie ist eine Gemeinschaft, die deutlich und spürbar am Handeln Gottes teilhat, so wie Jesus es in den Bildern vom Salz, vom Sauerteig und vom Licht der Welt beschrieb.“*

>>>>>>> Für den Fall, dass sich das nach einer Beschreibung anhört, die eigentlich für jede Kirche gilt – unabhängig davon, ob sie nun missionarisch ist oder nicht – fügt das GOCN noch an: *„Eine missionarische Gemeinde versucht, Gottes spezifische missionarische Berufung für die Gemeinschaft als Ganzes und für ihre Glieder zu verstehen.“* Mit anderen Worten: Eine solche Gemeinde wird der Mission oberste Priorität geben und sich immer wieder fragen: *„Wer sollen wir nach Gottes Vorstellung sein und was sollen wir in unserem konkreten kulturellen Kontext tun?“*

>>>>>>> Der kulturelle Kontext ist in diesem Zusammenhang besonders wichtig, weil eine missionarische Gemeinde sich bewusst ihrem Kontext anpasst, um ihn mit dem Reich Gottes in Kontakt bringen zu können. Per Definition schaut eine missionarische Gemeinde immer nach außen. Sie verändert sich ständig (weil Kulturen das auch tun)

und bleibt dem Wort Gottes dabei und gerade dadurch immer treu. Bisweilen wird sie so radikal, dass sie uns kaum noch an die gewohnte Art von Kirche erinnert. In anderen Fällen mag sie aussehen wie jede andere Gemeinde, aber sie gibt sich auf überraschende und faszinierende Art in die Gesellschaft hinein. Dazu braucht es nach unserer Überzeugung vor allem eines: christliche Leiter mit Vision, Kreativität, Innovation und Mut.

>>>>>>> Albert Einstein, einer der größten Denker der Geschichte, sagte einmal: *„Probleme kann man niemals mit der gleichen Art von Denken lösen, durch die sie entstanden sind."* Diese Formulierung war für ihn mehr als ein Bonmot. Es war die Beschreibung der Grundeinstellung, die ihn zu einem erfolgreichen Querdenker machte. Einsteins Fähigkeit, radikal anders und daher originell zu denken, verdanken wir zwei, wenn nicht sogar drei der umfassendsten Paradigmenwechsel in der modernen Physik und Kosmologie. Erkenntnisse, durch die der Lauf der Geschichte verändert und das Denken von Generationen geprägt wurden. Wir sind der Überzeugung, dass Ideen von ähnlich umwerfender Kraft nötig sind, um die missionarische Kirche des 21. Jahrhunderts im Westen ins Leben zu rufen.

>>>>>>> Wenn Einstein Recht hatte, dann können die Probleme der Kirche nicht mit der gleichen Denkstruktur gelöst werden, durch die sie entstanden sind. Mit anderen Worten: Wer nur bis zum Tellerrand denkt, kann niemals das Problem des Tellers lösen. Wir brauchen schnellstens neue Ideen von einsteinscher Schöpferkraft, wenn wir die Probleme des 21. Jahrhunderts lösen wollen. Es ist an der Zeit, über den Tellerrand des Christentums hinauszusehen, um die Probleme anzupacken, die durch das Christentum entstanden sind.

Christentum – und dann?

Wenn im Folgenden vom „Christentum" die Rede ist, dann verstehen wir darunter die sakrale Kultur, die die europäische Gesellschaft vom 11. bis zum Ende des 20. Jahrhunderts geprägt hat. Die Wurzeln dieser Kultur gehen aber bis in die Zeit Konstantins zurück. Als der Kaiser den Thron des Römischen Reiches bestieg, gestand er den Christen Religionsfreiheit zu und förderte das Christentum, indem er alle anderen Religionen im Reich benachteiligte. Praktisch über Nacht wurden die Christen von einer unbedeutenden, subversiven und verfolgten Randgruppe, die sich heimlich in Häusern und Katakomben treffen musste, zu Vertretern der Hauptreligion des Römischen Reiches. Alles war plötzlich anders! Der Kaiser war auf einmal nicht mehr oberster Verfolger, sondern der Hauptsponsor der Christen. Durch das so genannte Toleranzedikt von Mailand im Jahre 313 endete also die Zeit der frühen, apostolischen Kirche. Die Situation hatte sich für immer verändert.

>>>>>>> Zwischen dem fünften und zehnten Jahrhundert entwuchs das Christentum langsam seinen Kinderschuhen, bis es im elften Jahrhundert das kulturelle Leben Westeuropas beherrschte. Im Mittelalter kam es durch die institutionalisierte Abhängigkeit von Papsttum und weltlicher Herrschaft im Heiligen Römischen Reich zu einer Symbiose zwischen Kirche und Staat. Diese Verflechtung von Kirche und Staat veränderte die soziale und religiöse Ausrichtung Europas zutiefst. Innerhalb des „Corpus Christianum" (also des Christentums) wurden Kirche und Staat zu zwei einander stützenden Säulen der Sakralkultur. Selbst wenn es Konflikte zwischen Kirche und Staat gab, galten diese doch nur als Probleme innerhalb der Christenheit. Die Kirche hatte ihre Identität gefunden und bestimmte, wie Kirche und Staat zu verstehen seien.

>>>>>>> Damit war das Christentum zur „großen Geschichte", zum Interpretationsmuster einer ganzen Epoche geworden. Ein Interpreta-

tionsmuster ist eine umfassende Meta-Erzählung, die den Anspruch erhebt, die Wahrheit für alle Menschen zu allen Zeiten und in allen Kulturen festzulegen. Und obwohl der christliche Glaube die westliche Kultur heute erkennbar nicht mehr definiert, tun die Kirchen in den westlichen Ländern noch immer so, als hätte sich nichts geändert.

>>>>>>> Die Meta-Erzählung des Christentums definierte nicht nur Kirche und Staat, sondern auch das Verständnis der Gesellschaft und jedes einzelnen Menschen darin. Die Mitglieder eines christlichen Staates etwa wurden durch ihre Geburt zu Christen, nicht durch eine persönliche Glaubensentscheidung, weil das Christentum ja ein offizieller Teil der etablierten europäischen Kultur war. In einigen Ländern wurde der König oder die Königin automatisch zum Oberhaupt der jeweiligen Kirche. Kurz gesagt: Das Christentum entwickelte sich von einer dynamischen, revolutionären, sozialen und spirituellen Bewegung zu einer religiösen Institution mit festen Strukturen, Priestern und Sakramenten.

>>>>>>> Tatsache ist: Was seine gesellschaftsprägende Kraft angeht, befindet sich das Christentum seit knapp 250 Jahren auf dem Abstieg. Das geht so weit, dass viele Historiker (unabhängig davon, ob sie selbst Christen sind oder nicht) unsere Gesellschaft inzwischen als „nach-christlich" bezeichnen. Der Westen hat, was sein erkennbar säkulares Erscheinungsbild angeht, das Christentum hinter sich gelassen. Aber: Innerhalb der Kirche gilt das nicht. Das Paradigma des „Christentums" übt in ihr noch immer einen großen Einfluss auf das Verständnis von Theologie, Mission und Institution aus. Anders ausgedrückt: Wir definieren die Kirche und ihren Auftrag immer noch mit Begriffen, die das historische Christentum voraussetzen. Während wir längst in einem nach-christlichen Kontext leben, denkt und arbeitet die Kirche weiter so, als wäre die Gesellschaft christlich. Kaiser Konstantin, so scheint es, herrscht in unseren Köpfen noch immer. Im folgenden Schaubild werden die Unterschiede der verschiedenen Epochen deutlich:

Apostolische und nachapostolische Kirche (32 - 313)	Aufstieg und Triumph der Christenheit (313 bis heute)	Missionarische Kirche – „emerging church“ (Letzte 10 Jahre)
Keine Kirchengebäude. Treffen häufig im Untergrund. Oft Christenverfolgung.	Sakrale Bauten werden wichtig für das Selbstverständnis der Kirche und ihre gesellschaftliche Bedeutung.	Lehnt die Notwendigkeit von speziellen kirchlichen Gebäuden ab.
Leiter arbeiten im Geist des fünffachen Dienstes.	Leitung in Form von institutionell legitimiertem Klerus, hauptsächlich als Pastoren und Lehrer.	Leiter arbeiten pionierhaft und innovativ, einschließlich des fünffachen Dienstes. Lieber nicht institutionalisiert.
Kirche von unten, dezentralisiert.	Hierarchisches Verständnis von Leitung und kirchlichen Strukturen.	Kirche von unten, dezentralisiert.
Das Abendmahl wird als geheiligtes Gemeinschaftsmahl gefeiert.	Die Gnade wird institutionalisiert und durch die Sakramente vermittelt.	Neue Symbole und Riten, einschließlich des Abendmahls, werden wieder im ursprünglichen Sinn geheiligt.
Die Kirche lebt am Rand der Gesellschaft und im Untergrund.	Die Kirche ist zentraler Pfeiler von Gesellschaft und Kultur.	Die Kirche steht erneut am Rand von Gesellschaft und Kultur. Deshalb besinnt sie sich zurück auf ihre missionarische Haltung gegenüber der Kultur.
Missionarische Kirche, inkarnierend, sendend.	Die Kirche zieht an und holt Menschen aus ihrer eigenen Kultur heraus.	Missionarische Kirche, inkarnierend, sendend.

Zwei Pubs, zwei Welten

Das folgende Beispiel hilft vielleicht, den Unterschied zwischen dem Denken aus der Perspektive des „Christentums“ und dem Modell der neuen, missionarischen Kirche zu verstehen: Vor kurzem konnte man lesen, dass eine Gemeinde in einem kleinen, ländlichen Ort in Australien einen innovativen Schritt gegangen sei, um ihre Umgebung zu erreichen. In einer Zeitung aus Melbourne hieß es: *„Die Kunden des Hamilton Hotels werden sich schon bald mit ‚geistigen' Getränken anderer Art stärken können. In einer ungewöhnlichen Aktion hat die lokale Baptistengemeinde – die auf Alkohol vollständig verzichtet – eine der sechs örtlichen Kneipen erworben."* Die Einwohner von Hamilton beobachteten erstaunt, wie die ehemalige Kneipe in der Hauptstraße, gegenüber der Post, von den Baptisten gekauft und zu einer Kirche und einem Konferenzzentrum umgebaut wurde. Der Eingangsbereich wurde zu einem Freizeitzentrum für junge Leute und die Tanzfläche zu einer kleinen Kapelle und zu Versammlungsräumen. An der Bar gab es fortan nur noch Kaffee – da die Kneipe ja nun völlig alkoholfrei war.

>>>>>>> In dem Artikel bezeichneten zahlreiche Gemeindeleiter aus Melbourne und der Pastor der „Hamilton Baptist Church" das Projekt als mutig, kreativ und innovativ. Aber es gab auch weniger glückliche Stimmen. Mitten im Artikel kam ein Einwohner von Hamilton zu Wort: *„Einer der früheren Stammgäste der Kneipe, der Farmer Bruce McKellar, 71, bemerkte, er werde seinen Stammplatz an der Bar vermissen. ‚Ich bin zur Tür rein und wollte direkt an meinen Platz. Wir alle hatten unseren Platz hier', sagte er."* Die Traurigkeit, die hinter diesen Worten steckt, kann man spüren. Der Farmer wurde durch die Veränderungen von seinem persönlichen Stammplatz in der Bar vertrieben; und auch, wenn er wahrscheinlich in eine der anderen Kneipen übergesiedelt ist, wird er doch nie wieder an seinem Lieblingszapfhahn sitzen. In Australien ist eine Kneipe – ein „Pub", wie wir hier sagen – ein Ort von Angenommensein und Freundschaft, und die Besucher entwickeln über die Jahre eine tiefe Verbundenheit zu ihrem jeweiligen Pub. Auch wenn sie gelegentlich eine andere Gaststätte besuchen, wissen sie doch immer, welches „Pub" das ihre ist. Amerikanische und europäische Bars sind dagegen relativ unpersönlich, doch der Mythos von einem Ort „an dem jeder deinen Namen kennt", ist in den meisten englischen und australischen Pubs noch Realität. In Hamilton wurden die Farmer,

Händler und Geschäftsleute also aus „ihrem" Pub vertrieben, um den Baptisten Platz zu machen.

>>>>>>> Auch wenn das ganze Vorhaben zunächst sehr innovativ wirkt, steht es für ein bestimmtes Denken aus der Zeit des Christentums. Man geht wie selbstverständlich davon aus, dass der Kirche der beste Platz auf der Hauptstraße zusteht und dass sie das Recht hat, einen öffentlichen Raum zu übernehmen und die einheimische Bevölkerung zu entfernen, um dann eine „geheiligte religiöse" Zone einzurichten. Ob es dabei um eine Kneipe geht, eine Schulaula oder eine zweihundert Jahre alte Kirche: die dahinter stehende Einstellung ist die gleiche. Wir werden in diesem Buch zeigen, dass wir heute die strikten Demarkationslinien zwischen heiliger und profaner Sphäre in unserer Welt aufheben müssen. Was die Menschen der Postmoderne suchen, sind Beziehungen und Gemeinschaften, zu denen sie dazugehören können und in denen sie Stärkung und Hilfe erfahren.

>>>>>>> Auf der anderen Seite des Globus, in der englischen Stadt Bradford, wurde ebenfalls ein Pub von Christen übernommen. Das „Cock & Bottle" ist ein gelbes, zweigeschossiges Pub am Ende einer Straße im Stadtzentrum. Vor zwei Jahren wurde es vom „Bradford Christian Pub Consortium" gemietet. Bradford selbst ist eine eher trostlose Arbeiterstadt, die in jüngster Zeit vor allem durch Rassenkonflikte und Gewalt auf den Straßen bekannt wurde. Aber das „Cock & Bottle" ist inmitten dieses unruhigen Ortes ein geschützter Raum und ein Ort des Zuspruchs. Malcolm Willis wurde von dem Konsortium angestellt, um das Pub zu bewirtschaften, und lebt mit seiner Frau in einer Wohnung direkt über der Bar. Dass dieser Mann das Herz eines Missionars hat, merkt man sehr schnell, wenn man ihm zuhört: *„Jesus sagte, wir sollen ‚hingehen in alle Welt'. Dazu gehören auch Pubs. Er hat nicht gesagt, wir sollen in unseren Kirchen sitzen und warten, bis die Leute zu uns kommen."* Das Ehepaar Willis und die ganze Belegschaft der Kneipe (alles Christen) haben ein gemütliches Umfeld geschaffen,

in dem Besucher sich willkommen und geliebt fühlen, in dem man sich um die Einheimischen kümmert, ihnen zuhört und für sie da ist. Im Gespräch sagte Willis: *„Am Anfang wollen viele gar nicht über Jesus reden. Aber wenn man ihnen zehn oder zwanzig Mal zugehört hat – was anstrengend sein kann – dann fragen manche plötzlich: ‚Kannst du für mich beten?' Dabei passiert etwas."* Die missionarische Kirche denkt immer langfristig, anstatt nach dem schnellen Erfolg zu suchen.

>>>>>>> Natürlich kommt nun sofort die Frage auf, ob Christen Alkohol anbieten sollten. Willis selbst ist Antialkoholiker, aber er steht mit beiden Beinen auf der Erde und sieht das Ganze realistisch: *„Wir verkaufen Alkohol, denn wenn wir es nicht täten, würden die Leute woanders hingehen. Wenn sie zu uns kommen, können wir sie wenigstens begleiten. Für mich persönlich ist klar, dass ich keinen Alkohol trinke, aber ich bin nicht der Maßstab. Jemand zeigte mir mal den Vers aus Sprüche 31, in dem es heißt: ‚Gebt starkes Getränk denen, die am Umkommen sind, und Wein den betrübten Seelen. Ein solcher möge trinken und seine Armut vergessen und nicht mehr an seine Mühsal denken. Setze dich aber für die ein, die arm sind und Mühsal erleiden.' Also müssen wir fragen: Was würde Jesus heute tun? Ich glaube, er wäre hier in den Pubs."*

>>>>>>> Es liegen Welten (nicht nur geografisch) zwischen dem „Cock & Bottle" und dem „Hamilton Hotel". Das erste ist missionarisch, kulturell eingebunden und riskant. Das zweite ist rundum sicher und finanziell solide – schließlich war es für die Baptisten günstiger, ein altes Pub zu renovieren, als ein neues Gebäude zu errichten. Darin versteckt sich also ein ganz konventionelles christliches Denken.

>>>>>>> GOCN, das Netzwerk, von dem oben die Rede war, hat viel über kulturelle Trends und über die Entwicklung einer Vision für neue (missionarische) Kirchen nachgedacht. Am Ende haben sie zwölf Merkmale einer missionarischen Gemeinde formuliert:

1. Sie verkündigt das Evangelium.
2. Sie ist eine Gemeinschaft, in der alle Mitglieder gemeinsam versuchen, als Jünger Jesu zu leben.
3. Sie gründet auf der Bibel.
4. Sie unterscheidet sich von der Welt, weil sie an Leben, Tod und Auferstehung ihres Herrn Jesus Christus teilhat.
5. Sie versucht, Gottes spezielle missionarische Berufung für die Gemeinschaft und ihre Mitglieder zu erkennen.
6. Sie zeichnet sich durch ein liebevolles Miteinander ihrer Mitglieder aus.
7. Sie lebt Versöhnung.
8. Sie ist geprägt von einem Klima der Verantwortung, die die Mitglieder füreinander übernehmen.
9. Sie praktiziert Gastfreundschaft.
10. Sie drückt Freude und Dank über Gottes Gegenwart und seine verheißene Zukunft durch Lobpreis und Anbetung aus.
11. Sie hat ein lebendiges öffentliches Zeugnis.
12. Sie weiß, dass die Kirche immer nur ein unvollkommener Ausdruck von Gottes Reich ist.

>>

Die einzelnen Punkte dieser Liste sind alle richtig, aber wir würden ihnen gerne drei weitere an die Seite stellen – drei übergreifende Prinzipien, die die oben stehenden Merkmale in eine gemeinsame Richtung lenken. Deshalb wollen wir diese drei Prinzipien auch als Leitgedanken für drei große Abschnitte dieses Buches nutzen. Sie lauten wie folgt:

>>

1. Die missionarische Kirche ist von ihrer Ekklesiologie her nicht attraktional, sondern inkarnierend. Das sind komplizierte Wörter, die erklärt werden wollen: Mit „attraktional" meinen wir eine Institution, die einen heiligen Raum schafft und Menschen anzieht, in diesen Raum zu kommen, um etwas vom Evange-

lium zu erfahren. Die „inkarnierende" Gemeinde tut das genaue Gegenteil. Sie gibt ihre alten Strukturen auf und dringt in die Spalten und Ritzen der Gesellschaft selbst ein, um Christus für die zu sein, die ihn noch nicht kennen. Inkarnation meint ja die Fleischwerdung Gottes, und bedeutet für die Gemeinde ebenfalls „den Menschen gleich zu werden", um sie zu erreichen.

2. Die missionarische Kirche ist in ihrer Spiritualität nicht dualistisch, sondern messianisch. Das bedeutet, dass sie sich der Weltsicht Jesu verpflichtet, nicht der griechisch-römischen, die in der Antike die Welt in einen heiligen (religiösen) und einen profanen (nichtreligiösen) Bereich aufteilte; messianische Spiritualität sieht – wie Jesus – die ganze Welt als Wohnort Gottes.
3. Die missionarische Kirche wird nicht hierarchisch, sondern apostolisch geleitet. Mit apostolisch ist hier eine Art und Weise gemeint, die auf dem „fünffachen Modell" beruht, das Paulus in Epheser 4 entfaltet. Solche Gemeinden lehnen die strengen Hierarchien der traditionellen Kirche ab und setzen stattdessen auf biblische Gemeinschaft mit einer dienenden Leitung, in der Aufgaben der Evangelisten, Apostel und Propheten genauso geschätzt werden wie die gegenwärtig vorherrschenden Gaben des Hirtendienstes und der Lehre.

>>>

Wir sind davon überzeugt, dass sich das missionarische Potenzial der Kirche nur entfalten kann, wenn es zu grundlegenden Veränderungen in ihrer DNA kommt. Deshalb geht es im Folgenden auch um Kernthemen wie Ekklesiologie, Spiritualität und Leitung. Die Umgestaltung unserer kirchlichen Kultur bedeutet eine radikale Abkehr von den Denkstrukturen des Christentums, die alle attraktional, dualistisch und hierarchisch sind.

>>>>>>> Tatsache ist, dass viele Christen Mühe haben, die alten Konzepte hinter sich zu lassen. Sie bekommen Angst, dass die Kirche der

Vergessenheit oder dem Chaos anheim fällt, wenn man das institutionalisierte Christentum aufgibt. Sie fragen sich auch, wie ein Haufen von Christen, die einen Pub in Bradford betreiben, überhaupt eine Gemeinde sein kann. Nun: Wir glauben, dass das möglich ist. Überall entstehen neue Formen einer missionarischen Kirche, und viele von ihnen muten auf den ersten Blick chaotisch, dynamisch und unstrukturiert an. Sie treffen sich nicht jeden Sonntag am gleichen Ort zum Gottesdienst, aber sie beten Gott an, bauen christliche Gemeinschaft und dienen ihrer Welt. Sie entsprechen den biblischen Kriterien für eine Gemeinde, aber sie sehen oft völlig anders aus, als wir Kirche gewohnt sind.

>>>>>>> Um diese Entwicklung zur „Nach-Christentums-Kirche" zu verstehen, ist es wichtig, nicht zuerst die vermeintliche Unordnung wahrzunehmen, sondern den Gedanken der Diaspora (griechisch „die Hineingesäte", meint eine Kirche in der Minderheit) neu zu entdecken. So macht es etwa der Theologe Douglas John Hall, der dafür plädiert, die heutige Kirche nicht mehr als Institution, sondern als Diasporakirche zu bezeichnen. Für ihn ist das eine positivere Formulierung, als wenn man resigniert und frustriert vom Ende des Christentums redet: *„Wenn wir den Mut haben, nicht mehr länger unsere alten Fassaden zu verteidigen, hinter denen ohnehin nur wenig oder nichts steckt; wenn wir aufhören so zu tun, als gäbe es eine weltweit einheitliche Christenheit; wenn wir aufhören, uns anzustrengen, jeden zu taufen und alle Paare in der Kirche zu trauen und jeden Bürger in unserer Kartei zu führen (um den Preis, dass unser Erfolg im Grunde nur ein Sieg der Tradition und der überlieferten Bräuche ist, nicht aber ein Erfolg für den wahren Glauben oder die innere Überzeugung); wenn wir den christlichen Glauben von der öffentlichen Last der Verantwortung befreien, für alles zuständig zu sein, was unter seinem Deckmantel passiert, als wäre christlicher Glaube eine Art religiöses Furnier für jedermann, eine Volks-Religion (etwa auf dem gleichen Niveau wie eine volkstümliche Tracht) – dann werden wir*

frei für das eigentliche Abenteuer, für unseren missionarischen Auftrag und unsere apostolische Identität."

>>>>>>> Besser hätten wir es nicht sagen können. Schauen wir trotzdem noch einmal genauer hin: Welche Auswirkungen hatte das historische Christentum auf unser Verständnis von Kirche und Mission, und warum ist es so wichtig, dieses Denken „zu überwinden"? Nun: „Christentum" war eine eindeutige Prägung der Kultur, eine vorgegebene Ethik und eine bestimmte Art des Selbstverständnisses. Das Verständnis von Mission aber wurde dabei fundamental verzerrt. Unter Kirche versteht dieses Staatskirchentum normalerweise ein Gebäude in einem speziellen Baustil und vollzeitige „Geistliche". Wenn überhaupt so etwas wie Mission stattfindet, dann ist sie meist attraktional, aber nicht inkarnierend und sendend. Die Kirche des Christentums sah sich im Zentrum der Kultur, und das spiegelte sich auch in ihren Bauten wieder – in der Regel waren Kirchen die höchsten Gebäude im Kern eines Ortes. Ihr Leitungsstil war in der Regel priesterlich, manchmal prophetisch (vor allem für „Insider", denn keiner von „denen da draußen" hörte ihnen zu) und sehr selten apostolisch. Im Christentum ging es vor allem um die Erhaltung des christlichen Glaubens.

>>>>>>> Aus einer missionarischen Perspektive ist der Leib Christi wesentlich mehr als die symbiotische Beziehung von Kirche und Staat, die zu einer deutlichen Abkehr vom apostolischen Stil des Neuen Testaments führte. Als das Christentum im Jahr 313 als Religion anerkannt wurde, veränderte sich ja nicht nur sein Selbstverständnis fundamental, sondern auch seine Rolle in der Welt. Weil es jetzt eine Art „Vertrag" zwischen der Kirche und den politischen Kräften gab, wurden die geistlichen Beziehungen zu Staat, Kultur und Gesellschaft grundlegend neu definiert. Wir wissen sehr wohl, dass es in der Zeit vom fünften bis zum zehnten Jahrhundert weiterhin großartige Missionsbewegungen gab. Aber man kann mit Recht sagen, dass die Mission spätestens im elften Jahrhundert in Europa nicht mehr als notwendig

angesehen wurde. Mission bezog sich jetzt nur noch auf eindeutig nichtchristliche Religionen innerhalb und außerhalb der Christenheit, aber nicht mehr auf diejenigen, die von der offiziellen Kirche getauft worden waren. Und die Theologie wurde von nun an vor allem als mächtiges politisches Instrument eingesetzt. Das gleiche gilt übrigens für die Mission. Sie wurde oftmals benutzt, um staatliche Kolonisierungsinteressen durchzusetzen, so dass das Evangelium grundsätzlich politisiert, regionalisiert und auf bestimmte Rassen begrenzt wurde. Es gab keinen Platz mehr für die subversive und verändernde Kraft, die mit dem Evangelium des Neuen Testaments verbunden ist. Alles „Revolutionäre“ wurde von innen her erstickt.

Der Bankrott des Christentums

17 Jahrhunderte lang haben wir nun unter den Paradigmen des „Christentums“ gelebt – das dürfte genügen, um über ihren Erfolg oder Misserfolg urteilen zu können. Soviel jedenfalls kann man sagen: Am Beginn eines neuen Jahrtausends sind wir davon überzeugt, dass es nicht gelingen wird, diese alten Paradigmen dem massiv veränderten gesellschaftlichen Kontext anzupassen. Wir haben doch gesehen, dass das nicht funktioniert. Die äußeren Korrekturen haben nur noch mehr Probleme geschaffen. In beinahe jedem Winkel der westlichen Welt ist die Kirche auf dem Rückzug. Sie ist schlechter dran, als sie es je war, weil es ihr nicht gelungen ist, ihre eigene Welt zu evangelisieren und christliche Gemeinschaften einzurichten, die die Gesellschaft prägen. Die missionarische Kirche der ersten drei Jahrhunderte war durch ihre Beweglichkeit, trotz des Mangels an Gebäuden und institutionellen Strukturen, weitaus erfolgreicher. Wer an den Paradigmen des historischen Christentums festhält, ist daher wie einer, der das Universum durch eine vorkopernikanische Brille verstehen will. Die alten Erklärungsmuster funktionieren nicht mehr.

››››››› Es ist heute klar ersichtlich, dass der Flirt der Kirche mit der Moderne und der Aufklärung ein wesentlicher Grund für ihren dramatischen Verlust an Einfluss war. John Drane bringt es auf den Punkt: *„Keine Christenverfolgung, kein äußerer Feind hat der Kirche in zweitausend Jahren so geschadet wie die Moderne."* Am Ende der Moderne, in der Mitte des 20. Jahrhunderts, war der christliche Glaube schon nicht mehr das Zentrum westlicher Kultur. Der Glaube war von der Bewegung, mit der er sich hatte anfreunden wollen, hinweggespült worden. Besaß die Kirche in Europa früher noch nennenswerten Einfluss, so ist sie am Ende des 20. Jahrhunderts für die meisten Menschen irrelevant. In Europa, Großbritannien, Australien, Neuseeland und Kanada wurde die Kirche einfach aus ihrer zentralen Position verdrängt.

››››››› Martin Robinson führt gern die schwedische Kirche als Beispiel für diese Entwicklung an. Obwohl dort bereits 1860 ein Gesetz aufgehoben wurde, das den Kirchenaustritt verboten hatte, nutzen nur wenige Schweden dieses Recht. Unglaubliche 95 Prozent der Bevölkerung sind Mitglied der nationalen schwedischen Kirche. Dennoch stellte sich bei einer kürzlich durchgeführten Umfrage heraus, dass nur acht Prozent der Schweden sich einem christlichen Weltbild verpflichtet fühlen. Wenn man bedenkt, dass diese Zahl zweifellos einen Großteil der restlichen fünf Prozent, die zu einer anderen (oder keiner) Kirche gehören, mit einschließt, gibt es also nur ganz wenige offizielle Mitglieder der schwedischen Kirche, die deren Glaubensgrundsätze inhaltlich teilen. Um es deutlich zu sagen: Die nationale Kirche in Schweden existiert nur auf dem Papier. Sie ist ein künstliches Gebilde ohne Leben. Das gleiche gilt für viele andere westeuropäische Staaten.

››››››› Wir müssen zugeben, dass das institutionalisierte Christentum ekklesiologisch[3] und missionstheoretisch gesehen durch die kulturellen Veränderungen der Gesellschaft ein Auslaufmodell, ja, auf Dauer gesehen sogar ein gescheitertes Experiment darstellt. Es ist daher an der Zeit, nach vorne zu sehen und neue Wege und Formen zu entwickeln, die Beziehung zur Gesellschaft neu zu bestimmen und mit ihr in Kontakt zu treten. Wir können uns keine historischen Sentimentalitäten mehr leisten, erst recht kein stures Festhalten an der Vergangenheit. Das historische Christentum entsprach ohnehin nicht dem biblischen Verständnis von Kirche. Es war nur eine mögliche Art, sich selbst zu verstehen und zu definieren. Indem wir dieses Selbstverständnis aber in unseren Köpfen zur allein denkbaren Form von Kirche erhoben haben, ist es zum Goldenen Kalb geworden, das unsere Vorstellungskraft einengt und uns wie Sklaven an eine bestimmte historisch-kulturelle Existenz von Kirche bindet. Auf die Herausforderungen unserer Zeit haben wir deshalb keine Antworten, weil wir nicht bereit sind, diesem Götzenbild den Rücken zu kehren. Das muss sich ändern! Die Antwort auf das Problem der Mission im Westen verlangt jedenfalls etwas viel Radikaleres als nur die Renovierung eines überkommenen und unhaltbaren Modells. Wir müssen ein neues Bild von einer Kirche entwerfen, einer Kirche, die in ihrer inneren Gestalt (Ekklesiologie) und ihrem Kernauftrag in der Welt (Missiologie) der frühen Kirche des Neuen Testaments wieder ähnlicher wird.

Der Aufstieg der missionarischen Kirche

Mit jeder großen gesellschaftlichen Veränderung ging und geht ein Wandel des Konzepts von Kirche einher. Je tiefgreifender diese Veränderung ist, desto stärker ist auch der Wandel im kirchlichen Selbstbild. Vielleicht das deutlichste Beispiel für diesen Prozess bietet der inhaltliche Zusammenhang zwischen der Renaissance im 15. und der Reformation im frühen 16. Jahrhundert. Die Renaissance setzte durch ein neues Weltbild kulturelle Kräfte frei, die unweigerlich zur Revolution Martin Luthers führten, was wiederum eine massive Anpassung der Theologie und der Praxis der Kirche zur Folge hatte. Wir sehen: Die

Kirche ist untrennbar mit ihrem kulturellen Umfeld verbunden.
>>>>>>> Darin steckt eine wichtige Botschaft. Wir erleben zurzeit durch den Übergang von der Moderne zur Postmoderne einen neuen Epochenwechsel – vor allem im Westen, aber auch global. Alles weist darauf hin, dass dieser Bruch noch tiefer und radikaler sein wird als der durch die Renaissance ausgelöste, der gewissermaßen noch unter der Schirmherrschaft des Christentums stattfand. Was jetzt geschieht, geschieht völlig außerhalb jedes christlichen Einflusses.
>>>>>>> Wir sind überzeugt, dass sich aus dem Chaos der gegenwärtigen gesellschaftlichen Umwälzungen in Richtung Postmoderne eine zweite Reformation ergeben wird, in der die Kirche sich selbst als apostolische Bewegung neu entdecken wird. Ja, wir sind sogar der Meinung, dass die Kirche zunehmend in ihrer Existenz gefährdet ist, wenn sie sich nicht einer solchen radikalen Neuausrichtung unterzieht. Mit dem Traditionsmodell von Christentum kann sie die Generation des „Burning Man" einfach nicht mehr erreichen. Um für diese und alle anderen postmodernen Subkulturen relevant zu werden, muss die Kirche ihre Rolle als statische Institution aufgeben und sich auf ihren ursprünglichen Auftrag besinnen, eine missionarische Bewegung zu sein.
>>>
Worin besteht diese apostolische Bewegung nun genau? Während das Christentum sich durch die westliche Kultur fast zur Selbstauflösung verführen ließ, muss die neu entstehende missionarische Kirche sich selbst als eine Bewegung begreifen, die mit der Gesellschaft sinnvoll interagieren kann, ohne sich von ihr vereinnahmen zu lassen. Das ist die klassische Aufgabe eines inkulturierten Missionars: das Evangelium in eine neue Kultur zu übersetzen, ohne es zu verraten.
>>>>>>> Ursprünglich war die frühe Kirche bis ins Innerste eine missionarische Bewegung. Sie hatte verstanden, dass die Bekehrung eines Menschen direkt zu dessen Engagement in der „missio Dei" führen musste – dem „In die Welt gesandt Sein" Gottes. In diesem Sinn

gebrauchen wir das Wort „apostolisch“, und diesen Auftrag müssen wir für unsere heutige Zeit wieder entdecken. Wenn wir apostolische Bewegungen schmieden wollen, braucht das in einer Kirche, die aus dem historischen Christentum kommt, ein tief greifendes Umdenken. Es braucht eine neue Sicht der Dinge, die innovative Wege eröffnet, um Kirche anders zu leben, zu gestalten und um passendere Vorstellungen von Leitung, Struktur und Mission zu entwickeln.

>>>>>>> Weil Gott selbst in Jesus Christus in die Welt gekommen ist, ist es auch Aufgabe der Kirche, in die Welt zu gehen. Daher ist sie ihrem Wesen nach untrennbar mit der Kultur um sich herum verbunden. Theologisch ausgedrückt: Die Christologie bestimmt die Missiologie, und die Missiologie bestimmt die Ekklesiologie (Auf Deutsch: Das Sein Jesu definiert den Auftrag und der definiert die Kirche). Es ist lebenswichtig, dass die Kirche diese Reihenfolge wieder erkennt. Wir werden die Christologie und die praktischen Konsequenzen später noch ausführlicher behandeln. Wichtig ist aber die Grunderkenntnis: Jesus gab uns das Ziel und den Auftrag in der Welt (Jüngerschaft), und es ist unsere Verantwortung, diesen Auftrag in konkretes Leben-in-der-Welt umzusetzen.

>>>>>>> Am Anfang haben wir eine herausfordernde Frage gestellt: „Evolution oder Revolution?“ Die Antwort lautet eindeutig: Revolution. Das war schon in der frühen Kirche so, aber heute ist es nötiger denn je. Wir werden im nächsten Kapitel zeigen, dass wir in einer ungewöhnlichen und bedeutenden Zeit leben, in der zwar die größte spirituelle Erweckung in der Geschichte der westlichen Kultur geschieht, in der die Botschaft des Glaubens in den Medien aber praktisch nicht mehr vorkommt. Deshalb brauchen wir ein komplett neues Kirchenverständnis. Wenn wir an diesem Punkt versagen, wird uns die Geschichtsschreibung dereinst nicht besonders barmherzig behandeln. Sie wird, zumindest in unserer Heimat Australien, einen radikalen Niedergang der Kirche konstatieren. Den Statistiken zufolge gilt

dasselbe für alle westlichen Nationen. Heute geht es also nicht darum, das herkömmliche Modell noch ein weiteres Mal zu überarbeiten, um unsere Probleme zu lösen und der Kirche neues Leben einzuhauchen (Evolution). Es ist Zeit für eine Revolution in der Theorie und in der Praxis dessen, was wir Kirche nennen.

A. Der Stand der Dinge

2. Die missionarische Kirche

Die Kirche muss ihre Ausrichtung von Grund auf neu überdenken und zu einer missionarischen Kirche hier im Westen werden.

>>> *Martin Robinson*

Der Kampf der Kirchenklone

Nach dem Ende des historischen Christentums liegt die Hoffnung auf einer missionarischen Kirche. Aber aufgepasst: Viele der jüngeren protestantischen Gemeindeaufbaubewegungen sind nichts anderes als neue Spielarten des alten Denkens. Sie legen ihren Schwerpunkt auf einen neuen Anbetungsstil, das Wirken des Heiligen Geistes, Angebote für Kirchendistanzierte oder eine zeitgemäßere Auslegung der Bibel; letztlich aber gehen diese vermeintlich neuen Bewegungen immer noch davon aus, dass die Kirche an die Hauptstrasse gehört, weil ihr Platz im Herzen der westlichen Kultur sei. Wenn jemand mit einer solchen irrigen Annahme über die Situation der Kirche beginnt, dann wird auch seine Gemeindearbeit dieses Missverständnis vielfältig widerspiegeln.

>>>>>>> Erinnern wir uns beispielsweise an die 90er Jahre, die in der anglikanischen Kirche zum „Jahrzehnt der Evangelisation“ erklärt worden waren: Trotz all der Aktivität, vor allem in den USA und in Großbritannien, ging die Zahl der Gemeinden insgesamt weiter

zurück. Während man anfangs Gemeindegründungen für die beste Strategie hielt, um den postmodernen Westen zu erreichen, beginnen die Gemeindewachstums-Experten heute umzudenken.[4] Die Mitgliederzahlen der Gemeinden gingen zurück, und als das „Jahrzehnt der Evangelisation“ weiter voranschritt, wurden auch weniger und weniger Gemeinden neu gegründet. Stuart Murray und Anne Wilkinson-Hayes geben in ihrem Büchlein „Hope from the Margins“ eine Reihe von Gründen an, warum viele Gemeindegründungen nicht funktionierten:

- Die meisten Gemeinden, die in den frühen 90er Jahren eine weitere gegründet haben, haben sich noch nicht so weit erholt, dass sie es wieder tun könnten.
- Wenige der neu gegründeten Gemeinden sind schnell genug gewachsen, um ihrerseits eine Tochtergemeinde gründen zu können.
- Das meist personalintensive Gemeindemodell dieser Bewegung hat kleinere Gemeinden davon abgehalten, auf die Gründungswelle aufzuspringen.
- Eine beunruhigende Zahl der neuen Gemeinden ist entweder eingegangen, klein und schwach geblieben oder hat lediglich Menschen erreicht, die bereits Christen waren.
- Die Gründung neuer Gemeinden hat sich in der Regel auf Gegenden konzentriert, in denen es bereits erfolgreiche Gemeinden gab, so dass viele Regionen unberührt blieben.[5]

>>

Der Kern des Problems ist, dass viele neue Gemeinden als kleine Kopien der alten gegründet wurden und damit lediglich das überholte Denken reproduzierten. Der Virus wurde quasi weitergegeben. Genauso hat es Dr. Evil in Mike Myers absurder Komödie „Austin Powers“ gemacht, als er einen Klon von sich selbst schuf. Wenn man ein fehlerhaftes System dupliziert, schlagen wir in dieselbe Kerbe nur noch tiefer hinein, anstatt nach neuen Ansatzpunkten zu suchen. So wurden in der Regel keine missionarischen Jesus-Gemeinschaften gegründet, sondern lediglich neue Sonntagsgottesdienste ins Leben gerufen. Eine Gemeinde für die Postmoderne wird aber versuchen, die klassischen Strukturen zu überwinden, und sich selbst in der Rolle einer Untergrundbewegung sehen: subversiv, leidenschaftlich, lebensfroh und gemeinschaftlich.

>>>>>>> Um das noch einmal deutlich zu sagen: Mission ist nicht bloß etwas, das die Kirche tut. Es ist das Wesen Gottes selbst. Jegliche missionarische Aktion hat ihren Grund im Sein Gottes. Gott ist ein sendender Gott, der sich nach einer versöhnten Menschheit und Schöpfung sehnt, nach Heilung und Erlösung. Die missionarische Kirche ist deshalb eine Kirche, die ausgesandt ist zu den Menschen, eine Kirche in Bewegung, gesandt, einer zerbrochenen Welt Heilung zu bringen. Dabei ist Nordamerika ebenso Missionsfeld wie jede andere Nation oder Volksgruppe auf dieser Erde. Die traditionelle Kirche mit ihren tiefen Wurzeln, ihrer scheinbaren Unveränderlichkeit und ihrer lange unerschütterlichen Stabilität, die jede nennenswerte Bewegung unmöglich machte, diese Kirche muss als Institution neu lernen, dass sie ausgesandt ist.

>>>>>>> Die alten Strukturen des Christentum-Denkens haben in ihrer DNA ein paar gravierende Fehler. Und diese Fehler werden bei jeder Reproduktion, bei jeder klassischen Gemeindegründung, einfach weitergegeben. Der Weg nach vorne kann deshalb nicht darin bestehen, einige äußere Eigenschaften der Kirche zu verändern, es muss eine völlig neue Bewegung auf einer neuen Basis geboren werden.

Attraktional, dualistisch, hierarchisch

Wie bereits oben erwähnt, hat die Kirche des historischen Christentums drei entscheidende Fehlbildungen in ihrer DNA – sie ist attraktional, dualistisch und hierarchisch.

>>>>>>> Wir erinnern uns: Mit „attraktional" ist gemeint, dass die traditionelle Gemeinde sich mitten in einer bestimmten Gegend ansiedelt und erwartet, dass die Menschen zu ihr kommen, um Gott zu begegnen und Gemeinschaft zu erleben. Wir wollen keinesfalls sagen, dass es unbiblisch wäre, für Nichtchristen attraktiv zu sein. Die frühe Kirche war für einen breiten Teil der Gesellschaft offensichtlich sehr attraktiv (Apostelgeschichte 2,47), auch wenn es mehr Belege dafür gibt, dass sie von der Öffentlichkeit eher gemieden und geschmäht wurde. Trotzdem: Dass Kirche attraktional ist, halten wir für einen Fehler, wenn sie damit eine bestimmte Einstellung gegenüber ihrer Umgebung zum Ausdruck bringt. Diese Einstellung lautet: Die Besucher werden schon von alleine in die Gemeinde strömen, wenn innerlich alles in Ordnung ist.

>>>>>>> Das ist ähnlich wie in dem Film „Das Feld der Träume". Kevin Costner träumt darin als Hauptdarsteller von einem Baseballfeld, obwohl er nicht einmal eine Mannschaft hat. Doch eine körperlose Stimme redet ihm ein: „Baue du nur, dann werden sie schon kommen." Wie viel Energie steckt die traditionelle Kirche in die Anpassung ihres Programms und ihrer Gottesdienste an die vermeintlichen Erwartungen ihres unsichtbaren Publikums? Wenn wir erst die Sessel aufgestellt, den Parkplatz gebaut, unser Kinderprogramm eingeführt, unsere Predigten und unsere Musik perfektioniert haben, dann werden sie schon kommen. Wer so denkt, geht weiter davon aus, dass die Kirche einen festen Platz in der Gesellschaft einnimmt und dass alle Menschen nur deshalb nicht kommen, weil sie mit dem Produkt nicht zu 100 Prozent zufrieden sind. Das war vielleicht in der Moderne so, in der Postmoderne stimmt es nicht mehr. Die missionarische Kirche hat erkannt, dass sie keinen Ehrenplatz in der Gesellschaft mehr hat und dass ihr der Missionsauftrag gebietet, loszugehen und den Menschen auf Augenhöhe zu begegnen.

>>>>>>> Wir haben im Laufe der Jahre mit vielen Gemeinden zusammengearbeitet, die gerne ihre missionarische Ausrichtung verstärken

wollten. Doch wenn es darum ging, über konkrete Maßnahmen zu diskutieren, durch die sie zu einer wirklich missionarischen Gemeinde werden könnten, sprachen sie in erster Linie über Veränderungen am Sonntagsgottesdienst. Das ist aber etwas ganz anderes als eine missionarische Existenz, das sind äußerliche Korrekturen. Wir glauben zum Beispiel, dass sich ein frischer Anbetungsstil nur in Zusammenarbeit mit denen entwickeln kann, die damit erreicht werden sollen – also mit neuen Gläubigen aus der örtlichen Gesellschaft. Die maßgeschneiderte Ausgestaltung eines Gottesdienstes steht deshalb auf der Prioritätenliste eines missionarischen Gemeindeleiters viel weiter unten. Wer zuerst den Gottesdienst verändert; hat immer noch nicht die unbiblische „Kommt zu uns!"-Haltung überwunden, die sich durch nichts in den Evangelien oder den Briefen im Neuen Testament belegen lässt. Jesus, Paulus, die Jünger und die ersten Kirchenführer dachten anders. Ihr Motto war: „Lasst uns zu ihnen gehen!"

>>

Zweitens: Das historische Christentum ist im Wesentlichen dualistisch, weil es das Sakrale vom Profanen, das Heilige vom Unheiligen und die drinnen von denen da draußen unterscheidet. Was wir bislang über das Problem der attraktionalen Kirche gesagt haben, hat seine Wurzeln in dieser dualistischen Spiritualität. Wir werden diesen Gedanken in Bezug auf die missionarische Kirche im dritten Teil des Buches noch ausführlicher behandeln. Abgekürzt lässt sich hier sagen: Wir sind überzeugt, dass die Kirche nur aufgrund ihrer dualistischen Spiritualität eine so komplett attraktionale Form angenommen hat. Wir reden heute in den Gemeinden ohne mit der Wimper zu zucken von der „Welt da draußen". Das kann ja nur bedeuten, dass wir, die Kirchenleute, „hier drin" sind! Dieser Dualismus hat 1700 Jahre lang Christen hervorgebracht, die ihren innerlichen Glauben nicht mit ihrer äußerlichen Praxis in Einklang bringen können. Und das wiederum hat Auswirkungen auf ihre Ethik, ihren Lebensstil und ihre Fähigkeit, den

Glauben sinnvoll mit anderen zu teilen. Robert Banks beschreibt in seinem bahnbrechenden Buch „Redeeming the Routines" den Graben, der bei vielen Christen zwischen dem Glauben und dem Alltagsleben klafft. Er nennt dabei zehn Punkte, an denen dieser Graben sichtbar wird:

1. Wir verbinden unseren Glauben nicht mit unserer Arbeit (oder unserer Arbeitslosigkeit) und wissen auch nicht, wie so eine Verbindung aussehen könnte.
2. Unser Glaube hat im Normalfall kaum Einfluss auf unsere Freizeitaktivitäten.
3. Wir haben wenig Gespür dafür, wie man als Christ seine alltäglichen Aufgaben angeht, beispielsweise den Haushalt.
4. Unsere Einstellungen und Werte im Alltag sind oft von denen unserer Gesellschaft geprägt.
5. Viele unserer geistlichen Schwierigkeiten haben mit dem äußeren Druck zu tun, dem wir täglich ausgeliefert sind (Zeitmangel, Erschöpfung, Spannungen in der Familie usw.).
6. Unsere Alltagssorgen und -freuden haben in der Gemeinde meist nur wenig Raum.
7. Nur selten sprechen die hauptamtlichen Theologen wirklich die relevanten Aufgaben unseres Alltags an.
8. Wenn Alltagsthemen angesprochen werden, dann werden sie in der Regel zu theoretisch behandelt.
9. Nur eine Minderheit der Christen liest geistliche Bücher oder bildet sich theologisch fort.
10. Die meisten Kirchgänger sind überzeugt, es gebe keinen Graben zwischen ihrem Glauben und ihrem Alltagsleben.[6]

Banks zitiert hin und wieder aus dem alten Buch „Christianity and Real Life" von William Diehl, dem Verkaufsleiter eines globalen Stahlunternehmens. Diehl schreibt als Laie (ein schreckliches Wort, aber Sie verstehen sicher, was wir meinen) über den Graben zwischen dem

Sakralen und dem Säkularen in christlichen Kreisen folgendes: *„In den fast 30 Jahren meiner beruflichen Karriere hat meine Gemeinde nie erkennen lassen, dass sie meinen Beruf überhaupt zur Kenntnis nahm. Meine Gemeinde hat mir nie angeboten, meine Gaben zu schulen, damit ich Gott am Arbeitsplatz besser dienen kann, noch wurde ich jemals danach gefragt, ob ich in meiner Tätigkeit Unterstützung brauche. Es wurden niemals ethische Probleme angesprochen, wie ich sie jeden Tag lösen muss. Keiner interessierte sich dafür, ob ich meinen Glauben mit meinen Kollegen teile. Ich habe noch keine Gemeinde gefunden, in der es so etwas wie eine öffentliche Anerkennung dessen gab, was ich in meinem Beruf tue. Kurz gesagt: Ich muss zum Schluss kommen, dass meine Gemeinde nicht das geringste Interesse daran hat, ob oder wie ich in meiner täglichen Arbeit Gott diene."*[7]

>>>>>>> Diese Glaubwürdigkeitslücke zwischen der kirchlichen und der übrigen Welt ist, wie Helmut Thielecke es nennt, eine moderne Form von Doketismus.[8] Wir glauben, dass die Abwertung des Alltags zum innersten Wesen der heutigen Kirche gehört und als solche in jede Faser und jeden Bereich des kirchlichen Lebens eingedrungen ist. Entfernt man diesen Doketismus, beziehungsweise den Dualismus aus der Kirche, dann fällt ein großer Teil dessen, was in über 1700 Jahren an Institution aufgebaut wurde, in sich zusammen. Weil die missionarische Kirche der Zukunft ihrem Wesen nach in einer organischen Einheit mit der sie umgebenden Gesellschaft lebt, muss sie die dualistische Weltsicht des Christentums ablegen und eine Spiritualität entwickeln, die das ganze Leben umfasst.

>>

Drittens: Die traditionelle Kirche des „Christentums" ist hierarchisch aufgebaut. Sie hat eine enorm religiöse, bürokratische und pyramidenförmige Vorstellung von Leitung, und verkörpert damit den Gegensatz einer „Bewegung von unten", wie wir sie uns vorstellen. Die meisten Großkirchen beharren bewusst auf einer strengen Hierarchie mit

Erzbischöfen, Bischöfen, Priestern und Kirchgemeinderäten, und die Freikirchen sind mit ihren Superintendenten, Haupt- und Nebenpastoren, Jugendpastoren und Diakonen nicht weniger hierarchisch. Von den Pfingstlern bis zur orthodoxen Kirche, von den Baptisten über die Episkopalen bis hin zu den Presbyterianern: das hierarchische Modell scheint universal zu sein. Und wir fragen uns: Wie lange will die Kirche eigentlich noch ignorieren, dass Paulus jegliche Trennung zwischen Priestern und Laien, zwischen Offiziellen und einfachen Gläubigen, zwischen Heiligen und normalen Menschen radikal aufgehoben hat?

>>>>>>> Der britische Pastor Rob Warner drückt diesen Gedanken so aus: *„Die ersten Christen haben Begriffe wie ‚Priestertum' und ‚Opfer' radikal neu gefüllt. Auf der einen Seite sind wir alle Priester; Gläubige sind ihre eigenen Priester, weil alle durch Christus einen unmittelbaren Zugang zur Gnade Gottes haben. Was die Priester früher für andere vollziehen mussten, können die Gläubigen jetzt für sich selbst tun. Auf der anderen Seite kann in der christlichen Gemeinde keiner zum Priester ernannt werden, weil Christus die priesterliche Aufgabe ein für alle Mal erfüllt hat.“*[9]

>>>>>>> Einige junge Leiter merken inzwischen, dass in einer immer stärker werdenden globalen Kultur und in einer neuen Generation, die Gleichheit und Gemeinschaft hochschätzt, das hierarchische Modell nichts mehr zu sagen hat. Dan Mayhew, der in Portland, Oregon, im „Summit Fellowship-Programm“ mitarbeitet, hat begriffen, dass er die Hierarchien seiner Organisation komplett einebnen muss, wenn er authentisch mit der neuen Generation junger Menschen arbeiten will. Er sagt: *„In einer Hierarchie gibt es immer welche, die etwas von oben nach unten verteilen. Wir sind aber gemeinsame Erben Christi, alle zusammen. Bei uns darf es keine pyramidenartige Struktur des Anleitens geben, weil wir uns alle von Jesus herleiten. Das ist auf der einen Seite nur ein Wortspiel, auf der anderen Seite steckt aber viel Wahrheit dahinter: Wir sind es gewohnt, systematisch an die Dinge heranzugehen*

und bauen deshalb Hierarchien auf. Der organische Ansatz läuft aber so, dass wir uns alle gemeinsam als Erben der Gnade Gottes begreifen. Keiner leitet andere von oben herab an, sondern alle zusammen werden von Gott geleitet."[10]

Was sollen wir tun?

Gerard Kelly beschreibt in seinem Buch „RetroFuture" klug den gegenwärtigen Zustand der Kirche. Er sagt: *„Ich bin der Überzeugung, dass die Kirche sich ändern muss. Die Kirche lebt nicht von kurzfristigen Trends, weil sie Gottes Familie ist und nach anderen Regeln funktioniert. Aber sie ist zugleich eine kulturelle und soziale Institution, verwurzelt in Raum und Zeit. Wenn uns die junge Generation und die nach ihr kommenden Generationen überhaupt irgendetwas bedeuten, dann müssen wir dringend über die zukünftige Form der Kirche nachdenken.*"[11] Dann zitiert er die häufig angeführte Warnung von Tom Sine: *„Jede religiöse Organisation, jede Konfession, mit der ich gearbeitet habe, betreibt langfristige Planung. Ironischerweise planen sie aber so, als wäre die Zukunft einfach die Verlängerung der Gegenwart. Das führt dazu, dass wir chronisch von Veränderungen überrascht werden. Diesen Luxus werden wir uns in Zukunft nicht mehr leisten können.*"[12]

>>>>>>> Wie also wird die Kirche in der Zukunft aussehen? Wenn sie die Form annimmt, die wir für die missionarische Kirche erwarten, dann wird sie – je nach Kontext – sehr unterschiedliche Erscheinungsformen annehmen. Dennoch wird es gemeinsame Werte geben, die quer durch alle Formen erkennbar sind. Die missionarische Kirche wird zum Beispiel großen Wert auf gemeinschaftliches Leben, offene Leitungsstrukturen und den Beitrag des ganzen Volkes Gottes legen. Sie wird radikal versuchen, das biblische Bild von lokalen Glaubensgemeinschaften umzusetzen, ohne dass sie dabei die Kirche des ersten Jahrhunderts in jedem Detail nachbilden müsste.

>>>>>>> Wir glauben auch, dass die zukünftige missionarische Kirche abenteuerlustig, verspielt und spontan sein wird. Leonard Sweet hat von Dee Hock den Begriff „chaordisch“[13] übernommen, um die Neigung der „emerging church“ zu Chaos und Improvisation (natürlich innerhalb der Ordnung der biblischen Werte) zu beschreiben. Die neue, missionarische Kirche wird experimentelle Anbetungszeiten für alle Sinne anbieten – nicht frontal, sondern integrativ – und sie wird sich intensiv für Gerechtigkeit und Gnade einsetzen. Sie wird nach der Einheit in Vielheit streben, individuelle Unterschiede und Einzigartigkeiten wertschätzen, aber auch großen Wert auf Gemeinschaft und Zusammengehörigkeit legen.

>>>>>>> Bischof Gladwin zeigt sich in seinem Buch über die postmoderne Kirche überzeugt davon, dass die zukünftigen Gemeinden in der „emerging church“ vor allem vier Eigenschaften gemeinsam haben werden:

1. Die Betonung der geistlichen Reise und der Erfahrung Gottes
2. Weniger Strukturen und mehr direkte Beteiligung aller Teilnehmer
3. Flexibilität innerhalb gewisser Ordnungen und eine ausdrücklich nicht-hierarchische Kultur
4. Die Einsicht, dass es in der Gemeinde vor allem um den Aufbau von Jüngerschaft gehen muss

Daraus schließt er: *„Die Kirche wird sich auf den Kern des Glaubens konzentrieren müssen, auf ein Minimum an notwendiger Struktur, auf Menschen und ihre Gaben, auf flexible Lebensmuster, gemeinschaftliches Leben und einen Sinn für Zusammengehörigkeit.“*[14] Und das von einem Bischof!

>>>>>>> Wir sind uns bewusst, dass in der Praxis erprobte Modelle oft mehr aussagen als theoretische. Im Folgenden wollen wir daher ein paar Beispiele junger missionarischer Gemeinschaften vorstellen.

Kirche im missionarischen Modus

Der „Subterranean Shoe Room" ist ein cooler Schuhladen im Retrostil im angesagtesten Viertel des ewig-hippen San Francisco und wurde erst vor kurzem eröffnet. Der Besitzer, Brock Bingaman, gehört als Evangelist zu den Southern Baptists und hat schon mehrere Gemeinden in den USA gegründet. Er kam nach San Francisco mit dem erklärten Ziel, nach dem bewährten Modell der „Kirche mit Vision"[15] eine weitere Gemeinde aufzubauen. Wie gesagt: Dieses Projekt war nicht seine erste Gemeindegründung. Man braucht nur ein paar Worte mit Brock zu wechseln und weiß sofort: Dieser Mann ist mit Leib und Seele Evangelist. Aber in San Francisco wimmelt es nur so von gescheiterten Evangelisten, die wie er versucht haben, konventionelle Gemeinden zu gründen. Die Stadt ist derart verweltlicht und die kulturelle Szene so lebendig, dass traditionelle Gemeinden – auch die nach dem Modell der „Kirche mit Vision" – unweigerlich versagen. Geknickt musste Brock feststellen, dass es in dieser Umgebung wenig sinnvoll war, ein ähnlich geartetes Angebot zu machen. Auf der Suche nach einem Auskommen kehrte er deshalb, wie er gerne erzählt, zu seiner ersten Liebe zurück – zu den Schuhen!

>>>>>>> Brock ist gewissermaßen die „Imelda Marcos" der Southern Baptists. Sie erinnern sich sicher: Die ehemalige Präsidentengattin der Philippinen war für ihre exzessiv große Schuhsammlung bekannt. Seit Brock ein kleiner Junge war, liebt er Schuhe und sammelt sie wie ein Verrückter. Als wir ihm erzählten, dass jeder von uns höchstens zwei oder drei Paar besitzt, spottete er: *„Ich kaufe mir zwei oder drei Paar pro Woche!"* und lachte. Zusammen mit seinem Bruder Josh und ihren beiden Frauen mietete er sich Geschäftsräume und stopfte sie voll mit neuen, gebrauchten und wieder aufgepeppten Retroschuhen. Inzwischen boomt der Laden im Modeviertel, in dem es vor der Eröffnung des „Subterranean Shoe Room" nur einen Sportschuh-Werksverkauf gab.

>>>>>>> Brock hat, was Schuhe angeht, tatsächlich eine besondere Gabe. Er ist nämlich kein gewöhnlicher Verkäufer. Wenn sich Leute seine Schuhsammlung ansehen und ihm sagen, sie wären sich nicht sicher, wonach sie suchen, dann bekommen sie immer den gleichen Satz zu hören: *„Erzähl mir etwas von dir, und ich sage dir, was für einen Schuh du brauchst.“* Und so haben ihm schon Hunderte der Besucher seines Schuhgeschäfts ihr Leben offenbart. Nachdem er ihre Geschichte gehört hat, behauptet Brock immer, genau das Richtige für die Leute zu haben. Er geht zum Regal und zieht ein Paar Pumas in pink oder kirschrote Docs hervor. Und er scheint mit seiner Intuition jedes Mal richtig zu liegen.

>>>>>>> *„Als Evangelist und Gemeindegründer verbrachte ich 90 Prozent meiner Zeit mit anderen Christen“*, meint er. *„Jetzt, als Schuhverkäufer, widme ich endlich 90 Prozent meiner Zeit Nichtchristen.“* Er hat Beziehungen zu unterschiedlichsten Leuten aufgebaut: zu schwulen und lesbischen Paaren, zu Marxismus-Professoren, zu alternden Hippies und ausgeflippten Künstlern – eben zu all den Leuten, die man in den Kirchen nicht findet. Die Wände seines Ladens sind mit Bildern arbeitsloser Künstler geschmückt, und er hat auch schon ein paar für sie verkauft. Sein Plan ist es, den Keller des „Subterranean“ demnächst in einen Tischtennisraum auszubauen (das ist wieder hip in San Francisco – ob man es glaubt oder nicht) und zu einem Treffpunkt für die Jugendlichen aus der Gegend zu machen. Noch ist keiner von Brocks Kunden zum Glauben gekommen, aber er ist und bleibt Evangelist. San Francisco ist zwar ein hartes Pflaster für Evangelisation, aber Brock beeindruckt mit seiner natürlichen Art, die Botschaft des Evangeliums unter jene Menschen zu bringen, die den Christen normalerweise sehr kritisch gegenüberstehen. Und für die Zukunft kann er sich nicht vorstellen, dass eine Gemeinde, die sich aus dem „Subterranean“ heraus entwickelt, Ähnlichkeit mit der First Baptist Church weiter unten an der Straße haben könnte.

>>>>>>> Das ist das Denken der missionarischen Kirche der Zukunft: Anstatt nach bewährtem Muster eine traditionelle, attraktionale Kirche zu gründen, lässt Brock sich auf den Rhythmus der ihn umgebenden Gesellschaft ein. Er hört den Menschen zu und achtet auf ihre Hoffnungen und Ängste.

>>>

Ein ähnliches Experiment, das weiter fortgeschritten ist als der „Subterranean Shoe Room", ist die „Hope Community" in Wolverhampton in England. Drei katholische Ordensschwestern erhielten dort von ihrer Gemeinde den Auftrag, sich ein Bild von der Bevölkerung in Heath Town, einer verarmten Sozialbausiedlung mit neun Hochhäusern, zu machen. Genau wie Brock hörten sie anfangs einfach nur zu, was die Menschen in der Siedlung zu sagen hatten – und das war eine Litanei aus Angst, Verzweiflung und sozialer Not. Unfähig, nach getaner Arbeit einfach wieder in ihre gemütlichen Ordenswohnungen im nahe gelegenen Mittelklassevorort zurückzukehren, mieteten sich die drei Schwestern eine Wohnung im zweiten Stock eines der schäbigen Wohnsilos. Dort pflegen sie weiter ihr Ordensleben mit Gemeinschaft und Gebet, sind aber für die Leute vor Ort erreichbar. Die missionarische Kirche geht davon aus, dass Nähe zu den Menschen, die erreicht werden sollen, von größter Bedeutung ist.

>>>>>>> Interessanterweise berichtet Schwester Margaret Walsh, dass keine der Schwestern ursprünglich vorhatte, etwas konzeptionell Neues anzufangen.[16] Sie lebten einfach nur vor Ort und hörten ihren Nachbarn zu. Aber allein ihre Gegenwart führte zu vielen Veränderungen. Mittlerweile gibt es in der Sozialbausiedlung Gottesdienste, die von den Bewohnern selbst geplant und durchgeführt werden. Die Schwestern bieten Computerschulungen und Kurse für Lese- und Schreibschwache an und haben auch schon Ferienprogramme durchgeführt. Das alles hat Auswirkungen auf die Lebensqualität der Siedlungsbewohner. Durch ihre Gemeinschaft und ihr Gespür für mis-

sionarische Arbeit wurden die Schwestern zum Salz und Licht des Viertels. Während sie das, was sie tun, kaum „Kirche“ nennen würden, ist ihre Wohnung für die Nachbarn längst zu einer Kapelle geworden.

>>>>>>> Genau wie Brock haben die Schwestern den Menschen in ihrer Umgebung nichts aufgedrängt oder aufgezwungen. Aber sie führen das Werk Jesu an den bedürftigen Menschen weiter, weil sie davon ausgehen, dass Gott schon längst unter ihnen ist und mit ihrem Leben etwas zu tun hat. Sie erheben gerade nicht den Anspruch, Gott nach Heath Town zu „bringen“, sondern wollen sich vom Heiligen Geist brauchen lassen, um Einzelne und ihre Umgebung um Christi Willen zu verändern – durch den Gott, der schon längst gegenwärtig ist.

>>>

Mit diesen beiden Arbeitsmodellen im Hinterkopf können wir ein paar Gemeinsamkeiten missionarischer Gemeinden identifizieren. Vier dieser Eigenschaften verdienen dabei besondere Aufmerksamkeit: Orte der Begegnung, gemeinsame Projekte, kommerzielle Unternehmen und authentische Glaubensgemeinschaften.

Orte der Begegnung

Mit „Orten der Begegnung“ meinen wir Räume oder Veranstaltungen, in denen Christen und Nichtchristen miteinander in Kontakt kommen können. Während wir dieses Buch schreiben, hat Alan gerade ein Café in einem blühenden Gastronomieviertel in Melbourne gekauft – unterstützt von einigen christlichen Unternehmern, die ebenfalls missionarisch denken. Er möchte einen Raum schaffen, der von Christen regelmäßig besucht wird und in dem sie ungezwungen Beziehungen zu Nichtchristen aufbauen können. Auf lange Sicht möchte er dadurch ein enges Beziehungsnetz aufbauen, mit dem er eine bestimmte Gesellschaftsgruppe – in diesem Fall die Künstlerszene Melbournes – erreicht.

>>>>>>> Auf der ganzen Welt eröffnen Christen Cafés, Clubs, Galerien, Designstudios, Fußballvereine und vieles andere, um solche Begegnungen zu ermöglichen und Beziehungen aufzubauen. Wenn unser Sonntagsgottesdienst die einzige Gelegenheit für tragfähige Kontakte mit Nichtchristen bleibt, dann haben wir nämlich ein Problem. In Birmingham in England hat Pip Piper, der Gründer eines Designstudios mit dem Namen „One Small Barking Dog" (genial, oder?) ein monatliches Treffen in einem Café vor Ort, der „Medicine Bar", ins Leben gerufen. Er hat sich vom Wirt die Erlaubnis geben lassen, die Räume „spirituell" zu gestalten, und mit Weihrauch, projizierten Bildern und atmosphärischer religiöser Musik die so genannte „Maji-Zone" geschaffen, in der die Künstler, die auch sonst Gäste der Medicine Bar sind, mit ihren Freunden abhängen, das Ambiente genießen und über Glauben, Religion und Spiritualität reden können. Wie das „Subterranean" ist dies ein klassischer Ort für ungezwungene Begegnungen.

Gemeinsam arbeiten

Zweitens sind für die missionarische Kirche gemeinsame Projekte von Christen und Nichtchristen wichtig. Orte der Begegnung sind ideal für ungezwungenes Miteinander. Aber gemeinsame Arbeit gibt den Christen die Möglichkeit, Seite an Seite mit Nichtchristen etwas Sinnvolles zu tun. Auf diese Weise können wirklich tiefe Beziehungen entstehen. Die Gemeinde kann Projekte ins Leben rufen, die für alle offen sind; Christen können sich aber auch einfach hinter bereits existierende Projekte stellen. Das Entscheidende ist, dass man Projekte findet, bei denen Christen und Nichtchristen über einen längeren Zeitraum gemeinsam an einem Strang ziehen. Zeit ist dabei ein wesentlicher Faktor. Wir müssen Projekte finden oder entwickeln, in denen man auch genügend Zeit hat, Freundschaften zu pflegen.

>>>>>>> In Sydney haben sich zum Beispiel einige Leute zusammengeschlossen, um die Flüsse und Kanäle in den Vororten der wuchernden Stadt zu reinigen. Diese Initiativen entfernen Unkraut, sammeln Müll, pflanzen einheimische Vegetation an und nehmen Wasserproben, deren Ergebnisse sie an die Behörden weiterleiten. Es ist eine zeitraubende Arbeit, die während des ganzen Jahres an verschiedenen Samstagen geschieht. Aber wenn man mit Nichtchristen gemeinsam im Schlamm steht und Schmarotzer von sterbenden Eukalyptusbäumen entfernt, entwickeln sich Gespräche, gemeinsame Werte und gegenseitiges Vertrauen wie von alleine.

>>>>>>> In San Francisco hatten wir die Gelegenheit, durch das Latino-Viertel zu streifen. Dabei wurden wir von Mark Scandrette geführt, einem kreativen Künstler, der in die Gegend gezogen ist, um eine Gemeinde zu gründen. In seiner Nachbarschaft entdeckte er eine Gruppe von Künstlern, die gemeinsam Wandbilder erstellen und so die Stadt verschönern. Er begriff, dass er in dieser Gruppe nicht nur Schulter an Schulter mit Nichtchristen stehen konnte, um gemeinsam Wände anzumalen, sondern auch Einfluss auf die Entwicklung der öffentlichen Kunstszene in San Francisco hatte. Also trat er dieser Gruppe bei. In Städten ohne eine starke Künstlerszene könnten Christen so eine Arbeitsgemeinschaft auch selbst anstoßen. Die missionarische Kirche denkt nicht immer gleich an Strategien, sondern zuerst an die Menschen und die Orte, an denen sie leben. Es ist so, wie Bono von U2 es formuliert hat: *„Wenn Jesus heute auf die Erde käme, würde man ihn vielleicht in einer Schwulenbar in San Francisco antreffen. Er würde mit AIDS-Kranken arbeiten. Das sind die neuen Aussätzigen. Wenn du wissen willst, wo Jesus herumhängen würde – er ist immer bei den Aussätzigen."*

Kommerzielle Unternehmen

Kommerzielle Unternehmen können ein dritter Weg sein. Wie Brock Bingaman bemerkte, will niemand in San Francisco eine neue Gemeinde, aber alle wollen ein cooles Schuhgeschäft. Wenn wir in einer bestimmten Gegend eine neue Gemeinde gründen, hat wahrscheinlich kein Kirchendistanzierter spontan das Gefühl: „Hey, das bringt unser Viertel voran." Aber wenn wir ein Café eröffnen, einen Waschsalon mit Internetzugang oder eine Kindertagesstätte, dann werden wir als Menschen wahrgenommen, die das soziale Leben in der Gegend aufwerten. Damit dienen wir den Leuten, zu denen wir gesandt sind.

>>>>>>> In Sheffield in England hat eine Frau namens Jane Grinnoneau in einem leer stehenden, verkommenen Pub eine Kooperative gegründet. An der Geschichte dieses Pubs kann man sehen, wie der Einsatz begeisterter Menschen und Gottes wundersames Eingreifen zusammenwirken (eine fantastische Kombination!). Das „Furnival", so hieß das Pub früher, war geplündert, verwüstet und verlassen worden, bevor Jane es zum ersten Mal entdeckte – weil sie sich im berüchtigten Burngreave-Viertel verlaufen hatte. Dass sie das Gebäude tatsächlich erwerben und herrichten konnte, um vor Ort für die Menschen da sein zu können, hat tatsächlich mit der wunderbaren Gnade Gottes zu tun. Inzwischen ist das „Furnival" ein Ausbildungszentrum für junge Leute aus der Gegend, mit einer Lernküche und einem Café. Außerdem gibt es Pläne für einen Waschsalon und ein Gesundheits- und Beratungszentrum. Burngreave war als Viertel vorher so verrufen, dass es dort, seit die methodistische Kirche ausgezogen war, offiziell keine Christen mehr gab. Und das war Jahre, bevor Jane in die Gegend kam. Wenn jemand angekündigt hätte, er wolle dort wieder eine traditionelle Gemeinde in der Siedlung anfangen, wäre er vermutlich von den Anwohnern ausgelacht und von anderen Kirchen der Ressourcenverschwendung bezichtigt worden. So aber ist das „Furnival" zu einer

christlichen Gemeinschaft geworden, die den Menschen dient und durch die das Reich Gottes auf eine Weise wächst, wie es bei einer traditionellen Gemeinde nie möglich gewesen wäre.

>>>>>>> Selbst ganze Kirchen fangen langsam an, die geistliche Bedeutung von Dienstleistungsangeboten in bestimmten Bevölkerungsgruppen zu erkennen. In Kalifornien hat beispielsweise Bill Bruenle, ein Gemeindegründungsberater der Southern Baptists, in der Region um die Stadt Chico genau diese Vision. Als Grundlage seiner Gemeindegründungs-Strategie baute er erst einmal ein Unternehmen auf: „Apex International", eine Agentur, die Gemeinden finanziell und kreativ unterstützt, wenn diese kommerzielle Unternehmen entwickeln wollen, um in einer bestimmten Gegend ganz nah bei den Menschen sein zu können. Bill, ein ehemaliger WWF-Ringer (er hieß damals „Golden Gladiator" – ist das zu fassen!?), hilft Gemeinden, die Bedürfnisse der Menschen in einem bestimmten Viertel zu analysieren und einen Geschäftsplan zu erstellen. Oft finanziert er solche neuen Projekte sogar mit. Ja, ihn wundert immer wieder, dass die herkömmlichen Gemeinden den missionarischen Wert von kommerziellen Dienstleistungen in einer konkreten Subkultur oft gar nicht erkennen. Manche Leute werfen ihm vor, er mache „weltliche" Geschäfte, dabei bekommt er nicht einen Cent von „Apex". Es ist, wie schon Brock festgestellt hatte: Mit der richtigen Geschäftsidee am richtigen Fleck kann man feste und tragende Beziehungen zu Menschen aufbauen, die normalerweise kein Interesse an kirchlichen Aktivitäten haben.

Authentische Glaubensgemeinschaften

Viertens sollten aus diesen vielfältigen neuen Beziehungen in einer bestimmten Subkultur einheimische Glaubensgemeinschaften entstehen. Es ist zwar ein edles und geistliches Unterfangen für einen christlichen Geschäftsmann, ein missionarisches Schuhgeschäft zu betreiben, aber wenn dahinter keine Gemeinschaft von Christen steht, dann fehlt etwas. Als Verkäufer kann man seine Kollegen, Kunden und Partner zwar in Diskussionen über Fragen des Glaubens verwickeln, aber die beste Form, das Evangelium zu verdeutlichen, ist eine Gemeinschaft von Christen, die es auslebt.

>>>>>>> Brock Bingaman, Margaret Walsh, Jane Grinnoneau und Pip Piper haben Orte der Begegnung geschaffen und als Missionare kommerzielle Unternehmen aufgebaut. Sie werden geleitet von der Sehnsucht, am Reich Gottes mitzubauen und zu sehen, wie Leben durch Christus verändert werden. Bei einigen von ihnen haben sich schon Glaubensgemeinschaften aus den Beziehungen heraus entwickelt, bei anderen ist es dafür noch zu früh.

>>>>>>> Einige Kritiker einer solchen missionarischen Arbeit bemerken: „Wann wird da eigentlich die Bibel ausgelegt? Wo bekommen die Leute Lehre?“ Das sind berechtigte Anfragen. Aber wir glauben, dass Menschen dann am meisten über Glauben lernen, wenn die christliche Glaubensgemeinschaft missionarisch ist. Die Bibel wird viel zu oft in passiven christlichen Gruppen ausgelegt, von denen keine an riskanten missionarischen Aktionen beteiligt ist. Eine missionarische Gemeinde aber mobilisiert alle ihre Mitglieder und sendet sie in die Gesellschaft. Schon die ersten Jünger Jesu haben entdeckt, dass man am besten lernt, wenn man in einer konkreten Situation Information braucht. Damit wollen wir gar nichts gegen biblische Lehre sagen, aber in der Lehre muss an die missionarischen Erfahrungen angeknüpft werden, die die Gemeinde als Ganzes macht.

>>>

Hier ist etwas Wichtiges festzuhalten: Die missionarische Kirche verbindet die Sorge um die gesellschaftliche Entwicklung, die man normalerweise eher in den liberalen Kirchen findet, mit dem Einsatz für geistliche Veränderungen des Einzelnen und der Gruppe, wie sie für evangelikale Kreise typisch ist. Das Verwischen der alten Trennlinien zwischen Theologie, Lehre und Praxis öffnet der Kirche den Weg für eine viel umfassendere Mission. Mark Driscoll sagte dazu: *„Ich will mich vorbereiten wie ein Evangelikaler, predigen wie ein Pfingstler, beten wie ein Mystiker, Exerzitien betreiben wie ein Eremit, Kunst lieben wie ein Katholik und soziale Gerechtigkeit suchen wie ein Liberaler."*

>>>>>>> Wir beobachten, dass sich viele Leiter und Vordenker der missionarischen Kirche besonders Mühe geben, Konzepte im Gleichgewicht zu halten, die als Gegensätze betrachtet werden. Dieses „Sowohl-als-auch-Denken" ist ein Kennzeichen der neu entstehenden, postmodernen Kultur. Eine postmoderne missionarische Kirche ermöglicht deshalb auch den Dialog zwischen liberaler Theologie, die alles vom Kontext her sieht, und den Post-Liberalen wie Hauerwas und Brueggeman, die einen narrativen Ansatz haben. Eine missionarische Kirche versucht den Kontext ernst zu nehmen, aber sie will auch die biblische Geschichte in ihrem narrativen Reichtum und ihrer Kraft für die heutige Welt neu entdecken. Wenn Geschichte und Kontext zusammen gesehen werden, dann fangen wir an, missionarisch zu denken und zu handeln.

>>>>>>> In San Francisco gibt es eine Gruppe, die sich „ReImagine" nennt und der Frage nachgeht, wie sich ein solcher Dialog praktisch ausgestalten lässt. Zu diesem Zweck benutzt man bei „ReImagine" verschiedene Farbfelder. Das gelbe Feld steht für eine christliche Spiritualität, die nur an der persönlichen Welt des Glaubens interessiert ist. Dahinter verbirgt sich die klassische Form des individuellen Glaubens mit Stiller Zeit, Bibelstudium, Gottesdienstbesuch und moralisch-ethischem Verhalten. Das blaue Feld steht für eine Form christlicher Spiritualität, die sehr auf den gesellschaftlichen Kontext achtet, soziale Aktivitäten fördert und für Gerechtigkeit, Moral und ethisches Verhalten in der Öffentlichkeit eintritt. Nur im Dialog zwischen diesen beiden Feldern, so „ReImagine", kommen wir dem biblischen Auftrag von missionarischer Aktivität und Spiritualität nach, wie das folgende Diagramm zeigt:

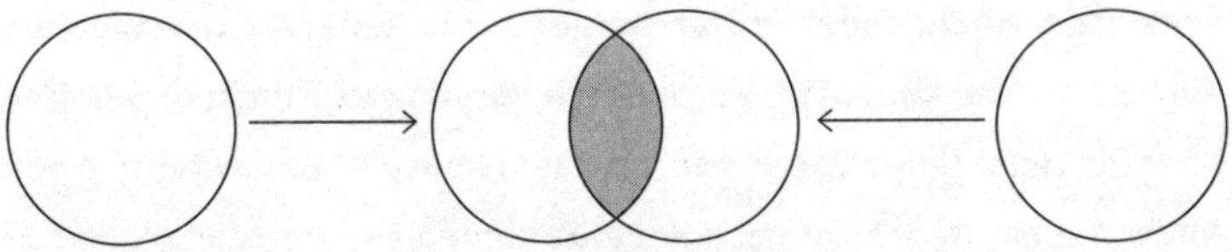

Abbildung 1

Die Kombination von Gelb und Blau ergibt auf einer Farbtafel Grün, und das ist eine passende Art, über missionarische Räume nachzudenken: Man schafft „Grün-Flächen". Missionarische Christen könnte man nach dieser Definition auch „Grüne" nennen. In einem grünen Feld kommen narratives und kontextuelles Denken, das Individuum und die Gemeinschaft, die innere und die äußere Welt, das Religiöse und das Nichtreligiöse auf sinnvolle Weise zusammen. Bei „ReImagine" redet und bezieht man sich immer wieder auf diese „Grünfläche".

Auf dem Weg zum Ziel

In dem verschlafenen Städtchen Pomona vor den Toren von Los Angeles riecht es in den heimeligen Vorgärten meist nach frisch geschnittenem Gras, und die Laternen verströmen ein warmes Licht, das den ruhigen Abend sanft beleuchtet. Schilder am Straßenrand warnen: *„In unserer Straße achten wir darauf, wer sich verdächtig herumtreibt. Jede verdächtige Person wird der Polizei gemeldet."* Aber in der Innenstadt, auf der 2nd Street, ist mehr los, als man vermuten würde: Die 2nd Street wurde nämlich, wie ein großes Schild eindrucksvoll verkündet, zur Künstlerkolonie erklärt, und heute tummeln sich dort Tanzstudios und Nachtclubs neben Ateliers und Geschäften mit der angesagtesten Kleidung. Es gibt sogar ein College in der Stadt, an dem man Kunst studieren kann – und in der 2nd Street leben Punks und Hip-Hopper, Sprayer und Performancekünstler nebeneinander. Die in den

Fenstern aushängenden Poster werben für lauter kreative Angebote: vom Schauspielkurs über die poetische Lesung bis hin zum Seminar über die Herstellung von Mosaiken oder (sieh an!) die Gestaltung von Kirchenfenstern. Als wir nach Pomona kamen, fanden abends gerade ein Workshop mit dem Titel „Wie werde ich eine Hexe" und eine Podiumsdiskussion zum Thema „Frauen in der Kunst" statt. Und in den verschiedenen Lokalen gab es Musik von Blues bis Hip-Hop, Rock bis House und von Punk bis Rockabilly und Latino.

>>>>>>> Inmitten dieser lebendigen Atmosphäre (von Kunst und Musik, New Age und Kommerz) auf der 2nd Street befindet sich in Haus Nummer 181 die „Millennia"-Gruppe. „Millennia" ist nach den Worten ihres geistigen Vaters Brian Ollman ein missionarisches Experiment, in dem Räume der Begegnung, gemeinsames Arbeiten, kommerzielle Unternehmen und eine natürlich gewachsene Glaubensgemeinschaft zusammenkommen. In ihrer Vision schreiben die Mitglieder: *„‚Millennia' fördert die kulturelle Erneuerung der Gesellschaft und die persönliche Veränderung durch die Integration von Kunst, Gemeinschaft, Spiritualität, Unternehmergeist und öffentlicher Dienstleistung. ‚Millennia' besteht aus mehreren zusammenhängenden Projekten, deren Zentrum jeweils die Künstlerkolonie von Pomona ist. Jedes ‚Millennia'-Projekt bietet die Möglichkeit, sich kreativ zu beschäftigen und auszudrücken, eine sinnvolle Arbeit zu verrichten und Anschluss an eine heilende Gemeinschaft zu finden, die auf Jesu Gegenwart vertraut."*

>>>>>>> Die Projekte der „Millennia"-Gruppe sind alle darauf ausgerichtet, eine oder mehrere der oben genannten Eigenschaften konkret werden zu lassen. Hier einige Beispiele:

>>>

Millennia Art Lounge: Dieser Club ist buchstäblich das Schaufenster der Gruppe. Ein Parterre-Ladenlokal an der 2nd Street wurde zu einem Tanzstudio und einem Ort für Performances ausgebaut – mit wöchentlichen Lesungen, sowie Livebands, Hip-Hop- und House-Events. Alle diese Veranstaltungen sind frei oder kosten nur wenig und bilden einen alkohol- und drogenfreien Raum, in dem sich ganz verschiedene Gruppen junger Leute treffen können. In der „Millennia Lounge" finden auch immer wieder Ausstellungen statt, durch die örtliche Künstler – darunter auch Obdachlose – Aufmerksamkeit erlangen. (Merke: ein Ort der Begegnung mit gemeinsamen Projekten)

Millennia Art Studio: Das Atelier-Studio wurde im hinteren Teil des großen Kellers unter der Lounge eingerichtet und ist durch eine Seitentür von der Straße aus zugänglich. Hier können Anfänger und erfahrene Künstler zusammen arbeiten. Es gibt kostenlose Plätze im Studio, aber auch Workshops und Seminare. Die Künstler, die dieses Studio nutzen (Christen und Noch-nicht-Christen) bringen ihre Werke von Zeit zu Zeit auch auf die Straße, fertigen Wandbilder oder Installationen an und verschönern so die Stadt. Aus diesem Studio kommen auch die meisten Ausstellungsstücke für die Lounge. (Merke: ein Ort der Begegnung mit gemeinsamen Projekten)

Millennia Design Group: In einem großen Büro im Dachgeschoss über der Lounge hat sich ein Unternehmen eingerichtet, das sich auf kreatives Grafikdesign spezialisiert hat und für Kunden aus allen Branchen in Pomona und darüber hinaus arbeitet. Hier werden Visitenkarten, Websites, Briefpapier und andere Marketingideen entwickelt. (Merke: kommerzielles Unternehmen)

Innerworld: Die Mitglieder der „Millennia"-Gruppe, deren Herz für elektronische Musik schlägt, veranstalten einmal wöchentlich ein House-Event in der Lounge und organisieren außerdem soziale Projekte: So sammeln sie zum Beispiel gemeinsam Müll und helfen den Obdachlosen. (Merke: gemeinsames Arbeiten)

Millennia JiuJitsu: Im vorderen Teil des Kellers unter der Lounge gibt es wöchentliche Kurse in JiuJitsu-Selbstverteidigung. Hier werden Gemeinschaft, Beziehungen und die persönliche Fitness gefördert. (Merke: Verbindung von kommerziellem Unternehmen und Orten der Begegnung)

Ichthus: Im Herzen der „Millennia"-Gruppe lebt die Glaubensgemeinschaft „Ichthus". Das, was ursprünglich einfach ein Hauskreis bei Brian Ollman zu Hause war, ist auf drei Zellgemeinden angewachsen und gedeiht weiter. Die Mitglieder dieser Gemeinde sind für verschiedene Projekte von „Millenia" verantwortlich. Die (nicht gewählten, sondern schlicht anerkannten) Leiter treffen sich regelmäßig, um über die zukünftige Richtung ihres missionarischen Projektes nachzudenken. Die Mitglieder von „Ichthus", mit denen wir uns unterhalten haben, sehen ihre ehrenamtliche Arbeit alle als einen missionarischen Dienst – und die Menschen, die zu Ichthus und zum Glauben an Jesus Christus gekommen sind, fanden alle zuerst durch die Lounge, JiuJitsu oder das Atelier-Studio Zugang zur Gruppe. Ja, tatsächlich waren einige von denen, die Christen wurden, vorher so weit von der Kirche entfernt, wie das überhaupt nur möglich ist. Wenn man überlegt, wie schwierig Mission in einem derartigen Umfeld normalerweise ist, dann kann man bei dem, was in Pomona geschieht, schon von einer kleinen Erweckung sprechen.

>>>>>>> Wir behaupten nicht, dass das Experiment von Pomona die Lösung für alle Probleme wäre – oder der Weg, wie missionarische Kirche grundsätzlich zu funktionieren hätte. Es ist aber eine Form der missionarischen Arbeit der Zukunft, und es wird davon so viele verschiedene Arten geben, wie es Subkulturen oder Volksgruppen oder Stadtviertel gibt, in die wir gesandt sind. Wir sind einfach begeistert von dem Mut, der Beharrlichkeit und der Kreativität, die Brian und sein Team bewiesen haben, als sie etwas so Geniales und missionarisch Effektives wie die „Millennia"-Kooperative ins Leben riefen. Sie ist im besten Sinne eine „Grünfläche".

Inkarnierend, messianisch, apostolisch

Die Kirche hat, wie beschrieben, im Modus des historischen Christentums drei entscheidende Fehlentwicklungen erlebt – und die würden wir gerne beheben. Daher wird die missionarische Kirche der Zukunft von ihrer Natur her in vielem ein Gegenbild der gegenwärtigen, traditionellen Kirche sein. Anstatt attraktional, wird sie inkarnierend sein. Sie wird ihre religiöse Komfortzone verlassen und auf die Menschen zugehen, die nicht in den Gottesdienst kommen. Sie wird die Gesellschaft durchdringen wie Salz und Licht. Sie wird eine Gemeinschaft bilden, die liebevoll die Gesellschaft infiltriert und transformiert. Darüber hinaus wird sie keinen einfachen Dualismus vertreten, sondern von einer messianischen Spiritualität her leben. Darunter verstehen wir eine Spiritualität, die sich genauso auf die Kultur und die „profane" Welt einlässt wie der Messias selbst. Und schließlich wird die missionarische Kirche eine apostolische Form von Leitung entwickeln und damit das hierarchische Modell der traditionellen Kirche überwinden. >>>>>>> Wir werden jeden dieser Aspekte in den folgenden Kapiteln näher untersuchen. Wir reden dabei ausdrücklich von einem Aspekt und nicht von einem Modell. Das letzte, was wir hier wollen, ist ein neues Modell vorzustellen. Die Kirche ist definitiv von den vielen Modellen der Gemeindeaufbau-Theoretiker ermüdet, und wie wir gezeigt haben, schätzt die missionarische Kirche ja gerade die Vielfalt – und darum wird sie auch ganz unterschiedliche Formen annehmen, je nachdem, in welche Zielgruppe oder Subkultur sie sich berufen fühlt.

B. Die Menschwerdung der Kirche

3. Inkarnierend denken und handeln

Ivan Illich wurde einmal nach der revolutionärsten Art gefragt, die Gesellschaft zu verändern. „Ist es die gewaltsame Revolution oder die allmähliche Reform?“ Er antwortete: „Keins von beiden. Wenn du die Gesellschaft verändern willst, musst du eine alternative Geschichte erzählen.“

>>> Tim Costello

Die Kirche neu erfinden

In seinem Gedicht „The Investment“ beschreibt Robert Frost Menschen, die versuchen, der Realität ihres kargen Lebens als Kartoffelbauern zu entkommen. Und je nachdem, wie man den Text anschaut, ist er entweder ein Beispiel für menschliche Torheit oder für den Triumph des menschlichen Geistes. Die Geschichte spielt in einem Kartoffelfeld, und es geht um eine Gemeinschaft von Bauern, die alle um ihre Existenz kämpfen. Das Leben im Dorf ist hart, aber eine Familie hat gegen ihr Schicksal rebelliert: Sie erträgt die Landschaft mit ihren endlosen öden und braunen Hügeln nicht mehr und malt ihr Haus in hellen Farben an. Außerdem leistet sie sich den Luxus eines Klaviers. Man kann sich dieses Bild leicht vorstellen: eine frisch gestrichene Hütte mitten in den brachliegenden Feldern. Und in der leeren, stillen Gegend hört man plötzlich die Honky-Tonk-Musik eines Klaviers.

Ein Bauer, der draußen auf dem Feld friert und in der kalten Erde gräbt, hört die Musik und dreht sich nach dem bunten Haus um. Er fragt sich, wer dort lebt und warum die Leute ihr Geld für den Luxus eines neuen Klaviers und neue Farbe verschwenden: „Sind die plötzlich zu Geld gekommen? Oder haben sie es gern etwas extravagant?" Am Ende des Gedichts klingt aber noch eine dritte mögliche Erklärung nach: Vielleicht ist es „alte Liebe, die beschließt, sich nicht allein um die Vernunft zu kümmern – die mehr als nur einfach ‚Mann und Frau' sein will und etwas Farbe und Musik ins Leben bringt".[17]

>>>>>>> Ein starkes Gleichnis! Das alte Paar, das mitten in den trostlosen Kartoffelfeldern wohnt, verwöhnt sein Haus mit Farbe und erfüllt die Stube mit Musik. Entweder ist das schiere Torheit, ein verzweifeltes Leugnen der harten Fakten des Lebens, Verschwendung mitten in großer Not – oder es ist eine Feier des Lebens und der Freude gegen die lähmenden Kräfte von Stagnation und Hunger. Ein Mann und eine Frau weigern sich, „nur" ein Mann und eine Frau zu sein, die um ihr Überleben kämpfen.

>>>>>>> Für uns ist das ein großartiges Bild von Gemeinde. Und wie in fast allen Werken von Robert Frost, können auch hier Gedicht und Metapher auf verschiedenen Ebenen gedeutet und übertragen werden. Da ist zunächst die Torheit: Man kann die Kirche als angemalte baufällige Hütte mitten in unfruchtbaren Feldern verstehen. Ihre einstige Größe und Herrlichkeit ist verblichen, und mitten in der Frucht- und Glaubenslosigkeit, die sie umgibt, sieht sie fast lächerlich aus. Ihre Farben und ihre Musik sind eigentlich Verschwendung, ein starrsinniger Anachronismus angesichts einer Welt von verblassenden Träumen. Und: Wir können die Farben nicht noch einmal auftragen oder das Klavier einfach etwas lauter spielen lassen. Das Haus braucht eine Total-Renovierung.

>>>>>>> Auf der anderen Seite können wir die Geschichte auch als ein Symbol dafür sehen, was die Kirche werden könnte. Wie Robert Frost es ausdrückt:

„Ein Bauer in der Kälte,
auf gepflügten Feldern,
Steht still, unter ungeernteten Kartoffeln,
zählt seine Mahlzeiten im Winter –
und hört mit halbem Ohr die Energie des Pianos.“[18]

Der Bauer sorgt sich vor allem um sein Überleben. Er zählt die Mahlzeiten des nächsten Winters und vernimmt die begeisterte Klaviermusik nur im Hintergrund. Doch sie wirkt. Mitten in den kalten, braunen Feldern lehnt sich ein Haus (wichtig: ein Haus wie die anderen Häuser) voll Farbe und Musik gegen eine Kultur von Trauer und Ungewissheit auf – so sollte Kirche sein!

>>

Vor kurzem ist uns ein Buch über Gemeinde-Erneuerung in die Hände gefallen, und der Umschlag stellte genau das dar, was an der Kirche des Nach-Christentums nicht stimmt: Da sieht man ein klassisches Kirchengebäude mit großen, bunten Glasfenstern und einem weißen Zaun drum herum – von hinten lehnt sich ein riesiger Mann mit weißem Hemd und Krawatte (offenbar ein Pfarrer – sehr sauber und adrett) über das Haus und dreht mit einem riesigen Schraubenschlüssel an einer Schraube, die an der Kirche angebracht ist. Wenn sie darüber nachdenken, was es heißt, „Gemeinde neu zu erfinden“, dann meinen viele, das sei so simpel wie das Anziehen einer Schraube, das Ölen eines Scharniers oder ein neuer Anstrich. Aber wir denken an viel tiefgreifendere Veränderungen.

>>>>>>> Das Rumschrauben an alten Gemeindemodellen wird nichts bringen. Ein paar kleine Veränderungen – Stühle statt harter Bänke oder moderne statt altmodischer Lieder – werden den Niedergang der westlichen Kirche nicht aufhalten. Wenn die Kirche ein Auto wäre, müsste man sagen: Wir können den alten Wagen nicht endlos in die Werkstatt bringen. Irgendwann brauchen wir einfach ein neues Auto.

Oder vergleichen Sie die Kirche doch mal mit einem Videorecorder. Auf dem können Sie leider keine DVDs spielen – Sie brauchen irgendwann ein neues Gerät, wenn Sie mit den medialen Formen Ihrer Zeit arbeiten wollen. Wie im vorherigen Kapitel beschrieben, müsste dieses neue Modell unserer Überzeugung nach inkarnierend, messianisch und apostolisch sein. Wir wollen uns nun dem ersten dieser Merkmale einer missionarischen Kirche zuwenden.

„Inkarnation" verstehen

Für uns ist die Inkarnation eine absolut grundlegende Lehre des christlichen Glaubens – nicht nur ein unverzichtbarer Teil des Glaubensbekenntnisses, sondern auch ein theologisches Prisma, in dem sich unsere ganze missionarische Aufgabe in der Welt bündelt. Wenn wir also von inkarnierender Mission reden, lassen wir uns direkt von dem einmaligen Akt motivieren und inspirieren, in dem Gott in der Person Jesu Christi in unsere Welt und in die menschliche Sphäre eintrat.

>>>>>> Bevor wir uns mit den Konsequenzen der Inkarnation für unser Engagement in der Welt beschäftigen, müssen wir versuchen, dieses einmalige Ereignis zu verstehen. Was meinen wir, wenn wir über Inkarnation reden? Wir meinen den Akt der äußersten Liebe und Demut, in dem Gott beschloss, in die Tiefen der Welt, unseres Lebens und unserer Realität einzutreten – mit dem Ziel, die Menschheit mit sich zu versöhnen. Diese „Fleischwerdung" Gottes ist radikal und ganzheitlich und deshalb die Grundlage für all sein weiteres Handeln in der Welt. Für die Errettung der verlorenen Menschheit hätte es nicht gereicht, wenn Gott uns nur halb entgegengekommen wäre; er musste zu den Menschen herunterkommen – nicht nur halb, sondern ganz. Man kann sagen: Ohne die Inkarnation wäre das Werk Jesu kein rettendes Werk gewesen. Der christliche Glaube betont ja zu Recht, dass die Versöhnung von Gott und Mensch direkt damit zusammenhängt,

dass Jesus beides war: Er musste wahrer Gott sein, um uns von unseren Sünden befreien zu können, aber er musste auch wahrer, sprich: ganzer Mensch sein, um überhaupt das Fundament für dieses erlösende Handeln zu legen. Als er aus eigener Erfahrung wusste, was Menschen fühlen, denken und tun, konnte er am Kreuz stellvertretend für sie sterben und so alles beseitigen, was zwischen ihnen und dem Vater stand. Darum bekennen wir zu Recht, dass Gott die Liebe ist – weil er uns nah sein will, auch in der Tiefe unserer Sünde und Verlorenheit.

>>>>>> Wir wissen, dass wir es in der Inkarnation mit einem heiligen Geheimnis und einem Paradoxon zu tun haben. Trotzdem möchten wir hier einige theologische Schlussfolgerungen hervorheben:

>>

Identifikation. Die Inkarnation stellt einen Akt der tiefsten Identifikation Gottes mit den Menschen dar. „The medium is the message." (Wie einer etwas sagt, bestimmt auch darüber, was er sagt.) Die menschliche Form, die Gott in Jesus annimmt, ist nicht bloß ein äußeres Kleid wie etwa das Bettlergewand eines Königs, der um das arme Mädchen im Dorf werben will, ein Kleid, das lose um ihn flattert und seinen Königsstand verbirgt. Nein, Gott wird wirklich Mensch. In unaussprechlicher Demut nimmt der „Herrscher des Himmels und der Erde" alle menschlichen Bedingungen, Begrenzungen, Kämpfe und Zweifel auf sich (Phil. 2,6-8; Hebr. 5,7-8). Und die Größe Gottes zeigt sich daran, dass Jesus seine Liebe nicht nur den Guten und Starken anbietet, sondern auch und gerade den Kleinsten – den vielen schwachen und scheinbar unbedeutenden Leuten, die still in ihrer Ecke leiden. Niemand ist so klein, dass Gott ihn übersieht. So sehr wurde er Mensch, so sehr liebt er uns und so sehr ist er bedingungslos bereit, das „Menschsein" zu erfahren. Darum können wir an seine Liebe glauben und sicher sein, dass er für uns ist.

Raum. Man sagt: *„Wenn etwas wirklich sein soll, muss es einen Platz in Raum und Zeit haben"*. Genau das hat Gott in Jesus getan – seine Liebe bekam einen menschlich erkennbaren Wohnort und einen Namen. Gottes Kommen zu uns war deshalb nicht nur eine momentane Erscheinung, er „wohnte“ tatsächlich unter uns (Joh. 1,14). Im Lichte dieses „Wohnens“ bekam sogar der Ort – ja die Geographie selbst – eine Art heilige Konnotation: Der Sohn Gottes wurde bekannt als Jesus von Nazareth. Dass Jesus gerade in Nazareth, einer ärmlichen Stadt im alten Israel lebte, ist nicht unwichtig. Denn wenn wir die Menschlichkeit Jesu theologisch ernst nehmen, dann müssen wir auch anerkennen, dass Jesus nicht nur von seinem „Gott-Sein“, sondern auch durch sein soziales Milieu geformt wurde. Als echtes menschliches Wesen wurde Jesus auch durch Maria und Joseph, seine zwölf Jünger, die Armen um ihn herum und all die anderen Menschen, mit denen er im ganz normalen Leben zu tun hatte, zu dem, der er war. Jesus wurde irgendwie von allen beeinflusst, mit denen er in Kontakt kam – genau so wie wir durch unsere Beziehungen verändert werden, zum Guten oder zum Schlechten. Um ein wirklich menschliches Wesen sein zu können, muss Jesus solche persönlichen Beziehungen erfahren haben; und weil er als Person weiter lebt, muss er diese Beziehungen irgendwie auch weiterhin pflegen. Denn wenn dem nicht so wäre, wäre seine Menschlichkeit ja nur eine Verkleidung gewesen, ein „So-als-ob“. Darum konnte auch das Leben Gottes, das in ihm lebte, nicht in seinem Herzen eingeschlossen bleiben; es wurde zu einem persönlichen Kraftfeld, das seine Begleiter ansteckte. Wir werden noch sehen, dass das enorme Konsequenzen darauf hat, wie wir mit der Welt und den Menschen um uns herum umgehen.

Beziehung. Hier kommen wir zum Paradoxon der Inkarnation. Der ewige, jenseitige Gott war und ist hier bei uns, in unserer Mitte. In Jesus kam Gott in direkten persönlichen Kontakt mit den Menschen, die er so liebt. Er war und ist nicht länger „über“ uns. Er ist einer von uns geworden. Die Gegenwart Gottes in Jesus definiert von nun an seine Sendung in die Welt. Wer Gott sucht, findet ihn im Menschen

Jesus. Die Inkarnation ist also ein Ereignis im Himmel wie auch auf der Erde. In Jesus trifft Gott jeden von uns persönlich. Von jetzt an haben alle Menschen – ganz gleich, wer sie sind und wo und wann sie auch leben – die Möglichkeit einer persönlichen Beziehung zu Gott.

Ähnlichkeit. Das Besondere im Neuen Testament ist nicht, dass Jesus Gott ähnlich ist, sondern dass Gott Jesus ähnlich ist. Gott ist wie Jesus Christus und es gibt in ihm keine Nicht-Christus-Ähnlichkeit mehr. Das heißt: Alle, die Gott finden und kennen lernen möchten, müssen nicht weiter als in der Person Jesu suchen (Joh. 1,18; 14,9). Von nun an lassen sich alle Vorstellungen von Gott durch die spezielle Perspektive der Person „Jesus von Nazareth" betrachten. Theologisch gesprochen: Alle Theologie muss nun durch die Christologie erschlossen werden. Das Geniale an diesem Aspekt der Lehre des Neuen Testaments ist: Gott schafft in Jesus selbst die Voraussetzungen, dass wir ihm ähnlich werden können. Aus unserer Perspektive als menschliche Wesen wird Jesus der Bezugspunkt für alles wahre Wissen, alles wirkliche Lieben und alle echte Nachfolge Gottes. Und auch das hat Konsequenzen für das Leben und die Mission der Kirche.

>>

Diese Punkte sind sicher nur ein schwacher Versuch, einige Konsequenzen der Menschwerdung Gottes aufzuzeigen. Wir haben sie hier aber aufgezählt, um deutlich zu machen, wie der Gedanke der Inkarnation unsere Mission in Gottes Welt beeinflussen kann – und dass wir Christinnen und Christen, als Frucht der Menschwerdung Gottes, selbst inkarnierend leben sollen, also nach Paulus „den Juden ein Jude und den Griechen ein Grieche werden" sollen, um die Menschen zu erreichen. Wenn wir das Wort „inkarnierend" in diesem Buch verwenden, dann schließen wir all diese Aspekte in das Konzept ein und träumen von einer Vorgehensweise, bei der man sich nicht scheut, sich ganz und gar auf die Menschen einzulassen. Wir glauben, dass dieses biblische Prinzip jegliche Mission in jedem Umfeld definieren und verändern wird. Warum?

››››››› Erstens: Die Inkarnation zeigt uns Möglichkeiten, wie das Evangelium ein integrierter Teil einer Volksgruppe werden kann, ohne ihren kulturellen Rahmen zu zerstören, der ihr Identität und Geschichte gibt. David Bosch hat recht: *„Es muss uns nicht beunruhigen, dass der christliche Glaube in verschiedenen Epochen anders verstanden und gelebt wurde. Der christliche Glaube ist zutiefst und intrinsisch von der Inkarnation her bestimmt.“*[19] Es ist zum Beispiel eine Verzerrung des Inkarnations-Prinzips in der Mission, wenn wir mitten in Afrika eine vollständig von ihrer Herkunftskirche geprägte Gemeinde mit allen westlichen Liturgien, Symbolen und Ansichten aufbauen – und das gilt für jeden missionarischen Kontext, einschließlich unserer gründlich pluralistischen westlichen Kulturen. Deshalb müssen die Kriterien der Inkarnation die missionarischen Bemühungen der Kirche in jedem Kontext bestimmen.

››››››› Zweitens: Inkarnierende Mission bedeutet, dass wir uns mit einer Volksgruppe so weit identifizieren wie möglich, wenn wir sie erreichen wollen. Die Kraft, die in dieser Identifikation liegt, wird eindrücklich in religiösen Filmen wie zum Beispiel „The Mission“, „The City of Hope“ oder „Romero“ aufgezeigt. Sie ist aber auch in Sagen und in der Literatur ein großes Thema, weil ihr ein Zauber innewohnt. Es liegt eine geheimnisvolle Kraft darin, wenn jemand um einer Botschaft willen Teil einer Gemeinschaft wird. Warum? Weil man sich dabei auf etwas einlässt, sich hinein gibt und wirkliche Sympathie beweist.

››››››› Zum Beispiel ist die Identifikation mit den Armen für die Mitarbeiter von „Urban Neighbours of Hope“ (UNOH) in Melbourne und von „InnerChange“ in San Francisco ein absolut grundlegendes Prinzip ihrer Arbeit. Die Mitarbeiter dieser Werke leben freiwillig unter der Armutsgrenze und lehnen jede Bezahlung durch ihre Missionsgesellschaften ab, damit die Armen nicht sagen können: *„Ihr werdet ja dafür bezahlt, dass ihr nett zu uns seid.“* Die Missionare haben sich entschieden, wie die anderen zu leben – mit all den Kämpfen und Problemen, die die Armut für Leute ohne Macht und Ressourcen mit sich bringt. Dieses „inkarnierende“ Leben verleiht den Missionaren nämlich nicht nur Glaubwürdigkeit, es gibt ihnen auch den sozialen Beziehungskontext, in dem sie ihren Glauben sinnvoll und menschlich weitergeben können. Weil sie das so konsequent tun, sind sie ein Teil der Volksgruppe geworden, die sie erreichen wollen, und haben so ein wichtiges kulturelles Hindernis für das Evangelium überwunden. Wenn wir uns also mit einer Volksgruppe identifizieren wollen, müssen wir uns auf ihre Kultur einlassen: Wir müssen ihre Perspektiven, ihre Sorgen und deren Ursachen – in anderen Worten, ihre ganze Existenz so verstehen, damit wir die Tatsache, dass Gott sich in Jesus mit uns identifiziert, widerspiegeln.

>>>>>>> Diese Form inkarnierender Identifikation braucht es aber nicht nur bei der Arbeit unter Armen. Wir behaupten, dass sie bei jeder Art von Mission nötig ist, ganz gleich in welchem Kontext. Und das nicht nur, weil Mission so „funktioniert“, sondern weil Identifikation das ist, was Gott uns in Jesus vorlebt. Die Identifikation gibt dem Evangelium die Kraft, die Subkulturen zu verändern, die wir im Westen als Missionsaufgabe vor uns haben. Wenn wir Mission nicht inkarnierend leben, laufen wir andauernd Gefahr, doch wieder Kulturimperialismus zu praktizieren.

>>>>>>> Welche Folgen das hat, können wir in all den Ländern beobachten, in die westliche Missionare ohne langes Nachdenken ihre kulturelle Form des Evangeliums exportiert und sie einer Volksgruppe aufgedrängt haben. Selbst wenn es dabei viele Bekehrungen gab, war der Langzeiteffekt meist der Verlust der lokalen Kulturen. Die Christen solcher Gemeinden sehen oft eher wie Möchtegern-Westler aus als wie gläubige Vertreter ihres Volkes oder ihrer Gemeinschaft. Und das hat schwere Folgen: Die „Kirche“ wird über kurz oder lang in der örtlichen Gesellschaft zu einem isolierten Fremdkörper. Man hat nur noch wenig mit der Kultur der Umgebung gemeinsam, und die Volksgemeinschaft

verliert zunehmend an Bedeutung. Vielleicht das schlimmste Ergebnis solcher Prozesse ist, dass sich das Evangelium langfristig nicht organisch entfalten (und halten) kann, weil die Beziehungen ja verkümmert sind. So gibt es vielleicht Kurzzeit-Erfolge, aber Langzeit-Verluste. Wir müssen klar erkennen, dass jede nicht-inkarnierende Mission sich am Ende selbst zerstört. Vielleicht sind ja gerade deshalb so viele Missionsbemühungen gescheitert: Die Missionare und die Kirche selbst blieben ihrer Zielgruppe fremd und konnten sich nicht als inkarnierende Größe mit allen Konsequenzen einbringen.

>>>>>>> Heute wissen wir, dass all das nicht nur für die nicht-westliche Welt gilt, sondern auch für unseren eigenen kulturellen Kontext. Wir zwingen den Menschen viel zu schnell eine bestimmte kirchliche Kultur auf, wenn wir sie für Jesus und seine Liebe gewinnen wollen. Deshalb strahlt das Evangelium ja auch häufig diese langweilige Mittelklasse-Gleichförmigkeit aus, die zahllose Menschen daran hindert, Jesus wirklich kennen lernen zu wollen. Wie oft haben wir Meinungsumfragen gesehen, in denen die Mehrheit sagt: „Jesus, Ja! Kirche, Nein!"

>>>>>>> Drittens: Inkarnierende Mission setzt eine reale und bleibende Präsenz unter einer Volksgruppe voraus. Das bedeutet: Wenn Sie die Gangs in einem Ort erreichen wollen, müssen Sie da leben, wo sie leben, und dort rumhängen, wo sie sich treffen. Oder: Wenn Sie eine Gemeinde in einem Vorort gründen wollen, sollten Sie sich wirklich überlegen, dorthin zu ziehen. Warum? Weil Sie nicht wirklich ein organischer Teil einer Gemeinschaft werden können, wenn Sie nicht bei ihr sind und ihren kulturellen Rhythmus, ihren Alltag und ihre Lieblingsplätze erleben. Inkarnierende Gegenwart schließt den konkreten Ort (die Lokalität) immer ein: Jesus zog ganz bewusst in die Nachbarschaft der Menschen, die er erreichen wollte; er erlebte ihr Dasein, ihren Lebensrhythmus und ihre Beziehungen von innen und nicht als Außenseiter.

>>>>>>> Überlegen Sie einmal: Jesus lebte dreißig Jahre lang unter den Menschen, bevor er seinen Dienst überhaupt begann. Nazareth war im Lauf der Zeit ein Teil von ihm geworden und hatte ihn in vielerlei Hinsicht geprägt und reif gemacht, genau diesen Menschen das Evangelium zu verkünden. Wenn eine derartige Vorgehensweise für Jesus richtig war, dann sollten auch wir die missionarische Disziplin aufbringen, in einer Volksgruppe, in der wir arbeiten wollen, zu leben und uns mit ihr zu identifizieren. Ob wir unter Ravern, bürgerlichen Kunstliebhabern, Sportlern, Eltern- oder sonstigen Interessengruppen arbeiten – wir müssen uns ein ganzes Stück mit diesen Menschen identifizieren, bevor wir sinnvoll mit ihnen über Jesus reden können.

>>>>>>> Viertens: Wenn es um Mission in einem bestimmten Kontext geht, bedeutet „inkarnierende Mission" eher senden als „herausziehen": Die neutestamentliche Mission ist eher zentrifugal als zentripetal.[20] Gott ist ein Missionar – er sandte seinen Sohn in unsere Welt, unser Leben, in die menschliche Geschichte. Inkarnation bedeutet darum immer, irgendwie „gesandt" zu sein, um sich in den jeweiligen Lebenskontexten radikal inkarnieren zu konnen. Naturlich sind nicht alle von uns zu einer inkulturierenden Mission berufen, aber jeder sollte seinen Glauben irgendwie inkarniert leben.

>>>>>>> Wir dürfen als Christinnen und Christen nicht alle gleich aussehen und gleich klingen! Wir dürfen keine steife Monokultur sein – nicht immer der gleiche Typ, egal, wo wir leben. Gott ist uns gleich geworden, weil wir ihn sonst nicht hätten verstehen können. Er ist in unsere Welt hinabgestiegen. Das Verrückte ist eben, dass die meisten Kirchen im Westen lieber „anziehend" arbeiten und darum Leute aus ihrem normalen Kontext „herausziehen". Wir glauben, dass sich das ändern muss, wenn wir in einem neuen Jahrtausend glaubwürdige Zeugen sein wollen.

>>>>>>> Schließlich: „Inkarnierende Mission" bedeutet, dass Menschen mitten in ihrer Kultur und in ihrem Alltag etwas von Jesus erfah-

ren, weil wir ihnen das Evangelium stimmig verkörpern. Vielleicht ist das der wichtigste Aspekt für eine gelingende Mission in unserer westlichen Welt. Wenn Jesus heute vielen Leuten fremd geworden ist, dann könnte das einfach daran liegen, dass er nur noch als „Kirchgänger“ oder „Lehrer moralischer Plattitüden“ wahrgenommen wird. Die meisten Untersuchungen zeigen jedenfalls, dass für Außenstehende oder unkirchliche Leute „Christ sein“ bedeutet, zu diesen netten, aber biederen, normalerweise weißen Leuten zu gehören, die fast immer aus der Mittelklasse stammen und meist auch mittelmäßig interessant sind.

>>>>>>> Diese Person wird in Matt Groenigs unglaublich erfolgreicher und intelligenter Kulturkritik „Die Simpsons“ übrigens von Ned Flanders verkörpert. Natürlich ist diese Figur eine Karikatur, aber nur, weil in ihr die Wirklichkeit überzeichnet wird. Ned Flanders ist viel zu real, als dass wir uns entspannt zurücklehnen könnten. Unser Problem ist, dass er allzu genau widerspiegelt, wie „Kirchenmenschen“ von der entkirchlichten Kultur wahrgenommen werden. Wenn Jesus selbst so wäre, dann wäre er unserer westlichen Kultur jedenfalls zutiefst entfremdet.

>>>>>>> Überall in der Welt suchen „emerging churches“ nach Wegen, das Evangelium inkarnierend zu verkörpern. Seien es die „Third Places Communities“ in Tasmanien, in denen sich die Gemeinde immer in öffentlichen und bewusst nicht in kirchlichen Räumen trifft, sei es die Gemeinde, zu der Michael gehört (mit dem wunderbaren Namen „Kleines Boot, großes Meer“), in der Leute eine Ausdrucksform von Jesus kennen lernen, die völlig mit ihrem Lebensgefühl übereinstimmt, oder der „Frühstücksclub“ in Pomona, in dem Menschen „Gemeinde“ bei ihren Unterhaltungen an einem Frühstückstisch erleben. Wir sehen in diesen kleinen, oft nicht leicht aufzubauenden Gemeinschaften die Hoffnung für das Evangelium im Westen – weil hier die biblische Verheißung, dass Gott in Menschengestalt zu uns kommt, in unseren

Tagen wahr wird, damit Menschen in großer Finsternis wieder ein helles Licht sehen (Matth 4,16).

>>>

Es ist absolut entscheidend, dass das Evangelium sich wieder in die vielen Subkulturen inkarniert, die unseren komplexen, postmodernen Westen ausmachen. Weil diese Menschen und Kulturen Jesus dann von innen heraus kennen lernen – in ihren Formen und Gemeinschaften. Und wir behaupten: Nur so können sie ihn wirklich erfassen. Um des Evangeliums willen ist es entscheidend, dass Menschen das Heil so erfahren, dass sie dabei nicht aus ihrem organischen Lebenszusammenhang herausgerissen werden. Sie sollten Jesus so erleben, dass er auch in ihr Leben passt, und zwar so, wie sie es bisher mit ihren Geschichten und Erfahrungen verstanden haben.

>>>>>>> Das wichtigste Argument für die inkarnierende Mission bleibt allerdings die nicht zu leugnende Tatsache, dass Gott selbst diesen Weg gewählt hat, um sich auf die Welt einzulassen.

Attraktional oder inkarnierend?

Wie wir schon erläutert haben, kann man die Beziehung der traditionellen Kirchen und Gemeinden zu ihrer Umwelt zumeist als „attraktional" bezeichnen: Die Kirche lädt die Leute ein, zu kommen und das Evangelium in den heiligen Räumen der Gemeinde zu hören. Nach 1700 Jahren Christenheit erscheint uns das ganz normal. Aber: Welchen Preis haben wir dafür bezahlt? Wenn unsere kirchliche Praxis ausdrückt, dass Gott nur in offiziellen Gemeindeveranstaltungen – Lobpreis, Bibelstudium, Jugendgruppe oder Frauenkreis – gegenwärtig ist, dann besteht logischerweise Mission und Evangelisation vor allem darin, Menschen in Gemeindeveranstaltungen einzuladen.

>>>>>>> Es ist eine der unausgesprochenen Grundüberzeugungen der attraktionalen Kirche, dass es außerhalb der offiziellen Gemein-

deveranstaltungen keinen brauchbaren Zugang zu Gott gibt – oder zumindest, dass diese Veranstaltungen der beste Ort für Noch-nicht-Christen sind, Gott kennen zu lernen. Evangelisation bedeutet darum vor allem, Gemeindemitglieder zu mobilisieren, damit sie Ungläubige in die Gemeinde einladen, wo sie Gott erleben können. Aus „Aus-Sendung“ wurde so im Lauf der Zeit „Ein-Ziehung“.

Gemeindewachstum im „Christentum“
> Mission zieht nach innen
> Gruppen und Aktionen sollen Menschen in die Kirche bringen
> Christen versammeln sich im Zentrum
> Kontakt nur im Einflussbereich

Gemeindewachstum in der Inkarnierenden Kirche
> Mission geht nach außen
> Gruppen und Aktionen sollen eigenständig existieren
> Christen treffen sich „in der Welt“
> Offen für alle missionarischen Formen

Abbildung 2

Wir sagen damit nicht, dass Menschen Gott nicht auch in einem Gemeindegottesdienst kennen lernen und erleben können. Natürlich können sie das, denn in der Predigt und in der Anbetung kann seine Stimme immer wieder gehört werden. Aber wenn die Kirche Gottes Handeln in der Welt auf bestimmte Zeiten und Orte beschränkt, zu denen die große Mehrheit der Noch-nicht-Christen keinen Zugang haben (und ihn auch gar nicht wollen), dann wird das Evangelium behindert. Gott ist für die große Mehrheit der Menschen im Westen verstummt, weil sie die kirchliche Kultur nicht verstehen, in die das Evangelium eingesperrt wurde.

>>>>>>> Evangelisation bedeutet in attraktionalen Gemeinden vor allem, kleine „Rettungstrupps“ zu bilden, die in die gefährliche Welt

hinausgehen, um Verlorene zu finden und sie schnell zurück in die Sicherheit der „Gemeinde" zu bringen. Das mag an manchen Orten auch weiterhin „funktionieren", aber was ist mit den vielen Menschen in unserer westlichen Christenheit, die die Kirche ausprobiert haben und denen sie nichts gesagt hat? Was ist, wenn die Leute sich nicht auf den Weg machen wollen?

>>>>>>> Ganz einfach: Wenn sie nicht zu uns kommen wollen, müssen wir zu ihnen gehen. Die inkarnierende Bewegung ist daher das Gegenteil von „attraktional". Wir müssen Evangelisation und Mission wieder als „Hingehen" verstehen. Statt Nichtchristen einzuladen, „zu uns zu kommen" – in unsere Versammlungen und Gottesdienste – versucht die inkarnierende Gemeinde, die Gesellschaft zu durchdringen, um Christus in der Welt zu repräsentieren. Darum schlagen wir eben einen radikalen Paradigmenwechsel vor – vom attraktionalen zum inkarnierenden Weg. Das ist keine leichte Forderung, denn die große Mehrheit der Kirchen im Westen (95%?) arbeitet bisher nicht inkarnierend.

>>>>>>> Ein inkarnierender Stil erschafft eine Gemeinschaft, die ein dynamisches Netzwerk von Kontakten, Freundschaften und Bekanntschaften ist. Sie bereichert und „würzt" das soziale Gewebe ihrer Umgebung, anstatt es zu schwächen. Dadurch schafft sie lebendige Beziehungen, in denen das Evangelium reisen kann. Dieses Modell betont also die Wichtigkeit einer Gruppe von Christen, weil nur so inkulturierte christliche Mission wirklich möglich wird.

>>>>>>> Eine derart missionarische Gruppe besinnt sich wieder auf eine der wichtigsten theologischen Grundlagen: Gott kommt zu denen, bei denen man es am wenigsten vermuten würde. Die Juden zum Beispiel wurden damals von vielen Völkern verachtet. Gott erwählte sie. Das heißt: Wenn wir die Idee der inkarnierenden Mission ernst nehmen, müssen wir auch erkennen, dass Gottes Zukunft – seine Neue Schöpfung – nicht nur unter „seinem Volk" (den gemeindebesuchen-

den Gläubigen) geschieht, sondern auch unter den „normalen" Leuten – den Verlorenen, Kämpfenden und Uninteressierten unserer Welt.

Unterwegs zu den Ignorierten

Vor einiger Zeit beobachtete ich (Michael) meine Tochter, als sie in einem Park Fußball spielte. Neben dem Fußballfeld lag ein asphaltierter Platz, auf dem ein paar Modellauto-Enthusiasten eine Rennbahn aufgebaut hatten und mit ihren Fernbedienungen gegeneinander Rennen austrugen. Der Lärm der Motoren lockte uns an, und wir gingen rüber und schauten uns die Sache mal an. Bald bemerkten wir, dass wir offensichtlich einen verlorenen Vorort-Volksstamm gefunden hatten. Denn: Alle sahen gleich aus. Sie trugen enge schwarze Jeans, karierte Flanellhemden und Baseballkappen mit den Markenzeichen ihrer Autos drauf. Sie hatten ihre Wagen – praktisch alles Pickups – neben dem Platz geparkt, und ihre Frauen oder Freundinnen saßen auf den Ladeflächen, unterhielten sich und lachten laut. Es war wirklich eine Gruppe mit einer ganz eigenen Kultur: Kleidung, Sprache, Werte und Sitten machten sie klar erkennbar. Wir erfuhren, dass sich die Leute einmal im Monat am Sonntagmorgen dort treffen, um Rennen zu fahren, die neuesten Modellauto-Tricks auszutauschen, miteinander zu trinken und zu lachen und die Gemeinschaft zu genießen.

>>>>>>> Wenn die örtliche Gemeinde nun feststellen würde, dass es sinnvoll wäre, diesen Vorort-Stamm mit dem Evangelium zu erreichen, wie würde sie wohl vorgehen? Nun: Eine moderne attraktionale Gemeinde würde wahrscheinlich einen speziellen Gottesdienst für Modellauto-Fans anbieten. Sie würde einen tollen Handzettel kreieren („Jesus liebt Modellautos") und ihn unter die Scheibenwischer der Trucks klemmen. Sie würde vielleicht sogar versuchen, einen frisch bekehrten Modellauto-Fan zu finden, der am Sonntagmorgen ein Zeugnis gibt. Sprich: Die Gemeinde würde alles tun, um diese Leute in

ihr Gebäude zu bringen. Und wenn es nur um eine Gruppe von Leuten ginge, die in der Nähe der Kirche lebten, könnte das vielleicht sogar funktionieren. Aber ein Modellauto-Club besteht normalerweise aus Leuten, die von überallher kommen und zu ihren monatlichen Treffen meist ziemlich weit fahren. Was sie zusammenhält, ist eben nicht die direkte Nachbarschaft, sondern ein gemeinsames Interesse. Und um es noch komplizierter zu machen – sie treffen sich am Sonntagmorgen!
››››››› Sagen wir, wie es ist: Die attraktionale Gemeinde kommt hier nicht weiter! Da hat sie eine enge Gemeinschaft von Menschen (in der Regel entkirchlichte Leute) direkt vor ihrer Haustür, aber kein Konzept, um ihnen Christus nahe zu bringen. Weil die Modellauto-Fans sehr wahrscheinlich nicht am Sonntagmorgen im Gottesdienst auftauchen werden – obwohl die attraktionale Gemeinde Geschichten liebt, in denen Leute wunderbarerweise am Sonntagmorgen im Gottesdienst auftauchen und nach Ziel und Lebenssinn suchen –, kann man ihnen die Liebe Christi nur nahe bringen, wenn man zu ihnen geht. Es wäre ein wahrhaft inkarnierender Schritt, wenn sich ein paar Gemeindeglieder aus Liebe zu diesen Menschen ein Modellauto kaufen und sich dem Club anschließen würden! Von so etwas reden wir. Ja, wenn die Gemeinde missionarisch und von der Inkarnation her denken würde, würde sie sogar selbst ein paar Modellautos kaufen und einige ihrer Gemeindeglieder bitten, den Sonntagsgottesdienst zu schwänzen, damit sie sich diesem Club anschließen können. Wenn diese Leute dann bei den Rennen mitmachen und auch Autos flicken, erwerben sie sich nebenbei das Recht, mit den Clubmitgliedern über ihre Liebe zu Jesus zu reden. Das wäre Gemeinde in Aktion. Und wenn sich dann ein paar Modellauto-Fans bekehren würden, müssten sie ihren Club nicht verlassen, um zur Gemeinde zu gehen. Man würde eher versuchen, eine Hauskirche bei ihnen einzurichten, damit die neugeborenen christlichen Rennauto-Fans im Kontext ihres eigenen Stammes Gott anbeten können.

Die missionarische Kirche ist inkarnierend

Die inkarnierende Kirche handelt anders als die attraktionale Gemeinde. Statt mit viel Aufwand heilige Räume zu schaffen, in denen Menschen Gott begegnen können, versteht dieser Ansatz „Gemeinde“ als organische, dynamische und nicht-institutionelle Form von Beziehungen. Und während die attraktionale Gemeinde die Welt in zwei Zonen aufteilt, nämlich „Drinnen“ und „Draußen“, versteht die inkarnierende Gemeinde sie eher als Netzwerk, eine Reihe von sich überschneidenden Linien, die Beziehungen, Freundschaften und Bekanntschaften darstellen, zu denen auch die Gemeindemitglieder gehören.

>>>>>>> Als Jesus die ersten Mitglieder seiner Glaubensgemeinschaft, die Jünger, berief, lud er sie ein, „Menschenfischer“ zu werden (Markus 1,16-18). Was steckt nicht allein in der Wahl dieses Wortes! Als Jesus Fischer berief und sie einlud, Menschen zu fischen, gebrauchte er eine Sprache, die für seine Hörer sofort einen Sinn ergab. Aber er tat mehr als das. Er gebrauchte ein Bild, bei dem es um viel mehr ging, als einfach Menschen zu „fangen“. Er bezog sich auf die regelmäßige Tätigkeit des Fischens, das war diesen Männern vertraut und darin waren sie gut. So gab ihnen Jesus direkt eine Ahnung von der missionarischen Gemeinschaft, die kommen sollte.

>>>>>>> Wenn wir im Westen vom „Fischen“ reden, dann denken wir meist an einen Angler mit einer Rute und einem Haken am Ende einer Leine, der versucht, mit jedem Wurf der Leine einen Fisch zu fangen. Es ist eine ziemliche Eins-zu-eins-Beschäftigung, ein Mann, ein Fisch, und gute Angler verstehen es auch, das Wetter, Ebbe und Flut, die Wasserpflanzen und all die vielen Tricks zu nutzen, die es braucht, um diesen einen Fisch zu fangen. Wenn wir also lesen, dass Jesus seine Jünger (und damit auch uns) zu Menschenfischern machen will, stellen sich manche darunter solch eine einsame Beschäftigung vor. Und in den letzten Jahren wurde uns Evangelisation in vielen Konzepten auch so vorgestellt: Wir werden ausgesandt, einen zu fischen, den wir in

die Gemeinde bringen können, eine Person zu finden, die mit uns in einen Gottesdienst, ein evangelistisches Frühstück oder einen Jugendabend kommt – das war lange Zeit die Grundlage der evangelistischen Modelle im Westen.

>>>>>>> Zur Zeit Jesu war Fischen aber gar keine Sache von Ruten und Haken, kein Eins-zu-eins-Prozess. Darum kann man eines sicher sagen: Die Jünger von Jesus stellten sich das Fischen sofort mit einem Netz vor. Sie warfen das Netz in den See, schleppten es durchs Wasser und zogen es anschließend wieder ins Boot. Das heißt: Alles, was zufällig in der Bahn des Netzes schwamm, wurde gefangen. Der Schlüssel zum erfolgreichen Fischen war damals aber vor allem die Stärke des Netzes. Darum verbrachten die Fischer auch den größten Teil ihres Arbeitstages am Ufer und flickten ihre Netze. Nur wenn die Netze stark und eng waren, konnte ihnen nichts entkommen.

>>>>>>> Von diesem Bild können wir viel für die missionarisch-inkarnierende Kirche lernen: Anstatt von einem einzelnen Christen zu erwarten, dass er die heilige Zone verlässt, einen Menschen fischt und ihn mitbringt, sollte die Gemeinde das „Fischen“ viel mehr als Beziehungsübung verstehen. Die Jünger verbrachten sehr viel Zeit mit dem Flicken der Netze. Also stellt sich die Frage: Was sind heute unsere Netze? Wir glauben, dass das Gewebe von Beziehungen, Freundschaften und Bekanntschaften normalerweise das Netz ist, in das Noch-nicht-Christen schwimmen. Wir glauben, dass die missionarisch-inkarnierende Gemeinde wesentlich mehr Zeit für den Aufbau von Beziehungen einsetzen wird als für den Aufbau von religiösen Programmen.

>>>>>>> Charles Ringma vom Theologischen Seminar der Philippinen betont den Vorrang von Beziehungen vor Programmen: *„Ein typisches Beispiel: Ein Komitee in der Gemeinde entwickelt einen Plan für eine Aktion der Gemeinde in der Nachbarschaft und versucht dann, diesen Plan der Gemeinde zu ‚verkaufen‘, damit die ihn unterstützt und mit-*

macht. Dieser Plan wird bekannt gegeben, er bekommt einen Etat, und man betet für ihn. Das ist das offizielle Projekt.“[21]

>>>>>>> Die meisten Gemeindeglieder kennen so etwas aus der attraktionalen Kirche. Die Gemeindeleitung oder der Ältestenkreis hat beschlossen, dass der Alphakurs aus der „Holy Trinity“-Church in Brompton (London) die Antwort auf ihre Fragen ist oder dass sie einen sucherorientierten Gottesdienst wie Willow Creek brauchen. Alle Energien der Gemeinde gehen nun in die Umsetzung dieses Programms. Normalerweise handelt es sich dann auch noch um eine Strategie oder ein Programm, das woanders entwickelt worden ist. Und obwohl es biblisch gegründet und offenbar in seinem ursprünglichen Kontext sehr effektiv ist, schmeckt es irgendwie künstlich. Es ist eben keine lokale, „hausgemachte“ Initiative. Ringma fährt fort: *„Man denkt mit keinem Gedanken daran, was die Gemeindeglieder in ihrer Nachbarschaft und am Arbeitsplatz bereits tun. Man sieht zum Beispiel nicht den Arzt, der versucht, statt nur medizinischer auch seelsorgerliche Hilfe anzubieten. Oder den Politiker, der im Gemeinderat versucht, wichtige soziale Fragen zur Steigerung der Lebensqualität anzupacken. Oder die Frau, die in ihrer Nachbarschaft eine Bibelgruppe angefangen hat. Der Lehrer, der gerade in einer Schule in der Innenstadt mit vielen Schülern aus kaputten Familien zu arbeiten begonnen hat, bekommt keine Gebetsunterstützung. Und auch die Sorge einer Familie um ihr behindertes Kind wird nicht als Dienst gesehen, der Unterstützung und Gebet der Gemeinde verdient.*“[22]

>>>>>>> Es geht noch tiefer: Wir sehen bislang nicht, dass Geschäftsleute, Studenten, Jugendarbeiter, Dozenten, Klempner, Elektriker und Architekten in der Welt eine missionarische Rolle spielen. Wenn ein Geschäftsmann ein Gebetsfrühstück in einem Restaurant anfängt, wird die Gemeinde vielleicht ihre Mitglieder informieren und das Programm unterstützen. Aber wenn ein Geschäftsmann seinen Einfluss nutzt, ethische Prinzipien durch sein Geschäft zu unterstützen, Armen

zu helfen oder Arbeitsplätze zu schaffen, dann betrachten wir das traditionell nicht als Mission. Wir nennen es auch nicht Mission, wenn Eltern in der Schule starke Beziehungen aufbauen (außer sie laden die Leute in die Gemeinde ein). Und die regelmäßigen Treffen von Surfern am Strand sehen wir kaum als das Netz, das Menschen ins Reich Gottes zieht.

>>>>>>> Vor kurzem hatten wir ein Gespräch mit Leonard Sweet, und uns wurde durch seine Berichte neu bewusst, wie sehr die Kirche nach innen gerichtet ist. Len erzählte uns, dass er bei seinen Konferenzen die Teilnehmenden gern einlädt, sich im Raum in einem großen Kreis aufzustellen. Er sagt, dass sie natürlich immer Schulter an Schulter stehen und nach innen schauen. Und wenn er dann freundlich darauf hinweist, drehen sich sofort alle um und schauen nach außen. Daraufhin versucht er ihnen deutlich zu machen, dass eine Gemeinde, die total nach außen schaut, auch nicht funktioniert. Er bittet die Teilnehmenden dann, sich so aufzustellen, dass sie sich gegenseitig so anschauen, dass eine Schulter nach innen und die andere nach außen zeigt und man auch den Blick sowohl nach drinnen als auch nach draußen werfen kann. Es geht nur um eine kleine Bewegung, aber in dieser Position verstehen sie die missionarische Gemeinde am besten: Sie schaut nach innen und nach außen.

Vögel mit gleichem Gefieder

In seinem großartigen Buch über die Kirche bezeichnet Jürgen Moltmann das Prinzip, nach dem wir die Kirche heute meistens erleben, als „Vögel mit gleichem Gefieder hocken zusammen“.[23] Wir glauben, dass dieses Prinzip im attraktionalen Modell von Kirche verankert ist. Wenn die Kirche als separate Sphäre betrachtet wird, die völlig von der Welt getrennt ist, dann entwickelt sie ganz natürlich eine „Wir-gegen-die“-Mentalität.

>>>>>>> Die missionarische Kirche mit ihrem aus der Inkarnation entwickelten Ansatz hat dagegen den „Geht-hin-zu-ihnen"-Ansatz. Sie sieht sich nicht als geschlossenes System, sondern als prägende Gemeinschaft. Darum kann sie das „Vögel mit gleichem Gefieder"-Prinzip nicht akzeptieren. Moltmann erklärt: *„‚Vögel mit gleichem Gefieder hocken zusammen.' Warum? Leute, die wie wir sind, gleich denken, die gleichen Dinge haben und das Gleiche wollen, bestätigen uns. Aber Leute, die anders sind als wir, deren Gedanken, Gefühle und Wünsche anders sind als unsere, verunsichern uns."*[24]

>>>>>>> Das klingt wie einfache Gruppenpsychologie. Aber es hat weit reichende Konsequenzen für die Gemeinde. Wenn sie einfach eine Gemeinschaft von Gleichgesinnten ist, die andere Gleichgesinnte für sich gewinnen möchte, dann wird sie immer ernsthafte Probleme haben, die Welt für Christus zu gewinnen. Diese Art von Gemeinde besitzt keine starke Identität und kein Selbstbewusstsein. Sie bastelt sich nur eine Form der Selbstrechtfertigung. Moltmann stellt fest, dass die Prinzipien der Bibel ganz anders aussehen. Statt „Vögel mit gleichem Gefieder" zu sein, sollte die Gemeinde sich nach der Anweisung des Paulus richten: *„Nehmt einander an, wie Christus euch angenommen hat, um Gott zu ehren."* (Röm. 15,7) „Andere annehmen" ist nicht einfach ein weiser, für die Kirche nützlicher Ratschlag, sondern entspringt direkt dem Wissen, dass wir durch Christus angenommen worden sind. Wenn wir erkennen, dass er uns angenommen hat, werden wir frei vom Bedürfnis nach Selbstrechtfertigung. Und das befreit uns, andere anzunehmen. Moltmann sagt: *„Nehmt einander an wie Christus euch angenommen hat. Nur diese Haltung kann uns eine neue Orientierung geben und unsere Begrenzungen so durchbrechen, dass wir über unsere eigenen Schatten springen können. Sie öffnet uns für andere, so wie sie wirklich sind, damit wir uns nach ihnen ausstrecken und uns für sie interessieren. Dann werden wir wirklich fähig, uns selbst zu vergessen und so zu leben, wie Christus uns angenommen hat."*[25]

>>>>>>> Die inkarnierende Gemeinde weiß, wie wichtig das Netzwerk von Beziehungen, Freundschaften und Bekanntschaften für die Mission ist. Christliche Mission ist Beziehungsarbeit im Rahmen normaler menschlicher Kontakte. Es geht nicht darum, Kirchen zu bauen, die voll mit Leuten sind, die nach der Bestätigung durch Gleichgesinnte suchen. Andere anzunehmen – ob Christen oder nicht: Das ist zentral. Je stärker eine Gemeinde das Netz der Freundschaft mit anderen Christen und Noch-nicht-Christen knüpfen kann, umso wahrscheinlicher wird dort auch wirkungsvolle Mission geschehen.

Brunnen und Zäune

Es ist wichtig, dass wir zwischen einem „Fokus-orientierten" und einem „Status-orientierten" System unterscheiden, weil sich genau darin die beiden Gemeinde-Modelle unterscheiden, die wir hier diskutieren. Die attraktionale Gemeinde ist „Status-orientiert", das heißt, sie ist eine Gruppe von miteinander verbundenen Leuten, die sich klar von denen unterscheiden, die nicht dazu gehören. So definieren sich Gemeinden meistens über ihr Mitgliederverzeichnis – das bestimmt, wer dazugehört und wer nicht, wer also welchen Status hat.
>>>>>>> Die missionarische Gemeinde ist dagegen „Fokus-orientiert", das bedeutet: Statt durch eine klare Grenze festzulegen, wer dazugehört und wer nicht, definiert sich diese Gruppe durch ihren Fokus, ihren Mittelpunkt. Menschen sind dann nicht „drin" oder „draußen", sondern näher oder weiter weg vom Zentrum. In einem gewissen Sinne sind sogar alle „drin" und keiner „draußen". Obwohl einige Leute näher beim Zentrum sind und andere weiter weg, ist jeder im weitesten Sinne potentiell ein Teil der Gemeinschaft.
>>>>>>> Vielleicht kann man den Unterschied mit dem Bild von den Brunnen und Zäunen verdeutlichen. Auf den meisten Farmen bauen die Farmer Zäune um ihre Weiden, um ihre Tiere drin und andere

draußen zu halten. Das ist „Status-orientiert". Es gibt aber Gegenden, in denen die Farmen so groß sind, dass es gar nicht möglich ist, überall Zäune zu ziehen. Bei uns in Australien ist manche Ranch so riesig, dass Zäune sinnlos wären. Hier muss der Farmer bohren und einen Brunnen mit Wasserstelle bauen. Warum? Im riesigen australischen Hinterland ist Wasser ein kostbares Gut, und das bedeutet, dass das Vieh, obwohl es herumzieht, sich nie sehr weit von diesem Brunnen entfernt, weil es sonst stirbt. Das ist „Fokus-orientiert". Solange klares Wasser da ist, wird das Vieh in der Nähe bleiben.

>>>>>>> Gemeinden, die sich als „Fokus-orientiert" verstehen, wissen, dass das Evangelium so wertvoll und erfrischend ist wie ein Brunnen in der Steppe und dass die, die Christus lieben, sich nicht weit davon entfernen werden. Das ist ein wahrhaft Christus-zentriertes Modell. Statt die Menschen in Christen und Nichtchristen, drinnen und draußen, einzuteilen, fragen wir vorsichtig nach ihrer Entfernung von Christus, dem Zentrum. So gesehen unterscheidet eine solche Gemeinde höchstens zwischen Christen und Noch-nicht-Christen, schätzt aber zu jeder Zeit den Beitrag aller Menschen an der christlichen Gemeinschaft.

>>>>>>> Die Glaubensgemeinschaft Jesu war ganz eindeutig „Fokus-orientiert". Jesus war die Mitte. Es scheint, dass einige Jünger näher beim Zentrum waren (Petrus, Jakobus und Johannes) als andere und mindestens einer sogar vom Zentrum weggegangen ist. Doch das waren ja noch lang nicht alle: Die Evangelien reden viel von den Frauen, die mit den Jüngern gereist sind, und in der Apostelgeschichte werden mehrere Glaubensgemeinschaften erwähnt. Es scheint also, dass das Team von Jesus Christus nicht einfach 13 Leute waren, die durchs Land zogen. Es gab viele Überschneidungen mit solchen, die näher, und anderen, die weiter weg vom Zentrum waren. Aber alle waren zu dieser Gemeinschaft, die das Reich Gottes baute, eingeladen. Wenn die moderne Kirche diesem biblischen Prinzip folgen würde, dann würde

sie sich wesentlich mehr um Beziehungen als um Zahlen kümmern.

>>>>>>> Kehren wir noch einmal zum Bild des Netzes zurück und betrachten wir eine Gruppe von überzeugten Christen, die auf verschiedene Art Freundschaft mit Noch-nicht-Christen schließen. Einige kennen sich schon, andere noch nicht, aber das Netzwerk von Freundschaften wird sich an verschiedenen Punkten und auf verschiedenen Ebenen überschneiden. Einige dieser Noch-nicht-Christen sind kurz davor, Christen zu werden, andere wollen das überhaupt nicht. Was nicht schlimm ist. Das missionarische und inkarnierende Modell funktioniert ja dann am besten, wenn man daran arbeitet, diese Beziehungen ständig zu stärken.

>>>>>>> Wie wir gesehen haben, arbeiten einige „emerging churches" inkarnierend als Tanzschulen, Bücherläden oder Cafés – sie gestalten Orte, an denen man sich natürlicherweise begegnet. Alans Arbeit in seinem Café ist ein großartiges Beispiel für diesen Ansatz. Hier gehören zur normalen Kundschaft Leute, die näher beim Zentrum, und andere, die sehr weit weg davon sind; aber weil eine Glaubensgemeinschaft regelmäßig in diesem Café isst und trinkt, ist die Chance größer, dass in diesem Netz von Beziehungen Leute in die Nähe Gottes gezogen werden.[26]

>>>>>>> Das Zentrum sollte für uns natürlich immer Jesus sein. Das Evangelium von seiner Person ist der zentrale Inhalt der christlichen Mission. Weil in der Mitte eines „Fokus-orientierten" Systems in der Kirche Christus ist, sollte die Gemeinde aktiv daran arbeiten, dass alle in ihrem Beziehungsnetz ständig näher zu Jesus kommen. Wir glauben, dass eine Gemeinde einen klaren Glauben haben muss, der auf Christus und seinen Lehren gründet. Dieser Glaube ist nicht verhandelbar und muss von der Gemeinschaft, die sich um die Mitte herum gestaltet, entschieden vertreten werden. Solch eine Gemeinde kümmert sich nicht so sehr um all die künstlichen Grenzen, die „Status-orientierte"-Gemeinden gern aufstellen: Dort gibt es in der Regel

alle möglichen Kriterien, nach denen Mitgliedschaftsanwärter entweder aufgenommen oder abgewiesen werden (Rauchen, Alkohol, Zusammenleben vor oder neben der Ehe, Endzeit-Ansichten etc.). Eine „Fokus-orientierte"-Gemeinde erkennt an, dass wir alle Sünder sind und die besten Menschen sein wollen, die wir sein können. Sie glaubt aber auch, dass mein Verhalten umso Christus-ähnlicher werden wird, je näher ich zum Zentrum (Christus) komme. Darum werden die Kern-Mitglieder der Gemeinde die Eigenschaften des radikalen Lebensstils Christi widerspiegeln (Liebe, Großzügigkeit, Heilung, Gastfreundschaft, Vergebungsbereitschaft, Gnade, Friede und mehr), aber die, die ihre Reise zu Christus gerade angefangen haben (und deren Leben diese Eigenschaften noch nicht zeigt) werden trotzdem als „zugehörig" betrachtet. Keiner ist unwürdig, dazu zu gehören, weil er etwa dem Tabak verfallen ist oder mit seinem Lebenspartner nicht verheiratet ist. „Dazugehören" ist in diesem Zusammenhang ein Schlüsselwort. Und für die Bewegung eines Menschen auf das Zentrum zu, gibt es eine ganz klare Definition: Das ist der Prozess der Jüngerschaft.

>>>>>>> Seien wir ehrlich: Es gibt viele langjährige Mitglieder respektabler Gemeinden, die vielleicht nicht „in Sünde leben", aber deren Leben beispielsweise von Geldgier oder übermäßigem Genuss gekennzeichnet ist. Eine „Status-orientierte"-Gemeinde definiert immer wieder soziale Standards, nach denen man gewisse Leute ausschließen kann. Für eine „Fokus-orientierte"-Gemeinde ist dagegen jeder Mensch gleichermaßen ein Sünder. Und das heißt: Sie nimmt jeden an, macht aber Christusähnlichkeit zu einem gemeinsamen Schlüsselziel. Und christusähnlicher wird man eher in der Gemeinschaft als allein. Wenn unsere Beziehungen zu Noch-nicht-Christen intensiver werden und Suchende andere in unserer Gemeinschaft treffen, werden sie auch bald unsere Werte entdecken. Sie mögen unsere Berufung zur Christusähnlichkeit anfangs noch nicht teilen, aber sie sehen, wie wichtig sie uns ist.

>>>>>>> Haben missionarische Gemeinden bisweilen Mitglieder, deren Leben Jesus nicht widerspiegelt? Natürlich. Genau so wie traditionelle Gemeinden. Aber in einer traditionellen Gemeinde ist es einfacher, unsere Schwächen und unsere Gefallenheit zu verstecken. In einer missionarischen Gemeinde, in der Beziehungen entscheidend für die Mission sind, ist das anders. Wir glauben tatsächlich, dass Jüngerschaft in der missionarischen Gemeinde radikaler und effektiver sein kann, weil Transparenz und Nähe dort entscheidende Werte sind.

>>>>>>> Eine „Status-orientierte“- und eine „Fokus-orientierte“-Gemeinde haben auch ein grundlegend unterschiedliches Verständnis von Evangelisation. Evangelisation in Systemen, die auf Grenzen bedacht sind, konzentriert sich darauf, Leute in die religiöse Zone hineinzubringen. Wie wir schon gezeigt haben, merkt man das vor allem am unermüdlichen Bemühen, Menschen in die Kirche zu holen. Noch einmal: Natürlich halten wir es nicht für falsch, Menschen in Gottesdienste einzuladen. Selbst in „Fokus-orientierten“-Gemeinden sollte es die Möglichkeit geben, dass Noch-nicht-Christen die christliche Gemeinschaft und ihre Anbetung kennen lernen können. Aber im inkarnierenden Modell geht es vor allem und ganz entschieden um eine „Geh-hin-Haltung“. Hier glaubt man, dass in jedem menschlichen Wesen das Sehnen vorhanden ist, den Grund für seine Existenz und das Ziel seines Lebens zu finden. Leo Tolstoi bekennt verzweifelt: *„Die Frage war: Warum soll ich leben? Oder: Gibt es etwas Wirkliches oder Unvergängliches, das von meinem vergänglichen Leben voller Einbildung kommt? Oder: Welchen Sinn kann meine endliche Existenz in diesem unendlichen Universum haben?“*

>>>>>>> Einige, wie Tolstoi, machen sich voller Tatendrang oder voller Verzweiflung auf die Suche. Andere weigern sich, zu suchen und stürzen sich in alle Arten von Ablenkung – sei es die Gier nach materiellem Besitz oder die Lust an ständig neuen Erfahrungen. Andere sind noch gar nicht wach geworden und merken kaum, dass es etwas zu suchen

gäbe. In einem „Fokus-orientierten" System geht die missionarisch-inkarnierende Gemeinde nicht davon aus, dass es ihre Rolle sei, Christus abschließend darzustellen, sondern Noch-nicht-Christen zu motivieren, überhaupt auf die Suche zu gehen.

>>>>>>> In den 70ern hat sich Vincent Donovan für einen solchen Auftrag eingesetzt: *„Wenn du in Amerika mit jungen Leuten arbeitest, versuche nicht, sie dahin zu bringen, wo sie einmal waren; auch nicht dahin, wo du bist, so interessant das für dich auch sein mag. Nein, habe den Mut, mit ihnen dahin zu gehen, wo weder sie je waren, noch du je gewesen bist."*[27] Der Gedanke, dass Christen von Ungläubigen etwas über Gott, das Leben, den Glauben, die Wahrheit, die Ehrlichkeit und so weiter lernen können, kommt in einem „Status-orientierten" System gar nicht vor. Dazu braucht es die Ehrlichkeit der „Fokus-Orientierung". Die folgende Tabelle ist eine hilfreiche Zusammenfassung der Unterschiede zwischen den beiden Denkweisen:

Status-orientiert	Fokus-orientiert
Ein Evangelist ist ein Experte mit speziellem Wissen über Gott, das der Verlorene annehmen muss, um errettet zu werden.	Jeder Mensch versteht sein eigenes Leben am besten und hat die Fähigkeit, die Wahrheit zu suchen. Evangelisten respektieren das.
Der „verlorene" Mensch wird letztlich als weltlich und sündig angesehen.	Jeder Mensch wird als Ebenbild Gottes angesehen – wertvoll und von Gott geliebt.
Indem man Menschen entweder als errettet oder verloren anschaut, versucht man, Sünder zu „reparieren" und sie zu einem von uns zu machen.	Indem man Menschen als Suchende anschaut, versucht man, sie einzuladen, zu bitten, zu suchen und bei ihnen anzuklopfen – immer in der Erkenntnis, dass wir nicht alles wissen.
Ziel ist es, dass der andere die Botschaft hört, den Glauben bekennt und Teil des Teams wird.	Ziel ist, dass der Prozess, Christus zu entdecken und die Wahrheit zu suchen, gefördert wird.
In der Mission wird mit allen evangelistischen Aktionen eine plötzliche, totale Veränderung der Menschen angestrebt, die im Normalfall einfach „Bekehrung" genannt wird.	Bekehrung ist ein Prozess, der mit dem Bekenntnis des Glaubens an Christus nicht beginnt und auch nicht endet. Er beginnt in der Gnade des Heiligen Geistes und umfasst das ganze Leben.
Wir Christen wissen und haben die Wahrheit, weil wir ja den Status der Erretteten haben.	Wir wissen und kennen nicht alles über Gott – Demut und Staunen bleiben.

Damit der „Fokus-orientierte"-Ansatz in einer Gemeinde greift, muss er in einem inkarnierenden Lebensstil gegründet sein. Wenn wir „attraktional" bleiben und dann unsere Gemeinde vom Zentrum her verstehen wollen, werden wir niemanden erreichen. Das heißt: Wenn jemand im traditionell-attraktionalen Modus bleiben will, dann muss er seine Gemeinde als „Status-orientiert" verstehen. In diesem Fall wird Evangelisation darin bestehen, dass er anderen sagt, dass es „drinnen" besser ist als draußen, und dass er versucht, sie über die Grenze in die Gemeinde zu bringen. Nur wenn eine Gemeinschaft von Glaubenden bereit ist, ihren Schutzraum zu verlassen und in eine neue Subkultur einzutreten, wird sie auch fähig sein, sich als „Fokus-orientiertes“-System zu verstehen und so zu leben.

››

Vielleicht hilft hier ein Beispiel. Adam und Amy (echte Leute, wahre Geschichte) sind beide Christen, ein junges Paar. Zu Adams Geburtstag schenkte Amy ihrem Mann (aus unerfindlichen Gründen) einen Gutschein für einen Fallschirmsprung. Um diesen Gutschein einzulösen, mussten sie hinaus aufs Land zu einem kleinen Flugplatz. Schon als sie am frühen Samstagmorgen losfuhren, bemerkten sie dunkle Gewitterwolken am Horizont, und als sie auf dem Flugplatz ankamen, war das Gewitter direkt über ihnen. Der Fluglehrer führte sie in den Hangar und erklärte, dass sie bei diesem Wetter nicht fliegen könnten. Er war sich aber sicher, dass es gegen Mittag aufklaren würde. Wenn sie wollten, seien sie herzlich eingeladen, im Hangar mit den Mitgliedern des Fallschirmclubs zu frühstücken und das Gewitter abzuwarten. Adam und Amy nahmen das Angebot an.

››››››› Die beiden haben uns erzählt, dass sie an diesem Vormittag ein richtig schönes Frühstück mit den Piloten, den Fallschirmspringern sowie deren Frauen, Freundinnen, Babys und Kleinkindern erlebten. Im Laufe des Morgens kamen dann mehr und mehr Leute in diesen einsamen Hangar, der mitten im Feld auf dem Land lag. Adam erzählte, dass Amy und er von dieser Gemeinschaft mit offenen Armen aufgenommen wurden. Einige aus dem Team fingen irgendwann an, an den Flugzeugmotoren zu arbeiten, während andere die Ausstattung warteten oder reparierten. Es wurde viel gelacht, und alle fühlten sich wie eine große Familie, während der Regen auf das Blechdach des Hangars prasselte. Mehr als einmal wurden Adam und Amy eingeladen, gern jeden Samstag zu kommen. Adam sagte mir, dass sie von dieser Gruppe von extremen Sport-Enthusiasten beinah „evangelisiert“ wurden.

››››››› Und wieder stellt sich die Frage: Wie könnten Adam und Amy diese Subkultur, diese gewachsene Gemeinschaft, mit dem Evangelium erreichen? Im attraktionalen Modus müsste man auch hier einen Gottesdienst oder sonst eine Veranstaltung in einer Gemeinde in der Nähe organisieren – am Besten unter dem Motto: „Der Herr ist mein Schutz und mein Schirm." Man würde die Sprache der Fallschirmspringer in der Werbung benutzen, einen christlichen Fallschirmspringer als Redner einladen oder sogar einen eigenen Club in der Kirche starten. Nur: Glauben Sie ernsthaft, dass eine dieser Maßnahmen effektiv wäre? Nein! Aber was wäre die Alternative? Nun, eine inkarnierende Gemeinde würde den Fallschirmspringer-Club als unerreichte Zielgruppe ernst nehmen und versuchen, sie mit inkulturierter Arbeit zu erreichen. In einer solchen Gemeinde würden Adam und Amy und vielleicht noch ein paar andere beauftragt, dem Fallschirmspringerclub beizutreten, jeden Samstag mit dem Team zu frühstücken, ein Netz von Freundschaften aufzubauen, den Glauben mit ihnen zu teilen und hoffentlich eine Suche nach der Wahrheit bei den Clubmitgliedern auslösen. In diesem Hangar würde eine Gemeinde, eine Glaubensgemeinschaft gegründet werden. Das Ziel wäre dabei gerade nicht, ein paar bekehrte Fallschirmspringer in die Gemeinde zu bringen (woraufhin diese all ihre früheren Freunde durch Kirchgänger ersetzen und so ihren Platz in ihrem früheren „Stamm" verlieren würden), sondern eine inkarnierte christliche Gemeinschaft im Team der Fallschirmspringer aufzubauen.

>>>>>>> Solch eine Aktion würde all die Schritte einbeziehen, die für die neutestamentlichen Schreiber normal waren: Menschen würden aus ihrer Komfortzone heraustreten, eventuell Opfer bringen (waren Sie schon mal Fallschirm springen?), sich engagieren, die Möglichkeit der Ablehnung in Kauf nehmen und andere höher achten als sich selbst. In traditionellen Gemeinden ist es dagegen weiterhin möglich, dass Christen einfach die Gottesdienste besuchen – was sie überhaupt nichts kostet.

Nicht die HVGs!

Immer, wenn wir davon reden, dass die missionarische Gemeinde inkarnierend handeln und sich auf Subkulturen konzentrieren soll, melden sich Leiter, die uns an die Probleme homogener Volksgruppen erinnern (kurz: HVG). Das dahinter liegende Prinzip wurde von Missions-Forschern, vor allem an der „Fuller Seminary School of World Mission", in den 70er Jahren entwickelt. Das „Prinzip der HVG" postuliert, dass Menschen am besten in Volksgruppen mit gleicher Sprache, Sitte, Kultur und gleichem Glauben mit dem Evangelium erreicht werden. Kritiker dieses Prinzips, allen voran der südafrikanische Missiologe David Bosch, sind aber der Meinung, dass ein sklavisches Befolgen dieses Prinzips zu (uniformen) Gemeinden von lauter gleich gesinnten Leuten führt, die irgendwann unfähig werden, biblische Prinzipien zu befolgen: die Einheit in der Verschiedenheit, die gegenseitige Akzeptanz und die brüderliche Liebe. Diese Kritik von Bosch an den HVG war so überzeugend, dass heute viele Leiter Heterogenität geradezu als Hauptkriterium für die biblische Gesinnung einer Gemeinde betrachten.

>>>>>>> Uns griffen viele Gemeindeleiter an, weil sie glaubten, dass unsere Ideen in total homogenen Gemeinden enden würden, die wie kulturelle Ghettos wirken, sodass die Menschen verlernen, Beziehungen zu Christen aus anderen Subkulturen einzugehen. Wir geben gern zu, dass diese Gefahr besteht, und sagen, wie David Bosch, dass man hier vorsichtig sein muss. Dennoch halten wir an der missionarischen Arbeit in Subkulturen fest – auch, weil uns niemand eine echte Alternative geboten hat. Außerdem sollte man eines erwähnen: Diejenigen, die uns am stärksten kritisieren, leiten fast immer selbst Gemeinden, die zwar verschiedene Generationen umfassen, aber zumeist nur aus weißen Mittelklassefamilien bestehen. Natürlich ist es gut, wenn Junge und Alte gemeinsam beten, aber es scheint uns doch ein wenig fragwürdig, wenn uns Leiter von homogenen, weißen Mittelklasse-

Gemeinden kritisieren, weil wir missionarische Gemeinden bauen wollen, um ganz neue Volksgruppen zu erreichen. Wir glauben, dass wir in der eigentlichen Mission mit homogenen Zielgruppen arbeiten sollten, mit reifen Christen aber besonders auf die Vielfalt in der Gemeinschaft hinarbeiten müssen. Mit anderen Worten: Heterogenität ist eine Sache der Jüngerschaft, nicht der Mission.

>>>

Eine Gemeinde, die dieses Gleichgewicht beispielhaft entwickelt hat, ist die St. Thomas Church in Sheffield in England. An einem kalten Wintertag trotteten wir dort den Hügel hinauf, trafen Mal Callandine, einen der Leiter, und diskutierten mit ihm über dieses Thema. Darauf zeigte er uns bei Kaffee und heißer Schokolade das folgende Diagramm. Die Figur links ist ein Nicht-Christ.

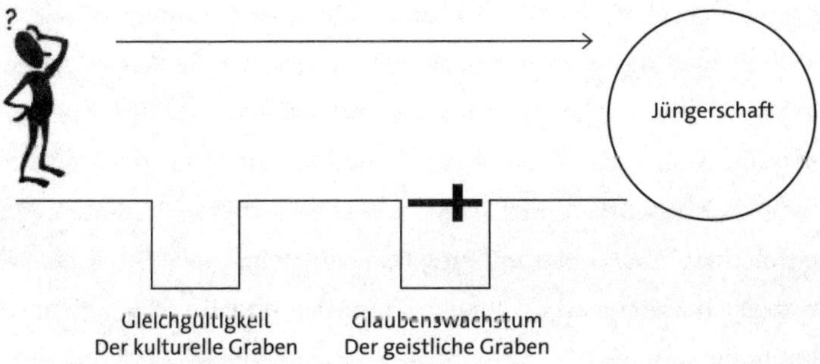

Abbildung 3

Bevor diese Person bereit und reif ist, andere Menschen aus unterschiedlichen Subkulturen zu akzeptieren und die Einheit in der Vielfalt zu leben, muss sie zwei Gräben überqueren. Der erste ist der kulturelle Graben. Und weil die Person, die ihn überspringen soll, noch kein Christ ist, liegt die Verantwortung bei uns, ihr das zu erleichtern. Wenn wir ein kulturell homogenes Missionsprojekt in einer Gast-Gemeinschaft entwickeln, helfen wir Noch-nicht-Christen den kulturellen Graben zu überspringen und näher zum Zentrum des Evangeliums zu kommen. Über den zweiten Graben helfen ihnen dann das Werk Jesu am Kreuz und der Heilige Geist (s. Diagramm). Wenn Menschen durch das Werk des Heiligen Geistes in ihrem Leben verändert werden, werden sie auch fähig, Vielfalt als einen wichtigen Wert der christlichen Gemeinschaft zu verstehen und zu akzeptieren.

>>>>>>> Die St. Thomas Church versteht sich als Kombination von homogenen und heterogenen „Gemeinschaften". Sie geht dabei von drei verschiedenen Ebenen des Miteinanders, der Anbetung und der Mission aus: Alle, die St. Thomas als ihre Gemeinde ansehen, sollen zu einer Kleingruppe gehören. Diese Kleingruppen sind völlig homogen, sehr missionarisch und wollen verschiedenen Bevölkerungsgruppen in Sheffield dienen. So gibt es Kleingruppen für Felskletterer, Fußballer und Nachtclub-Besucher. Die Kleingruppe ist sozusagen die Basis für die Gemeinschaft und die Mission und trifft sich wöchentlich.

>>>>>>> Auf der nächsten Ebene begegnen sich die Kleingruppen in größeren „Kreisen". Solch ein Kreis umfasst vier oder fünf Kleingruppen und auf keinen Fall mehr als hundert Leute. Auch die Kreise treffen sich wöchentlich: Hier feiern sie Lobpreis, hören Predigten, teilen miteinander das Leben und genießen Gemeinschaft. Die Kreise sind weniger homogen als die Kleingruppen, sie sind aber auch nicht total heterogen.

>>>>>>> Der Ort für die große Vielfalt ist dann der Gottesdienst, bei dem sich alle Kreise begegnen und der lange Zeit in einer riesigen Disco im Zentrum der Stadt stattfand. Zum Gottesdienst kommen bis zu zweitausend Leute zusammen und erleben Anbetung, Motivation und Vision in der großen Gemeinschaft. Mal sagte uns, dass der Besuch der wöchentlichen Kleingruppe als verpflichtend angesehen wird – aber niemand erwartet, dass die Gemeindemitglieder den Gottesdienst mehr als ein- oder zweimal im Monat besuchen. Das Entscheidende in Bezug auf Jüngerschaft und Mission geschieht hier eindeutig auf der

Ebene der Kleingruppen, und so kann man auch eine Balance zwischen Homogenität und Heterogenität erreichen.

Inkarnierende Evangelisation – biblisch begründet

Wenn die christliche Kirche immer mehr inkarnierend und missionarisch arbeiten und die Trennung in „Wir-und-sie" aufgeben möchte (was wir vom Neuen Testament her als den richtigen Weg ansehen), muss sie neu entdecken, wie man die Welt um sich herum prägen kann. Die traditionelle attraktionale Gemeinde versteht Evangelisation ja so, dass man Gemeindeglieder zum Zeugnis aussendet und die Leute dann in die Gemeinde einbindet. Aber die Schreiber des Neuen Testaments sahen diesen Prozess viel organischer. Auch wenn die Gabe des Evangelisten natürlich anerkannt wird, findet nach dem Neuen Testament das Engagement der Kirche in der Welt auf zwei Ebenen statt. Es gibt einen Platz für die Verkündigung des Evangeliums und die Rolle des Evangelisten (obwohl auch das nicht unbedingt Verkündigung von der Kanzel sein muss), und es gibt eine zweite Vorgehensweise, nämlich die inkarnierende Durchdringung der Gesellschaft durch alle Christen. Damit dieses Engagement in der Gesellschaft wirklich missionarisch (und nicht nur sozial) ist, muss es folgende Kriterien erfüllen:[28]

>>

Heiligkeit. Jesus sagte: „Lasst euer Licht leuchten vor jedermann, dass sie eure guten Werke sehen und euren Vater im Himmel preisen." (Matth. 5,16) Für die neutestamentliche Lehre von der Ausbreitung des Reiches Gottes ist eine Überzeugung grundlegend: Wenn die christliche Gemeinschaft einen heiligen Lebensstil führt, wird das die Gesellschaft um sie herum ermutigen, Gott zu suchen. Trotzdem hat vieles in der so genannten „Heiligkeits-Bewegung" der Evangelikalen das Gegenteil bewirkt. Und das hatte einen ganz einfachen Grund: Wenn das Staunen und die Schönheit des Lebens mit Christus auf Abstinenz und Lustlosigkeit reduziert werden, bekommt die Gesellschaft um uns herum kaum Interesse an Gott. Wenn „Heiligkeit" lediglich bedeutet, nicht zu trinken, zu rauchen und zu tanzen, dann ist unsere Überzeugungskraft recht begrenzt.

>>>>>>> Paulus ermutigt Titus in seinem Brief sehr deutlich, die Gemeinde zu lehren, wie man respektvoll, diszipliniert, freundlich, liebevoll und treu ist. Titus sollte natürlich gegen Trunkenheit, üble Nachrede, Geschwätz und Respektlosigkeit angehen. Seinem Mitstreiter selbst empfahl er aber vor allem Integrität, Besonnenheit und Gastfreundschaft. Warum? „Damit sie auf alle Art und Weise die Lehre von Gott, unserem Erretter, attraktiv machen." (Titus 2,1-10)

>>>>>>> Die missionarisch-inkarnierende Gemeinde macht das Evangelium attraktiv, indem sie es unter den Augen derer lebt, die noch nicht glauben. Welchen Einfluss kann eine Gemeinde auf die Gesellschaft haben, wenn sie sich von ihr zurückzieht? Die traditionell-attraktionale Gemeinde zitiert oft Verse wie diesen: „Kommt heraus und sondert euch von ihnen ab", die leider die Umkehrung des Ideals Jesu bedeuten, der uns beauftragt hat, Salz und Licht in der Welt zu sein. Unser Leben soll sich durch Gerechtigkeit, Liebe, Gnade und einen demütigen Wandel mit Gott auszeichnen (Micha 6,8) und muss in naher Berührung mit denen gelebt werden, die wir erreichen wollen. Es mag ja sinnvoll sein, dass wir als Zeichen unserer Hingabe an Gott auf Alkohol verzichten, aber wenn unser Leben von Selbstsucht, Arroganz und Angst gekennzeichnet ist, wie soll es dann leuchten?

>>>>>>> Um eine postmoderne Kultur zu beeinflussen, muss die Kirche ihren Reichtum hinter sich lassen, sich zu den Armen gesellen, für die Unterdrückten reden und als eine freundliche, liebevolle Gemeinschaft leben. Moltmann nennt das *„eine neue Art, zusammenzuleben"*, eine, in der dafür gesorgt wird, dass ...

> niemand mit seinen Problemen allein ist

> niemand seine Behinderungen verstecken muss

> nicht einige alles zu sagen haben und andere nichts
> weder die Alten noch die Jungen einsam sind
> man einander erträgt, selbst wenn es unangenehm ist
> und man einander in Ruhe lässt, wenn der andere es braucht.[29]

>>>

Gebet. Die Kirche soll ein heiliges Leben wagen, und sie soll auch beten. Wenn es um das Gebet für die Noch-nicht-Christen geht, ist die Anweisung des Neuen Testaments übrigens ziemlich klar: Zuerst sollen wir dafür beten, dass Gott die Kirche mit mehr Evangelisten begabt. Wir glauben sehr wohl, dass es die geistliche Gabe und den Dienst des Evangelisten gibt. Es ist aber interessant, dass die Bibel gar nicht darüber redet, wie diese Gabe praktiziert werden soll. Sie erwähnt nur die Gabe (an die Gemeinde) an sich. Der Evangelist selbst – er oder sie – ist die Gabe. Später (im Abschnitt über Leitung) werden wir ausführlicher über die Rolle des Evangelisten in der missionarischen Gemeinde reden. Hier genügt es festzuhalten, dass wir die biblische Rolle der Evangelisten weder ignorieren wollen noch können. Gott hat unsere Gemeinden mit ihnen beschenkt, und wir sollten beten, dass er uns mehr davon schickt. (Nebenbei: Gemeindewachstums-Untersuchungen am Fuller Theological Seminary haben ergeben, dass etwa 10% jeder Gemeinde glauben, Evangelisten zu sein.)[30] In Matthäus 9,36-38 weist Jesus seine Jünger an, Gott um die Freisetzung von mehr Arbeitern für die Ernte (Evangelisten, Verkündiger) zu bitten. Dieser Text wird in der Gemeinde normalerweise von Missionaren auf Heimaturlaub zitiert, die mehr Missionare rekrutieren wollen. Das ist grundsätzlich in Ordnung, aber die Worte können genauso auf eine Ortsgemeinde angewendet werden. Jede Gemeinde sollte Gott bitten, ihr mehr Evangelisten zu geben.[31]

>>>>>>> Als nächstes sollen wir beten, dass Gott den Dienst der Evangelisten segnet. Wenn Sie um mehr Evangelisten beten, werden Sie

vielleicht überrascht sein, wenn Gott Ihrer Gemeinde tatsächlich einige schickt. Und dann soll die Versammlung darum beten, dass deren Arbeit auch Erfolg hat. An die Epheser schreibt Paulus: *„Betet auch für mich, dass, wenn immer ich meinen Mund aufmache, mir Worte gegeben werden, so dass ich das Geheimnis des Evangeliums furchtlos bekannt machen kann."* (Eph. 6,19) Vielleicht finden Sie es einfacher, für einen außergewöhnlich begabten Apostel wie Paulus zu beten als für den gewöhnlichen Evangelisten in Ihrer Gemeinde, vergessen Sie aber nicht, dass Paulus zu seiner Zeit auch ein ungewöhnlicher Charakter war, der gelegentlich Konflikte mit anderen Christen hatte und regelmäßig für seine mangelnde Redekunst und seine nicht gerade beeindruckende Erscheinung kritisiert wurde. Wie auch immer: Inkarnierende Gemeinden sollten für mehr Evangelisten und für Erfolg in deren Dienst beten.

>>>>>>> Schließlich soll die Gemeinde für die Errettung ihrer Noch-nicht-christlichen Freunde und Nachbarn beten. Paulus ermahnt Timotheus, für jedermann zu beten – einschließlich Regierungschefs und Verantwortungsträgern – dass sie erkennen, dass Jesus der einzige Mittler zwischen Gott und der Menschheit ist. (1.Tim. 2,1-6)

>>

Beziehungen pflegen. Das ist das dritte Gebot für eine Gemeinde, die missionarisch-inkarnierend die Gesellschaft verändern will: Wenn die Kirche einen faszinierend neuen Lebensstil aufzeigen will, der das Evangelium attraktiv macht, dann ist es logisch, dass dieser Lebensstil in direkter Nähe zu den Noch-nicht-Christen gelebt werden muss, um wirken zu können. Paulus nahm das in seinen Ermahnungen gegenüber den Parteien in Korinth, die sich wegen der Frage, ob man Götzenopfer-Fleisch essen dürfe, gebildet hatten, sehr ernst (1.Kor. 10,27-11,1). Auf der einen Seite war die Debatte über „rein" und „unrein" ein wichtiges philosophisch-theologisches Thema, das die Heiligkeit der materiellen Welt betraf. Auf der anderen Seite ging es hier um ein sozial-missionarisches Thema, nämlich um die Frage: *„An wessen Tisch darf ich essen?“* Paulus diskutiert zwar auch auf der theologischen Ebene (1. Kor. 10,25-26), es scheint ihm aber zuallererst um die missionarische Perspektive zu gehen. Sein Hauptanliegen ist nämlich, dass die Gemeinde in Korinth sich nicht von Noch-nicht-Christen abgrenzt und ihre Gastfreundschaft zurückweist, weil ihr Essen vorher eventuell den Götzen geweiht wurde. Darum schreibt er *„Wenn ein Ungläubiger euch zum Essen einlädt und ihr hingehen wollt, esst, was auch immer euch vorgesetzt wird, ohne eine Gewissensfrage daraus zu machen.“* (1. Kor. 10,27) Der Apostel verteidigt seine theologische Position in Bezug auf die Freiheit der Christen, aber er schreibt auch als Missionar.

>>>>>>> Es war Paulus offenbar besonders wichtig, die Christen zu engen Beziehungen zu Menschen zu ermutigen, die noch nicht Teil der Gemeinschaft waren. In 1. Korinther 5,9-10 – dieses Mal geht es um Moral – unterscheidet er deshalb zwischen der Strafe für einen destruktiv unmoralischen Christen und der Haltung der Gemeinde zu Noch-nicht-Gläubigen. *„In meinem Brief habe ich euch geschrieben, nichts mit sexuell unmoralischen Menschen zu tun zu haben – ich meinte aber auf keinen Fall Leute aus dieser Welt, die unmoralisch sind, oder die Geizigen, Schwindler oder Götzendiener. Sonst müsstet ihr ja aus der Welt ausziehen.“*

>>>>>>> Ein Beispiel: Alans Arbeit in der „South Melbourne Restoration Community“ bedeutete ziemlich intensiven Kontakt zur Schwulenszene der Stadt. Die Gemeinde befolgte aber den Rat des Paulus und unterhielt eine so offene und gute Beziehung zu dieser Gruppe wie möglich. Trotzdem kam es vor, dass jemand sich als Christ bezeichnete, in die Gemeinde kam und die jungen Gläubigen offen sexuell provozierte, obwohl die ihren homosexuellen Lebensstil verlassen hatten und Christus nachfolgten. Unter diesen Umständen empfand es die Leitung der Gemeinde als richtig, den „unmoralischen Bruder“ (wie

Paulus es nannte) zurechtzuweisen, gleichzeitig aber in Beziehung zu vielen schwulen Noch-nicht-Christen zu bleiben.

>>>>>>> In seinen beiden Büchern über die Urgemeinde, „Going to Church in the First Century" und „Paul`s Idea of Community"[32] hat Robert Banks deutlich gemacht, wie die frühe Gemeinde im Haus und um den Tisch herum versammelt und wie zentral das Liebesmahl war. Der gemeinsame Tisch ist und bleibt ein kraftvolles Symbol für Intimität, Großzügigkeit und Annahme. Trotzdem heißen viele Gemeinden Ungläubige nicht an ihrem Tisch willkommen und vertiefen so die „Wir-und-Sie"-Mentalität.

>>>>>>> Michael kennt eine Gemeinde in einem Neubaugebiet in Sidney, die versuchte, jede Woche zwei Sonntagsgottesdienste abzuhalten. Am Morgen gab es viele Besucher, aber am Abend tauchten nur etwa 6-10 Leute auf. Irgendwann stellte die Gemeinde fest, dass es nicht klug war, ihre begrenzten Ressourcen so zu verschwenden, und sie beschloss, den Abendgottesdienst zu streichen. So weit ist die Geschichte nicht ungewöhnlich. Viele kleine oder neue Gemeinden haben nur einen Sonntagmorgengottesdienst. Aber die Art, wie diese Gemeinde den zweiten Gottesdienst beendete, war ungewöhnlich: Sie bat das Dutzend Leute, das normalerweise kam, die Zeit, die sie sonst für den Gottesdienst aufwandten, anders zu nutzen und etwas Missionarisches zu tun. Einige Leute arbeiteten daraufhin in einer Suppenküche mit, und andere unterstützten ein Kinderhilfsprogramm. Ein Ehepaar nutzte die Stunde, die es normalerweise in der Kirche saß, und schob sein neugeborenes Baby im Kinderwagen durch die Strassen des Viertels. Natürlich bleibt da jeder stehen und bewundert so ein winziges Menschenkind. Beim Autowaschen oder Rasensprengen begannen die Leute plötzlich, sich mit dem christlichen Paar zu unterhalten. Diese erzählten Michael später, dass sie viel mehr Freundschaften geschlossen und über Jesus geredet hätten als zu der Zeit, in der sie in den Gottesdienst gingen. Dadurch, dass diese Gemeinde ihre Mitglie-

der ermutigte, die freigewordene Gottesdienstzeit als Missionszeit zu verstehen, tat sich für sie eine ganze Bandbreite neuer Möglichkeiten auf. Das Beenden des Gottesdienstes alleine hätte das nicht bewirkt. Es geht also darum, dass Beziehungen gepflegt werden, die missionarisch, voller Gnade und großzügig sind. Wir müssen diesen Punkt als Teil eines umfassenderen Ansatzes verstehen, bei dem es darum geht, die Umgebung zu durchdringen.

>>>

Hinter den drei Grundbedingungen, die wir bisher diskutiert haben, zeigt sich ein Muster: Die missionarisch-inkarnierende Gemeinde sollte in enger Nachbarschaft mit ihrer Umgebung leben, essen und arbeiten und gute Verbindungen zwischen Christen und Noch-nicht-Christen aufbauen und pflegen. Der beste Ort dafür sind aber nun mal die Häuser und Wohnungen der Noch-nicht-Christen oder die Orte, an denen sie sich am liebsten treffen (der Flugzeug-Hangar, das Café usw.) – und natürlich auch die Häuser von Christen.

>>>>>>> Wenn wir solch ein Netz von tiefen, liebevollen Freundschaften aufbauen, werden immer mehr Leute in die Gemeinschaft „eingebunden“, obwohl einige weiterhin enger als andere „dazugehören“ (das bedeutet ja „Beziehungen bauen“). Mitten in diese Beziehungen sollen die Christen einen heiligen Lebensstil einbringen, der von Großzügigkeit und Freundlichkeit geprägt ist und sich durch seine Hinwendung zu den Armen und Leidenden und seine Liebe zu den Verachteten auszeichnet (das ist die Verpflichtung zur Heiligkeit). Mitten in diesem komplexen und oft chaotischen Netzwerk muss die christliche Gemeinde kontinuierlich im Gebet sein – im Gebet für die Errettung ihrer Freunde und dafür, dass Gott mehr Evangelisten beruft und sie segnet (die Verpflichtung zum Gebet).

>>>>>>> Daraus folgt natürlich, dass die Arbeit eines begabten Evangelisten immer wichtiger wird, wenn so ein Netzwerk von Freundschaft und Dienst wächst. Er oder sie sollte dabei nicht nur als Gastprediger

auftauchen, sondern selbst Teil dieses Netzes sein. Wenn ich zwischen meinen christlichen und noch-nicht-christlichen Freunden immer engere Beziehungen knüpfe, ist es wichtig, dass Gott unsere Gemeinschaft mit einem Evangelisten beschenkt, der das Evangelium natürlich und auf kontextualisierte, attraktive Weise kommuniziert. Wenn das Netz immer dichter wird, dann werden meine Noch-nicht-christlichen Freunde unweigerlich irgendwann mit dieser Person in Kontakt kommen. Das führt zum vierten Element dieses biblischen Musters.

>>>

Evangelisten unterstützen. *„Wisst ihr nicht, dass die, die im Tempel arbeiten, auch vom Tempel ihr Essen bekommen sollen, und dass die, die am Altar dienen, auch von dem, was dort geopfert wird, leben sollen? Genau so hat Gott angeordnet, dass die, die das Evangelium predigen, auch vom Evangelium leben sollen.“* (1. Kor. 9,13-14) Das hat Paulus geschrieben, obwohl er sofort klar machte, dass es ihm dabei nicht um seine eigene Tasche ging. Er erklärte den Korinthern, dass er persönlich nicht auf Vergütung aus sei, dass die Gemeinde aber den Dienst von Evangelisten im Allgemeinen unterstützen sollte. Man kann natürlich darüber diskutieren, ob dieser Abschnitt sich nur auf den frühen Dienst des Apostels bezog und darum heute nicht mehr gültig ist. Andererseits wird er heute meistens gebraucht, um die Bezahlung professioneller Geistlicher zu begründen. Wichtig für uns ist: Die Gemeinde muss realisieren, dass ein begabter Evangelist für Partys, Essen, nächtliche Diskussionen oder Elternversammlungen viel Aufwand hat. Wenn eine Evangelistin surft, sollte sie regelmäßig am Strand auftauchen. Wenn ein Evangelist Fallschirm springt (um das Beispiel von vorhin zu gebrauchen), muss er jeden Samstag auf dem Flugplatz sein. Wenn ein Evangelist Künstler, Oldtimer-Liebhaber, Super-Koch oder Gartenkenner ist, dann muss er die Möglichkeiten und die Freiheit haben, intensiv mit Gleichgesinnten zusammen zu sein. Und wenn das zur Folge hat, dass er nur teilzeitlich arbeiten kann, weil er mit der übrigen Zeit lieber in seinem Beziehungsnetz präsent sein sollte, dann lohnt es sich für seine Gemeinde zu prüfen, ob sie ihn nicht finanziell unterstützen kann.

>>>>>>> Die aktive Unterstützung von Evangelisten könnte ein gesundes Korrektiv für viele werden, deren Alltag mit Arbeit, Familie und Gemeinde schon so angefüllt ist, dass sie kaum Zeit für Freundschaften mit Noch-nicht-Christen haben. Ironischerweise sind ja selbst die Vollzeitmitarbeitenden traditioneller Gemeinden oft so mit Komitees, Sitzungen und Gottesdiensten beschäftigt, dass sie nur wenige soziale Kontakte zu Distanzierten pflegen können. Das ist eine der ganz großen Schwächen der institutionellen Gemeinde: Sie zieht ihre Hauptamtlichen heimlich aus dem normalen sozialen Kontakt mit ihrer Umgebung ab. Und wenn ein Pastor mit anderen zu joggen beginnt oder sich einem Buchclub in der örtlichen Bibliothek anschließt, wird er oder sie oft gefragt, ob das denn wirklich ein „Werk für den Herrn" sei.

Jesus-Gespräche

Natürlich ist es die besondere Aufgabe begabter Evangelisten, das Evangelium weiterzusagen, aber das Neue Testament ermahnt alle Christinnen und Christen, von ihrem Glauben Zeugnis zu geben. Wir sind nicht der Meinung, dass man dazu jemanden durch ein vorformuliertes Vier-Punkte-Programm zur Errettung schleusen muss. Im Neuen Testament sieht es eher so aus, dass solche „Jesus-Gespräche" mitten im Alltag zwischen Freunden stattfinden. Petrus schreibt: *„Seid immer bereit, Antwort zu geben, wenn euch jemand nach dem Grund eurer Hoffnung fragt. Aber tut das mit Sanftheit und Respekt."* (1. Petr. 3,15).

>>>>>>> Wenn das Beziehungs-Netzwerk wächst, sollte der Grund für unsere Hoffnung in den ganz normalen Gesprächen auftauchen. Das kann die Unterhaltung über einen Film sein, den man zusammen gese-

hen hat, die Erinnerung an eine gemeinsame Erfahrung, ein Moment der Trauer oder auch eine gemeinsame große Freude. Paulus dachte ganz alltäglich, als er schrieb: *„Seid weise im Umgang mit Außenstehenden; macht das Beste aus jeder Gelegenheit. Eure Unterhaltung soll immer voll Gnade sein, gewürzt mit Salz, dass ihr wisst, wie ihr jedem antworten sollt."* (Kol. 4,5-6) Hier finden wir auch die Gedanken von oben wieder: In V.3 und 4 stellt Paulus fest, dass er ein Evangelist („Ausrufer") ist, dass die Kolosser für seine Evangelisation beten sollen (V. 4), dass sie ein heiliges Leben vor den Ungläubigen leben sollen (V. 5) und dass sie gute Antworten auf die Fragen von Ungläubigen geben sollen.

>>>>>>> Wenn wir ein heiliges Leben führen, für unsere Noch-nicht-christlichen Freunde beten, regelmäßige Beziehungen pflegen, Freundschaften mit ihnen aufbauen und sie unseren evangelistisch begabten Freunden vorstellen, werden wir einen fruchtbaren Boden schaffen, auf dem Gott sein spezielles Werk tun und den Menschen die Gabe des Glaubens schenken kann. Das ist das inkarnierende Verständnis von Evangelisation.

B. Die Menschwerdung der Kirche

4. Die Gestalt der missionarischen Gemeinde

Die einzige Statistik, die ich mir merken konnte,
ist die, dass all die Leute, die in der Kirche schlafen,
es viel bequemer hätten, wenn man sie lang hinlegen würde.
>>> *Königin Viktoria zugeschrieben*

Wenn Sie besser verstehen wollen, was wir mit missionarisch-inkarnierender Gemeinde meinen, leihen Sie sich mal die DVD „Chocolat“ aus, eine romantische Komödie von Lasse Halstrom. Der Film spielt in einer französischen Kleinstadt, die völlig von einer finsteren Form des Katholizismus beherrscht wird – verkörpert durch den Bürgermeister Comte de Reynaud (Alfred Molina), der alle einschüchtert. Dieser Mann ist ein alles kontrollierender und beängstigender Charakter, der die ganze Stadt mit einem Gefühl von Angst und Unsicherheit überzieht. Der Regisseur hat als Kulisse ein Stadtzentrum gewählt, in dem nicht ein einziger Baum oder gar eine Blume wächst, und die Steinmauern und das dunkle Kopfsteinpflaster sind ständig von Staub und Schnee umhüllt. Alles ist grau, sozusagen ein Spiegelbild der Traurigkeit, die die strenge Religiosität mit sich bringt und die der Bürgermeister benutzt, um jeden zum Schweigen zu bringen. Als Folge dieser trüben Askese sind natürlich auch die Beziehungen unter den Bewohnern brüchig geworden.

Da sieht man ein Paar, dessen Ehe längst zu einem leidenschaftslosen Klären von Putz- und Kochzeiten geworden ist, die Mieter des Cafés sind von Gewalt und Alkoholismus zerrissen, die Sekretärin des Bürgermeisters verbietet ihrem Sohn wegen eines Missverständnisses vor vielen Jahren den Umgang mit seiner Großmutter, ein älterer Mann ist in eine Witwe verliebt, darf es ihr aber nicht sagen, weil sie immer noch ihrem Mann nachtrauert – der vor vierzig Jahren gestorben ist –, und der Comte ist von seiner Frau verlassen worden. Weil er das aber nicht zugeben kann, lügt er allen vor, sie sei in Italien und mache dort Ferien. Letztlich führt der strenge Glaube des Comte überall zu Betrug und Angst.

In diese finstere, graue Gemeinschaft kommt eines Tages eine Frau mit Namen Vianne Rocher (gespielt von Juliette Binoche): Sie erscheint unangekündigt mit ihrer kleinen Tochter, und beide sind eingehüllt in leuchtend rote Umhänge, die einen beeindruckenden Kontrast zu der grauen Eintönigkeit der steinernen Stadt bilden. Sie hat die naive Absicht, in dieser traurigen Stadt ein Schokoladengeschäft zu eröffnen. Was noch schlimmer ist: Sie kommt ausgerechnet zu Beginn der katholischen Fastenzeit, in der sich die Stadtbewohner als Zeichen ihrer Reue und ihrer Verehrung Christi jede Vergnügung untersagen müssen. Der Comte selbst ist so rigoros im Fasten, dass er sich buchstäblich alles Essen verbietet.

Viannes Schoko-Laden ist also die Antithese zu allem, was diese Stadt ausmacht. Er quillt bald über von den dekadentesten und exotischsten Schokoladen-Kreationen, die man je gesehen hat, und der Streit zwischen ihr und dem Comte um die Seelen der Bürger ist programmiert.

Einige Filmkritiker waren der Überzeugung, dass der Comte das klassische Christentum symbolisiere, während Vianne das klassische Heidentum darstelle. Der eigentliche Konflikt sei ihrer Ansicht nach daher der Konflikt zwischen Christentum und Heidentum. Wir sehen etwas ganz anderes: Wir sehen den Comte und die steinerne katholische Kirche mitten in der Stadt als Symbol für das attraktionale Modell des „Christentums“. Es hat sich als Institution im Zentrum positioniert und verlangt Treue und Kirchenbesuch. Dagegen stellen Vianne und ihre Chocolaterie die missionarisch-inkarnierende Gemeinde dar. Die junge Frau lebt am Rand der Stadt in einer verlassenen Konditorei, und anstatt um jeden Preis ihre Schokolade verkaufen zu wollen, ist es ihr viel wichtiger, mit den Stadtbewohnern Freundschaft zu schließen. Sie erschafft etwas, was dem Netz von Freundschaften gleicht, über das wir im letzten Kapitel gesprochen haben. Dabei hilft ihr ein erstaunliches Talent, für jeden Besucher seine Lieblingsschokolade herauszufinden. Sie verschreibt sogar „Schoko-Rezepte“ gegen die verschiedenen Probleme der Bürger. Dem traurigen Paar, dessen Ehe kalt geworden ist, verordnet sie Chili-Schokolade, *„um die Leidenschaft wieder zu wecken“*. Und tatsächlich: Bald wird die Liebe der beiden wieder wach. Vianne nutzt ihre Kreationen sogar, um den alten Mann und die von ihm verehrte WItwe, Madame Audel (Leslie Caron), zusammen zu bringen. Und sie versöhnt heimlich ihre Vermieterin, Armande Voizin (Judi Dench), mit deren Enkel.

>>>>>>> Die größte Herausforderung für Viannes Bemühen um geheilte Beziehungen und eine Atmosphäre der Ehrlichkeit und Offenheit ist aber die unterdrückte Josephine Muscat (Lena Olin). Josephines Mann Serge (Peter Stormare) behandelt sie nämlich hart und grausam. Er unterdrückt sie so brutal, dass es zuerst scheint, als sei sie zu normalen menschlichen Beziehungen gar nicht mehr fähig. Sie ist durch den ständigen Missbrauch verängstigt und total gebrochen. Als sie auf der Flucht vor ihrem Mann in der Chocolaterie auftaucht (beachten Sie den Zufluchtsort), nimmt Vianne sie auf und hilft ihr, indem sie sie in die Kunst der Schokoladenherstellung einweiht und dabei ihr Selbstvertrauen wieder aufbaut.

>>>>>>> Als der Comte von der Situation hört, muss er handeln. Als Christ kann er die Verletzung des Sakraments der Ehe nicht dulden, darf aber auch häusliche Gewalt nicht akzeptieren. Während Vianne die zerbrochene Josephine wieder aufbaut, nimmt der Comte also die Herausforderung an und versucht, den gewalttätigen Serge umzuerziehen und einen guten christlichen Ehemann aus ihm zu machen: Er zwingt ihn in den Beichtstuhl, kauft ihm einen neuen Anzug und gibt ihm Anstandsunterricht. Ein Wettlauf hat begonnen: Vianne verändert Josephine mit Liebe, Annahme und Gnade. Der Comte versucht, Serge mit Erziehung, Strafe und Disziplin zu bessern. Selbst wenn Sie den Film nicht gesehen haben, wird es Sie nicht überraschen, dass Vianne Erfolg hat und Josephine zurück ins Leben liebt, während die Versuche des Comte mit dem unbeherrschten Serge hoffnungslos scheitern.

>>>>>>> Vianne Rochers Chocolaterie ist unsere Vision einer inkarnierenden Gemeinde. Vianne ist warmherzig, richtet nicht, leidet mit und bietet einer kaputten Welt Gnade und Friede an. Ihr Laden ist wie ein sicherer Hafen, aber sie sitzt nicht nur da und wartet auf die Leute. Sie engagiert sich mitten im Leben und in den Problemen ihrer Stadt und bietet praktische Hilfe und einen Ort an, an dem man ehrlich und offen sein kann. Sie feiert das Leben mit allem, was dazu gehört: gutes Essen (auf der Party zu Armandes siebzigstem Geburtstag gibt es ein exotisches Menü), lautes Gelächter, Liebe, Romantik, Geschichten und Fantasie. Armandes Geburtstagsparty erinnerte uns an die Party, die Matthäus für Jesus gibt (Mark. 2,15) und auf der die Ausgestoßenen, die Sünder und Steuereinnehmer mit dem Messias feiern. Wie Jesus versammelt auch Vianne die Außenseiter und Versager um sich und richtet ein Fest zu ihren Ehren aus. In einem Augenblick der Wahrheit gibt Vater Henri, der Priester, zu: *„Unsere Stadt hat das Gute gemessen an denen, die wir ausschließen."*

>>>>>>> Ein zweiter Erzählstrang im Film bringt eine Gruppe von Zigeunern ins Spiel, die mit einem Schiff ankommen und am Flussufer

ankern. Sie haben die gleiche Lebensanschauung wie Vianne – Leidenschaft und Feiern, Annahme und Liebe. Aber sie sind dabei lieber unterwegs. Ihr Leiter Roux (Johny Depp) versucht Vianne zu überreden, die deprimierende Stadt zu verlassen, aber Vianne ist eine echte Missionarin. Obwohl sie am Ende nachgibt und die Stadt verlässt, widersteht sie der Versuchung am Anfang. Roux repräsentiert den reisenden Missionar. Sein Einfluss auf das Dorf ist begrenzt: Er stellt zwar dessen Lebensweise in Frage und die Dorfbewohner fühlen sich unwohl, aber er bringt sie nicht dazu, ihr Verhalten zu verändern. Vianne dagegen verändert die Stadt schlussendlich und reproduziert sich in ihrer Assistentin Josephine – weil sie sich auf das Leben der Gemeinschaft einließ und in ihr wohnte. So denkt und handelt die missionarisch-inkarnierende Gemeinde.

Wenn ich noch einmal von vorn anfangen könnte

Eine der gemeinsten Fragen, die Alan stellt, wenn er in einer Gemeinde ein „Wiederbelebungs-Seminar" durchfuhrt, lautet: *„Wenn Sie noch mal ganz von vorne anfangen könnten – würden Sie alles wieder genauso machen?"* In seiner Rolle als Leiter für Mission und Gemeindeerneuerung bei den „Gemeinden Christi" hatte Alan die Aufgabe, sowohl zur Gemeindegründung zu motivieren als auch sterbende Gemeinden zu erneuern. Wenn er in eine unzufriedene Gemeinde gerufen wurde, die gern den Sinn und das Ziel ihrer Existenz neu entdecken wollte, begann er mit dieser Frage – und die Antwort war gewöhnlich „Nein". Wenn sie noch einmal ganz von vorn anfangen könnten, sagten die meisten Gemeinden normalerweise: *„Wir würden vieles anders machen."* Natürlich war dann die nächste Frage Alans: *„Und warum macht ihr es nicht?"*

>>>>>> Wenn man ein Loch bohrt und merkt, dass man es eigentlich woanders bohren sollte, ist es ziemlich sinnlos, immer tiefer zu

bohren. Und doch denken Gemeinden oft, dass sie das attraktionale Modell nur besser praktizieren müssten, damit es funktioniert. Und lassen Sie uns ehrlich sein: Viele Gemeindeaufbauseminare und Konferenzen machen nichts anderes: Sie packen das traditionell-attraktionale Modell neu ein und verkaufen es den kleinen, kämpfenden und sterbenden Gemeinden als wahren Weg zum Wachstum. Eine ganze fromme Industrie lebt von solchen Konferenzen und der Produktion von Materialien, die krisengeschüttelte Gemeinden ermutigen, noch tiefer zu bohren. Dabei wäre der wirklich mutige Schritt für eine Gemeinde der, aus dem falschen Bohrloch herauszukommen und woanders zu bohren.

>>>>>>> Aber: Es ist sehr schwierig, die DNA einer Gemeinde zu verändern, wenn sie erst einmal ihren Lebensrhythmus gefunden hat. Da entwickeln sich ganz schnell Muster und Rollenzuweisungen, die man nicht so leicht hinter sich lassen kann. Es ist uns deshalb schon klar, dass der Schritt vom attraktionalen zum inkarnierenden Modus groß ist – und wir empfehlen ihn auch nicht leichtfertig. Aber wie wir bereits erklärt haben: Das Ende des „Christentums", die postmoderne Gesellschaft und die neue globale Kultur haben deutlich gemacht, dass die existierenden Gemeindemodelle nicht mehr funktionieren, weil sie nicht in der Lage sind, die westliche Gesellschaft positiv zu durchdringen. Wenn man noch mal ganz von vorn anfangen könnte – was sollte man dann anders machen? Hier einige Gedanken dazu:

Hören Sie auf Ihre Patienten!

Wir haben festgestellt, dass vieles von dem, was Gemeinden tun, einfach sehr unorganisch ist, fast so, als würde die Gemeinschaft irgendwie künstlich hochgehalten. Das Gemeindeleben spiegelt meistens die reiche Vielfalt der Menschen, ihrer täglichen Erfahrungen, Überzeugungen, der Kämpfe und Siege eines Stadtteils oder einer Gemeinschaft überhaupt nicht wider. Wenn wir die Gemeinschaft wirklich als Organismus verstehen würden, dann wären wir viel empfänglicher für die Kultur, die Lebensmuster und die Energien der Menschen um uns herum, die wir ja erreichen wollen. Wir würden wie Missionare denken und mehr und länger zuhören, und wir würden mit der Subkultur oder der Nachbarschaft, der wir dienen wollen, essen und spielen. Wir kämen gar nicht auf die Idee, ein Modell von Gemeinschaft zu entwickeln, bevor wir nicht verstanden haben, wie sich bestimmte Gruppen unseres Viertels verhalten und versammeln. Mit anderen Worten: Wir würden versuchen, die natürlich vorhandene Kultur zu einer christlichen zu machen, anstatt ihr ein fremdartiges Modell christlicher Versammlungen aufzuprägen.

>>>>>>> Natürlich wissen wir, dass viele Gemeindegründer heute lange die Sozialstrukturen oder die örtliche Kultur ergründen, bevor sie öffentliche Gottesdienste beginnen; aber wir stellen trotzdem immer wieder fest, dass die Gemeinden, die sie nach langer Forschung gründen, im Grunde genau so aussehen wie jede andere Gemeinde im Westen, nämlich klassisch-attraktional. Warum lassen wir nicht den Rhythmus, den Stil und das Verhalten der Menschen, die wir erreichen wollen, wirklich mal die Form unseres Gemeinschaftslebens und des Gottesdienstes bestimmen?

>>>>>>> Als Missionare sollten wir uns fragen *„Was ist die gute Nachricht für diese Leute – was sind die entscheidenden Fragen, mit denen sie ringen?“* Und dann: *„Wie würde lebendige Gemeinschaft für diese Leute aussehen?“* Die Antworten werden uns zeigen, welches Element des Evangeliums wir zuerst kommunizieren müssen. Vom Erfinder des Stethoskops ist übrigens ein berühmter Satz überliefert, der diesen Gedanken schön auf den Punkt bringt: *„Höre auf deine Patienten. Sie sagen dir, wie du sie heilen musst.“*

>>>>>>> Statt ein Netz einander überschneidender Freundschaften aufzubauen, ist die Kirche im „Christentums“-Modus oft so sehr von

einem Geist des Erfolgs angesteckt, dass wirkliche Beziehungen zwischen den Gemeindegliedern eher selten sind. Das bedeutet zugleich, dass auch ihre Fähigkeit zur Verbindung mit Gott begrenzt ist. Wir müssen daher sicherstellen, dass unsere Gemeinschaft und die Noch-nicht-Christen, die wir erreichen wollen, in einer regelmäßigen engen Beziehung stehen. Das bedeutet sicherlich, dass man in der gleichen Gegend wohnen sollte, es kann aber auch bedeuten, dass man im Café des Ortes arbeitet, in der lokalen Werkstatt Benzin auffüllt, eine Arztpraxis am Ort eröffnet oder einlädt: *„Komm doch mal auf ein Bier rüber und guck dir meine Rosen an"*. Wir meinen das ernst: Hört auf eure Patienten. Wie der Dichter Lao Tsu sagt:

Geh zu den Leuten,
lebe mit ihnen,
lerne von ihnen,
liebe sie.
Fang an mit dem, was sie wissen
und baue mit ihrem Material.
Bei den besten Leitern gilt:
Wenn die Arbeit getan
und die Aufgabe erledigt ist,
werden die Leute sagen:
Wir haben es selbst gemacht. [33]

Missiologen bezeichnen die Verbindung zu einer Gruppe als „Interpathie". Das ist nicht dasselbe wie Sympathie oder Empathie. Es beschreibt die Tiefe der Beziehung, wenn jemand von außen in eine bestimmte Gruppe kommt. Oder besser: Es bezeichnet die Fähigkeit des Außenseiters, die Werte einer Gemeinschaft, ihre Verletzungen und ihre Ziele als Gruppe aufzunehmen. Es ist also eine Form der Identifikation – die so tief gehen kann, dass der Gast oder Missionar selbst einer der Gruppe wird.

Finden Sie die „Person des Friedens"

In Lukas 10 sendet Jesus eine Gruppe von 72 Jüngern aus, während er selbst weiter das Land durchzieht. Er beauftragt die Männer, an jedem Ort eine Person des Friedens zu finden: *„Wenn ihr in ein Haus kommt, sagt zuerst ‚Friede sei mit diesem Hause'. Wenn ein Mann des Friedens dort ist, wird euer Friede auf ihm bleiben; wenn nicht, wird er zu euch zurückkehren. Bleibt in dem Haus, esst und trinkt, was sie euch geben, denn der Arbeiter ist seinen Lohn wert. Zieht nicht herum von Haus zu Haus."* (Lk. 10,5-7) Das war die Gemeindegründungsstrategie von Jesus. Er wies die Jünger speziell an, nicht von Haus zu Haus zu gehen und an alle Türen zu klopfen. Es geht nämlich nicht darum, eine ganze Gegend abzugrasen. Stattdessen sollten die Evangelisten verschiedene Familien besuchen, bis sie einen „Mann des Friedens" gefunden hatten. Dann sollten sie ihre Freundschaft auf diesen einen Haushalt konzentrieren.

>>>>>>> Missiologen wir Charles Brock und George Patterson bestätigen, dass ein solcher „Mann des Friedens" das Wichtigste für eine gesunde Gemeindegründung ist. Tatsache ist aber: Nur wenige Gemeinden fangen so an. Viele geben einen großen Teil ihres Budgets für Werbung aus (Druck, Internet, Briefkastenwerbung) und versuchen, so viele Menschen wie möglich zu erreichen (sprich: sie zu einem Gottesdienstbesuch einzuladen). Kurzfristig scheint es vielleicht wenig effektiv zu sein, nur eine Person des Friedens zu finden und seinen Dienst auf dieses Haus zu konzentrieren. Aber langfristig wird ein Gemeindegründungsprojekt, das aus einem Team von lokalen, einheimischen Leitern erwächst, viel reicher und effektiver arbeiten. Paulus jedenfalls folgte diesem Modell in Korinth, indem er sich auf den Haushalt von Aquila und Priscilla, die örtlichen Zeltmacher, konzentrierte (Apg. 18,1-4).

>>>>>>> Menschen des Friedens sind Schlüsselpersonen, die geistlich offen sind und einen guten Ruf und Einfluss in der Gegend haben.

Wenn sie zum Glauben kommen, bezeugen sie ihn bald in ihrem Netzwerk von Freunden und fangen neue Gemeinden in den Häusern an. Wir schlagen deshalb vor, dass die Gründer neuer Gemeinden die Rolle solcher Personen des Friedens viel ernster nehmen, anstatt das Evangelium nach dem Schrotflinten-Prinzip zu streuen. Eine derartige Vorgehensweise unterscheidet sich natürlich radikal davon, einfach Angebote in Gemeindehäusern zu veranstalten und die dabei Bekehrten in die Gemeindekultur zu integrieren, so dass die neuen Gläubigen ihrem reichen sozialen Umfeld entzogen und vom Netzwerk ihrer Freunde getrennt werden.

Denken Sie an Multiplikation, nicht an Addition

Wenn man inkarnierend arbeiten will, muss man sich sehr vor allen Formen „organisierter Religion" hüten. Wir sind deshalb auch immer mehr davon überzeugt, dass „größer" nicht unbedingt „besser" ist. Diese Vorstellung gehört noch ganz in die Moderne. Im postmodernen Kontext haben wir dagegen gelernt, dass kleinere Einheiten besser sind, solange die Arbeit mit viel Leidenschaft für die jeweilige Kultur getan wird.

>>>>>> „Größer" bedeutet normalerweise: mehr Programme, mehr Organisation und mehr Kontrolle. Und das heißt zugleich: weniger Freiheit! Die missionarisch-inkarnierende Gemeinde denkt deshalb viel mehr in den Kategorien der Multiplikation als in denen der Addition. Mehr und mehr Leute zur gleichen Zeit in einen Raum zu bringen: Das steht nicht auf der inkarnierenden Agenda. Das mag im Nachkriegsamerika funktioniert haben, weil ab den 50er Jahren die Vorstadtkultur ziemlich einfarbig aussah und in der Welt der Baby Boomers die „Eine-Form-passt-allen"-Gemeinde noch funktionierte. Heute aber sehen wir eine so dramatische Aufsplitterung der westlichen Gesellschaft in Subkulturen (sogar in den Vororten der Städte), dass Ein-

heitsgemeinden zunehmend unrealistischer werden. Das nennt man die kulturelle Differenzierung oder Diversifizierung des Westens.

››››››› Man kann tatsächlich nachweisen, dass Megachurches in Amerika vor allem in gleichförmigen Baby-Boomer-Vororten funktionieren. Natürlich ist das eine vereinfachte Sichtweise, und wir wollen den Erfolg des Megachurch-Phänomens auf keinen Fall pauschal beurteilen. Aber wir sagen voraus, dass auch die Vororte und Stadtrandviertel sich bald in Myriaden von Subkulturen aufgelöst haben werden. Und das bedeutet: Gemeinden müssen sich heute wie Missionare verhalten, die Eigenarten und Lebensweisen einer Subkultur verstehen lernen und sich in den Rhythmus jeder speziellen Zielgruppe hinein begeben, in die sie sich gerufen wissen.

››

Immer wenn man für kleinere, zielgruppen-bewusste und inkarnierende Gemeinschaften eintritt, kommt von irgendwo der Einwand, dass diese Gruppen nicht evangelistisch genug seien. Aber unser postmoderner Ansatz baut ja in Theorie und Praxis auf dem Gedanken der Mission auf. Der entscheidende Unterschied zu klassischen evangelistischen Ansätzen ist eben die Betonung auf der Gründung inkarnierender Gemeinschaften, die sich multiplizieren – anstatt so viele Bankreihen wie möglich zu füllen.

››››››› Dabei hat uns übrigens das „Stab“-Gemeindemodell von Jonathan Campbell inspiriert. Campbell gebraucht das Bild eines Stabes und stellt fest, dass das Evangelium und die biblische Vision von Gemeinde mobil, übertragbar und kontextualisiert sein sollten. Er sagt: *„Gottes Strategie für den Bau seines Reiches ist die Gründung und Multiplikation missionarischer Gemeinschaften. Sicher, Kontext und Methode werden sich ändern, aber die Mission der Gemeinde ist zeitlos. Die Gemeinde soll die Gute Nachricht von Jesus Christus in der Kraft des Heiligen Geistes unter allen sozialen Gruppen austeilen und die, die antworten, in Jüngerschafts-Gemeinschaften sammeln. Neue Gemeinden* *ergeben sich natürlich, wenn in der Gemeinschaft neue Jünger gewonnen werden.“*[34]

>>>>>>> Wenn eine Gemeinde durch Jüngerschaft zunimmt (was Evangelisation voraussetzt und einschließt), dann wird sie ganz natürlich Teil eines Kreislaufs werden, in dem Gemeinden wachsen und wiederum neue Gemeinschaften ins Leben rufen. Campbell glaubt, dass das der organische Rhythmus der biblischen Gemeinde ist, wie wir ihn in der Apostelgeschichte sehen (Apg. 13,1-14,28):

EINE BESTEHENDE GEMEINDE SENDET EIN GEMEINDEGRÜNDUNGSTEAM AUS.

∨∨∨

DIESES TEAM EVANGELISIERT STRATEGISCHE GRUPPEN.

∨∨∨

MIT NEUEN JÜNGERN RICHTET DAS TEAM EINE EINHEIMISCHE GEMEINDE EIN.

∨∨∨

DIESE EINHEIMISCHE GEMEINDE SENDET WIEDERUM EIN GEMEINDEGRÜNDUNGSTEAM AUS.

∨∨∨

DIESES TEAM EVANGELISIERT WIEDERUM EINE GRUPPE.

∨∨∨

UND SO GEHT DER ZYKLUS WEITER.

Abbildung 4

Die missionarisch-inkarnierende Gemeinde versteht sich also als Teil eines fortlaufenden Prozesses, nicht als Ziel in sich selbst. Die Tage, in denen Gemeinden massive Steinhäuser bauten und stolz verkündeten, dass sie seit 1861 (oder wann auch immer) hier fest betoniert sind, gehen zu Ende. Gemeinden werden sich zunehmend als Bestandteil eines organischen evangelistischen Kreislaufs wahrnehmen. Einige existieren vielleicht nur für eine Saison, andere mehrere Generationen lang, aber das Ziel wird die Reproduktion sein, nicht nur die Erhaltung eines bestimmten Status Quo. Der Kreislauf heißt kurz: *„Senden – Sammeln – Zu Jüngern machen – Reproduzieren."*[35] Wenn man die Gemeinde als Bewegung statt als Institution sehen will, verlangt das von den Leitern eine völlige Veränderung ihrer Einstellungen. Aber dieser Wechsel ist lange überfällig! Die Kirche im Westen muss eine missionarische Bewegung werden, die sich auf die verschiedenen Milieus einlässt.

Achten Sie auf qualifizierte Leitung

Wenn man eine Gemeinde noch einmal von vorn anfangen würde, wäre wohl meist sehr schnell deutlich, wie entscheidend eine fantasievolle, geistliche und biblische Leitungsstruktur ist. Deshalb würden wir sofort eine klare Philosophie und Vision von Leitung aufbauen. Die Leitungsgremien stehen im Mittelpunkt, wenn es darum geht, etwas zu verändern. Wir würden uns deshalb zuerst und immer wieder darauf konzentrieren.

>>>>>>> Wenn wir inkarnierende Gemeinden bauen wollen, müssen die Leiter ihre Philosophie und ihre Vision schriftlich festhalten und sich darauf verlassen können, dass ihr Team diese Vorstellungen teilt. Wir haben nämlich festgestellt, dass viele Leute dem inkarnierenden Modell von Gemeinde äußerlich zwar zustimmen können, in der Praxis dann aber doch große Schwierigkeiten damit haben. Das attrak-

tionale Modell ist in der westlichen Kirche tief verwurzelt. Christen sehen einerseits die Notwendigkeit zu tief greifender Veränderung, fallen aber immer wieder in die gewohnte Praxis zurück. Wichtig ist deshalb, dass Leitungsteams durch einen Prozess gehen, in dem sie einen wichtigen Unterschied verstehen lernen, nämlich den zwischen Gemeindetraditionen und der christlichen Tradition; wie Brian McLaren es ausdrückt.[36] Leiter müssen begreifen, dass Gemeindestrukturen oder -traditionen vor allem kulturell vererbt sind. Und das heißt: Sie sind veränderbar, müssen der Kultur angepasst und dürfen nicht mit der biblischen Lehre verwechselt werden, die zeitlos und unveränderbar ist.

>>>>>>> Im vierten Teil dieses Buches werden wir uns speziell mit inkarnierender und apostolischer Leitung beschäftigen, wir möchten aber hier schon klarmachen, dass das Neue Testament ein Leitungsmodell mit fünf Ämtern lehrt – nämlich die Gemeinschaft aus Aposteln, Propheten, Evangelisten, Hirten und Lehrern (Eph. 4,11-13). Es gehört zum Erbe des „Christentums“, dass wir daraus eine Hierarchie gemacht haben, in der der Pastor an der Spitze steht. Die nachchristliche Welt sucht aber nach einem mehr gleichberechtigten Ansatz von christlicher Gemeinschaft, und darum muss die Leitung der Zukunft kooperativ sein. Einen Begriff wie „Hauptpastor“ finden wir im Neuen Testament überhaupt nicht, sehr wohl aber den Wunsch von Paulus, dass die Gemeinde von Vertretern aller fünf Leitungsgaben geführt wird, die gemeinsam die Heiligen ausrüsten.

>>>>>>> Die gegenwärtige Betonung der nach innen orientierten Gemeindeleitung bedeutet, dass das inkulturierende und missionarische Herz der Apostel und Propheten immer zu Gunsten von Lehre (und Seelsorge) unterdrückt wird. Und das ist tragisch, denn in einer Gemeinde, die kein Herz für ihre „Umgebung“ und deren Kultur hat, kann es eigentlich gar keine „gute Lehre“ geben. Warum? Weil es das Ziel der Lehre ist, Christinnen und Christen zu einer ganzheitlichen

Mitarbeit im Reich Gottes auszurüsten.

>>>>>>> Das bedeutet nicht, dass die Gemeinde nicht von guten Hirten geführt werden soll, aber wir verstehen die „Gemeindeleitung" eher als eine „Gemeinschaft in der Gemeinschaft". Jede Vorstellung von einer eigenen Priesterkaste in der christlichen Gemeinde widerspricht den paulinischen Lehren. Und seien wir ehrlich: Ob evangelikal oder pfingstlerisch – Gemeinden mit Pastoren-Hierarchie setzen das „allgemeine Priestertum der Gläubigen" nicht wirklich um. Das Neue Testament verändert den Begriff des Priesters ja radikal: Alle Gläubigen haben hier Priesterfunktion, weil sie fähig sind, ihr ganzes Leben zu geben, und persönlichen Zutritt zur Gnade Gottes haben. Im Neuen Testament finden wir daher keine Unterscheidung mehr zwischen Priestern und Laien, heilig und säkular, Religion und Alltag.

>>>>>>> Jeder hat etwas einzubringen, und auf die Wichtigkeit der fünf Ämter in der Gemeinde weist Paulus sogar extra hin: Nur wenn wir alle fünf Ebenen der Leitung haben, können wir von einem Leitungsteam nach der Vision des Epheserbriefs reden. Eine neue Gemeinschaft sollte daher von Anfang an eine voll ausgebaute Leiterschafts-Matrix einrichten. Aber wie gesagt: Davon später mehr.

Achten Sie auf die Gebäude!

Michael besuchte einmal eine Kirche, an der außen ein großes Schild stolz verkündete: *„Im Dienst: die ganze Gemeinde!"* Natürlich ist das eine sehr biblische Sicht von Gemeinde – jeder Gläubige macht engagiert mit. Aber beim Eintritt in diese Kirche wurde schnell klar, dass hier in der Praxis etwas ganz anderes galt. Alle Sitze zeigten nach vorn zu einer hohen Kanzel. Der Pfarrer trug einen weißen Talar und einen Priesterkragen und redete etwa 90% des Gottesdienstes. Es mag sein, dass im Lauf der Woche jedes Mitglied dieser Gemeinde irgendwo mitarbeitet, aber der öffentliche Gottesdienst sendete ganz andere

Signale aus. Man kann zwar in seinen Prospekten oder auf Plakaten behaupten, dass es keinen Unterschied zwischen Priestern und Laien gäbe, aber das nutzt nichts, wenn die Realität etwas anderes vermittelt. Wir werden uns später noch mehr mit den vielen unausgesprochenen Botschaften beschäftigen, die wir aussenden.

>>>>>>> Jetzt nur so viel: Die Form unserer Gebäude und unsere Praktiken widersprechen häufig unserem Wunsch, biblisch christliche Gemeinschaften zu leben. Wir raten Gemeindegründern daher immer, das Problem der Gebäude sehr ernst zu nehmen. Die meisten Gemeinden, die kein eigenes Gebäude haben, wünschen sich zwar, möglichst bald eins zu bekommen, aber wir fragen uns, ob das sinnvoll ist. Der Gemeindegründer Andrew Jones sagt dazu ganz richtig: *„Jede Gemeinde, die nicht ohne Gebäude, Finanzen und bezahlte Experten leben kann, ist nicht im Vollsinn des Wortes Gemeinde.“* Gebäude, Finanzen und Hauptamtliche machen es natürlich nicht unmöglich, eine effektive Gemeinde zu sein; aber wenn die Gemeinde ohne sie zusammenbrechen würde, ist sie nicht gesund. Wo in Asien, Afrika und Lateinamerika Gemeinden blühen, da versammeln sich die Menschen in der Regel in Häusern, unter Bäumen, am Flussufer, in Cafés oder in öffentlichen Gebäuden. Nur im Westen, wo die institutionelle „Kirche“ langsam stirbt, verlässt man sich weiterhin auf Kirchengebäude. Jemand hat das einmal den *„Bau-Komplex“* der Gemeinde genannt![37]

>>>>>>> In seinem Klassiker von 1975, „The Problem of Wineskins“, benennt Howard Snyder fünf Tatsachen, die unsere westliche Gebäudekultur über die westlichen Gemeinden ausdrückt: Unbeweglichkeit, Starrheit, Mangel an Gemeinschaft, Stolz und Klassentrennungen. *„Das Evangelium sagt: ‚Geht hin‘, aber unsere Gebäude sagen: ‚Bleibt hier‘. Das Evangelium sagt ‚Sucht die Verlorenen‘, unsere Gebäude sagen ‚Lasst die Verlorenen die Gemeinde suchen‘.“*[38] Dazu kommt, dass, wenn die Gebäude einmal stehen, das Gemeindebudget ganz wesentlich von ihnen bestimmt wird. Um die Hypotheken zu bezahlen, müssen

die Reihen und die Opferbecher möglichst voll werden. Kein Wunder, dass dadurch das attraktionale Muster verstärkt und befestigt wird.

>>>>>>> Wenn Sie nächstes Mal in einen Gottesdienst gehen, achten Sie einmal darauf, ob es in der Liturgie heißt: „Wir sind hier, um Gott zu begegnen". Unterschwellig bestimmt das Gebäude nämlich auch die Theologie. Wir bauen ein Heiligtum, in dem wir Gott begegnen, und dann umgarnt uns dieses Gebäude langsam mit der alten Weltanschauung, in der „heilig" gegen „profan" steht. Als würde Gott im Kirchengebäude wohnen und wäre nur dort zu erreichen. Was hat Gott damals zu David gesagt? *„Solltest du mir ein Haus bauen, in dem ich wohnen soll? Seit dem Tage, als ich das Volk Israel aus Ägypten führte, bis auf diesen Tag habe ich in keinem Haus gewohnt, sondern ich bin in einem Zelt als Wohnung herumgezogen. Und wo ich auch immer mit dem ganzen Volk Israel hingezogen bin, habe ich je ein Wort zu den Richtern, die mein Volk hüten sollten, gesagt ‚Warum habt ihr mir kein Haus aus Zedern gebaut?'"* (2. Sam. 7,5-7)

>>>>>>> David lebte damals selbst in einem Haus aus Zedern und nahm an, dass das für Gott auch gut wäre. Der Tempel war keineswegs Gottes Idee. Er passte sich nur der menschlichen Schwäche an und gönnte seinem König einen Tempel, der mittelalterlichen Kirche ihre Kathedralen und der modernen Gemeinde ihr Gemeindezentrum. Aber: Gott braucht keine heiligen Stätten. Stephanus bestätigte im Augenblick seines Märtyrertums: *„Der Höchste wohnt nicht in Häusern, von Menschenhand gemacht."* (Apg. 7,48). Viele Prediger kennen diese Verse und würden natürlich auch sagen, dass Gott nicht in ihren Kirchengebäuden wohnt. Aber die Sprache im Gottesdienst und die Millionen von nonverbalen Botschaften, die die Geistlichen aussenden, sind oft ein stummer Ausdruck eines „heiligen" Ansehens von Kirchengebäuden. Wie oft sieht man in älteren Kirchen im Foyer ein Schild wie dieses:

DAS IST DAS HAUS GOTTES

TRETEN SIE RUHIG UND MIT EHRFURCHT EIN

Wir gönnen jeder Gemeinde ihre andächtigen und würdevollen Gottesdienste; wir werden nur ganz unruhig, wenn sie andauernd die unterschwellige Botschaft transportieren: „Gott wohnt hier" (und manchmal klingt es sogar nach: „nur hier").

>>>>>>> Rob Warner, ein englischer Gemeindeleiter, nennt das in seinem Buch „The 21st Century Church" das „alte Tempeldenken". Er beschreibt dabei sieben ungute Vorstellungen, auf denen dieses Denken beruht:

1. Weil viele Kulturen religiöse Gebäude haben, ist es nur natürlich, dass auch die Christen ihre Gebäude „Haus des Herrn" nennen.
2. Man setzt voraus, dass „echte" Anbetung Gottes nur in geweihten, religiösen Gebäuden geschehen kann.
3. Weil es ein Ort der Anbetung ist, muss das Kirchengebäude auch selbst ein heiliger Ort sein.
4. Christen können daher nur in einem Gemeindegebäude Gott begegnen oder Offenbarungen von ihm empfangen.
5. Die Kirchengebäude sind ein Symbol von Dauerhaftigkeit und Stabilität, wie ein Leuchtturm auf dem Felsen.
6. Als Leuchtturm repräsentiert das Kirchengebäude die Gegenwart Gottes in „christlichen" Ländern.
7. Wenn die Kirchengebäude Gott repräsentieren, folgt daraus, dass sie größer und eindrücklicher sein müssen als die Gebäude anderer Religionen. [39]

Tatsächlich spielt das Christentum hier nach den Regeln anderer Religionen: Man will mit den religiösen Empfindungen mithalten. Aber, wie der französische Theologe Jacques Ellul betont: *„Für die Römer war die aufstrebende Christenheit überhaupt keine Religion. Sie war sogar ‚Antireligion'. Und für diese Meinung gab es gute Gründe: Die ersten Christen forderten nicht nur die Religion des Kaisers heraus, sondern die Religion in der damaligen Welt überhaupt."*[40] Das Christentum ist nicht im Wettstreit mit allen anderen Religionen, sondern in seiner Abkehr von den Heiligkeitsvorstellungen der „Heiden" eigentlich eine Anti-Religion. Jesus und seine frühen Nachfolger verstanden sich bewusst als Gründer von etwas viel Radikalerem als einer neuen Religion. Jesus sprach vom „Reich Gottes" und das in einer Weise, die überhaupt nicht an eine neue Institution oder Religion denken lässt. Rob Warner schreibt: *„Christus ist der Eckstein, und in ihm sind wir der Wohnort des Geistes und der geistliche Tempel, erfüllt mit der Anbetung Gottes. Es gibt keinen Grund für uns, die Praktiken oder Gebäude anderer religiöser Systeme nachzuäffen. Ihre Abstützung auf religiöse Gebäude ist hinfällig. Ihre extravaganten Tempel, egal ob vornehm oder grandios, sind überflüssig. Wir haben keinen Grund mehr, konventionelle religiöse Instinkte zu befriedigen, denn der lebendige Gott hat die religiöse Einförmigkeit durchbrochen und uns Heil gebracht. Im Tod Christi begegnen wir der Abschaffung menschlicher Religion."*[41]

›››››››Jesus und die Urgemeinde revolutionierten den Gedanken des Tempelgottesdienstes, aber die Kirche hat diese Revolution nicht durchgehalten. Für die frühe Gemeinde war das Privathaus der zentrale Versammlungsort. Robert Banks bemerkt in diesem Zusammenhang etwas Interessantes über die ersten Kirchengebäude: *„Erst im dritten Jahrhundert haben wir Belege für spezielle Gebäude für christliche Versammlungen, und selbst dann wurden sie dem Raum nachempfunden, in dem im typischen römischen und griechischen Haus Gäste empfangen wurden."*[42] Selbst als die Kirche in der Lage war, ihre eigenen Gebäude zu errichten, lehnte sie diese an die zeitgenössischen Wohnzimmer an, in denen etwa 30 Leute Platz hatten.

>>>>>>> Warum? Ganz einfach: Ein Wohnzimmer ist ein Ort der Begegnung, der Gastfreundschaft und der Sicherheit. Ein Ort, an dem jeder und jede reden kann, an dem man miteinander isst und Gemeinschaft erfährt. Wir wollen Gemeindeversammlungen keineswegs nur auf Häuser beschränken, im Gegenteil: Sie können sich eigentlich überall treffen (Kirchen, Nachtclubs, Werkstätten, Weinkellereien). Wir möchten aber hervorheben, welche Botschaft wir aussenden, wenn wir dem Versammlungsort eine derartige Bedeutung beimessen. Wenn wir noch einmal von vorn anfangen könnten, würden wir mehr auf das Gebäude und das Programm achten. Wir würden auf die unterschwelligen Botschaften achten – denn sie sagen viel aus.[43]
>>>

Wir wollen die wesentlichen Unterschiede zwischen dem attraktionalen und dem inkarnierenden Modell von Gemeinde noch einmal zusammenfassen und nutzen dazu ein Diagramm von Carol Davis. Davis nennt die attraktionale Gemeinde „extraktional" (von lat. extrahere = herausziehen). Damit meint sie, dass die Kirche einzelne Bekehrte einen nach dem anderen aus deren Welt herauszieht und sie in die Gemeinde eingliedert. Sie redet statt von Inkarnation auch lieber von Reproduktion. Dennoch ist diese Tabelle eine sehr hilfreiche Zusammenfassung unserer Gedanken:[44]

Modell A Extraktion / „Wachstum“	**Modell B** Inkarnation / Reproduktion
Gemeindekultur	*Missionskultur*
Betonung auf einzelne Bekehrte	Betonung auf Gruppenbekehrungen in Netzwerken
Raum der Gläubigen	Raum der „Ungläubigen“
Christen zu Gottesdiensten einladen	Personen des Friedens finden
Beginn in der Kirche	Beginn im Zuhause von Menschen
Grosse Versammlungen – Gottesdienste	Kleine Gruppen – Gemeinschaft in Zellen
Biblische Lehre als Information	Biblische Lehre als Anwendung
Programme und Gebäude aufbauen	Leiter aufbauen
Leitung	*Leiterschaft*
Pastor oder Einzelgänger	Apostolisches Team
Importierter Hauptamtlicher	Einheimische Christen werden Leiter
Leiter einer Gruppe, die mitmacht	Ausrüster von neuen Leitern
Finanzen	*Finanzen*
Finanzierter Gemeindegründer	Teilzeit-Gemeindegründer
Volles finanzielles Engagement	Kleines finanzielles Engagement
Ressourcen von außen	Eigene Ressourcen
Struktur	*Struktur*
Auf Bedürfnisse der Gemeinde zugeschnitten	Auf Bedürfnisse der Zielgruppe zugeschnitten
Zentriert auf Geistliche	Zentriert auf Laien
Langsames Wachstum (führt zu Stagnation)	Schnelle Reproduktion

Die vier Punkte, die wir bis jetzt vorgestellt haben, halten wir für die entscheidende Grundlage dafür, dass unsere Gemeinden in ihrer Ausrichtung inkarnierend sind und bleiben. Wahrscheinlich haben Sie längst verstanden, worum es uns geht, aber wir wollen das Ganze trotzdem noch einmal auf den Punkt bringen.

>>>>>>> Christliche Mission ist von ihrer Definition her inkarnierend, weil wir nicht aus sicherer Entfernung über das Evangelium reden können. Wer das glaubt, der tut so, als gäbe es nicht in jeder Subkultur eigene Prägungen, was Glaubwürdigkeit, Relevanz und Sprache angeht (Sie dachten hoffentlich nicht ernsthaft, dass die divergierenden Gruppen im Westen alle den gleichen Dialekt sprechen!). Ein Missionar muss mit denen zu tun haben, denen er das Evangelium bringen will. Wer „Evangeliumskanonen" aus der Ferne abschießt, bewirkt nur Enttäuschung und Zorn. Wir können niemandem aus der Entfernung zuhören und uns so ernsthaft um ihn kümmern. Warum also inkarnierende Mission? Wir sehen vier Hauptziele:
>>>

Beziehungen: Das Ziel jeder Mission ist, dass Noch-nicht-Christen verstehen, dass Jesus *für* sie ist, das heißt, dass er das Beste der Gruppe will; dass er auf ihrer Seite ist. In einer Welt, in der viele Noch-nicht-Christen inzwischen annehmen, dass Gott sie ablehnt (vielleicht weil sie den Eindruck gewonnen haben, dass Gottes Leute sie ablehnen), ist es wichtig, diese Botschaft zu einem Hauptziel der inkarnierenden Gemeinde zu machen: Wir wollen Menschen helfen, den Kontakt mit einem Gott zu suchen, der sie sucht und ihre Freundschaft begehrt. Um dieses Ziel zu erreichen, müssen wir drei grundlegende Strategien anwenden:

1. Die Missionare sollen in der Kultur präsent sein.
2. Die Missionare sollen sich als gute Partner erweisen. Wir glauben nämlich, dass viele christliche Projekte ruhig auch eine Wiederholung von Projekten sein können, die die Umgebung selbst schon durchführt. Inkarnierend arbeiten bedeutet in diesem Fall, dass Christen bewusst mit säkularen Teams zusammenarbeiten, die sich beispielsweise für Familien, Arme, Jugendliche oder ledige Mütter einsetzen. Solche Partnerschaft macht deutlich, dass Jesus auch an den guten Werken von Noch-nicht-Christen

Freude hat und legt die Grundlage für wichtige Freundschaften. Darum ist es so wichtig, dass Christen regelmäßig lokale soziale Initiativen ansprechen und drei ganz einfache Fragen stellen: a.) Was macht euch am meisten Sorgen? b.) Was sind die Ursachen der Probleme? c.) Wie können wir euch helfen?

3. Die Missionare sollten offene Entdeckergruppen anbieten, also Orte, an denen man Christus entdecken kann. Die Gesellschaft braucht Gelegenheiten, bei denen Christen und Noch-nicht-Christen, die mehr über das Evangelium erfahren wollen, sich in einer nicht-bedrohlichen Umgebung treffen können, in der sie respektiert werden.

Vorbilder. Hier geht darum, sichtbar zu machen, dass Jesus *bei* der Gast-Gemeinschaft ist. Während das erste Ziel von einem kleinen Team erreicht werden kann, braucht dieses hier eine kritische Masse, eine Gemeinde von einer gewissen Größe. Wenn wir in einer Gruppe als Christen durch und durch liebevoll und freundlich sind, wird das die Haltung der übrigen Teilnehmer Christus gegenüber verändern. Konkret heißt das: Die missionarisch-inkarnierende Gemeinde soll Gottes Liebe in Demut, Gnade und Gerechtigkeit demonstrieren. In vielerlei Hinsicht muss sie dabei die Auffassungen von Jesus und der Kirche komplett neu definieren: Viele Distanzierte im Westen halten die Kirche nämlich für manipulativ, geldgierig und kontrollwütig.

Zugänge. Hier geht es darum zu zeigen, dass Jesus *in* der Gastgemeinschaft ist. Wenn eine Gemeinschaft von Christen wächst, spürt man an verschiedenen Dingen, dass Jesus in der Gruppe wohnt. Darum ist auch die Entwicklung einer eigenständigen Leitung von allergrößter Wichtigkeit. Wenn eine Gemeinschaft „von außen geführt" wird, bleibt immer der Verdacht, dass Jesus zwar von außen dazukommt, dass er aber nicht Teil der Gruppe ist. Eigene Leiter wirken dagegen wie ein Symbol, dass Christus auch in dieser (Sub-)Kultur im Mittelpunkt steht. Leiter, die von außen hineingewirkt haben, müssen also rechtzeitig erkennen, wann sie die Führung an einheimische Leiter übergeben und weiterziehen sollten. Dazu kommt: Wirklich eigenständige Gemeinden betreiben auch eine eigene Theologie. Und man kann sicher sagen: Christus nimmt die Gestalt einer Gemeinschaft dann an, wenn diese eine eigene Theologie mit ihrer Sprache und ihren Symbolen entwickelt und ihre eigenen Wünsche und Sehnsüchte passend zum Lokalkolorit ausdrückt. Wir wissen, dass das riskant ist. Wenn wir aber wirklich wollen, dass neue eigenständige Gemeinden wachsen, dann müssen sie die biblische Theologie auch so ausdrücken dürfen, dass es für sie kulturell relevant ist.

Begegnungen. Hier lernt die Gast-Gemeinschaft verstehen, dass Jesus ein Teil *von* ihnen ist. Erst wenn zwei Generationen von Leitern aus der eigenen Gemeinschaft entstehen, wird Jesus ziemlich sicher in dieser Gruppe oder Gemeinschaft „ganz gegenwärtig" sein.[45]

>>

In Hobart, der südlichsten Stadt von Australien, versucht eine Gruppe von Christen unter dem Namen (re)verb, sich ganz auf einen derartigen Prozess einzulassen. Dazu haben die Mitglieder Wohnungen in der Nähe eines Pubs gemietet. Ein paar Singles und kinderlose Ehepaare leben nun in Wohngemeinschaften zusammen, während andere Ehepaare für sich leben – aber als direkte Nachbarn. Die Gemeinschaft trifft sich mehrmals in der Woche im Pub und sitzt dort einfach mit den Anwohnern und Nachbarn zusammen. Die Christen bezeichnen den Pub und ähnliche Treffpunkte als „dritte Orte". Das heißt: *„Die Gemeinde ist unser Ort. Die Häuser der Noch-nicht-Christen sind ihr Ort. Aber ein Pub, Club, Café oder Sport-Team ist eine Schnittmenge – ein Ort, den sich Christen und Noch-nicht-Christen teilen und an dem wir sinnvoll und sicher miteinander umgehen können."* „(re)verb" hat inzwischen eine Firma mit dem Namen „Third Place Communities" gegründet, die ähnliche Experimente auf der australischen Insel Tasmanien fördern will. Und weil sie so nahe beim Pub wohnen, können sie die

Nachbarn ohne weiteres in ihre Wohnungen zu einem Essen, Kaffee und weitergehenden Gesprächen einladen. Sie bauen eine wirkliche Beziehung zu ihrem Wohnviertel auf.

>>>>>>> Ein anderes ihrer Projekte ist ein Café, das sie in der Innenstadt von Hobart gegründet haben und in dem sie Release-Partys, Livemusik, Kunstausstellungen oder einfach zwanglose Treffen durchführen – ein wahrhaft entspannter „Dritter Ort" für die Innenstadtbewohner. Hier sind sie als „Vorbilder" erlebbar. Die Mitglieder von (re)verb sind übrigens alle in den Zwanzigern und wirkliche Pioniere einer neuen Form, das Evangelium in eine unkirchliche Umgebung zu inkarnieren. Ihre Energie, die Kreativität und ihre Hingabe an Christus haben uns sehr beeindruckt. Solche Projekte entstehen zum Glück zurzeit überall in der westlichen Welt. Die Frage ist daher nicht, ob wir solche Experimente starten sollen – sie geschehen sowieso –, sondern wie wir sie unterstützen und ermutigen können.

B. Die Menschwerdung der Kirche >>>>>>>>>>>>> >>> >>> >>> >>> >>> >>>>>>>>>>>>>>>>

5. Die kontextualisierte Kirche

Die Kirche gehört nicht den Leuten, die sie gegründet haben.
Auch nicht der Gegend, in der sie steht, sondern dem,
der sie ins Leben gerufen hat (nämlich Gott)
und dem, durch den das alles geschehen ist (nämlich Christus).
>>> Robert Banks

Kirche 101

Manchmal denken unsere Hörer oder Studenten, wir hätten eine völlig unstrukturierte Vorstellung von Kirche und Gemeinde. Michael ging zum Beispiel mal nach einem Seminar über die Kirche der Zukunft mit einigen jungen Männern essen. Bei der Unterhaltung sagte dann einer: *„Ich gebe dir recht bei dem, was du über die Gemeinde sagst. Sie braucht eine Totalüberholung. Ich meine, hier sind wir, sechs Leute, wir essen zusammen und reden über Jesus. Wir sind jetzt Gemeinde!“*

>>>>>>> Vorsicht. Es darf nicht passieren, dass wir bei unseren Bemühungen, die „Kirche“ vom „Christentum“ zu unterscheiden, irgendwann meinen, jede beliebige Gruppe von Gläubigen, die irgendwo in einem Raum zusammensitzt, wäre schon Gemeinde. Die sechs Leute an diesem Tisch, das war keine Gemeinde. Das Treffen war vielleicht eine christliche Gemeinschaft, aber es gab keinerlei Verpflichtungen und keine gemeinsame Berufung. Natürlich redeten sie über geistliche Dinge (sie waren ja Christen), und am Ende fühlten sie sich in ihrem Glauben und der Berufung gestärkt. Das heißt: Sie haben einiges von

dem gemacht, was eine Kirche ausmacht, aber es gab in all dem überhaupt keine Kontinuität.

>>>>>>> Wir glauben nicht, dass ein beliebiger Haufen von Christen, die zufällig ineinander rennen, sofort „Kirche" ist. Wir kämen auch nicht auf die Idee, dass ein paar Christen, die sich um ein gemeinsames Missionsziel sammeln, schon Gemeinde sind. Man kann natürlich sagen, dass Studenten eines theologischen Seminars, Kinder im Sommerlager oder Leute im Missionseinsatz temporäre Formen von Gemeinde darstellen; aber weil sie nicht von Dauer sind, kann man sie eigentlich nicht als „Gemeinden" bezeichnen.[46]

>>>>>>> Wenn wir hier von „Gemeinde" reden, dann versuchen wir, das Bild des Neuen Testaments zu übernehmen. Paulus gebraucht in seinen Schriften dafür den Ausdruck „ekklesia" (Kirche, Gemeinde) so, dass damit nur eine wirkliche Versammlung von Menschen gemeint sein kann, nicht etwa ein theologisches Konzept. Es geht um ein regelmäßiges Treffen des Volkes Gottes. Allerdings machte Paulus zugleich deutlich, dass die „ekklesia" nicht einfach ein menschlicher Verein oder Club ist. Deshalb spricht er mehrfach davon, dass sie eine von Gott zusammengerufene Versammlung ist. Robert Banks schreibt: *„Die Kirche gehört nicht den Leuten, die sie gegründet haben, auch nicht der Gegend, in der sie steht, sondern vielmehr dem, der sie ins Leben gerufen hat (nämlich Gott) und dem, durch den das alles geschehen ist (nämlich Christus)."*[47] Für Paulus war die Gemeinde also das versammelte Volk. Was in einer solchen Versammlung geschah, davon gibt uns, glauben wir, Apg. 2,42-47 einen schönen Schnappschuss. Das ist wie ein Fenster in die regelmäßige Versammlung der Gläubigen, und wir sehen drei Hauptelemente, die wir in Spannung zueinander halten müssen:

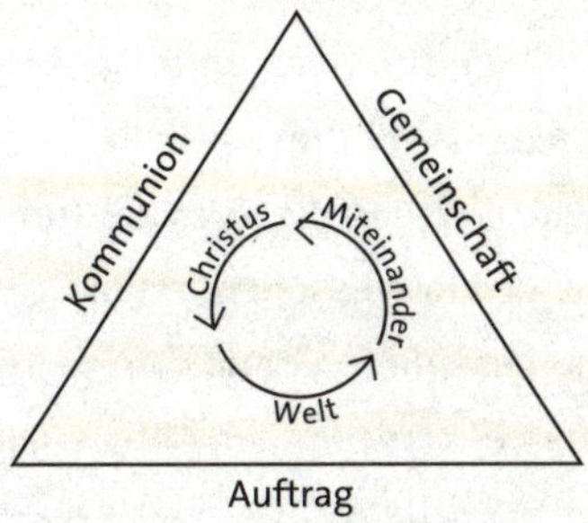

Abbildung 5

Die ersten Gemeinden bemühten sich, ihre Beziehung zu Gott, zueinander und zur Welt im Gleichgewicht zu halten. Wie ein gleichseitiges Dreieck, in dem alle drei Seiten gleich lang sein müssen, sah die Urgemeinde, dass alle drei Verpflichtungen gleich wichtig waren. Insofern zeichnet sich das Wesen von Gemeinde zuallererst durch „Beziehungen" aus, und die drei Arten der Beziehung sind so miteinander verflochten, dass man sie weder trennen kann noch darf: Wir zeigen unsere Liebe zu Gott in der Liebe zu anderen. Und wir können nicht in einer richtigen Beziehung zur Welt leben, wenn wir keine richtige Beziehung zu Gott und zu seinem Volk haben.

>>>>>>> Es gibt christliche Gemeinschaften, die sich vor allem um den missionarischen Auftrag kümmern, andere kultivieren die Anbetung und wieder andere betonen die Gemeinschaft, wir glauben aber, dass die Gemeinde der Gläubigen daran arbeiten muss, alle drei Formen gleichermaßen zu betonen. Jede Überhöhung einer Dimension auf Kosten der anderen ist falsch und töricht. Wenn eine Gemeinde sich etwa übermäßig stark in den Bereichen „Lobpreiskultur" oder „Lehre" „spezialisiert", missachtet sie den viel weiteren Gemeinde-Begriff des Neuen Testaments. Das heißt: Lobpreis, der vom Auftrag in der Welt zu sehr getrennt ist, ist nur eine Imitation von Anbetung. Genauso gilt: Eine missionarische Gemeinschaft, die nicht durch geistliche Anbe-

tung geprägt, inspiriert und erneuert wird, ist nur ein blasser Schatten dessen, was Gemeinde sein könnte und sollte.

>>>>>>> Wir sind der Überzeugung, dass die Trennung zwischen den missionarischen und den lobpreisorientierten Gemeinschaften innerhalb der Kirche eine der größten Tragödien der Christenheit ist. Für eine große Firma mag es sinnvoll sein, Abteilungen einzurichten, die sich auf bestimmte Bereiche des Geschäfts spezialisieren, aber die Kirche ist keine Firma. Als die Gottesdienst-orientierten Gemeinden die Verantwortung für Mission an die evangelistischen Gruppen und Missionsgesellschaften delegierten, töteten sie damit einen Teil der Kirche. Anbetung und Mission und der Aufbau von Gemeinschaft – all das muss einander beeinflussen.

>>>>>>> Wenn wir uns den Schnappschuss der Urgemeinde in Apostelgeschichte 2 anschauen, sehen wir sechs Elemente, aus denen diese drei großen Bereiche zusammengesetzt sind:

>>>

Kommunion (Beziehung zu Christus). Die ersten Christen erlebten viele Gelegenheiten, bei denen die christliche Gemeinschaft zusammenkam und bei denen sie Gott reden hörte: *„Jedermann war von Ehrfurcht erfüllt, und viele Wunder und Zeichen geschahen durch die Apostel."* (V. 43) Offenbar hat die Urgemeinde die Gegenwart Gottes in ihren Versammlungen besonders intensiv erlebt. Die ganze Apostelgeschichte macht klar, wie oft die ersten Christen Gott spürten und ihn reden hörten. Sie erlebten ihn bei ihren Treffen offensichtlich auf gemeinschaftliche Art. Das Gefühl von Ehrfurcht und Staunen wurde aber nicht nur durch Zeichen und Wunder ausgelöst, sondern auch durch die Lehre der Apostel und das Brechen des Brotes. (V. 42) Es geht also um gemeinsame geistliche *Erfahrungen*.

>>>>>>> Die Antwort auf diese Erfahrung war die *Anbetung*. Ob in Häusern oder im Tempelvorhof (V. 46), die Christen nutzten jede Gele-

genheit, Gott zu loben – und offenbar geschah das in einer Form, die auch der Umgebung gefiel.

>>>

Gemeinschaft (Beziehung zueinander). Die moderne Kirche betont oft das Lehren, in der Urgemeinde lag dagegen die Betonung auf dem *Lernen*. Das bedeutet: Einzelne und die Gemeinschaft als Ganzes strebten danach, Jesus ähnlicher zu werden. Dieses Lernen geschah durch die Lehre der Apostel, die Gemeinschaft mit den Mit-Lernenden und das christliche Liebesmahl (V. 42 und 46).

>>>>>>> Zugleich war die Gemeinde aber auch ein Ort der Freundschaft: *„Alle Gläubigen waren zusammen und hatten alles gemeinsam."* (V. 44) Statt die verschiedenen Ämter von Priestern, Schriftgelehrten, Lehrern, Diakonen und so weiter zu übernehmen, revolutionierten die ersten Christen das traditionelle religiöse Verhalten: Sie weigerten sich, heilige Orte zu errichten, hatten keine Altäre und ordinierten keine Personen für ein geistliches Amt. Sie waren eine echte Gemeinschaft von Freunden. Von Anfang an ging man offenbar davon aus, dass die Gemeinde ein organisches Netzwerk von Beziehungen ist.

>>

Auftrag (Beziehung zur Welt). *„Sie verkauften Besitz und Güter und gaben jedem, was er brauchte."* (V. 45) Von Anfang an waren Großzügigkeit und *Gastfreundschaft* deutliche Kennzeichen der christlichen Bewegung. Und dieses radikale Teilen hatte schon damals seinen Preis. Wir sagen hier nichts gegen Essensverteilungen und Weihnachtsbasare, aber die Großzügigkeit der christlichen Gemeinde heute kostet die meisten Gemeinden nicht übermäßig viel. Eine Kirche dagegen, die wirklich selbstlos, demütig und großzügig Gastfreundschaft gewährt, wird zu einer einzigartigen Quelle von „Salz und Licht" in der Gesellschaft. Weil sie auf die Lehre der Apostel aufbaute, war für die Urgemeinde Großzügigkeit einfach ein Ausdruck von Christusähnlichkeit.

>>>>>>> Unser Abschnitt erwähnt nicht, dass die Gläubigen ausdrücklich das *Evangelium* „gepredigt“ hätten. Aber offensichtlich machten ihre Gegenwart im Tempelvorhof, ihre Anbetung Gottes und ihre Gemeinschaft einen tiefen Eindruck auf die Menschen. Zusammen mit der öffentlichen Predigt der Apostel (V. 38) kam es jedenfalls zu einer großen Ernte: *„Und der Herr tat jeden Tag Menschen dazu, die gerettet wurden.“* (V. 47). Das ist das Modell, das wir vertreten. Das Zusammensein, das Teilen und die Gastfreundschaft schaffen Netze von Freundschaften, die zusammen mit Gebet (V. 42) und der Lehre der Apostel eine kraftvolle Gemeinde auszeichnen, die inkarnierend und missionarisch in ihrer Ausrichtung ist.
>>>

Das alles mag nach dem Kleinen 1x1 der Kirche klingen, aber unsere Erfahrung ist, dass viele Leute die traditionelle Form von Gemeinde einfach akzeptieren, weil sie meinen, die sei schon irgendwo auf den Seiten der Bibel beschrieben. Wir meinen: Nur, wenn diese drei Elemente – Kommunion, Gemeinschaft und Auftrag – vorhanden sind und sie bewusst und regelmäßig gepflegt werden, dann kann sich jede Gruppe von Christen überall und völlig legitim als Gemeinde betrachten.

>>>>>>> Muss man sich in einem Kirchengebäude oder Gemeindezentrum treffen? Nicht unbedingt! Muss man sich jede Woche treffen? Nicht unbedingt! Die ersten Christen trafen sich zum Beispiel viel öfter, nämlich täglich. Wir meinen: Eine Gemeinde sollte sich so oft treffen wie nötig, um die oben erläuterten Funktionen auszuüben. Braucht es einen vollzeitlichen Pastor? Nicht unbedingt! Das Neue Testament fordert Verbindlichkeit, Ermahnung und Lernen, und es spricht von Leitern (Ältesten), die sich demütig und liebevoll um die Gemeinschaft kümmern. Aber dafür braucht man keinen ordinierten Geistlichen. Muss man Lieder singen? Nicht unbedingt! Das Neue Testament redet zwar von geistlichen Liedern, aber wenn es das erklärte Ziel eines Treffens ist, Gott anzubeten oder zu lernen, kann man so

viele oder so wenige Lieder singen, wie man will. Muss jemand predigen? Nicht unbedingt! Solange die Leute die Gelegenheit haben, von Gott zu hören – durch sein Wort und auf andere Art – ist es egal, ob eine Person dreißig Minuten oder dreißig Personen eine Minute reden. Lernen, Anbetung und Gottes Wort sind entscheidend. *Dass* diese Dinge Raum bekommen, ist entscheidend, nicht *wie*.

>>>>>>> Erinnern Sie sich an die Frage: *„Wenn wir unsere Gemeinde noch mal ganz von vorn, quasi vom Reißbrett aus, anfangen könnten, was würden wir anders machen?“* Jetzt überlegen Sie bitte mal, was für die Erhaltung der Gemeinde wirklich nötig ist und was eigentlich nur eine Option darstellt. Jonathan Campbells „Stab-Kirchen“ haben folgende Tabelle entwickelt, die hier hilfreich sein kann:

Bedeutung	Beschreibung	Beliebigkeit
Gebote Christi (Kern)	Jesus ist die erste und letzte Autorität der Gemeinde.	Keine Anpassung möglich, nicht verhandelbar.
Biblische Prinzipien (Inhalt)	Inkulturierte Prinzipien auf Grund der apostolischen biblischen Lehre	Der Inhalt ist unveränderbar. Anpassung nur, um ihn evtl. in anderer Form auszudrücken.
Apostolische Vorbilder (Anwendung)	Verhalten, Praktiken und Lebensstil der Gemeinde des 1. Jahrhunderts	Interpretierbar oder kontextualisierbar, um sie der Kultur anzupassen
Gemeindepraxis (Konkrete Gestaltung)	Formen, in denen man Gemeinde plant und ausdrückt.	Völlig flexibel und der Kultur anpassbar

Wir empfehlen allen Gemeindegründern, sich Zeit zu nehmen und einmal bei ihren Vorhaben genau zu überprüfen: Geht es bei den Dingen, die wir diskutieren, um Elemente, die von Jesus vorgegeben, von den Aposteln gelehrt oder von der Urgemeinde praktiziert wurden – oder geht es um relativ junge kirchliche Traditionen? Halten Sie an den Inhalten fest, aber experimentieren Sie wie wild mit den verschiedenen Ausdrucksformen.

>>>>>>> Die missionarisch-inkarnierende Gemeinde ist offen für Innovationen, Experimente und Kreativität. Eine Gemeindegründung ist etwas völlig anderes als die Eröffnung einer neuen kirchlichen Filiale – also nicht wie bei McDonalds, wo jeder Hamburger genau gleich schmeckt, egal, in welcher Kultur er verkauft wird. Eine inkarnierende Gemeinschaft versucht, den lokalen Geschmack, die Würze und die Speisen zu entdecken, um ein Ambiente und ein Bewusstsein für die jeweilige Kultur zu schaffen. Als missionarische Gemeinschaft sorgt sie sich zugleich darum, dass das Evangelium und seine Konsequenzen nicht verwässert werden. Diesen Prozess nennt man „Kritische Kontextualisierung". Worum es dabei geht, das klären wir jetzt.

„Mission" denken

„Denkt nicht Kirche, denkt Mission!" Diesen Satz haben wir in unseren Schulungen im „FORGE-Netzwerk für missionarisches Training" immer wieder gebraucht. FORGE sitzt in Melbourne in Australien und bietet ein Jahrestraining für Gemeindegründer an, die missionarische Gemeinden entwickeln wollen. Dieses Programm hilft jungen Leitern, das konventionelle Bild von „Gemeinde" hinter sich zu lassen und sich als Missionare auf die Denkmuster ihres Umfelds einzulassen. Wir merken dabei immer wieder, wie schwierig es ist, Menschen deutlich zu machen, dass man auch im Westen echte „Missionare" braucht. Aber wenn sie das einmal erkannt haben, fühlen sie sich auch frei, ganz neu und kreativ von Kirche zu träumen.

>>>>>>> Offensichtlich gewöhnen wir uns nur langsam an den Gedanken, dass die Kirche im Westen missionarische und inkarnierende Gemeinden aufbauen muss, wenn sie überleben will. Dieses Konzept

bedeutet nämlich einen echten Paradigmenwechsel in unserem Verständnis von Mitarbeit und Institution. Die scheinbar hartnäckige Weigerung der Kirche, das Evangelium wirklich zu kontextualisieren, ist einer ihrer größten Fehler und wird ihren schwindenden Einfluss auf die westlichen Gesellschaften noch beschleunigen. Die Institutionen nehmen die Grundprinzipien inkulturierter Mission nicht ernst – und darum – das muss man leider sagen – auch das Evangelium nicht.

>>>>>>> Wir setzen uns dafür ein, dass im Westen eine inkarnierende Gemeinde heranwächst. Dafür sind allerdings Fähigkeiten und Voraussetzungen nötig, die man normalerweise in der attraktionalen Kirche nicht braucht: zum Beispiel ein neues Verständnis christlicher Leiterschaft und Spiritualität. Es bedeutet aber auch, dass die Kontextualisierung in den Vordergrund treten wird. Die missionarisch-inkarnierende Gemeinde muss ihre Sprache, ihre Gottesdienste, ihre Symbole, ihre Rituale und ihr Gemeinschaftsleben so kontextualisieren, dass sie einen bestimmten kulturellen Kontext wahrnehmen und durchdringen kann.

An die falschen Türen klopfen

Als die ersten britischen Missionare im damaligen Rhodesien ankamen, um das Evangelium von Jesus zu predigen, brachten sie auch den gesamten Ballast der Kolonialzeit mit – all die kirchlichen Vorstellungen und Praktiken, die sie als christlich betrachteten, die aber einfach nur die Kultur des viktorianischen England widerspiegeln. Zum Beispiel mussten die Zanaki, die am Ufer des Viktoriasees leben, als erstes westliche, hochgeschlossene Kleider anziehen, wenn sie Christen wurden, weil viktorianische Keuschheit als christliche Tugend verstanden wurde, und bei der Taufe bekamen die Schwarzen „christliche" Namen wie James, William und Charles.

>>>>>>> Die Fehler der kolonialen Missionare sind in Romanen wie „Hawaii" (James A.Michener), „At Play in the Fields of the Lord" (Peter Matthiesen) und „The Poisonwood Bible" (Barbara Kingsolver) porträtiert. Da wird auch eine Szene beschrieben, in der ein amerikanischer Baptistenmissionar darauf besteht, die Leute im Fluss zu taufen. Die Leute weigern sich, und er beschuldigt sie daraufhin des Unglaubens. Dabei fehlte ihm nur eine einzige Information: Der Fluss war voller Krokodile.

>>>>>>> Die Unfähigkeit vieler Missionare, die Kulturen, in denen sie arbeiten, zu verstehen und zu respektieren, ist mittlerweile sprichwörtlich. Dazu noch ein anderes Beispiel: Als die Briten die Zanaki im heutigen Zimbabwe evangelisierten, zitierten sie immer wieder Offenbarung 3,20: *„Siehe, ich stehe vor der Tür und klopfe an. Wenn jemand meine Stimme hört und die Tür öffnet, will ich eintreten und das Mahl mit ihm halten und er mit mir."* So, wie die Missionare diesen Vers benutzt haben, zeigt er vor allem, wie schlechte Kontextualisierung aussieht. Warum? Ganz einfach: Wenn man in der britischen Kultur jemanden besuchen will, ist die Tür fast immer geschlossen. Darum muss man laut an der Tür klopfen, wenn man eintreten will. Bei den Zanaki haben die Häuser aber keine Türen. Wenn man einen Freund im Dorf besuchen will, dann ruft man an der Schwelle laut seinen Namen. Da man in einem kleinen Dorf jede Stimme kennt, wird der Besucher daraufhin aufgefordert, einzutreten. Die einzigen, die im Volk der Zanaki anklopfen, sind die Diebe, nämlich die Leute, die nicht wollen, dass man sie erkennt. Wenn die anklopfen und ein Geräusch im Haus hören, schleichen sie sich schnell weg. Wenn sie aber kein Geräusch hören, rauben sie die Hütte aus. Wie soll man in einer solchen Kultur über Offenbarung 3,20 predigen? Die britischen Missionare kannten die Sitten der Zanaki nicht und haben deshalb munter gepredigt, dass Jesus an die Tür klopft. Damit machten sie aus ihm einen hinterhältigen Dieb, der sich heimlich einschleichen will, um zu

schaden! Das ist ein Beispiel von nicht-kontextualisierter christlicher Mission. Die Botschaft stimmt noch – „Jesus will eine Gemeinschaft mit dir, wenn du ihm nur dein Leben öffnest". Aber der Kontext, in dem diese Wahrheit vermittelt wurde, verlangt, dass man eine andere Bildsprache gebraucht, damit der Sinn deutlich wird.

>>>>>>> Es geht uns in diesem Zusammenhang nicht nur darum, „relevantes" Predigen zu stärken, sondern eine völlige Neudefinierung all unserer Symbole, Ausdrücke und Bilder, mit denen wir Christus in unserer Welt darstellen wollen, zu wagen. Im Grunde ist jede gute christliche Mission kulturell kontextualisiert. Es geht eben nicht nur um Wahrheit an sich, sondern um eine verstehbare, relevante und zugängliche Wahrheit.

Kontextualisierung: eine Arbeitsdefinition

Aus verschiedenen Gründen ist der Gedanke der Kontextualisierung bei den eher konservativen gemäßigten Kirchen sehr gemischt aufgenommen worden. Einige Konservative denken, dass der Westen durch die Kraft des Wortes Gottes schon transformiert wird, *„wenn wir nur das Evangelium predigen"*. Und ein bekannter evangelikaler Leiter hat uns gesagt. *„Ihr könnt von mir aus die Kultur erforschen und Trends zu verstehen versuchen. Was mich betrifft, ich predige nur die Bibel."* Das wird normalerweise so gesagt, als würde man nur dadurch dem hohen und edlen Anspruch des Evangeliums gerecht. Das Problem ist aber: Wenn wir die Prinzipien der Kontextualisierung nicht anwenden, dann hat unsere Predigt in vielen Fällen genau soviel Wirkung, wie eine Predigt in Suaheli vor deutschsprachigen Menschen.

>>>>>>> Im Jahre 1972 hat die Abteilung für „Theologische Ausbildung" des Weltkirchenrats (TEF) ein Dokument herausgegeben, in dem der Weltrat seine Unzufriedenheit mit der gegenwärtigen theologischen Ausbildung bekundet. Unter dem Namen „Ministry in Context"

(Dienst im Kontext) diskutiert die Veröffentlichung das schwierige Thema, wie man den kulturellen Kontext am besten respektieren und wertschätzen könne. Die größte Sorge galt dabei den Kirchen und Konfessionen, die ihre Leiter nicht genügend auf die Nöte, Probleme und Interessen der Menschen vorbereiten, denen sie die christliche Botschaft bringen wollen.

>>>>>>> In diesem Dokument wird auch versucht, den damals sehr neuen Begriff „Kontextualisierung" zu definieren. Der Begriff ist nämlich nur verständlich, wenn wir festlegen, was damit genau gemeint ist. Zuerst: Wenn wir in diesem Buch den Ansatz der Kontextualisierung vertreten, dann glauben wir trotzdem, dass die Botschaft des Evangeliums für alle Kulturen und Zeiten gültig ist. Zugleich ist klar, dass dieses Evangelium in zeitgemäße kulturelle Formen gekleidet werden muss, damit es gehört und verstanden werden kann. Kontextualisierung kann man deshalb definieren als den *„dynamischen Prozess, in dem die bleibende Botschaft der Bibel mit spezifischen menschlichen Situationen in Wechselbeziehung tritt"*. Das bedeutet, dass man das Evangelium aus der Perspektive des Adressaten betrachtet und die Botschaft dann so ausdrückt, dass sie für ihn eine Bedeutung bekommt. Kontextualisierung versucht, das Evangelium in Wort und Tat zu kommunizieren und Gemeinden so zu bauen, dass sie die Menschen in einem bestimmten lokalen kulturellen Kontext erreichen. Es geht also darum, so vom christlichen Glauben zu reden, dass er auf die tiefsten Bedürfnisse der Menschen antwortet und es ihnen ermöglicht, Jesus nachzufolgen und dabei ihrer eigenen Kultur treu zu bleiben. Inkulturierte Missionare sagen gern *„Kontextualisierung ist, wenn das Evangelium verkündigt wird und es aus den richtigen Gründen Anstoß erregt – nicht aus falschen"*.

>>>>>>> Der lateinamerikanische Theologe René Padilla drückt es so aus: *„Das Evangelium zu kontextualisieren bedeutet, die Herrschaft Jesu Christi so zu übersetzen, dass sie nicht ein abstraktes Prinzip oder*

eine bloße Lehre bleibt, sondern der bestimmende Faktor des Lebens in allen Dimensionen ist – und das Hauptkriterium, an dem alle kulturellen Werte, die das Wesen des Menschseins ausmachen, gemessen werden. Ohne Kontextualisierung wird das Evangelium eine Randerscheinung oder gänzlich unbedeutend."[48] Weil das Evangelium immer Gottes gute Nachricht für die Menschheit ist, kann es nicht ohne Bezug zum menschlichen Umfeld definiert werden. Obwohl das Evangelium selbst unveränderbar ist, verändert sich der Kontext regelmäßig, auf den es bezogen werden muss. Deswegen muss es immer neu kommuniziert werden.

>>>>>>> Wenn wir über kontextualisierte Evangelisation im Westen nachdenken, meinen wir gewiss nicht nur ein paar kosmetische Veränderungen an der kirchlichen Sprache und ihren Symbolen. Wir sehnen uns nach etwas, das viel reicher und komplexer, viel mutiger und gefährlicher ist. Wie schon gesagt: Das Denken in Standardmodellen muss im Gemeindebau und in der Mission aufgegeben werden. Denn im Augenblick ist es tatsächlich so, dass immer mehr Gemeinden im Westen „erfolgreiche", vorfabrizierte Evangelisationsmodelle übernehmen, anstatt eigene Konzepte zu entwickeln, die ihrem jeweiligen Umfeld oder ihrer Kultur speziell angepasst sind. Egal in welcher sozialen, ökonomischen, ethischen oder altersmäßigen Gruppe: Das Evangelium muss den ganzen Menschen ansprechen, sein Umfeld, seine Lebenssituation und seine Erfahrungswelt.

>>>>>>> Mit Lebenssituation meinen wir alles, was einen Menschen ausmacht: seine Vergangenheit, seine Gegenwart und seine Zukunft, aber auch seine Kultur, Nationalität, Sprache und die Werte. Dazu gehört ebenfalls, wie Gott ihn sieht – als geliebtes und gefallenes Geschöpf. Deshalb muss sich das Evangelium auf die Erfahrungswelt beziehen: auf all die subjektiven Erlebnisse und Gefühle, die einen Menschen prägen. Und weil sich diese Faktoren immer wieder verändern, ist auch die kontextualisierte Mission immer im Fluss. Das macht sie so spannend.

Warum kontextualisieren?

Schon das, was wir bisher dargestellt haben, macht deutlich: Wenn die Kirche inkarnierend arbeiten und leben will, muss sie die Kontextualisierung des Glaubens sehr ernst nehmen. Doch es gibt natürlich auch gute theologische Gründe, warum kontextualisierte Mission nötig ist:

>>

1. Jesus tat es! Das beste Beispiel für das Eintauchen eines Missionars in die Kultur seiner Zielgruppe ist Gott selbst. Er wird in Jesus ganz Mensch und bleibt doch ganz Gott. Die viel zitierten Verse aus Phil. 2,5-11 machen deutlich: Gott stellte sein Recht auf den Himmel an die Seite, kam in eine gefallene Welt und wurde unter großen Kosten einer von uns. Sein ganzes Dasein verkörpert, wie man sich im Leben ganz normaler Menschen engagieren kann. Und es ist sicher kein Zufall, dass Jesus lieber bei den Sündern als bei den Frommen wohnte. Er feierte mit Matthäus und seinen Freunden eine Party; er spielte mit Kindern; er briet Fische für Petrus zum Frühstück, und er besorgte Wein für eine Hochzeit in Kana. Mitten unter den Menschen.

>>

2. Die ersten Christen praktizierten es. Jede Studie über die Predigten in der Apostelgeschichte macht deutlich, dass das Evangelium damals auf verschiedene Arten präsentiert wurde – je nachdem, an wen es gerichtet war: Wenn die Prediger zu Juden aus der Synagoge sprechen, dann betonen sie vor allem, dass das Leben Jesu die Erfüllung der alttestamentlichen Prophetie sei (siehe etwa die Predigten des Petrus in Apg. 2,14-40 und 3,11-26, die Rede des Stephanus in Apg. 7 oder die des Paulus in Antiochia in Apg. 13). Redet Paulus dagegen mit Menschen, die im griechischen Denken geschult sind, dann nutzt er die Verehrung des „Unbekannten Gottes" strategisch, um die Aufmerksamkeit der Menschen auf dem Areopag zu gewinnen. (Apg. 17,16-34) Es lohnt sich, einmal die zwei Predigten des Paulus zu vergleichen und genau zu sehen, wie der Apostel kontextualisiert. In Antiochia spricht er zur jüdischen Gemeinde, in Athen zu einer griechischen Hörerschaft:

Thema	Antiochia	Athen
Gott	Israels Bundesherr	Schöpfer
Menschheit	Hat den versprochenen Sohn Davids leider verworfen	Hat fälschlicherweise den Schöpfer als einen Teil der Schöpfung verstanden
Jesus	Nachfolger Davids, Sohn Gottes	Der auferstandene Richter
Unsere Reaktion	Das Evangelium annehmen	Sich vom Götzendienst abwenden
Verheißung	Vergebung der Sünden	Dem Zorn entrinnen

Das ist äußerst sinnvoll, oder? Aber wenn die Kirchen im Westen von Kontextualisierung reden, dann meinen sie oft nur ein paar Veränderungen im Musikstil oder die Einführung von Stühlen statt Bänken. Kontextualisieren meint aber mehr: die Sprachen, Sehnsüchte, Lebensmuster und Überzeugungen einer bestimmten Kultur zu verstehen und ihnen unsere Formen anzupassen, ohne das Evangelium zu verändern. Das bewusste Wahrnehmen der Zielgruppe ist wichtig, weil viele Gemeinden den Stil ihres Gottesdienstes verändern, ohne die Menschen um sie herum überhaupt zu fragen. Oft verändern wir etwas, weil wir die Veränderung wollen, nicht weil wir ein Herz für inkulturierte Mission in unserer Umgebung haben.

>>

„Billabong“ ist der australische Ausdruck für einen Teich oder einen kleinen See, der früher einmal Teil eines Flusses war, jetzt aber abgeschnitten ist, weil der Fluss sein Bett verlegt hat. Viele Christen der zweiten oder dritten Generation leben wie in solch einem Gemeinde-Billabong. Ihre Eltern oder Grosseltern gehörten zu einer Gemeinde, die damals wie ein Fluss strömte, jetzt aber sind sie in still stehendem Brackwasser gefangen. Das heißt: Sie sind als Christen aufgewachsen und haben eine Mittelklasse-Perspektive und einen bestimmten Gemeindestil angenommen. Sie bleiben sogar in der Gemeinde, aber nicht, um der Mission Christi in der Welt zu dienen, sondern um ihre Bedürfnisse gestillt zu bekommen. Wenn eine solche Gemeinde nicht durch einen Prozess der Kontextualisierung geht, wird jede neue Generation von Christen das Evangelium nach ihrem eigenen Geschmack ergänzen. So wie viele Missionare in der Kolonialzeit das Evangelium mit westlicher Demokratie, Kapitalismus, Kirchenbänken, Kanzeln, Sonntagskleidern oder europäischen Regeln ergänzten, fügen diese Zweit-(oder mehr)Generations-Christen heute dem Wesen des Evangeliums längst ihre eigenen Vorlieben und Prägungen hinzu.

>>>>>>> Eine Gemeinde sollte eher wie eine Felsenbucht im Meer als wie ein Billabong sein. In solchen Fels-Teichen, die vom ewigen Auf und Ab des Ozeans geformt werden, können sich nämlich ganze Ökosysteme bilden (voll Seetang, Krabben, Mollusken usw.). Dabei gilt: Wenn der Ozean sie nicht mehr erreicht, überhitzen diese Teiche in der Sonne und werden faulig – bis das Leben erlischt. Deswegen ist es wichtig, dass solch ein Meeresteich regelmäßig vom Ozean durchgespült wird, dessen Ebbe und Flut das Ökosystem jeden Tag sauber waschen. Das lässt sich gut übertragen: Eine Gemeinde, die sich nicht an die Arbeit der Kontextualisierung macht, überhitzt und stirbt. Erst im regelmäßigen Umgang mit Noch-nicht-Christen passen wir unsere Sprache, unsere Praxis, unsere Kommunikation und unsere Gottesdienste an; ja, wir sollten regelmäßig von neuen Christen durchgespült werden.

>>

3. Weil es funktioniert! Wir meinen eigentlich nicht, dass eine Gemeinde irgendeine Strategie übernehmen sollte, nur weil sie anderswo funktioniert. Diese Art des Pragmatismus hat der Kirche im Westen nämlich ungemein geschadet. Aber wir beobachten nun mal, dass die Kirche im Westen in der sie umgebenden Gesellschaft viel effektiver wird, wenn sie durch den biblisch fundierten Prozess der Kontextualisierung geht. Überall in der Welt sehen wir, wie Gott wirkt, wenn mutige Missionare das Evangelium wirklich kontextualisieren. Wir sind der Überzeugung, dass wir Gott ehren, wenn wir uns in eine Gruppe oder Subkultur von Noch-nicht-Christen hinein inkarnieren; wir drücken damit aus, dass wir sowohl seine Botschaft als auch die Menschen um uns so sehr lieben, dass wir alles tun, was wir können, um wirkungsvoll mit ihnen zu kommunizieren.

>>

4. Evangelium und Kontext hängen zusammen. Der Wissenschaftler Charles Kraft bemerkt richtig, dass Menschen genau so in ihre Kultur eintauchen wie Fische ins Wasser – und dass diese „Kultur" den grundlegendsten Aspekt des menschlichen Daseins darstellt.[49] Die Theologen stimmen darin überein, dass es zum Wesen des Evangeliums gehört, inkulturiert zu sein, weil es ja aus dem Herzen Gottes stammt, der außerhalb jeder menschlichen Kultur steht. Dazu kommt, dass das Evangelium auch für die Menschen eine gute Nachricht sein will, die die Wahrheit einfach nicht außerhalb ihres kulturellen Zusammenhangs erfassen können oder wollen. Kraft und andere gehen darum von dem zentralen Grundgedanken aus, dass Gott zwar außerhalb der Kultur steht, aber beschlossen hat, in ihr zu wirken, um seine Ziele zu erreichen.

>>>>>>> Orlando Costas argumentiert weiter, dass das Evangelium überhaupt nicht ohne einen kontextuellen Bezug definiert werden kann, da ja der Kontext die Bühne ist, auf der alles Verstehen stattfindet: *„Der Kontext ist die Wirklichkeit, die alles Wissen zusammenbindet und darum formt. Wir sind immer Teil von ihm, aktiv oder passiv. Keiner von uns kann beanspruchen, außerhalb von ihm zu stehen. Die Frage ist, ob wir ihn bewusst und kritisch in unsere Bemühungen einbauen, das*

Evangelium zu interpretieren und zu kommunizieren. Das tun wir in der Kontextualisierung.“[50] Die Tatsache, dass das Evangelium selbst außerhalb jedes Kulturzusammenhangs entstand, macht es möglich, dass wir darin Aspekte jeder Kultur bestätigt finden, die mit Gottes Zielen einhergehen. Zugleich hilft das Evangelium auch, die in jeder Kultur vorhandenen negativen Elemente aufzudecken. Die Erschaffung der Menschheit nach dem Bild Gottes bedeutet deshalb, dass es gar keine Kultur geben kann, in der die Elemente des Guten fehlen. Gleichzeitig weist der Sündenfall darauf hin, dass keine Kultur fehlerfrei ist. Das sollten wir uns immer wieder bewusst machen, denn die Sünde des Ethnozentrismus (der Glaube, dass die westliche Kultur gut und christlich ist) führte ja dazu, dass viele Missionare aus der Kolonialzeit dachten, sie müssten Völkern der Zweidrittelwelt die westliche Kultur aufzwingen.

>>>>>> Das Evangelium gilt für alle Völker, Nationen und Subkulturen. Dennoch ist es uns in der Sprache und Form der jüdischen und der griechisch-römischen Kultur des ersten Jahrhunderts überliefert. Damit die Botschaft Gottes aus diesem Kontext in unsere Welt gelangt, müssen wir uns an die komplizierte Arbeit der Kontextualisierung machen.

Biblische Beispiele von Kontextualisierung

Zum Glück ist es nicht schwer, weitere biblische Beispiele für die Kontextualisierung zu finden; man könnte sogar sagen, dass die ganze Bibel eine Darstellung göttlicher Kontextualisierung ist. Wenn wir sehen, dass ein ewiger, allmächtiger Gott, dessen Sein alle menschliche Kultur übersteigt, in menschlicher Sprache zu uns redet, menschliche Bilder gebraucht und an unsere menschlichen Sehnsüchte und Ängste anknüpft, dann können wir Gott getrost als den ultimativen Kontextualisierer bezeichnen. Orlando Costas sagt: *„Wenn wir sie* *näher anschauen, merken wir, dass die Schrift von Anfang bis Ende kontextuell ist.“*[51]

>>>>>>> Charles Kraft hat vier Prinzipien herausgearbeitet, wie Kontextualisierung in der Bibel funktioniert:

1. Die Bibel schenkt viel mehr als nur intellektuelle Wahrheiten oder Informationen, sie demonstriert zugleich, wie Wahrheit weitergegeben werden muss. Kraft sagt: *„Unser Gott ist vor allem ein Gott des Gesprächs, der uns lebendig begegnet. Er ist nicht nur ein Gott des Monologs, der Aussagen über uns macht.“*[52]

2. Gottes Kommunikation mit den Menschen wird in der Bibel so beschrieben, dass sie in vertrauter Weise geschieht (obwohl die Botschaft selbst oft unerwartet ist).

3. Gottes Art der Selbst-Mitteilung wird als „teilnehmend“ oder als Reaktion auf menschliche Fragen beschrieben.

4. Gottes offenbarendes Handeln ist in der Bibel immer situationsspezifisch.

>>>>>>> Mit anderen Worten: Der Prozess der Kontextualisierung ist in der Bibel genauso festgehalten wie in der Botschaft selbst. Manchmal offenbart Gott sich und seinen Willen in einer donnernden Visitation am Berg Sinai, ein anderes Mal durch die systematische Argumentation eines Paulus. Und bei jeder dieser Gelegenheiten wird in der Bibel nicht nur die Information selbst festgehalten, sondern auch der Prozess der Informationsvermittlung.

>>>>>>> Noch einmal: Der wichtigste Beleg für die kontextualisierte Selbstoffenbarung Gottes ist die Inkarnation. Wenn wir als Christen glauben, dass in Christus Gottes wahres Selbst und, wie Karl Barth sagte, auch die wahre Identität der Menschheit offenbart wurde, dann folgen daraus zwei Dinge: Erstens erkennen Männer und Frauen ihre wahre Menschlichkeit nur in Jesus und zweitens sehen sie auch den wahren Gott nur durch ihn. Anders gesagt: Die Inkarnation macht die Theologie und die Anthropologie abhängig von der Christologie, weil

wir nur in Christus Gott und den Menschen verstehen. Darum ist der Prozess der Kontextualisierung für die Kommunikation der christlichen Botschaft wichtig und unverzichtbar. Kontextualisierung ist eine theologische Notwendigkeit. Wir werden Gott oder die Menschheit nicht ohne die Person Jesu verstehen. Und weil wir Gott nicht einfach klinisch-abstrakt unter dem Mikroskop untersuchen, sondern nur im Kontext erfahren können, braucht auch unsere Mission Kontextualität. Bei der Evangelisation geht es also darum, kontextuelle Methoden zu benutzen und Menschen auf einen Gott hinzuweisen, der sich kontextuell offenbart hat.

>>>>>>> Erlauben Sie, dass wir uns noch mal wiederholen: Wir glauben, dass jede kirchliche Arbeit im Westen inkulturierend sein und darum auch die Kontextualisierung ernst nehmen muss. Nun ist die Frage: Wie geht das ganz praktisch vor sich?

>>>>>>> 1987 hat der Missiologe Paul Hiebert den Rahmen für eine sogenannte „Kritische Kontextualisierung" des Evangeliums in nichtchristlichen Kontexten entworfen. Sein Modell ist auf der ganzen Welt übernommen worden und kann in allen möglichen Situationen angewendet werden, einschließlich der westlichen Subkulturen.

Kritische Kontextualisierung

Hiebert hat in sein Modell bewusst Sicherungen eingebaut, die das Risiko des Synkretismus oder des Verrats am Evangelium minimieren. Dabei geht er in vier Schritten vor:

>>>>>>> Zuerst rät er der Kirche, die gastgebende Kultur sorgfältig zu untersuchen.

>>>>>>> Zweitens empfiehlt er eine klare Verpflichtung zur biblischen Autorität: *„Dieser Schritt ist entscheidend, denn wenn die Leute die biblische Botschaft nicht so klar verstehen, wie sie gemeint ist, werden sie ein verzerrtes Bild vom Evangelium bekommen. Wenn es um das Verständ-*

nis biblischer Wahrheit und ihre Vermittlung in andere Kulturen hinein geht, wird der Pastor oder Missionar am meisten beitragen. Die Leute müssen an der Schrift arbeiten, um in der Erkenntnis zu wachsen; der Leiter aber braucht ein überkulturelles Verstehen, damit er sich zwischen den Kulturen hin und her bewegen kann."[53] Zu den Aufgaben missionarischer Leiter gehört also, dass sie ihre jeweilige Zielgruppe untersuchen und ihre Gemeinde selbst biblische Wahrheit lehren.

>>>>>>> Der dritte Schritt besteht darin, „*dass die Leute gemeinsam ihre eigenen Praktiken und Gebräuche im Lichte ihres neuen biblischen Verständnisses kritisch untersuchen und Entscheidungen treffen, wie sie auf die neuen Umstände reagieren wollen.*"[54] Dieser Schritt klingt leicht, ist aber sehr anspruchsvoll. Nachdem im zweiten Schritt vor allem der Evangelist gefragt war, sind jetzt alle Christinnen und Christen am Zug. Es ist nämlich ein wichtiges Kennzeichen dieses Modells, dass es Gemeinschaft-basiert ist. Es verlässt sich nicht auf „Experten", sondern schließt den Beitrag von frisch Bekehrten und reiferen Christen mit ein. Nur bei der biblischen Lehre betont es die Rolle der Leiter. Hiebert sagt: „*Das Evangelium ist eine Botschaft, auf die die Leute reagieren müssen. Es reicht nicht, dass die Leiter von der Notwendigkeit von Veränderungen überzeugt sind. Sie mögen ihre persönlichen Überzeugungen mitteilen und aufzeigen, was die verschiedenen Entscheidungen für Konsequenzen haben, aber sie müssen es den Leuten erlauben, in der Wahrnehmung der gastgebenden Kultur die letzten Entscheidungen selbst zu treffen.*"[55] Der Wissenschaftler setzt voraus, dass Neubekehrte ihre eigene Kultur besser verstehen als die, die sie von außen her untersuchen. Wenn wir die Bibel effektiv lehren und die Kultur kreativ untersuchen, müssen wir der christlichen Gemeinschaft auch zutrauen, dass sie selbst auf die nötigen Veränderungen in Sprache, Gebräuchen, Praktiken und Methoden kommt und erkennt, was nötig ist, um das Evangelium zu kontextualisieren.

>>>>>>> An dieser Stelle ist Hiebert wirklich radikal. Er möchte, dass Leiter ihrer Gemeinde voll und ganz vertrauen – etwas, womit Geistliche in der Vergangenheit immer große Mühe hatten. Wenn ein solcher Kontextualisierungsprozess effektiv durchgeführt wird, kann die Gemeinde entscheiden, wie sie mit kulturellen Herausforderungen umgeht. Hier einige Ansätze:
>>

Behalten, was nicht unbiblisch ist. Viele kulturelle Praktiken sind ja weder christlich noch unchristlich, weil sie von der Bibel weder befohlen noch verboten werden. Darum können Christen zu ihnen Ja oder Nein sagen. Beispielsweise, wenn es um Kunst in der Gemeinde geht. Dadurch, dass eine Gemeinschaft einen bestimmten Stil beibehält, kann sie möglicherweise ihre eigene Geschichte und kulturelle Identität bestätigen.

Ablehnen, was Christen nicht gefällt. Das ist ein guter Grundsatz, allerdings staunen wir manchmal, was in solchen Gemeinschaften alles abgelehnt wird. Meist, weil wir gar nicht verstehen, warum die Leute bestimmte Lieder, Gebräuche oder Überzeugungen abschaffen wollen. Bei anderen Gelegenheiten wird der Evangelist seine Gemeinde auch auf blinde Flecke aufmerksam machen und ihnen erklären müssen, warum es sinnvoll ist, gewisse Praktiken beizubehalten.

Praktiken abändern und ihnen eine christliche Bedeutung geben. Hiebert erwähnt in diesem Zusammenhang Charles Wesley, der beliebte säkulare Trinklieder nahm und christliche Texte dazu schrieb – oder die ersten Christen, die die Form des Synagogen-Gottesdienstes übernahmen und sie ihrem Glauben anpassten. Wenn wir heute junge Leute erreichen wollen, würden wir vielleicht allzu aggressive Formen des Tanzens ablehnen, weil sie den übertriebenen Individualismus betonen. Wir können sie aber auch akzeptieren und so umgestalten, dass sie wieder ein Ausdruck von Gemeinschaft und Vitalität werden.

Praktiken ablehnen und sie ersetzen. Ein Beispiel: Wenn Leute unehelich zusammengelebt haben, bevor sie Christen wurden, ermutigt man sie, entweder zu heiraten oder wieder auseinander zu ziehen. Das richtet sich nicht gegen ihre Beziehung an sich, lädt sie aber ein, ihr Zusammensein in einer Form zu gestalten, die der christlichen Moral mehr entspricht.

Riten aus dem christlichen Erbe übernehmen. Wenn eine Gruppe von Christen das Abendmahl und die Taufe feiert, verbinden diese Rituale sie mit der Geschichte aller Christen der Gegenwart und der Vergangenheit. Es ist deshalb wichtig, dass sowohl das Mahl der Gemeinschaft, als auch die Feier des Glaubensbeginns kulturell sensibel praktiziert und kontextualisiert werden.

Neue Symbole und Rituale erschaffen. Wir dürfen bei Gott immer auch neue und frische Ausdrucksformen der christlichen Erfahrung entwickeln. Die Jesusbewegung (um 1970) erfand beispielsweise eine Reihe von Handzeichen, Redewendungen, Slogans und Schmuckstücken, um ihren christlichen Glauben auszudrücken. Fünffarbige Armbänder sind noch heute unter vielen Christen beliebt – genauso wie jetzt die ganzen Utensilien der WWJD-Bewegung (What Would Jesus Do?).

>>

Nach diesem wahrscheinlich mühsamen, aber sehr wichtigen Prozess muss die Gemeinschaft die gewählten kulturellen Formen und Bräuche in die Praxis umsetzen, um so eine kontextualisierte Ausdrucksform des Glaubens zu entwickeln. Und diese Form wird in jedem Kontext anders aussehen. Unsere Absicht ist es darum nicht, eine neue Schablone für Kirchen im Westen zu schaffen, sondern das Grundkonzept einer missionarisch-inkarnierenden Gemeindebewegung aufzuzeigen und die vielen Formen zu feiern, die sie rund um die Welt annimmt.

>>

Einer der großen Vordenker und Praktiker der kritischen Kontextualisierung ist Phil Parshall, der seit über 40 Jahren als amerikanischer

Missionar unter Moslems in Asien arbeitet. Parshalls radikale Einbettung des Evangeliums in seine muslimische Umgebung brachte ihm weltweite Anerkennung. Einige Kritiker meinten zwar, dass er mit seiner Gründung von Gemeinschaften „messianischer Moslems" zu weit ginge, viele andere ließen sich aber von seinem Beispiel inspirieren und gingen sogar noch weiter, indem sie Moslems ermutigten, als Untergrund-Gläubige Gott weiter in den Moscheen anzubeten.

>>>>>>> Als Reaktion auf die Kritiker und als Orientierungshilfe für die, die gern noch weiter gegangen wären, hat Parshalls Mitarbeiter John Travis ein Stufenmodell der verschiedenen Grade von Kontextualisierung entworfen[56], das uns bei unseren Überlegungen zur Kontextualisierung einen guten Überblick gibt. Es wurde zwar entwickelt, um „Jesus-Gemeinschaften" einzuordnen, die sich momentan in islamischen Ländern befinden, die sechs Typen kann man aber auf jeden Kontext im Westen anwenden. Travis stuft sie von C1 bis C6 ab, wobei das C für „Christus-zentrierte Gemeinschaften" steht. Mit „Insidern" und „Outsidern" meint er jeweils Moslems und Nicht-Moslems. Im Westen lassen sie sich leicht auf die Mitglieder einer bestimmten Kultur bzw. auf die Missionare anwenden.

C1 – Traditionelle Kirchen benutzen Outsider-Sprache

Das ist eine Kirche, die im asiatisch-muslimischen Kontext ausschließlich die westliche Kultur darstellt. Sie gebraucht die nicht-einheimische Sprache Englisch und importiert ihre westlichen Symbole. Zwischen diesen Kirchen und den Menschen um sie herum herrscht ein tiefer kultureller Graben. C1-Gläubige nennen sich „Christen".

C2 – Traditionelle Kirchen benutzen Insider-Sprache

Diese Kirche entspricht dem Modell C1, bemüht sich aber um eine inkulturierte Sprache. Travis bemerkt jedoch: *„Obwohl eine Insider-Sprache gesprochen wird, sind die religiösen Ausdrücke meist nicht-islamisch (ganz klar christlich)."*[57] Der kulturelle Graben zwischen der Umwelt und den Missionaren ist immer noch groß. Travis macht deutlich, dass die Mehrzahl der Gemeinden in der islamischen Welt C1 oder C2 sind. C2-Gläubige nennen sich ebenfalls „Christen" und ihr Musik- und Gottesdienststil sind westlich geprägt.

C3 – Christus-zentrierte Gemeinschaften benutzen Insider-Sprache und religiös neutrale Insider-Formen

Zu religiös neutralen Formen gehören zum Beispiel: Volksmusik, Trachten, Kunst usw. Es ist Ziel der C3-Kontextualisierung, die Fremdheit des Evangeliums abzubauen und es in biblisch erlaubten kulturellen Formen auszudrücken. C3-Gemeinden treffen sich auch mal in religiös neutralen Gebäuden, die Gläubigen nennen sich aber auch „Christen".

C4 – Christus-zentrierte Gemeinschaften benutzen Insider-Sprache und biblisch mögliche kulturelle und islamische Formen

Diese Gemeinschaften sind ähnlich wie C3, nehmen aber biblisch mögliche islamische Formen auf (z.B. das Beten mit erhobenen Händen, das Fasten, den Verzicht auf Schweinefleisch und Alkohol, den Gebrauch islamischer Ausdrücke und Kleidung usw.) und ihre Versammlungen finden nie in Kirchen statt. *„C4-Gläubige sind zwar sehr kontextualisiert, werden aber von den Moslems nicht als Moslems anerkannt. C4-Gläubige nennen sich selbst ‚Nachfolger von Isa, dem Messias', oder ähnlich."*[58]

C5 – Christus-zentrierte Gemeinschaften „messianischer Moslems" benutzen bewusst muslimische Bräuche

Nach Travis behalten die C5-Gläubigen ihren vollen legalen und sozialen Status in der muslimischen Gemeinschaft bei. Sie lehnen zwar die Elemente der islamischen Theologie, die der Bibel widersprechen, ab, nehmen aber an islamischen Gottesdiensten teil, treffen sich regelmäßig untereinander und teilen ihren Glauben mit Moslems. Travis bemerkt: *„Unerrettete Moslems können C5-Gläubige als theologische Abweichler betrachten und sie tatsächlich aus der islamischen Gemeinschaft ausschließen. Wo ganze Dörfer Christus annehmen, können die*

Folge von C5 sogar ‚messianische Moscheen' sein. C5-Gläubige werden als Moslems akzeptiert und nennen sich selbst ‚Moslems, die Isa, dem Messias', folgen."[59]

C6 – Christus-zentrierte Gemeinschaften existieren im Untergrund

C6-Gläubige sind Moslems, die sich entschlossen haben, Christus im Geheimen nachzufolgen. Sie sind durch Evangelisation im Ausland, durch Radiosendungen, Traktate, Träume, Visionen, Wunder oder durch einfaches Bibellesen zum Glauben gekommen und schweigen normalerweise über ihren christlichen Glauben (obwohl sie sich auch ab und zu in kleinen Gruppen treffen können). Sie sind Nachfolger Jesu, sehen sich aber als Moslems und werden als solche wahrgenommen.

>>

So wie die meisten christlichen Gemeinden in islamischen Gesellschaften auf den Stufen C1 oder C2 arbeiten, ist es nach unserem Eindruck auch im Westen in der nachchristlichen Gesellschaft. Man findet im Westen zwar auch C3-Gemeinden, aber Kirchen, die eine Kontextualisierung auf der Ebene von C4 oder C5 versuchen, sind sehr selten. In einigen islamischen Ländern versuchen engagierte inkulturierende Missionare im Augenblick mehr Gemeinschaften auf der Stufe C5 zu etablieren. Die Gläubigen werden dabei nicht unbedingt als Christen identifiziert, sondern gelten eben als Moslems, „die Isa, dem Messias", nachfolgen. Auf den ersten Blick sehen die Gemeindeglieder gar nicht anders aus als die Moslems um sie herum. Und tatsächlich erleben C5-kontextualisierte Gemeinden an manchen Orten, dass Tausende von Moslems sich bekehren. Die Frage ist also: Kann die Kirche im Westen, die immer mehr in einem nachchristlichen Missionsfeld arbeitet, so weitermachen wie bisher oder sollte sie nicht Schritte zu einer tieferen kritischen Kontextualisierung tun?

Riskante Experimente

In Australien hat eine Handvoll Missionare die Gedanken Parshalls über Kontextualisierung so ernst genommen, dass sie sich völlig in „Tabu-Gebiete" wie die Moslem-Vororte von Melbourne oder die örtliche Rave-Partyszene in Brisbane integrieren. Sie tragen islamische oder Rave-Gewänder und haben die Namen, die Sprache und die Bräuche der jeweiligen Kultur angenommen, um „Christus in ihrer Mitte" zu sein. Sie nennen sich „Frontier Servants" (Diener an der Front) und sind kompromisslos inkulturiert. Ihr Rave-Party-Team ist beispielsweise so akzeptiert, dass es oft zu Partys eingeladen wird. Die „Servants" sind dadurch ein Teil der Rave-Kultur, ohne zu sündigen. In Melbourne dagegen gehen die muslimischen „Frontier Servants" in der lokalen Moschee zum Gottesdienst und reden dort darüber, wie Isa, der Messias, sie von Sünde und Schuld befreit hat.

>>>>>>> Ein solcher Prozess ist schwierig und schmerzhaft, denn er bedeutet, dass wir das Gleiche tun müssen wie das Volk Israel im Exil in Babylon: Wir müssen Volk Gottes in einem fremden Land sein. Aber der Missionsbefehl geht ja sogar noch darüber hinaus. Christus möchte, dass wir Menschen zu Jüngern machen. Natürlich ist eine solche Mission auch riskant, weil wir Gefahr laufen, das Evangelium kulturell so anzupassen, dass es seine Kraft verliert. Missiologen bezeichnen einen Zustand, in dem die Umwelt über das Evangelium gestellt wird, als „Synkretismus". In seinen Erklärungen zur C5-Kontextualisierung ist sich John Travis der Möglichkeit des Synkretismus sehr bewusst und baut deshalb Sicherungen dagegen ein.[60] Übrigens hat auch die Vier-Schritte-Methode Hieberts verschiedene Sicherungen gegen Synkretismus eingebaut. Hiebert sagt, dass kritische Kontextualisierung drei Dinge immer tun muss:

- Die Bibel ernst nehmen
- Das Werk des Heiligen Geistes im Leben der Gläubigen anerkennen

> Die Kirche als „hermeneutische Gemeinschaft“ sehen[61], das heißt, jede Gemeinde als Teil eines weltweiten Netzwerks verstehen und so für eine größere internationale Perspektive sorgen.

Wir sind also gut beraten, die Gemeinde im Westen wieder als Missionsbewegung in einem nicht-christlichen Umfeld zu sehen. Im übertragenen Sinn sind wir in eine Welt ausgewandert, die sich oftmals über unsere Symbole lustig macht und unseren Gott nicht mehr beachtet. Der einzige Weg in die Zukunft besteht nun darin, dass wir uns ehrlich unseren gegenwärtigen Zustand eingestehen und das Evangelium neu in die Kulturen und Subkulturen hinein kontextualisieren, in die Christus uns gerufen hat.

B. Die Menschwerdung der Kirche

6. Einflüsterungen

Die Kirche hat versucht, das geistliche Leben ihrer Mitglieder auf sehr praktische und vernünftige Art zu prägen. Das klingt wie ein Kompliment. Es ist aber keins. Im Gegensatz zum westlichen Denken ist geistliches Leben alles, bloß nicht vernünftig und praktisch. >>> *Jeff Woods*

Die gemeinsame Reise

Heute ist viel von den so genannten „postmodernen Menschen" die Rede, die zunehmend spirituell sind und keine Erklärungen über Gott hören, sondern ihn direkt erleben wollen. Zugleich beobachten wir, dass in Zeiten existenzieller Nöte die traditionelle christliche Kirche oftmals der letzte Ort ist, an dem Menschen geistliche Hilfe suchen. Barry McWater schreibt in seinem Buch „Conscious Evolution": *„Wir lauschen auf Botschaften aus allen möglichen Quellen, die uns Führung geben sollen; wir stellen unsere Astro-Radios ein, sprechen mit Delphinen und hören immer mehr auf die unter uns, die übersinnliche Fähigkeiten haben. Gibt's da draußen Hilfe? Gibt's hier drin Führung? Antwortet da jemand?"*[62]

>>>>>>> Hier folgen zwei persönliche Erfahrungen, die wir in bekannten Magazinen gefunden haben, von Leuten, die Hilfe „da draußen" suchen. In beiden Fällen hatte die Person ein schmerzhaftes Erlebnis, das eine Suche nach Frieden auslöste, und beide Male wurde ihr Schmerz durch eine spirituelle Begegnung gelindert. Dabei war die traditionelle christliche Kirche allerdings nicht mit im Spiel.

>>>>>>> Die Journalistin Ruth Ostrow erzählt: *„Ich habe gerade einen geliebten Menschen durch Krebs verloren. Wie ein Kind bin ich in einem Zustand der Benommenheit und suche nach jemandem, der mir sagen kann, wohin die Person wirklich gegangen ist. Ich suche Rabbis und Gurus auf und bin zurückgefallen in die Verwundbarkeit und Intelligenzstufe eines fünfjährigen Kindes, dessen Hund gestorben ist. ‚Eines Tages wirst du erwachsen werden', seufzt meine Mutter sarkastisch. ‚Es gibt nichts nach dem Leben, mein Schatz. Nichts. Akzeptiere das. Nie ist jemand zurückgekommen, um das Gegenteil zu beweisen', sagt sie."*

>>>>>>> Die Erfahrung Ostrows (nämlich den Tod einer Verwandten) kennen wir alle. Auch ihre Reaktion (existentielles Fragen). Die Journalistin aber lässt sich von den „vernünftigen" Antworten nicht trösten und akzeptiert den Zynismus und die so genannte praktische Art ihrer Mutter nicht. Ihre Suche geht weiter: *„Nachts in der Dunkelheit: Ich schwöre, dass ich einen Schimmer Licht sehe, vielleicht eine Seele, die gekommen ist, Abschied zu nehmen. In den Tagen nach dem Tod meiner geliebten Tante fühle ich seltsame Energien um mich herum. Ich träume von verstorbenen Verwandten, die mich mit Botschaften besuchen kommen. ‚Sie ist OK; sie ist bei uns. Eines Tages wirst du sie wieder sehen.' Ich erwache, meine Wangen tränennass. Ich höre Worte im Flüstern der Bäume, sehe Zeichen im Muster einiger Blätter am Boden. Eine Botschaft in Form eines seltsamen schwarzen Vogels, der sich geheimnisvoll auf meiner Fensterbank niedergelassen hat."*[63]

>>>>>>> In ihrer Kolumne erzählt die Frau, wie sie Hoffnung und Gemeinschaft mit anderen Suchenden in einem Seminar für „Metaphysische Meisterschaft" findet, das von den New-Age-Gurus Louise Hay, Wayne Dwyer und Deepak Chopra durchgeführt wird. Ihr neu gewonnener Glaube an Karma und Reinkarnation hilft ihr, einen Weg durch den Schmerz zu finden.

>>>>>>> Uns interessiert im Moment weniger das religiöse Verlangen vieler Nicht-Christen als die Frage, warum Ostrow keine Kirche oder

Gemeinde aufgesucht hat, um Antworten zu finden. Wir wüssten allerdings auch nicht, wie ein traditioneller Pastor reagieren würde, wenn Ostrow in seinem Büro auftauchen würde. Ein logisch denkender Mensch würde meinen, dass Ostrow aus ihrem Schmerz heraus einfach nach Hoffnung sucht, wie wir alle es nach dem Tod eines geliebten Menschen tun. Aber: Würde das ihr Verlangen nach Antworten auf die tiefsten Fragen des Lebens stillen?

››››››› Wenn die traditionell-attraktionale Art von Gemeinde nicht an Spiritualität außerhalb der Kirche glaubt, wird sie auf die tiefen Sehnsüchte einer trauernden Frau wie Ostrow auch nicht reagieren können – und wahrscheinlich vermutet diese genau das. Wir wollen damit nicht sagen, dass die Kirche keine Antworten auf die Frage hätte, was mit Menschen nach dem Tod geschieht. Wir befürchten nur, dass viele traditionelle Leiter in den Gemeinden keine inkarnierende Antwort auf Ostrows Erlebnisse mit dem Wind, den Blättern, ihren Träumen und dem seltsamen schwarzen Vogel haben.

››››››› Ein ähnliches journalistisches Bekenntnis hat der Autor und Filmproduzent Marty Kaplan für das Time-Magazin verfasst. Er bekennt, dass er lange unter chronischem Stress gelitten und dass das Knirschen mit den Zähnen sein Gebiss ruiniert habe. Um den Stress abzubauen, nahm er Unterricht in Meditation (über die er in einem Buch von Deepak Chopra gelesen hatte – wieder dieser Mann!) und erhielt dort mehr als psychologische Hilfe. Er bekam Religion: *„Was mich an der Meditation anzog, war ihre offensichtliche religiöse Neutralität. Du musst an gar nichts glauben, du musst es nur tun. Ich hatte befürchtet, dass ich, um Erfolg zu haben, einen Glauben aufbringen müsste, den ich nicht hatte, war dann aber froh, zu erfahren, dass 90% aller Meditation darin besteht, einfach mal darin einzutauchen. Die Spiritualität beim Meditieren war dann wie ein Überfall. Ganz unvorbereitet fand ich mich in Praktiken wieder, die seit Jahrtausenden das Herzstück der religiösen Mystik sind. Sich 20 Minuten am Tag bewusst Zeit zu nehmen, das ist*

Anbetung – ob man es so nennt oder nicht. Erweckt zu werden für das Wunder des Seins – das Sein nicht nur in Rosen und Sonnenuntergängen zu erleben, sondern gerade jetzt, als etwas nicht „da draußen" sondern hier drinnen – das ist die weniger bekannte Straße, der Pilgerweg, die Suche. Der Gott, den ich fand, ist der von Mose und Mohammed, Buddha und Jesus. Er ist in jeder mystischen Tradition bekannt. In meiner ist es das Tetragramm, der Name Gottes, der so heilig ist, dass die, die ihn kennen, ihn nicht auszusprechen wagen. Er ist das, was die Kabbala Ayin, Nichts, Nichtheit nennt. Es ist Geist, Sein, Alles."[64]

>>>>>>> Die Erfahrungen von Ostrow und Kaplan bestätigen, was die meisten von uns intuitiv wissen – dass „geistliches Wachstum" oft im Zusammenhang mit Schmerz, Kampf, Zweifeln und der Auseinandersetzung mit dem Unbekannten geschieht. In solchen Zeiten reichen nette Antworten von der Stange einfach nicht: Die Sehnsucht nach geistlicher Ganzheit wird nun mal nicht durch Formeln, Programme oder Lehren befriedigt, weil das Geistliche Zeit braucht, um einen Platz im Leben zu finden, an dem es geerdet wird. Nur durch gemeinsame Pilgerfahrten können Christen und Noch-nicht-Christen an einen Ort kommen, an dem sie dem Heiligen mitten im Sturm begegnen.

>>>>>>> Wir schaudern, wenn wir uns Ostrow oder Kaplan im Büro eines Pastors vorstellen, der mit vorgekauten Bissen christlicher Lehre vollgestopft ist. Wir haben es schon gesagt: Leute von heute wollen nicht von Experten oder höheren Autoritäten lernen, sondern von Menschen, die in der gleichen Situation gesteckt und einen Ausweg gefunden haben. Der Erfolg der vielen 12-Schritte-Programme bestätigt das. Selbsthilfeangebote im Fernsehen bieten den Zuschauern tagtäglich eine große Zahl normaler Leute, die Depressionen, Selbstzweifel, Übergewicht oder Trauer besiegt haben und jetzt ihre Geschichte erzählen. Viele Leute finden deshalb eine praktische, geerdete Spiritualität am besten auf einer „gemeinsamen Reise".

Das Flüstern der Seele

Vor ein paar Jahren stießen wir auf die Geschichte von Monty Roberts. Obwohl sie die Grundlage für den Roman und den Film „Der Pferdeflüsterer“ (mit Robert Redford) ist, war die Geschichte nicht ganz so melodramatisch und romantisch wie das Kino-Highlight. Monty ist einfach ein Mann, der gut mit Tieren und vor allem mit den wilden Mustangs in den Bergen von Montana umgehen kann. Er wuchs in einer Familie von Pferdehändlern auf, die seit Generationen in die rauen Berge hinaus reitet, um dort Wildpferde zusammen zu treiben, sie zu zähmen und sie dann den Ranchern in Montana zu verkaufen.

>>>>>>> Die herrlichen Pferde, die da durch die Berge zogen, waren sehnig und muskulös und hatten eine unglaubliche physische Kraft. Sie zu zähmen war kein Kinderspiel. Wenn Montys Grossvater, sein Vater, sein Onkel oder seine Brüder einen Mustang gefangen hatten, mussten sie seinen Willen tatsächlich „brechen“. Das bedeutete mitunter wochenlange Arbeit mit den Tieren. Monty erzählt, dass manche Pferde so wild waren, dass man eines ihrer Fußgelenke mit einem Seil an ihrem Hals festbinden musste, und die wildesten und stärksten Tiere konnten tatsächlich erst nach viel Blut, Schweiß und Leiden gezähmt werden.

>>>>>>> Schon als kleiner Junge ahnte Monty Roberts, dass es einen besseren Weg gab, sich mit den Mustangs anzufreunden, als ihren Willen so brutal zu brechen. Als er dann in seiner Jugendzeit in den Bergen von Montana herumritt, bemerkte er, dass ein Tier immer dann krank wurde, wenn es von seiner Herde getrennt war und allein in den Bergen umherirrte. Das machte ihn nachdenklich. Wenn Pferde derart auf die Herde angewiesen waren, konnte man diesen Instinkt vielleicht nutzen, um sie zu zähmen. Also begann er so lange zu experimentieren, bis er als junger Erwachsener tatsächlich eine ganz neue Methode entwickelt hatte, um wilde Mustangs zu zähmen. Heute reist er um die ganze Welt und bringt anderen diese Methode bei. Dazu braucht er nicht mehr als eine Stunde.

>>>>>>> Monty geht in den Korral zu einem ungezähmten Mustang, bleibt aber so weit wie möglich von dem Tier weg, ohne die Umzäunung zu verlassen – er lässt zwischen sich und dem Pferd auch keinen Augenkontakt zu. Gerade dadurch, dass er sich langsam von dem Pferd wegbewegt und seinen Kopf abgewandt hält, zieht Monty das Pferd zu sich. Obwohl das Tier normalerweise mit den Hufen scharrt, schnaubt und mit großem Tempo herumrast, bewegt sich der „Pferdeflüsterer“ weiter gleichmäßig von ihm weg. Er schaut es nicht an. Er nähert sich nicht. So erstaunlich es klingt: Innerhalb einer Stunde kann Monty durch diese Methode einen wilden Mustang dazu bringen, einen Sattel und einen Reiter anzunehmen. Nach seinem Geheimnis gefragt, sagt er: *„Diese Tiere brauchen so sehr den Kontakt mit anderen, dass sie sich lieber mit ihrem Feind anfreunden als allein zu bleiben.“*

>>>>>>> Als er diese Methode entdeckte, erklärte er seinem wettergegerbten Vater, seinen Onkeln und den Brüdern, dass es jetzt nicht mehr nötig sei, den Willen der Pferde mit Gewalt zu brechen. Er demonstrierte ihnen seine neue Methode, und sie funktionierte. Trotzdem benutzen die Rancher von Montana weiterhin die traditionelle Art, obwohl sie den Beweis haben, dass es auch anders geht. Merken Sie etwas: Montys Geschichte erinnert stark an die Kirche. Obwohl der Rancher einen wirksamen Weg gefunden hat, „auf die Pferde zu hören“ (so nennt er seine Methode), verändern die alten Pferdefänger von Montana ihre Vorgehensweise nicht. Sie haben die Pferde seit Generationen so gezähmt, warum sollten sie es jetzt anders machen?

>>

Kehren wir noch einmal zu den Beispielen von Ruth Ostrow und Marty Kaplan zurück. Die Kirche könnte natürlich sagen: *„Sünder wie die haben wir schon seit Generationen ‚gezähmt‘. Überlasst sie nur uns.“* Aber die alte Methode, Menschen zu „zähmen“, die nicht in das konventionelle, stereotype Bild der Gemeinde passen, funktioniert nicht mehr. Ostrow, Kaplan und eine ganze Armee von Leuten meiden die

Kirche wie die Pest. Darum wird es höchste Zeit, dass wir eine wirklich spirituelle Form der Begegnung mit Nicht-Christen entwickeln. Das verlangt jedoch, dass wir zuhören und bei den Menschen sind.

>>>>>>> Die traditionelle Methode, Noch-nicht-Christen zu erreichen, besteht vielerorts leider noch immer darin, sie mit viel Druck zur Erkenntnis zu bringen, wie kaputt sie sind, sprich: ihren Geist zu brechen, sie runter zu ziehen und sie *„auf die Knie zu bringen“* (wir haben gehört, wie sich Evangelisten so ausgedrückt haben!). Das ist so ähnlich wie in der bekannten Geschichte von Charley und Sara (Autor: Gene Greitenbach). Die beiden sind oft zusammen, aber Charley entdeckt viel zu viele Fehler bei Sara, als dass er sich wirklich in sie verlieben könnte. Eines Tages überlegt er sich: *„Ich könnte ihr vielleicht helfen, indem ich mit ihr ausgehe. Denn dann würden meine Stärken auf sie abfärben und es ginge ihr viel besser. Das ist zwar ein Opfer für mich, aber ich tue es aus Nächstenliebe.“* Charley geht an Saras Haustür, klingelt und hält ihr eine Liste hin: „100 Dinge, die Sara verändern muss, um eine für mich akzeptable Persönlichkeit zu werden“. Dann sagt er: *„Ich habe entschieden, dass es für dich das Beste ist, wenn wir zusammen ausgehen. Wenn du das ausgelesen hast, warte ich in meinem Auto!“*[65]

>>>>>>> Greitenbach sagt dazu: *„Charley ist mein Bild für die traditionelle Evangelisation, in der es wenig echte Freundschaft gibt. Wenn Christen sich mit Ungläubigen anfreunden, dann oft, damit die schnell Christen werden. Und man geht davon aus, dass Menschen dann Christen werden, wenn sie erkennen, wie sündig sie sind. Aber Noch-nicht-Christen spüren natürlich, wie unaufrichtig das daherkommt. Echte Freundschaft ist nämlich etwas ganz anderes: Gottes Berufung und ohne Hintergedanken. Und wenn Menschen durch unsere Freundschaft auch die Freunde Jesu werden, ist das das Werk des Heiligen Geistes.“* Anstatt kampfeslustig und manipulativ mit anderen umzugehen, muss die Kirche unserer Ansicht nach eine Spiritualität der Begegnung entwickeln,

mit deren Hilfe sie in die Seele der Noch-nicht-Christen flüstert. Wie Monty Roberts das tiefste Verlangen der wilden Mustangs anspricht, müssen wir ein Ohr für diese Sehnsüchte in unseren Freunden bekommen und ihnen mit Respekt und echter Anteilnahme begegnen.

Die Kunst des Flüsterns

Wie können wir heute die Sehnsüchte von Noch-nicht-Christen wahrnehmen und sie durch „flüstern" erreichen? Nun, wie wir schon erwähnt haben, ist Zuhören eine entscheidende Grundvoraussetzung. Und Geduld. Wir müssen einsehen, dass die Menschen nicht durch einschneidende Bekehrungserlebnisse, sondern durch langsames Hineinwachsen zum Glauben kommen. Eine groß angelegte Befragung von über 500 Engländern, die zum Glauben gekommen waren, zeigte im Jahre 1992, dass 69% ihre Bekehrung als „allmählich" bezeichneten. Sogar in ausgesprochen evangelikalen Gemeinden, in denen man zahllose dramatische Bekehrungen erwartet hatte, war dieser Prozentsatz (fast) genauso groß (63%). Im Ganzen beschrieben nur 20% ihre Bekehrung als eine datierbare Wende. Die Untersuchung folgert daher: Das allmähliche Hineinwachsen in den Glauben ist der Weg, auf dem die meisten Menschen Gott finden, und sie brauchen dafür im Durchschnitt vier Jahre. Und das bedeutet: Wir brauchen evangelistische Modelle, die mit Leuten diesen Weg gehen.[66]

>>>>>>> Natürlich schließen wir nicht aus, dass Gott in das Bewusstsein eines Menschen kurzfristig einbricht und in seinem Leben über Nacht eine dramatische Umkehr bewirkt. Aber wir müssen uns den Tatsachen stellen: Die meisten Menschen werden langsam und liebevoll ins Reich Gottes „hineingeflüstert". Die klassischen Evangelisationskonzepte tun aber weiterhin so, als kämen die Menschen überwiegend wie Paulus vor Damaskus zum Glauben. Wie sieht also ein Ansatz aus, der von einer Spiritualität der Begegnung geprägt

ist? Wie können wir Menschen zu Jesus „flüstern"? Hier ein paar Vorschläge:[67]

Geschichten erzählen macht neugierig

Die Geschichten Jesu reden erstaunlicherweise überhaupt nicht vom Gesetz des Mose. Der Sohn Gottes versucht in seinen Gleichnissen auch nicht, die Worte früherer Propheten oder Lehrer zu erklären. Ja, oft gibt es darin nicht einmal einen Hinweis auf Gott. Was war das eigentlich für eine biblische Lehre? Geschichten von einem Vater, der seinen heimkehrenden Sohn willkommen heißt, oder von einer Frau, die ihr Haus auf der Suche nach einem verlorenen Groschen auf den Kopf stellt, Hinweise auf clevere Geschäftsmanager, törichte Farmer und weise Investoren.

>>>>>>> Die Gleichnisse waren eine äußerst überraschende Form religiöser Kommunikation, so überraschend, dass viele Leute ihren tieferen Sinn gar nicht erfassten – vor allem die nicht, die in der religiösen Tradition und Rede geschult waren. In Matthäus 13 etwa kommen die Jünger zu Jesus, nachdem er eine rätselhafte Geschichte über das Aussäen erzählt hat. Sie fragten ihn nicht nach der Bedeutung der Geschichte, sondern warum er überhaupt andauernd solche seltsamen Bilder benutzt. Jesus antwortete: *„Darum spreche ich zu ihnen in Gleichnissen: Obwohl sie sehen, sehen sie nicht; obwohl sie hören, verstehen sie doch nicht."* (Matth. 13,13) Mit anderen Worten: Jesus gebrauchte Gleichnisse, um seine Aussagen ein wenig zu verschleiern, nicht um sie klarer zu machen!

>>>>>>> Jesus verstand seinen Dienst als Erfüllung der Prophezeiung von Jesaja 6,9: Dort wird eine Zeit angekündigt, in der das Herz des Volkes Israel verhärtet, seine Ohren verstopft und seine Augen so verschlossen sein würden, weil sie das Evangelium von der Gnade Gottes nicht mehr verstehen wollen. Darum verschlüsselte Jesus seine Bot-

schaften und ermöglichte es denen, die nach Antworten suchen, von der Wahrheit überrascht zu werden. Das schien ihm offensichtlich sinnvoller, als die zu befriedigen, die schon „alle Antworten hatten".

>>>>>>> Dann aber erklärte er seinen Jüngern das Gleichnis vom Samen und dem Sämann auch. Er beschrieb die verschiedenen Arten von Böden, auf die ein Samenkorn fallen kann (auf den Weg, den Felsen, die Dornen und das gute Land), und zeigte ihnen in diesem Bild, wie unterschiedlich Menschen seine Geschichten aufnahmen. Einige lehnten sie rundweg als dumme Kindergeschichten ab (vor allem die Pharisäer und Schriftgelehrten), andere zeigten nur eine kurze Zeit Interesse und wieder andere wurden durch diese seltsam-schönen Geschichten richtig neugierig. Ihre Aufmerksamkeit war geweckt, und sie wollten mehr erfahren. Jesus hatte seinen Jüngern schon vorher mehrfach deutlich gemacht, dass er genau dieses echte Suchen erreichen wollte: *„Bittet, und euch wird gegeben; sucht, und ihr werdet finden; klopft, und die Tür wird euch geöffnet."* (Matth. 7,7)

>>>>>>> Bei unseren Versuchen, das Evangelium zu erklären, quetschen wir bisweilen alles Leben aus ihm heraus. Die Gleichnisse Jesu dagegen waren rätselhaft, offen für eigene Interpretation, spielerisch und interessant. Sie forderten die Leute heraus, weiter nach der Wahrheit zu suchen. Und das ist gut. Der Schriftsteller Elie Wiesel erzählt von einem Verleger, der ihm einmal sagte: *„Wenn Sie die Aufmerksamkeit des Lesers behalten wollen, muss Ihr Satz klar genug sein, um verstanden zu werden, aber auch unklar genug, um Neugierde zu wecken. Ein gutes Stück darf nicht alles sagen, muss aber vermuten lassen, dass es ein ‚Alles' gibt."*[68] Gleichnisse und Geschichten wecken in uns viel eher die Neugier als logische Erklärungen. In „Faith in a Changing Culture" beschreibt John Drane, wie wichtig das Geschichtenerzählen in unserer Zeit ist. Er schlägt dabei drei Arten von Geschichten vor:

>>>>>>> Erstens: Gottes Geschichte. Er ist überzeugt, dass Gott in unserer Welt gegenwärtig und aktiv ist und dass wir lernen sollten,

Geschichten von seinem Handeln zu erzählen. Das kann auch bedeuten, dass Sie Ihren Freunden von einem Film erzählen, den Sie gesehen haben und in dem etwas von Gottes Charakter in einer Szene oder einem Darsteller deutlich wurde. Erzählen Sie Ihren Freunden gern auch von Sonnenuntergängen, Zeitungsartikeln und so genannten Zufällen. Drane sagt: *„Die Bibel bestätigt ohne Zögern, dass Gott dauernd und auf vielerlei Art, an vielen Zeiten und Orten am Werk ist. Evangelisation bedeutet nicht, dass Christen an Gottes Stelle arbeiten müssten, weil Gott ohne sie hilflos wäre. Wirksame Evangelisation beginnt mit der Anerkennung, dass Gott schon an der Arbeit ist, und klinkt sich in das ein, was er tut. Gottes Geschichte, nicht unsere, ist der echte Einstieg.“*[69]

>>>>>>> Zweitens empfiehlt Drane den Gebrauch von Geschichten aus der Bibel. Das klingt erst mal wie ein totaler Gesprächskiller, aber wir haben festgestellt, dass eine alte biblische Geschichte zur richtigen Zeit und am richtigen Ort und im Kontext einer guten Gemeinschaft Menschen sehr neugierig machen und für den Glauben interessieren kann.

>>>>>>> Und drittens ermutigt er, persönliche Geschichten zu erzählen, basierend auf 1. Petr. 3,15: *„Seid bereit, von der Hoffnung zu erzählen, die ihr habt.“* Erklärungen über Jesus sind meist nur Buchstaben, Geschichten aber sind lebensrelevante Ereignisse. Drane drückt es so aus: *„Geschichten erzählen verlangt persönliche Ehrlichkeit, wir müssen unsere Schwächen und Stärken annehmen. Nur wenn wir uns als schwach und verletzlich zeigen, werden sich andere mit uns identifizieren und fähig sein, die Einladung zu hören, mit uns zu kommen und Jesus nachzufolgen.“*[70]

>>>>>>> Allzu oft klingen unsere Reden vom Glauben wie gönnerhafte Predigten, in denen wir, die Christen, die Experten sind, während die anderen sich ganz schnell als unwissend und minderwertig empfinden. Wie Karl Barth es ausdrückte: *„Wenn wir von unseren Tugenden*

reden, sind wir Konkurrenten, wenn wir unsere Sünden bekennen, sind wir Brüder." Drane erklärt: Wenn wir diese drei Arten von Geschichten als sich überschneidende Kreise sehen, dann findet in der Mitte, in der sich Gottes, unsere und die biblische Geschichte überschneiden, wirkungsvolle Evangelisation statt.

Ein Gefühl von Wunder und Staunen wecken

Michael verbrachte einmal mit seiner Familie eine Woche in einem Strandhaus in North Carolina. Das Haus war von Sanddünen umgeben, der Strand sauber und mit Muscheln bedeckt, und der Atlantik, der unablässig an den Strand schlug, von einem tiefen Grau-Grün. Nun hatten aber die vorherigen Mieter ein Exemplar von Rachel Carsons Buch „Der stumme Frühling" auf der Veranda liegen gelassen, und weil Michael schon von diesem Buch gehört, es aber nie gelesen hatte, nahm er das zerfledderte Exemplar von 1962 und begann, es auf der Holztreppe zu lesen, die zum Strand hinab führte. Carsons Liebe zur Natur und ihre Fähigkeit, die Schönheit und die Wunder des Meeres zu beschreiben, packten Michael so wie schon Generationen von Amerikanern vor ihm. Der Zorn der Autorin über die Zerstörung des Ökosystems der Erde berührte ihn zutiefst, und er ließ seine Augen danach mit Staunen und Ehrfurcht über diese zerbrechliche Küste schweifen. Durch die Lektüre fühlte er sich Gott näher.

>>>>>>> Wir haben auch erlebt, dass Menschen in der Kathedrale von Notre Dame in Paris, am Grand Canyon in Arizona oder am Rand des Great Rift Valley in Kenia vor Staunen einfach verstummt sind. Weil es schwierig ist, soviel Majestät und Herrlichkeit zu sehen, ohne nach dem Urheber all dieser Schönheit zu fragen. Faszination und Staunen ziehen uns immer auch zu Gott. Paulus sagt: *„Seit der Erschaffung der Welt sind Gottes unsichtbare Eigenschaften – seine ewige Kraft und göttliche Natur – klar sichtbar, erkennbar an dem, was*

er gemacht hat.“ (Röm. 1,20) Viele geistliche Menschen (von Franz von Assisi bis Calvin) haben diesen Gedanken betont: Die Spuren der Herrlichkeit Gottes können an jedem Ort im Universum gefunden werden (so sagt Calvin sinngemäß). Aber vor lauter Aktivität in den westlichen Städten wird die Fähigkeit der Menschen, vom Staunen über die Wunder dieser Welt überwältigt zu werden, immer geringer. Chesterton sagte: *„In der Welt wird es nie an Wundern mangeln, aber an der Kunst des Staunens.“*

>>>>>>> Wenn wir in die Seele von Nichtchristen flüstern wollen, müssen wir uns mit ihnen unter einen Sternenhimmel ins Gras legen, mit ihnen durch eine Kunstgalerie laufen, mit ihnen campen, wandern oder in einem Restaurant am Meer essen gehen. Das Universum ist ein wunderbares Zeugnis der Herrlichkeit Gottes, und wir können Nicht-Christen mit unserem Staunen und unserer Bewunderung für seine Komplexität und seine Pracht anstecken. Natürlich können wir darüber hinaus auch unsere Freude über leckeres Essen, Kinderlachen, tolle Filme, gute Literatur, gemeinsame Erlebnisse, eine romantische Hochzeit, Picknicks, Partys, Gewitter oder Harald Schmidts Geistesblitze ausdrücken. Wie Eugene Peterson schreibt: *„In der Gegenwart des Schönen antworten wir unwillkürlich mit Begeisterung, wir wollen dabei sein, nahe kommen, dazugehören – wir wippen mit den Füßen, summen, berühren, küssen, meditieren, betrachten, imitieren, glauben, beten. Gemalte Gebete, gesungene Gebete, getanzte Gebete. Es ist das Wesen unserer Sinne, uns in all das hineinzuziehen – Geruch, Rhythmus, Geschmack, Ausstrahlung und vor allem Schönheit, die ihre Erfüllung im menschlichen Gesicht findet.“*[71]

>>>>>>> Wir sind der Ansicht, dass christliche Anbetung auch ein Gefühl von Schönheit und Staunen hervorrufen sollte. Im Versuch, mit Nichtchristen zu kommunizieren, haben viele Gemeinden in den letzten Jahren „Gottesdienste für Sucher“ entworfen – Gottesdienste, die bewusst jede religiöse Sprache vermeiden, damit Kirchenfremde sich eher wohl

fühlen. Wir finden es natürlich gut, dass Christen auch Gottesdienste für Noch-nicht-Christen anbieten, aber es ist falsch, wenn man solchen Angeboten das Aufrüttelnde oder Geheimnisvolle nimmt. Es könnte sein, dass gerade die intensive gemeinsame Anbetung der ersten Christen ihre seltsame Attraktivität ausmachte. Und in einem zunehmend postmodernen Umfeld werden die Reduktion auf Logik und der Verzicht auf die sinnliche Erfahrung der Anbetung als leer und fad empfunden.

>>>>>>> In Vaux, einem Gottesdienst in alternativer Form in der Londoner Gegend von Vauxhall, wird die Anbetungszeit so eindrucksvoll gestaltet und choreographiert, dass es einem den Atem nimmt. Dort kann es passieren, dass Gebete auf Zettel aufgeschrieben werden, die dann als Papierschiffchen auf einem großen Pool mitten im Kirchraum herumschwimmen. Gleichzeitig laufen auf Bildschirmen eindrucksvolle Bilderfolgen ab, es gibt Kerzen, Weihrauch, leise Musik, Wasser, Rezitationen, Essen, Wein oder Tanz – der ganze Gottesdienst ist ein sinnliches Fest, das Ehrfurcht und Staunen auslöst.

>>>>>>> In Mars Hill in Seattle experimentieren Mark Driscoll und sein Team ebenfalls mit postmodernen Gottesdienstformen. Mark sagt: *„Wir müssen die Schönheit als Eigenschaft Gottes wieder entdecken. Tanz, Video und Musik müssen ‚erlöst' werden. In Mars Hill nehmen wir diese Erlösung ernst. Darum haben wir überall Kerzen. Darum gibt es in unserer Gemeinschaft Bilder von professionellen Künstlern. Darum verbrennen wir Weihrauch und sprechen alle Sinne an; eine ganzheitliche Erfahrung ist uns wichtig. Alles im Gottesdienst soll predigen: Architektur, Beleuchtung, Lieder, Gebete, Gemeinschaft, Geruch – alles sagt etwas. Kreativ sein ist harte Arbeit, aber wir glauben, dass die Kunst Himmel und Erde verbindet. Gott erfahren ist oft die höchste Art, ihn zu erkennen; darum muss der ganze Gottesdienst viel mehr sein als nur eine Rede über Gott."*[72]

>>>>>>> Überall auf der Welt, in Städten wie Auckland in Neuseeland (CitySide Baptist Church), Glasgow in Schottland (The Late, Late Ser-

vice), Waco in Texas (University Baptist Church), Hobart in Australien (reverb), Chesterfield in England (fuzzy) oder Pomona in Kalifornien (Ichthus) probieren Gemeinden Liturgien voller konkreter Erfahrungen aus, an denen alle Sinne beteiligt sind. Die Gestaltung der Gebäude, das Spiel von Licht und Dunkel, Bilder und Filme und der Einfluss spiritueller Symbole verschmelzen zu einer interessanten neuen Gottesdiensterfahrung. Viele postmoderne Menschen finden solche Angebote sehr anziehend, weil diese den Sinn für das Geheimnis, das Andere eher ansprechen als Bands mit Gitarren und lange Predigten.
››››››› Leonard Sweet beschreibt mit einem Begriff, wohin das Gottesdiensterlebnis der Zukunft gehen wird: „EPIK“. Dieses Wort ist die Abkürzung für E = erfahrungsorientiert, P = partizipatorisch, I = imaginiert (bild- und sinnenbetont) und K = kommunitär, also gemeinschaftlich.

Liebe maßlos

Eine andere Art, die gute Nachricht in die Herzen von Noch-nicht-Christen zu flüstern und bei ihnen eine Suche nach Gott auszulösen, hat Jesus uns direkt vorgemacht: Wir müssen die Menschen lieben. Beharrliche Freundlichkeit und Zuwendung sind ein kraftvoller Weg, um Glauben erfahrbar zu machen. Wenn wir unseren Freunden, Nachbarn oder Arbeitskollegen deutlich machen, wie ein heiliges, großzügiges Leben aussehen kann, zeigen wir ihnen eine Alternative zu ihrer alltäglichen Erfahrung. Wir meinen damit nicht einen „Ich-bin-heiliger-als-du“- Stil, sondern eine befreiende Nachfolge Christi.
››››››› Vor einigen Jahren besuchte Michael eine Evangelisation in Sydney, in der der Evangelist nach seiner Ansprache die Zuhörer einlud, ihm Fragen über den christlichen Glauben zu stellen. Viele der Fragen, die auf Kärtchen aufgeschrieben nach vorne gereicht wurden, waren typisch für solche Veranstaltungen, aber eine sorgte für Unruhe. Denn die Moderatorin las zögernd die Frage einer Frau vor:

„Wo war Gott, als ich vergewaltigt wurde?“ Man hätte eine Stecknadel fallen hören können.

>>>>>>> Der Evangelist zögerte. Dabei waren bislang all seine Antworten zügig gekommen. Jetzt war er sichtlich erschüttert. Er beugte sich mehrfach zum Mikrofon, doch seine Stimme versagte. Dann begannen große Tränen über sein Gesicht zu rollen, und er weinte auf offener Kanzel. Michael erinnert sich heute nicht mehr an eine einzige der vielen klugen und durchdachten Antworten. Nur eine Reaktion hat er nie vergessen: das Mitleiden des Evangelisten mit der Zuhörerin, die vergewaltigt worden war. Als der Redner sich wieder gefasst hatte, verurteilte er die patriarchalische Gesellschaft, in der Männer immer noch glauben, Frauen seien Objekte. *„Wo war Gott, als ich vergewaltigt wurde?“* Er wurde zumindest in diesen Tränen und in dem Zorn gegen Gewalt und Unterdrückung sichtbar.

>>>>>>> Im zweiten Jahrhundert stand im Diognetbrief über die junge christliche Gemeinschaft Folgendes: *„Sie leben im Land, aber so, als wären sie Reisende. Als Bürger machen sie überall mit, aber so, als wären sie Ausländer. Jedes fremde Land ist für sie wie eine Heimat und jede Heimat wie die Fremde. Sie heiraten und bekommen Kinder wie alle anderen, aber sie vernichten ihre Nachkommen nicht. Sie haben einen gemeinsamen Tisch, aber kein gemeinsames Bett. Sie sind fleischlich, aber sie leben nicht nach dem Fleisch. Sie wohnen auf der Erde, sind aber Bürger des Himmels. Sie gehorchen den Gesetzen, übertreffen sie aber mit ihrem Leben. Sie lieben alle Menschen und werden von allen verfolgt. Sie sind unbekannt und werden verdammt; sie kommen zu Tode und wieder zum Leben. Sie sind arm, machen aber viele reich. Sie haben an allem Mangel und doch mehr als genug; sie werden entehrt, aber mitten in der Entehrung erfahren sie Herrlichkeit. Man spricht schlecht von ihnen, aber sie werden gerechtfertigt. Sie werden verlästert und segnen andere. Sie werden beleidigt und vergelten die Beleidigung mit Achtung. Sie tun Gutes und werden als Übeltäter verfolgt. Wenn sie*

bestraft werden, freuen sie sich, als wenn sie zum Leben erwachten. Sie wurden von den Juden als Fremde angegriffen und von den Griechen verfolgt; dennoch können die, die sie hassen, keinerlei Grund für ihren Hass angeben."[73]

>>>>>>> Selbst die, die unseren Glauben nicht teilen, werden von einer liebenden und großzügigen Gemeinschaft beeindruckt sein.

Wie handelt Gott?

Chris Harding arbeitet für die Organisation „Jugend für Christus" als Jugendevangelist in Sydney. Seine Fähigkeit, junge Menschen, die sonst nie in eine Gemeinde gehen würden, zu einer Suche nach Gott einzuladen, hat uns sehr beeindruckt. Harding sagt: *„Gott berührt uns auf Millionen unterschiedlicher Weisen im Alltag – außerhalb der ‚geistlichen' Welt. Man kann lernen, das zu sehen und es mit anderen zu teilen. Gott berührt uns durch schmerzhafte Erfahrungen von Verlust und Trauer genauso wie durch Kreativität und Sport, durch einen Sieg über unsere Probleme oder durch zärtliche Beziehungen. Gott ist den Gerechten und den Ungerechten gleichermaßen gnädig. Die ganze Menschheit erfährt seine heilende Hand. Diese Momente, in denen wir etwas Ewiges und Edles berühren, sind Gottes Fußspuren in unserem Leben – seine vorlaufende Gnade. Menschen müssen merken, dass der Gott, den sie nicht zu kennen meinen, in Wirklichkeit schon in ihrem Leben wirkt.*"[74]

>>>>>>> Wenn wir Menschen auf diese Tatsache hinweisen, können wir sie dadurch zu einer Suche nach Gott motivieren. Wir, die Autoren, sind beide mehrfach auf sehr dramatische Art von Gott berührt worden, und das hat uns sehr verändert. Gott kam in unser Leben und brachte dadurch Heilung, Erneuerung, Energie und Wachstum. Manchmal war das, was wir gesehen oder gelesen haben und was uns berührt hat, etwas aus der Philosophie oder der Kunst. Ein anderes Mal war es tatsächlich ein übernatürliches Einbrechen des Geistes Gottes.

Indem wir offen über diese Erfahrungen reden, machen wir Anderen Hoffnung, dass der Gott, den sie suchen, ihnen nah ist.

Brennpunkt Jesus

Wenn die Kirche kommende Generationen für Gott interessieren will, muss sie sich vor allem auf Jesus Christus konzentrieren. Denn eines sehen wir überall: Wenn Jesus ohne den ganzen kirchlichen Ballast präsentiert wird, steht er in der Gesellschaft immer noch hoch im Kurs. Aber um ihn wirklich zu verstehen und ihn von den Verkrustungen der Christenheit zu befreien, müssen wir weit, weit zurück gehen und Jesus wieder als Juden im ersten Jahrhundert entdecken – einen Mann mit einem Gebetsriemen ums Handgelenk und dem Staub Palästinas an den Sandalen.

>>>>>>> Es gibt eine berühmte Geschichte über den spanischen Künstler Bartolomeo Murillo. Schon als junger Mann zeigte Bartolomeo großes Talent, hatte aber noch niemanden, der ihn wirklich gefördert hätte. In dieser Zeit hing in seinem Elternhaus ein Bild an der Wand, auf dem Jesus als todernster Hirtenjunge dargestellt war – ganz im Stil der Zeit: Er stand aufrecht da, hielt seinen Hirtenstab wie ein Bajonett in der Hand und hatte um den Kopf natürlich den obligatorischen Heiligenschein. Der Junge hasste das Bild, und als seine Familie eines Tages nicht daheim war, nahm er es einfach von der Wand, bearbeitete es und schuf mit jugendlichem Übermut ein ganz neues Bild von Jesus.

>>>>>>> Bei ihrer Heimkehr waren die Murillos völlig entgeistert, weil Bartolomeo den Herrn entstellt hatte: Das strenge Gesicht grinste jetzt nämlich fröhlich, die Augen blitzten voller Schalk, aus dem Heiligenschein war ein zerdrückter Strohhut geworden und das vorher lange, glatte Haar lockte sich neckisch über die Schultern. Aus dem Hirtenstab hatte der junge Maler einen knorrigen Wanderstock gemacht,

und an Stelle des traurigen Schafs stand da ein lustiger kleiner Hund. Aus dem ernsten Hirtenjungen war ein Wanderer auf der Suche nach Abenteuern geworden.

››››››› Nachdem sein Vater dem Jungen die Tracht Prügel seines Lebens verabreicht hatte, musste Bartolomeo das Bild des Anstoßes zum Zeichen der Buße durch die Straßen seiner Stadt tragen. Und da passierte es: Ein anderer Maler sah das Bild, erkannte das Talent des Jungen, bot sich an, ihn zu fördern und legte so den Grundstein für dessen späteren Ruhm.[75]

››››››› Wir erzählen diese Geschichte hier, weil Bartolomeo Murillo für Jesus damals das tat, was wir heute versuchen: Er nahm ihm die vielen rituellen Verzierungen und Utensilien ab, die ihm die Kirche des „Christentums“ angehängt hat, und versuchte, etwas von der Menschlichkeit des Gottessohns wiederzuentdecken. Eigentlich ist es gar nicht verwunderlich, dass die Kirche der Christenheit sich mit inkarnierendem Gemeindebau so schwer tut – sie nimmt ja an der Menschlichkeit Christi immer wieder Anstoß. Ja, die Kirche hat bis heute den Jesus der Verklärung, der Auferstehung und der Himmelfahrt lieber als den Jesus, der mit Kindern spielt, an Lilien riecht und mit zweifelhaften Geschäftsleuten zu Mittag isst.

››››››› Da Jesus Jude war, war natürlich auch sein Lebensstil im Wesentlichen von der jüdischen Kultur geprägt. Darum gibt es auch keine Überlieferungen, nach denen er irgendwie abstrakt über den Sinn des Daseins spekuliert oder „wichtige“ Wahrheiten von persönlichen Erfahrungen abgekoppelt hätte. Er stellte weder eine eigene Philosophie vor, noch hatte er abstrakte Ideen von Gott. Sein ganzer Glaube basierte auf Beziehungen, nicht auf Lehrsätzen, und auch seine „Ethik“ (wenn er überhaupt eine Ethik in unserem Sinn hatte), war immer auf konkrete Situationen bezogen. Er fand Gott mitten in der Welt, nicht in einer abgetrennten Sphäre. Bei Jesus gibt es nicht den kleinsten Hinweis auf den Dualismus zwischen heilig und weltlich, der das Christentum so viele Jahrhunderte geplagt hat. Und darum verkündete er eine erdige, lebensbejahende Weisheit, mit der die Leute etwas anfangen konnten.

>>>>>>> Jesus verstand unter Jüngerschaft nicht, dass Menschen seine Lehren für wahr halten, sondern dass sie ihm nachfolgen. Ihm genügte es nicht, dass die Leute ihn als „wahren Gott vom wahren Gott" anerkannten, er rief sie auf, seinen gefährlichen Versprechungen zu vertrauen (Matth. 8,18-22). Er hat Menschen auch wieder weggeschickt, wenn sie diesen Unterschied nicht begriffen. Darum verlangt Jesus auch an keiner Stelle den Glauben an ein bestimmtes Glaubensbekenntnis, er ruft uns vielmehr auf, Gott und seinem Handeln zu vertrauen. Vielleicht benutzte er deshalb in seinen Gleichnissen so viele Bilder von menschlichen Beziehungen, zum Beispiel die zwischen Vater und Sohn, um die Beziehung zu Gott zu beschreiben. Dauernd erzählte er hintergründige Geschichten aus dem normalen Lebensalltag, um tiefe geistliche Tatsachen auszudrücken – und das heißt: Sein Lehrstil war definitiv nicht-akademisch. Er teilte mit seinen Jüngern das Leben, anstatt sie auf eine Akademie zu schicken.

>>>>>>> Weil Jesu Liebe zum Leben so ansteckend war, hatte seine „Heiligkeit" auch nichts Lebensfremdes an sich, sie war durch und durch befreiend. Wir haben oft überlegt, worin wohl das Geheimnis dieser Heiligkeit bestand. Woher kam es, dass ganz normale, zerbrochene, sündige, verachtete Menschen sich bei ihm so wohl fühlten? Eine Antwort lautet gewiss: Sie fühlten sich von ihm nicht verdammt. Umso trauriger ist es, dass sich all diese „Normalos" bei den heutigen Gemeindechristen meist nicht mehr wohl fühlen. Was ist da passiert? Erinnern wir uns: Jesus wurde von religiösen Leitern beschuldigt, er sei ein Fresser und Weinsäufer und hinge andauernd mit den falschen Leuten zusammen. Jesus hatte definitiv keine Angst vor dem Genießen, aber brachte jeden Genuss mit Gott in Verbindung. Seine Religion umfasste das ganze Leben und er machte keinen Unterschied

zwischen dem privaten und dem öffentlichen Auftreten. Eigentlich sollte Jesus der Held der Kirche sein – der Mann, dem wir alle ähnlich werden möchten. Stattdessen wird seine Göttlichkeit allzu oft auf Kosten seiner Menschlichkeit so hervorgehoben, dass er außerirdisch, übermenschlich und unnahbar geworden ist.

>>>>>>> Der Theologe Harvey Cox hat uns erzählt, dass er einmal auf einer großen Konferenz für christliche Heiler und Therapeuten gesprochen hat. Der Hörsaal war nun also voller Pastoren, Ärzte, Krankenschwestern, Seelsorger und Therapeuten, die alle den Wunsch hatten, anderen aus ihrem Glauben heraus zu helfen. Cox erzählte diesem Publikum die bekannte Geschichte, in der Jesus die Tochter des Jairus vom Tod aufweckt und unterwegs auch noch die Frau mit dem Blutfluss heilt. Die Geschichte steht in Lukas 8,40-56 und ist ein wunderbares Beispiel für das Mitgefühl, das Jesus mit dem religiösen Führer Jairus und der ausgestoßenen Frau hatte. Nachdem er die Geschichte erzählt hatte, fragte Cox seine Zuhörer, mit welchem Charakter in der Geschichte sie sich am meisten identifizieren könnten: Mit der blutenden Frau, die so isoliert, leidend und geschlagen daherkommt? Oder mit Jairus, der voller Angst und Trauer war? Oder etwa mit den Jüngern, die staunend und ehrfürchtig Zeugen dieser großartigen Wunder wurden? Wie zu erwarten identifizierten sich verschiedene Gruppen von Zuhörern mit verschiedenen Charakteren. Dann aber fragte Cox, wer sich denn mit Jesus identifizieren würde. Nur sechs von 600 hoben ihre Hand.

>>>>>>> Angesichts einer Geschichte, in der Jesus als Heiler gezeigt wird, identifiziert sich in einem Saal voller Menschen, die gerne Heiler sein wollen, lediglich ein Prozent mit ihm. Wie viele Lehrer identifizieren sich wohl mit Jesus dem Lehrer? Wie viele von uns identifizieren sich eigentlich mutig mit dem Charaktermerkmal in der Persönlichkeit Jesu, dem sie ähnlich werden wollen? Natürlich ist Jesus göttlich und menschlich zugleich, darum werden wir ihm nie völlig gleich sein. Aber

wir sind doch berufen, ein christusähnliches Leben zu führen. Warum scheuen wir uns davor? Wir müssen uns wieder mehr auf Jesus konzentrieren und wie er leben.

>>>>>>> Martin Buber hat einmal gesagt: *„Wir Juden verstehen Jesus auf eine Art – in all den Facetten seines Jude-Seins –, die für Heiden unzugänglich ist.“*[76] Das war nicht herablassend gemeint, denn Buber war ein bemerkenswert demütiger und sanfter Mensch. Er betonte lediglich, dass man Jesus von seinen jüdischen Wurzeln her verstehen müsse, wenn man ihn wirklich kennen lernen will. Wer das nicht tut, wird ihn nie richtig verstehen.

C. Die Leidenschaft des Glaubens

7. Der Gott Israels und die Erneuerung des Christentums

Die Bibel des Judentums liefert einen wichtigen Beitrag zum christlichen Glauben. Es ist die tiefe Überzeugung dieser alten Rabbis, die die Juden verehren und die sie „unsere Weisen mit dem gesegneten Gedächtnis“ nennen, dass die Schrift einen Kommentar zum Alltagsleben darstellt – so wie auch das Alltagsleben ein immer neues Verständnis der Schrift bringt.

>>> Jacob Neusner

Unterwegs zu einer messianischen Spiritualität

Wenn Christen inkarniert leben, dann zieht das Noch-nicht-Christen zu Gott – durch das Erzählen von Geschichten, durch ein Dasein, das Staunen und Ehrfurcht weckt, durch außergewöhnliche Liebe, durch die Teilhabe an dem, was Gott in unserem Leben getan hat, und durch die Konzentration auf Jesus.

>>>>>> Dabei müssen wir uns fragen: Können wir Jesus wirklich in eine Gastkultur hinein inkarnieren, wenn wir selbst mit seinem Leben und seiner Lehre nicht zurecht kommen? Nein! Denn es geht ja nicht bloß um bessere Techniken und Methoden. Selbst Inkarnation und Kontextualisierung reichen nicht aus, wenn wir keinen geistlichen Rahmen und keine Glaubenskraft für ein kontinuierliches und begeistertes Engagement haben. Letztlich brauchen wir genau die Spiritualität des Engagements, die Jesus uns vorgelebt hat, weil es

keine Inkarnation gibt, die nicht zugleich eine tiefe Spiritualität als permanente Kraftquelle mitbringt.

>>>>>>> „Geistliches Leben" meinte leider viel zu lange eine bestimmte Art von religiösem Brauchtum, in dem man Gott suchte – das aber war völlig losgelöst von jeglichem konkreten Engagement in der Welt. Man war teilweise sogar der Meinung, dass man nur dann zu Gott kommt, wenn man die Welt leugnet oder „überwindet". Viele einflussreiche theologische Schriftsteller haben Bücher über das geistliche Leben geschrieben – während sie selbst in Klöstern, Bibelschulen oder Gemeinden arbeiteten, in denen es ihre primäre Aufgabe war, die Leute zu betreuen anstatt missionarisch zu wirken.[77] Schon ein oberflächlicher Blick auf die geistlichen Schriftsteller zeigt, dass viele von ihren Werken noch immer von einer Art „jenseitigem Dualismus" beeinflusst sind, der (wie wir gesehen haben) ein echtes Hindernis für organisches Wachstum in der Kirche ist. Im Extremfall hat solche Weltfremdheit die Christen sogar an missionarischem Engagement gehindert – sie glaubten nämlich, dass man Gott umso besser dient, je mehr man sich von Menschen und Dingen löst.

>>>>>>> Dazu kommt, dass viele der Personen, die von der Kirche als Heilige verehrt werden, extreme Asketen waren. Nur wenige von ihnen hatten eine positive, lebensbejahende und der Welt zugewandte Einstellung. Die Kelten hatten zwar einige wunderbare Missionare, die sich sehr auf die Kulturen einließen, in denen sie wirkten, aber auch Patrick, Aidan oder Cuthbert betrieben extreme asketische Praktiken. Selbst Franz von Assisi, einer der Größten der Christenheit, konnte seine Liebe zu Gott nicht ausdrücken, ohne seinen Leib zu züchtigen. Er trug keine Schuhe, wollte nicht baden, legte sich nackt in den Schnee, um die Versuchung zu vertreiben, und verzichtete auf jeglichen Besitz. Natürlich können wir viel Gutes über Franziskus sagen – er war ein wahrhaft großer Mann und vollbrachte viel für Gott – aber seine persönliche Spiritualität war meilenweit vom lebensbejahenden Glauben Jesu entfernt.

>>>>>>> Darum müssen wir uns an Jesus selbst wenden, wenn wir lernen wollen, wie missionarisch-messianische Spiritualität aussieht. Wir müssen Wege finden, wie unsere Taten die missionarische Lebensweise Jesu fortsetzen und wie sie erlösend in dieser Welt wirken können.

Jesus, der Messias

Wir haben an dieser Stelle bewusst den Ausdruck „messianisch" gewählt, weil (wie wir oben ausgeführt haben) unsere Christologie unsere Missiologie bestimmt. Und weil wir der Überzeugung sind, dass Gottes Volk messianisch in der Welt wirken soll, ist der Ursprung all unseres Denkens und Handelns natürlich die Person Jesu.

>>>>>>> Jesus ist das entscheidende Vorbild für Mission – und die Evangelien sind unsere primären Texte, ihn zu verstehen. Das mag banal klingen, ist aber ein gänzlich anderer Ansatz als der, der normalerweise in der Theologie der Christenheit gelehrt wurde und wird. Die Wissenschaft betrachtet Jesus meist durch die dogmatische Brille der Glaubensbekenntnisse oder mit den Denkstrukturen des Paulinismus (wie etwa in der Reformation). Wir glauben aber, dass diese beiden Zugänge das geschichtliche Bild Jesu, wie wir es in den Evangelien finden, eher verdunkeln. Das Christentum hat nämlich so viel über die Natur und das Wesen des Sohnes Gottes debattiert, dass es völlig vergaß, dass er eine historische Person ist und deshalb für das Verständnis von Mission, Mitarbeit, Jüngerschaft und Glauben die wesentliche Erkenntnisquelle sein muss.

>>>>>>> Auch die Fundamentalisten haben das Evangelium zu lange aus der Perspektive von Paulus gelesen (Wobei wir bezweifeln, dass der Apostel Jesus wirklich so gesehen hat). Wenn wir die Evangelien nämlich ausschließlich so lesen, wie es die Briefe der Apostel tun, dann stimmt etwas nicht: Die Evangelien gelten dann plötzlich nicht mehr

als die maßgeblichen Texte für das Leben, die Mission und die Jüngerschaft. Natürlich stehen wir zu den Einsichten, die Paulus von Jesus hat. Es darf aber nicht passieren, dass wir Jesus überhaupt nicht mehr wahrnehmen können, ohne ständig die Formeln und Bilder des Paulus im Kopf zu haben. Das Problem ist aber gar nicht Paulus selbst, sondern der so genannte „Paulinismus" (wie immer: -ismen schaffen Probleme). Das ist schon deswegen bemerkenswert, weil Paulus selbst ja großen Wert darauf legte, dass wir uns auf Jesus und nicht auf ihn konzentrieren (1. Kor. 1,11-17); ja, er fordert uns auf, ihm nur da nachzufolgen, wo er selbst erkennbar dem Messias nachfolgt (1. Kor. 11,1). Paulus verwies immer wieder auf Jesus – und heute, in einer missionarischen Situation, die der des Paulus bemerkenswert gleicht, müssen wir das besonders ernst nehmen.

>>>>>>> Wir brauchen Paulus als unverzichtbaren und inspirierten Führer, um Jesus zu verstehen, er darf aber nicht der einzige sein. Wir sollten zum Beispiel im Gegenzug auch einmal die Briefschreiber des Neuen Testaments durch die Perspektive der Evangelien lesen (Paulus eingeschlossen). Jesus ist der Herr und Heiland, nicht Paulus. Wenn es je eine Zeit gab, in der es wichtig war, Jesus selbst als Messias wieder zu entdecken, dann ist es heute.

>>>>>>> In Meinungsumfragen rangiert Jesus noch immer sehr hoch und wird von vielen anerkannt. Darum ist er sozusagen der „Trumpf im Ärmel" der Weltmission. Eigentlich sollte uns das gar nicht verwundern. Der Sohn Gottes war immer schon die anziehendste und faszinierendste Gestalt der Weltgeschichte. Aber unsere Betonung der Person Jesu ist zum Glück nicht nur vom Markt bestimmt – wir glauben, dass Jesus das Wesen der weltweiten Christenheit definieren sollte. Und wenn wir eine neue Art von Kirche entfalten wollen, die missionarisch-messianisch arbeitet, dann müssen wir neu entdecken, wie zentral Jesus für alle Aspekte des Lebens und des Glaubens ist – einschließlich der Mission.

>>>>>>> Jesus definiert unser Christsein und unser Menschsein. Das macht das Neue Testament immer wieder deutlich. Weil eine Beziehung des Menschen zu Gott nur durch die Mittlerschaft Jesu möglich ist, bleibt er das Zentrum der christlichen Botschaft. Auch wenn wir durch die Dreieinigkeit zugleich mit dem Vater und dem Geist verbunden sind, steht im Zentrum unserer Jüngerschaft die Tatsache, dass wir in die Ziele, die Jesus in dieser Welt hatte, eingebunden sind. Die Person Jesu wird und muss deshalb in unserem Denken, Fühlen und Handeln immer Priorität haben.

>>>>>>> Dietrich Bonhoeffer hat diesen Gedanken so ausgedrückt: *„,Jünger sein' bedeutet Christus anhängen; und weil Christus das Objekt unseres ,Anhängens' ist, muss es die Form von Jüngerschaft annehmen. Abstrakte Theologie, ein Lehrsystem oder eine allgemeine religiöse Erkenntnis über Gnade oder Sündenvergebung machen Jüngerschaft überflüssig, ja schließen sie aus und sind darum dem ganzen Konzept der Nachfolge grundsätzlich fremd. Christentum ohne den lebendigen Christus ist automatisch Christenheit ohne Jüngerschaft, und Christenheit ohne Jüngerschaft ist Christenheit ohne Christus."*

>>>>>>> Der christliche Glaube ist nicht einfach eine Lehre, sondern definiert sich über eine Person, der sich ein Mensch rückhaltlos anvertrauen kann. Wäre er eine bloße Lehre, dann wäre sein Gründer letztlich genauso überflüssig wie die Lehrer der anderen religiösen oder philosophischen Systeme. Es ginge dann um Wahrheiten, die man lernen und unabhängig vom Lehrer anwenden könnte. Aber der christliche Glaube besteht eben nicht einfach aus einer Reihe von Glaubenssätzen, sondern ist untrennbar mit der Person des Messias verbunden. Das heißt: Wenn wir versuchen, die Worte Christi „für sich" als bloße Lehre zu verstehen, streichen wir die Göttlichkeit ihres Autors. Für einen wahren Gläubigen wäre es sogar Gotteslästerung, wenn man sagte, dass die Worte Christi lediglich weise oder tiefgründig sind – denn dann stellt man sie ja auf eine Ebene mit menschlichen

Philosophien. Das bedeutet: Unsere Geschichten und unser Schicksal sind untrennbar mit der Person Jesu verbunden.

>>>>>>> Unsere Beziehung zu Jesus zeigt auch, dass er der einzige Weg der Rettung ist; ein Aspekt des christlichen Glaubens, der im Zuge der gesellschaftlichen Veränderungen immer mehr in den Hintergrund zu rücken scheint. Wenn Jesus in Johannes 14,6 sagt *„Ich bin der Weg, die Wahrheit und das Leben; niemand kommt zum Vater außer durch mich“*, dann macht er dadurch deutlich, dass unsere Identität und unsere Mission an ihn gebunden sind. Wir sagen daher mit Petrus: *„Herr, wohin sollen wir gehen? Du hast Worte des ewigen Lebens.“* (Joh. 6,68) Man kann Jesus leugnen oder an ihn glauben, aber man kommt an ihm nicht vorbei. Und deshalb darf auch unsere Spiritualität die jesuanische Natur des neutestamentlichen Glaubens nicht unterdrücken.

>>>>>>> Jesus wird oft als ein Mann dargestellt, der sehr ernst war. Einer, der ruhig, würdig und tiefgründig daherkam und mit einem ungewöhnlichen Hang zum Leiden ausgestattet war. Natürlich gibt es in der Persönlichkeit Jesu solche Anteile (bei wem von uns ist das denn nicht ab und zu der Fall?); wir haben aber den Eindruck, dass genau dieses eingeschränkte Bild die Ursache für die oft so lebensfeindliche Sicht von Leben, Glauben und Gott ist. Man kann Jesus nämlich auch völlig anders sehen.

>>>>>>> Wir haben zum Beispiel schon erwähnt, dass seine Art von „Heiligkeit“ die „Sünder“ erstaunlicherweise nicht vor den Kopf stieß. Offensichtlich hatte Jesus eine sehr attraktive Spiritualität. Aber er war ja auch nicht der normale nette Christ von Nebenan. Er war eben dafür berüchtigt (ja, das ist das richtige Wort), mit den falschen Leuten rumzuhängen. Während es in den Gemeinden heute meist darauf ankommt, zur richtigen Zeit mit den richtigen Leuten am richtigen Ort zusammen zu sein, war Jesus immer mit den falschen Leuten zur falschen Zeit am falschen Ort – jedenfalls nach Meinung des religiösen

Establishments. Wahrscheinlich müssen wir genau diesen revolutionären und quer denkenden Jesus neu entdecken, wenn wir das extrem nüchterne Bild korrigieren wollen, das wir von unserem Herrn haben. Letztlich brauchen wir ein neues Vor-Bild. Eines, das voller Leben ist, voll mit heiligem Lachen, Liebe zum Dasein, ansteckender Heiligkeit und einem Glauben, der ganz normale Menschen begeistert.

>>>>>>> Diesem Christus „ähnlich zu werden" ist zwar harte Arbeit, es macht aber auch eine Menge Spaß – man tut nämlich das, was Jesus getan hat, und hängt mit lauter interessanten Leuten herum. *„Es ist unser ewiges Ziel, dem Bild von Jesus gleich gestaltet zu werden."* (Römer 8,29) Das muss ein entscheidendes Element unserer Mission in der Welt werden. Jesus zeigt uns, wie wir Mission leben können – darum müssen wir vor allem so werden wie Jesus, wenn es darum geht, Mission und Evangelisation zu verstehen.

Unsere Taten und ihre Bedeutung

Jesus nachzufolgen, bedeutet aber mehr als nur: „Tun, was Jesus tat". Es gibt nämlich eine Verbindung zwischen unserem Handeln und Gottes Plänen mit dieser Welt. Wir wollen hier nicht die uralte Diskussion wieder anfangen, welche Bedeutung unsere Werke nun haben[78], wir Protestanten tun uns aber aus lauter Angst vor der „Werkgerechtigkeit" schon immer schwer damit, eine stimmige Rolle in Gottes Erlösungsplan zu finden. Mit der guten Absicht, Gottes Souveränität nicht anzutasten, haben wir die Bedeutung heruntergespielt, die Gott der Menschheit bei der Erlösung der Welt zuspricht. Wir haben zu lange betont, dass „Gott alles ist" und „wir nichts". Dieser Gedanke ist nicht nur theologisch höchst fragwürdig, weil er dualistisch daherkommt und einen Hang zur Selbstablehnung mitbringt, er hat auch Gott erniedrigt, weil darin die Investition Gottes in die menschliche Freiheit enorm abgewertet wird.

>>>>>>> Im jüdischen Denken spielt die Menschheit eine zentrale Rolle im Leben Gottes. Hegel meinte sogar, die Weltgeschichte sei Gottes Autobiographie. So extrem glauben wir das nicht. Man könnte eher sagen: Die Weltgeschichte ist Gottes Biographie – von Gott und den Menschen geschrieben. Gott gibt die Buchstaben vor, aber die Menschen schreiben den Satz.

>>>>>>> Wichtig ist: Wenn es darum geht, dass die Welt gerettet wird, dann arbeiten Gott und Mensch Hand in Hand. Und diese Erkenntnis verlangt eine völlige Neuorientierung der Missiologie. Gottes Volk bekommt dadurch nämlich einen neuen Sinn, weil alle unsere Taten mit Gott verbunden werden; ja, sie haben in Gottes Augen eine ewige Komponente. Mit allem, was wir im Namen Jesu tun, breiten wir das Reich Gottes aus. Wir leben zwar in einer unerlösten Welt, aber mit jedem Leben, das Gott gehört und seiner Schöpfung dient, fällt ein Same der Erlösung in die Welt.

Zurück zu unseren Wurzeln

Wenn wir die Kirche wirklich revolutionär neu aufbauen wollen, brauchen wir einen Paradigmenwechsel in unserem Denken. Wir müssen die missionarische Urkraft der frühen Kirche wieder entdecken, die sich ganz auf Jesus gründete. Unser Problem ist aber nun mal, dass zwischen diesen ersten Gemeinden und uns zweitausend Jahre „Christentum" liegen, die unsere Wahrnehmungen geprägt haben. Wenn wir neu entdecken wollen, wer Jesus war, wie er seine Sendung lebte und wie er mit Menschen umging, müssen wir die zentrale Person unseres Glaubens ganz neu in den Blick bekommen.

>>>>>>> Wir sind der festen Überzeugung, dass wir eine neue, missionarische Sicht von Kirche und Gemeinde am besten durch ein messianisches Verständnis unserer geistlichen Praxis bekommen. Tatsache ist doch, dass ein Großteil des geistlichen Lebens im Westen aus einer

gewissen Distanz gelebt wurde und wird. Wir haben viel nachgedacht und wenig umgesetzt. Natürlich ist es wichtig, zu reflektieren, und ein gelegentlicher Rückzug in die geistliche Einsamkeit kann sehr bereichernd sein; wir sind aber überzeugt, dass Denken und Kontemplation in einer umfassenderen Spiritualität eingebettet sein müssen, die von Engagement und Aktion geprägt ist. Dabei sollten wir lernen, unser alltägliches Leben und unser Handeln ganz neu als Quelle der Gotteserfahrung wahrzunehmen.

>>>>>>> Um einen solchen messianischen Zugang zu bekommen, müssen wir allerdings tief „graben". In unserer westlichen Tradition ist das Verständnis von Jesus nämlich vom hellenistisch-römischen Denken her geprägt, das vor allem die Ontologie betont. Ontologie ist die philosophische Beschäftigung mit dem „Sein" (ontos). Darum beschäftigt sie sich mehr mit der Metaphysik (dem, was jenseits der sichtbaren Welt liegt) als mit der sichtbaren Realität und ist von Natur aus spekulativ. Eine ontologische Christologie versucht, das „Sein" Jesu zu verstehen und konzentriert sich vor allem auf die Frage, wie sich seine menschliche Natur zur göttlichen verhält. Auch die Präexistenz des „Logos" (Joh. 1) ist hierbei ein wichtiges Thema – das die Bibel aber nur vage andeutet.

>>>>>>> In diesem Kapitel möchten wir die Christologie einmal aus einer anderen Perspektive heraus entwickeln, nicht von außen, sondern von „innen" – weil das für unser Leben und Handeln Konsequenzen hat. Wir sind der Überzeugung, dass man Jesus dann am nächsten kommt, wenn man seine persönliche Geschichte als Jude und Glaubender betrachtet. Schließlich haben auch seine ersten Nachfolger ihn und seine Lehren durch jüdische Augen gesehen. Wir werden uns daher im Folgenden fragen, inwieweit Jesus durch das Judentum definiert wurde und wie sehr wir seine Lehren von dort her verstehen müssen. Wenn es aber stimmt, dass man dem Sohn Gottes am nächsten kommt, wenn man seine jüdischen Wurzeln kennen lernt,

dann müssen wir vielleicht genau diese hebräische Weltanschauung entdecken und verstehen lernen, um eine missionarische Gemeinde entwickeln zu können. Und das wird dann eine Gemeinde sein, die auf Jesus selbst zurückgeht und nicht auf die komplizierten Glaubensbekenntnisse des „Christentums".

>>

Lassen Sie uns zu Beginn dieses Gedankengangs eines noch einmal festhalten: Der geistliche Zustand und die theologischen Traditionen des Westens erschrecken uns. Denn sie haben uns letztlich in spirituelle Armut und missionarische Erfolglosigkeit geführt. Wir haben ja schon deutlich gemacht, dass das Projekt „Christentum" unsere westlichen Kulturen darüber hinaus erfolgreich gegen das eigentliche Evangelium geimpft hat, das uns retten möchte.

>>>>>>> Vielleicht macht das Bild von der Schutzimpfung deutlich, was wir meinen: Wenn Sie zum Arzt gehen und eine Impfung brauchen, bekommen sie eine kleine, abgeschwächte Dosis des Erregers injiziert – nicht genug, um die Krankheit ausbrechen zu lassen, aber genug, um das Immunsystem zur Bildung von Antikörpern zu stimulieren. Ihr Körper kann so die wirklich schädliche Version des Erregers erkennen und erfolgreich bekämpfen. Wir glauben, dass das institutionalisierte „Christentum" genau das in unserer Gesellschaft getan hat.

>>>>>>> Seien wir doch ehrlich: Die Kulturform „Kirche" löste zwar einige Probleme, sie hat aber genauso viele selbst geschaffen. Nach 17 Jahrhunderten „Christentum" im Westen ist es nicht gelungen, den Glauben in der Gesellschaft zu verankern. Und in den Nationen, die sich „christlich" nennen, haben wir den Menschen bestimmt nicht immer eine „Gute Nachricht" gebracht. Ein Blick auf Südafrika, die Südstaaten der USA, die Eroberung Südamerikas oder das „christliche" Europa zeigt, wie viel Unheil Menschen „im Namen des Herrn" über die Welt gebracht haben. Nach all der Zeit ist zum Beispiel Europa

noch immer nicht fähig, Völkermorde zu verhindern. Die Geschichte dieses Kontinents ist von furchtbarem Blutvergießen und unfassbaren Grausamkeiten gekennzeichnet – bis hin zum Holocaust. T.S. Eliot, selbst überzeugter Europäer, hat einmal gesagt: *„Nach zweitausend Jahren Christentum bringen wir mit Giftgas Menschen um.“*

››››››› Wenn wir so etwas sagen, dann bestimmt nicht aus Zynismus. Wir reden nur von der Unruhe, die uns dazu treibt, neuen Boden, neue Wurzeln und eine neue Grundlage für das missionarische Handeln der Christinnen und Christen zu suchen. Diese Unruhe geht so weit, dass wir aus Gründen der Integrität der Welt das überholte kirchliche Denken, das wir für gescheitert halten, nicht mehr länger unterstützen wollen. Wenn dieser Gedanke Sie verletzt, entschuldigen wir uns dafür, aber es war nun einmal das Erschrecken über den Zustand der Kirche, der uns in Bewegung gesetzt und uns aus verschiedenen Gründen zur hebräischen spirituellen Tradition geführt hat.

››››››› Alan ist selbst Jude, einer, der bei Jesus Erlösung gefunden hat. Für ihn war es deshalb ganz natürlich, in den jüdischen Wurzeln Jesu nach dem Geheimnis messianischer Spiritualität zu suchen – eine Art Heimweg, der bisweilen einsam, aber voller Freude war und eine tiefe Liebe zu Gott in ihm wachsen ließ. Diese geistliche Reise hat sein Leben bereichert und seine Erfahrung und seinen Blick auf Jesus vertieft. Er hat auch die Gabe, die Gott der Welt durch das jüdische Volk gemacht hat, ganz neu schätzen gelernt.

››››››› Michael, der als Katholik aufwuchs, begann seine geistliche Reise mit dem Ansatz der Benediktiner, das Heilige im Alltäglichen zu finden – was zu seinem ersten Buch führte, „Seeing God in the Ordinary“ (Gott im Alltäglichen finden). Im weiteren Verlauf seiner Reise begegnete er aber auch den Werken von Martin Buber und Abraham Heschel, in denen er eine Weltsicht kennen lernte, die sowohl einfacher als auch höher entwickelt war als die der Benediktiner – nämlich die der Hebräer. Es war für uns beide eine Überraschung, als wir entdeckten, dass das Judentum, wie es sich bei Buber, Heschel, Elie Wiesel und den Rabbinen des frühen Chassidismus findet, eine erstaunlich reiche Tradition enthält. Vor allem ist es in vieler Hinsicht näher an den Lehren der Schrift (auch des Neuen Testaments) als das „Christentum“, von dem es so oft verfolgt worden ist.

Messianische Spiritualität entdecken

Der geistliche Gleichklang von Judentum und jesuanischer Spiritualität ist eigentlich gar nicht verwunderlich, schließlich ist das jüdische Erbe das Fundament, auf dem das Christentum entstand und von dem her es am Besten erklärt werden kann. Wenn man die Texte des Lukas einmal ausklammert, kann man getrost sagen: Das Neue Testament wurde von Juden geschrieben. Darum ist der „genetische Code“ des biblischen Christentums (Denken, Logik und Geist) durch und durch hebräisch.

>>>>>>> Wir wissen natürlich, dass das Kommen des Messias und die Entstehung des Christentums die jüdische Tradition grundlegend neu definierten: Das messianische Element des christlichen Glaubens zentrierte die bislang theozentrische Natur des Judaismus auf Jesu hin. Wenn Jesus der gesalbte Bote Gottes ist, also die Erfüllung von Israels Schicksal, dann hat er auch das Recht, diese Kultur auf die Weltmission auszurichten, die das Herzstück seiner Berufung ist. Doch auch wenn das frühe Christentum seine jüdischen Wurzeln an vielen Stellen anders interpretierte, arbeitete es weiter mit den hebräischen Denkstrukturen und religiösen Mustern. Es fand sozusagen eine Neudefinition „innerhalb der Familie“[79] statt.

>>>>>>> Die späteren Probleme des westlichen „Christentums“ haben letztlich alle damit zu tun, dass sich das Christentum immer weiter von seinem Heimatland entfernte und dabei zunehmend in der hellenistisch-römischen Kultur verwurzelte. Selbstverständlich brachte es

auch viele Vorteile mit sich, dass das Evangelium im römischen Reich Wurzeln schlug, aber eine der verhängnisvollsten Folgen war eben die Abkehr von der ursprünglichen hebräischen Weltanschauung der Bibel. Je weiter sich das Christentum geographisch von Israel und politisch-sozial vom Judentum entfernte, desto mehr versuchte es auch, sich von seinen Wurzeln abzugrenzen – bis hin zum Antisemitismus. Diese innere Entfremdung war ein tragischer historischer Fehler, weil das ursprüngliche Verständnis des biblischen Glaubens nur aus dem hebräischen Denken heraus entfaltet werden kann.

>>>>>>> Stattdessen wurden grundlegende biblische Wahrheiten ersetzt: im besten Fall durch eine synkretistische, hebräisch-hellenistische Ideenmischung, im schlimmsten Fall durch eine klare Verwerfung des hebräischen zu Gunsten des griechischen Denkens (wie es etwa bei Marcion passierte[80]).

>>>>>>> Die Abkehr von der hebräischen Kultur, die dem neutestamentlichen Glauben ursprünglich Sinn und Energie gab, hat das kirchliche Verständnis von Gott, Jesus, seinem Volk, der Mission und der Ethik stark beeinflusst und dazu geführt, dass wir heute in der Kirche oftmals mit unbiblischen, ja, manchmal sogar mit heidnischen Vorstellungen und Ansichten leben. Und weil diese „Infektion" eher unbewusst stattfand (durch die Übernahme fremder Bräuche, Denkvorstellungen und Grundüberzeugungen), war sie besonders verhängnisvoll.

>>>>>>> Bevor wir diesen Gedankengang weiterführen, möchten wir klarstellen, dass viele der griechisch-philosophischen Ansichten über das Leben und das Sein natürlich unser Verständnis des Glaubens sehr bereichert haben – mit Einsichten, die aus der hebräischen Sicht der Welt gar nicht kommen konnten. Darin wird noch einmal deutlich, dass jede Nation und Kultur ein Stück Wahrheit verwaltet und etwas zur Auslegung der Bibel beizutragen hat. Wir wollen hier aber darauf hinweisen, dass die griechische Betrachtungsweise, die heute unsere

Theologie bestimmt, nicht die ursprüngliche war und die hebräische Kultur derart verdrängte, dass es zu einer Verzerrung der Wahrheit kam. Und genau diese Verzerrung brachte die zukünftige Kirche auf einen falschen theologischen Kurs.

>>

Um das wesentliche missionarische Paradigma einer Kirche der Zukunft zu verstehen, ist es wichtig, den grundlegenden Unterschied zwischen Jerusalem und Athen zu kennen. Natürlich gibt es da viele Unterschiede, sie lassen sich aber alle in zwei Kategorien zusammenfassen: Auf der einen Seite haben wir ein sehr konkretes und geschichtliches Denken, auf der anderen Seite eine intellektuelle und theoretische Weltanschauung. Sprich: Das hellenistische Denken ist eher spekulativer Natur, das hebräische dagegen sehr praktisch.

>>>>>>> Schon eine flüchtige Betrachtung der frühen griechischen Theologen und Philosophen verrät die Grundzüge des hellenistischen Denkens: Da geht es viel um die Natur des Seins selbst, die metaphysische Grundlage der Existenz, das Wesen des Geistes und der Substanz, um Fortschritt und so weiter. Interessant für uns ist dabei vor allem die Feststellung, dass diese Art reflektierender und deduktiver (also: logisch aufeinander aufbauender) Sprache in der Heiligen Schrift praktisch völlig fehlt. Wir finden in der Bibel keine Stelle, die einer philosophischen Diskussion über Ontologie auch nur annähernd nahe käme.[81] Ein wenig in diese Richtung geht höchstens der Prolog des Johannesevangeliums in seiner Darstellung des Logos.

>>>>>>> Wenn wir über Monotheismus nachdenken, werden wir auf dieses Thema noch einmal zurückkommen; hier wollen wir nur aufzeigen, wie sehr die junge Kirche von den philosophischen Diskussionen des Hellenismus verändert, ja, vergiftet wurde. Dass die frühen Christen von diesem Denken fasziniert waren, sieht man an den Glaubensbekenntnissen. Alle frühen Glaubensbekenntnisse beschäftigen sich mit der Natur Gottes „an sich" und dem Verhältnis zwischen den

drei Erscheinungsweisen Gottes (Vater, Sohn, Heiliger Geist). Das war gut und schön, aber warum finden wir in den Bekenntnissen eigentlich nichts über Ethik, Jüngerschaft, das Leben, die Liebe Gottes oder die Mission – nichts von all den Themen, um die es der Bibel eigentlich geht. Das, was der Bibel und Jesus wichtig ist, kommt in unseren Bekenntnissen einfach nicht vor. Auch hier gilt: Wir glauben an die grundlegenden Wahrheiten der Glaubensbekenntnisse. Wir wollen nur aufzeigen, dass sie in eine bestimmte Richtung verbogen sind und dass diese Verbiegung bis zum heutigen Tag anhält.

›››››› Die Glaubensbekenntnisse konzentrieren sich vor allem auf Lehren über Gott und Christus. Selbst die Kirche wird nur am Rand erwähnt. Und da, wo die Bekenntnisse die Christologie definieren wollen, reden sie nicht etwa von dem revolutionären und subversiven Jesus, sondern spekulieren über seine göttlich-menschliche Natur. Der Fokus liegt hier also auf einer sehr intellektuellen Theologie, die grundlegende Sätze und Gedanken der Bibel nimmt und sie in ein systematisch und philosophisch logisches Gesamtgefüge einbindet. Zum Beispiel nahmen die lateinischen und griechischen Theologen bei der Erarbeitung der „Lehre von der Dreieinigkeit" einige einfache Sätze der Bibel – die meist eher geheimnisvolle Andeutungen auf eine Art verbundene Dreifaltigkeit in Gottes Natur waren – und bastelten daraus eine logisch stimmige, systematische Lehre. Das alles war so klug, dass sie irgendwann sogar anfingen, Details der Beziehungen zwischen Vater, Sohn und Heiligem Geist zu definieren, die sich aus der Bibel ganz gewiss nicht herleiten lassen. Zum Beispiel: dass die eine Wesenheit die anderen durchdringt, ohne ihre besondere Identität zu verlieren; dass der Sohn genauso ewig ist wie der Vater, aber zugleich in Ewigkeit vom Vater ausgeht, und dass der Heilige Geist ewig vom Sohn ausgeht.[82] Und so weiter.

›››››› Sie verstehen bestimmt, was wir deutlich machen möchten, und dass es uns nicht darum geht, die Dreieinigkeit abzulehnen. Gott bewahre. Wir möchten einfach festhalten, dass alles, was wir über das ewige dreieinige Wesen Gottes sagen, mit einem Gespür für das darin wohnende Geheimnis und mit einer gewissen Demut formuliert werden muss. Weil wir einfach zu wenig Information darüber haben – und weil das Thema zu groß ist, um es als Mensch jemals ganz erfassen zu können. Philip Yancey sagt in seinem bemerkenswerten Buch „The Jesus I never knew“: *„In der Kirche bekennen wir Jesus mit Formeln wie ‚eingeborener Sohn Gottes, vom Vater vor Beginn der Welt gezeugt, wahrer Gott vom wahren Gott‘. Aber diese Glaubensbekenntnisse sind Lichtjahre von den Berichten der Evangelien entfernt. Die erzählen nämlich von einem Jesus, der in einer jüdischen Familie im Bauerndorf Nazareth aufwuchs.“*[83] Wir sind der Überzeugung: Als die Kirche begann, diese dogmatischen Lehren zu entwickeln, verlor sie den Blick für die geschichtlichen und praktischen Konsequenzen des Glaubens. Die Mission und die Jüngerschaft wurden zu Randerscheinungen einer Wissenschaft, die sich mit theologischen Richtigkeiten befasste. Die Orthopraxie wich der Orthodoxie (Richtiges Denken wurde wichtiger als richtiges Handeln).

>>>>>>> Tatsache ist nun mal, dass wir nirgendwo in der Bibel eine ontologische Diskussion des Begriffs „Gott“ finden, geschweige denn eine Diskussion über die Verhältnisse der drei Wesensformen Gottes zueinander. Deshalb hinterfragen wir sehr entschieden die übertrieben theoretische Natur der hellenistischen Weltsicht, die dazu geführt hat, dass es Jahrhunderte lang in der Kirche zu endlosen Debatten und Konzilien kam, in denen nur noch über Differenzen in der jeweiligen Lehrmeinung gestritten wurde.

>>>>>>> Noch interessanter ist übrigens, dass kein Glaubensbekenntnis etwas über das Thema „Lebensgestaltung“ sagt, während die Bibel davon gar nicht genug reden kann. Orthopraxie glaubt, dass ein „richtiges“ Leben dazu führt, dass wir auch richtig denken lernen. Darum reden die Briefe des Paulus ja andauernd vom gerechten Leben des

Christen, in dem die christliche Theologie erkennbar werden soll. Das Gegenteil nennt man eben Orthodoxie – die Vorstellung, dass ein verändertes Denken auch den Lebensstil eines Menschen ändern wird. Leider gibt es zu viele Beispiele dafür, dass das nicht einfach so funktioniert. Viele große Theologen haben „richtige" Lehren formuliert, während ihr Leben das überhaupt nicht widergespiegelt hat.

>>>>>>> Die Tendenz zur Orthodoxie finden wir in fast allen christlichen Seminaren, überall auf der Welt. Die Köpfe der Studenten werden jahrelang mit logischen Wahrheiten gefüllt – und dann werden die geschulten Denker direkt zum praktischen Dienst in die Gemeinden geschickt; und wundern sich, wie wenig sie dort mit all ihrem Wissen anfangen können. Zum Glück machen viele Ausbildungsstätten inzwischen einen Schritt in die richtige Richtung, indem sie ein Praktikum oder ein Vikariat in die Ausbildung integrieren. Denn eines ist klar: Je mehr in einem Studium für eine Balance zwischen Orthodoxie und Orthopraxie gesorgt wird, desto biblischer wird es. Wir müssen weg von der „Erklärungskultur" und wieder hin zu einem Gefühl für die letzte Bedeutung unserer Taten, wenn wir eine missionarisch-inkarnierende Gemeinde werden wollen.

Die Geschichte als Träger der Offenbarung in der Bibel

Ein zweites Kennzeichen der hebräischen Weltsicht ist ihr Bewusstsein für die Bedeutung der Zeit. Die hebräische Bibel geht als erste (und möglicherweise einzige) geistliche Schrift davon aus, dass die Geschichte die wichtigste Quelle der Offenbarung Gottes und seines Willens ist. Das klingt auf den ersten Blick vielleicht nicht besonders aufregend, aber gerade dieser Aspekt des Judentums eröffnet uns ganz neue Perspektiven für unser missionarisches Selbstverständnis.

>>>>>>> Jeder Blick in die Geschichte mit all ihren Kriegen, Liebesgeschichten, Ehebrüchen, Höhen und Tiefen zeigt, dass das Dasein ein

echtes Chaos ist. C.S. Lewis nannte das Leben, wie wir es kennen, einen *„erstaunlichen Katarakt von Bären, Babys und Bananen; diese gefräßige Flut von Atomen, Orchideen, Orangen, Krebs, Kanarienvögeln, Fliegen, Gasen, Tornados und Kröten"* – und genau diesen Ort hat Gott für seine Selbstoffenbarung gewählt. Wenn die Bibel sagt, dass Gott die Geschichte benutzt, um sich uns vorzustellen, dann weist sie darauf hin, dass er genau in dieser *„gefräßigen Flut"* zu finden ist. Gott hat mit dem Chaos zu tun, und gerade das Durcheinander kann zu einer Offenbarung werden.

›››››› Wenn man die Bibel liest, merkt man schnell, dass ihre „Heiligen" ganz reale Leute sind, Menschen, die sündigen und beten, lieben und hassen. Sie können unglaublich engstirnig sein, sie täuschen sich und haben Angst. Trotzdem gebraucht Gott sie als Werkzeuge seiner Offenbarung für eine verlorene Menschheit. Das sollte uns Hoffnung machen, weil unser eigenes Leben ja gar nicht so viel anders ist. Und der großartigste Ausdruck dieses „Gott-lebt-im-Durcheinander" ist nun einmal die Inkarnation, in der er in Gestalt eines jüdischen Handwerkers zu uns kam: Dieser Handwerker hatte genau die gleichen Körperfunktionen wie wir. Er aß und weinte und feierte wie jeder andere Mensch. Der Schöpfer des Universums landete bei uns, und keiner hatte eine Ahnung, dass Gott plötzlich als Mensch in der Nachbarschaft wohnte. Durch die Inkarnation wurde die Menschheit nicht nur geadelt, wir wurden durch das Leben Jesu im staubigen Alltag Judäas vor 2000 Jahren auch erlöst.

›››››› Die Menschlichkeit Jesu war für die Hellenisten vor allem deshalb ein Problem, weil sie davon ausgingen, dass Materie und Geist grundsätzlich Gegensätze sind. Teil dieser Weltanschauung war der Gedanke, dass der Geist gut ist, während die Materie dem Geist widersteht und böse sein muss. Darum gab es in der hellenistischen Philosophie zwei große Tendenzen: Man wollte einerseits, dass Gott mit der „schmutzigen" Geschichte der Welt – mit Tod und Zerstörung,

Erotik und Hass – möglichst wenig zu tun hat, und man fing an, den Menschen als Geschöpf Gottes schlecht zu machen. Schließlich gehört er zur Materie.

>>>>>>> In die frühe Kirche (um 300 nach Christus) drang der Dualismus auf ganz unterschiedliche Art und Weise ein. Marcion etwa, den wir schon erwähnt haben, hielt den Gott des Alten Testaments für einen bösen „Demiurgen" oder höchstens einen untergeordneten Gott, der am Anfang die Materie schuf. Darum lehnte Marcion das Alte Testament ab. Er sah darin die Grundlage für eine Religion des Bösen. Darüber hinaus begann er, alle Elemente des Neuen Testaments zu streichen, in denen er hebräische Einflüsse entdeckte. In seinem „Kanon" blieben am Ende nur einige Schriften des Paulus und das Lukasevangelium übrig. Zum Glück lehnte die Kirche diese Lehre strikt ab – auch wenn Marcion eine große Anhängerschar hatte.

>>>>>>> Ein anderer Angriffspunkt für den Dualismus wurde die Frage, ob Jesus wirklich oder nur scheinbar ein Mensch war, weil viele Denker den guten Geist Gottes nicht mit echtem irdischem Dasein verbunden sehen wollten. Deshalb verkündeten sie, Jesus hätte nur ausgesehen wie ein Mensch. Diese Lehre wurde Doketismus genannt (vom griechischen Wort für „so scheinen als ob"). Auch diese Lehre wurde von der Kirche abgelehnt, da ja sonst das Erlösungswerk durch das Leben und Sterben Jesu nicht möglich gewesen wäre.

>>>>>>> Heute finden wir solche Irrlehren wahrscheinlich seltsam, sie haben sich aber in verschiedenen Formen einen Platz im Christentum bewahrt. Sowohl marcionitische als auch doketistische Ideen finden wir bei Theologen und im Gemeindealltag überall. So haben beispielsweise viele Christen noch immer Probleme mit der Menschlichkeit Jesu. Für sie war Jesus ein Über-Mensch, und sie können sich nicht vorstellen, dass er täglich aufs Klo musste oder auch einmal sexuell erregt war. Übrig bleibt dann ein Jesus, der zehn Zentimeter über dem Boden schwebt und sich die Hände an der „normalen" Menschheit

nicht schmutzig macht. Und das ist ein ganz anderer Jesus als der, von dem uns die Bibel erzählt.

>>>>>>> Vor kurzem hatten wir ein Gespräch mit einem Pfarrer, der Anhänger der Befreiungstheologie ist. Natürlich ist er unglaublich fasziniert von der Befreiung der israelitischen Sklaven aus Ägypten, von der im 2. Buch Mose berichtet wird. Dabei betonte er mehrfach, dass das ja alles eine große Metapher sei, weil er sich nicht vorstellen konnte oder wollte, dass Gott etwas mit dem Tod von Tausenden von Ägyptern und mit der gewaltsamen Eroberung und Besiedlung von Kanaan zu tun haben könnte. Für ihn war die Geschichte ein Bild für den zeitlosen Gedanken der Befreiung. Nur: Wenn man den historischen Hintergrund der Bibel völlig ausblendet, dann wird der Auszug aus Ägypten ein blutleeres Geschehen, das nur noch davon redet, dass alle Menschen von politischer Unterdrückung befreit werden sollen. Eine derartige Ent-Historisierung des Glaubens führt letztlich zu den gleichen Irrtümern, die wir bei Marcion und den Doketisten beobachtet haben. Und man muss schon fragen: Wo liegen die Grenzen? Nach welchen Kriterien wird entschieden, ob ein Ereignis historisch ist oder nicht? Vor allem aber: Wenn wir uns so sehr bemühen, den Namen Gottes von allen unschönen Dingen fern zu halten, halten wir uns dann nicht letztlich selbst von ihm fern?

>>>>>>> Wenn wir Menschen der Bibel sein wollen, müssen wir daran festhalten, dass Gott bei uns ist und es immer war. Er hat keine Angst, sich die Hände im Chaos der menschlichen Freiheit schmutzig zu machen und gebraucht sogar Kriege für seine Zwecke. Die Weltanschauung des hebräischen Glaubens geht davon aus, dass die Geschichte ein Vehikel der Offenbarung ist und dass Gott ganz normale Leute braucht, um sein Reich in dieser Welt zu gestalten.

>>>>>>> Was hat das mit der Mission und dem Entstehen einer missionarisch-inkarnierenden Gemeinde zu tun? Alles. Denn die Geschichte ist und bleibt der Ort, an dem wir das Reich Gottes voranbringen sol-

len. Mittendrin – und nicht als separierte Institution. Wenn wir damit rechnen, dass Gott in den Slums von Indien am Werk ist, dann sollten wir dort sein. Wenn Gott nicht davor zurückschreckt, Heilung in die Kriegsschauplätze von Ruanda zu bringen, dann sollten auch wir das nicht tun. Wenn Gott sich ins Chaos der Geschichte einmischt und sich nicht davor drückt, sich ganz auf unsere menschlichen Sorgen einzulassen, dann sollten auch wir ebenso handeln.

Die Erlösung des Alltäglichen

Eine der großen Stärken des jüdischen Volkes war von jeher seine Liebe zum Leben. „L'chaim" (aufs Leben) ist der markante Wahlspruch dieses alten Stammes. Woher hatte es all die Jahrhunderte seine erstaunliche kulturelle Vitalität und seinen optimistischen, lebensbejahenden und lebendigen Glauben – auch in Zeiten, die so schrecklich waren, dass sie viele andere Kulturen zerstört hätten? Wir sind der festen Überzeugung, dass das etwas mit dem jüdischen Mystizismus und seiner Sicht von Gott und der Welt zu tun hat.

>>>>>>> Zu Beginn dieses Kapitels haben wir vor allem einige hellenistische Denkmuster kritisiert, die sich im Christentum gehalten und zu einem missionarischen Notstand der Kirche im Westen geführt haben. Jetzt wollen wir versuchen, aus der positiven Weltsicht des hebräischen Denkens eine missionarische Perspektive zu entwickeln. Wir laden unsere Leserinnen und Leser daher ein, Glaubenseinsichten des Judentums kennen zu lernen, aus denen heraus man ein ganz neues Verständnis und eine veränderte Praxis der Mission entwickeln kann. Wir sind sogar überzeugt, dass wir Gott dadurch tiefer und leidenschaftlicher erleben und zu einem lebendigeren und missionarisch ansteckenden Glauben kommen. Wir wollen versuchen, die Bedeutung der hebräischen Denkweise für die aufkommende missionarische Gemeinde an sieben markanten Kennzeichen deutlich zu machen.

1. Die Erlösung des Vergnügens

In ihrer konsequenten Form unterdrücken und verleugnen das dualistische Denken und damit auch die dualistische Religion die Materie und verachten darum den Körper. Und natürlich wird dann auch das Vergnügen als böse, zerstörerisch und „teuflisch" angesehen. Man will und kann den Genuss einfach nicht mit Gott in Verbindung bringen. Wohin das geführt hat, sieht man an den Problemen, die viele Kirchen noch immer haben, wenn es um Sexualität, Essen, Tanzen oder Ausgelassenheit geht.

>>>>>>> Wird sind überzeugt, dass die vom Dualismus gespeiste asketische Sicht des Daseins gerade heute viele Menschen dem christlichen Glauben entfremdet – weil sie es unmöglich macht, den Körper und die Sinne in die Gotteserfahrung zu integrieren: *„Christen, das sind die, die an nichts Spaß haben dürfen."* Wahrscheinlich ahnen wir nicht einmal, welchen Schaden diese falsche und völlig unbiblische Unterdrückung des Genusses bei vielen Noch-nicht-Christen anrichtet. Darum ist es so wichtig, auch das Vergnügen als missionarische Möglichkeit zu entdecken! Können Menschen Gott mit Hilfe ihrer sinnlichen Erfahrungen und aus lauter Liebe zum Leben finden? Natürlich! Und wenn die Kirche es nicht schafft, hier eine Brücke zu bauen, wird sie in unserer postmodernen Welt keinen echten Einfluss haben.[84] Den Grundstein für eine solche missionarische Brücke gibt uns die hebräische Tradition mit ihrer umfassenden Bejahung des Lebens.

>>>>>>> Eine üble Folge der Abkehr von allen Vergnügungen ist übrigens die Tendenz vieler Menschen, den Glauben über die Dinge zu definieren, die man nicht tun darf. Ein Nicht-Kirchgänger bekommt dadurch den Eindruck, dass die Kirche das Leben unterdrückt. Sie zieht allzu oft die Unterscheidungslinie zwischen Christen und Distanzierten beim sündigen Vergnügen und damit genau am falschen Ort. Tatsache ist jedenfalls, dass das Christentum für viele heute ein Synonym für die Leugnung des Vergnügens und die Verneinung des Lebens

geworden ist. Wie viel Schaden hat das durch die Jahrhunderte der Sache Christi zugefügt?

>>>>>>> Vor einigen Jahren sprach Alan bei einer Trauung darüber, dass Gott den Orgasmus erfunden habe. Er schloss seine Predigt mit der Einladung, diesen Gott kennen zu lernen, der den sexuellen Höhepunkt schuf. Die meisten der anwesenden Christen hatten wahrscheinlich noch nie die Worte „Gott" und „Orgasmus" im gleichen Satz gehört. Aber für die Noch-nicht-christlichen Hochzeitsgäste war diese Verbindung noch verblüffender. In einer Diskussion fragte jemand nachher: *„Meinen Sie wirklich, dass der Gott der Kirche einst all die Vergnügen der Menschheit geschaffen hat? Kann das sein?"* Und seien wir ehrlich: Einem solchen Gott möchten viele Menschen gern begegnen.

>>>>>>> Filme wie „Babettes Fest" oder „Chocolat" zeigen, wie viel Kraft zur Befreiung und zur Versöhnung im Vergnügen liegt. Es ist daher auch sicher kein Zufall, dass sowohl der Alte als auch der Neue Bund mit einer üppigen Mahlzeit und mit Wein besiegelt wurden. Lust motiviert viel mehr für Gott als Schmerz oder Drohungen. Natürlich gibt es unerlöstes oder zielloses Vergnügen, das Leben und Menschen kaputt macht. Aber das gilt für Christen wie für Noch-nicht-Christen. Darum sind wir der festen Überzeugung, dass Missionare lernen sollten, wie wichtig es ist, Menschen dort anzusprechen, wo sie das Leben genießen und von ihren Sehnsüchten motiviert werden. Denn wenn es uns gelingt, das Vergnügen zu Gott in Beziehung zu setzen, bauen wir wichtige Brücken ins Leben.

>>>>>>> Das Christentum hat es nicht wirklich geschafft, das Vergnügen zu integrieren, die spätjüdische Mystik erlaubt es zur Ehre Gottes gern. Kein Wunder: Die Bibel lehrt ja sehr deutlich, dass Gott nicht nur den Orgasmus, die Geschmacksknospen, die Gewürze und den Knoblauch schuf, sondern dass wir all das – innerhalb der liebevollen Grenzen, die er genauso offenbart – aus ganzem Herzen genießen sollen. Angeblich hat einmal ein alter Rabbi gesagt: *„Eines Tages werden wir*

vor Gott stehen, und dann wird er uns für all die möglichen Vergnügungen richten, die er uns zum Genießen gab, die wir aber nicht genossen haben."

2. Die Verbindung zwischen Himmel und Erde

Das hebräische Wort „Torah" wird traditionell mit „Gesetz" übersetzt, worunter wir eine Reihe von Regeln oder gesetzlichen Vorschriften verstehen. Diese Übersetzung ist aber irreführend, weil es in der Torah gar nicht um einen Katalog von starren Gesetzen geht.[85] Eine bessere Übersetzung wäre deshalb „Anweisung". Die Torah versteht sich als Orientierungskurs für all diejenigen, die auf Gottes Wegen wandeln möchten, sie ist das Trainingsprogramm, das Israel brauchte, um seinen Bundesgott kennen zu lernen. Die Anweisungen dienen also zuallererst dazu, die menschlichen Kräfte und Möglichkeiten auf das Ziel der Erlösung auszurichten.

>>>>>>> Wenn man die fünf Bücher Mose liest, wird man schnell entdecken, dass darin nicht formallogisch argumentiert wird. Da geht es in einem Vers um den Gottesdienst im Tempel, im nächsten um die Frage, was zu tun ist, wenn der Esel in den Brunnen fällt, der nächste beschäftigt sich vielleicht mit dem Schimmel in der Küche und der übernächste mit der Menstruation der Frau. Irgendwie fehlen hier scheinbar die richtige Reihenfolge und die logische Ordnung, die wir von einem Gesetzestext erwarten würden. Woran liegt das?

>>>>>>> Wir sind der festen Überzeugung, dass der Darstellung der Torah tatsächlich eine ganz eigene Logik zu Grunde liegt, eine Logik, die versucht, alle Aspekte des Lebens zu Gott in Beziehung zu setzen. Darum ist für Gott alles gleich wichtig: Arbeit, Haushalt, Gesundheit, Gottesdienst. Er kümmert sich um jeden Aspekt unseres Lebens. Nicht einmal der Schimmel auf dem Essen ist unwichtig. In der westlichen Tradition weisen wir der „Religion" gerne ihren eigenen Bereich zu,

während das hebräische Denken die „religiöse" Existenz überall im Leben verankert. Darum gibt es in der hebräischen Weltsicht auch keinen Unterschied zwischen „weltlich" und „heilig". Alles ist heilig, wenn es in Verbindung mit dem lebendigen Gott gelebt wird. Das hebräische Denken sieht in jedem Aspekt unseres Daseins eine Spur der ewigen Absichten Gottes – das ist die Logik der Torah.

>>>>>>> Der Torah folgen bedeutet, dass der Einzelne und die Gemeinschaft ihr Leben in allem vom Glauben bestimmen lassen. Man akzeptiert, dass jedes Ding etwas mit Gott und Gott etwas mit allen Dingen zu tun hat. Daher käme kein Jude auf die Idee, Gott sei eine körperlose geistliche Dimension, die im Alltag keine Rolle spielt. Weil Gott aber überall im Leben präsent ist, verstehen wir auch, warum Juden das Leben lieben.

>>>>>>> Es geht in der Bibel also nicht um die karikierte Form des „Gesetzes", die in christlichen Kreisen gang und gäbe ist[86], und wir sollten anerkennen, dass die Torah einen Versuch darstellt, Gott mit dem konkreten Leben zu verbinden – etwas, das wir weitgehend versäumt haben.

3. Der praktische Monotheismus

Unter dem Einfluss des intellektuellen und abstrakten hellenistischen Geistes ist im Christentum selbst die biblische Lehre von der Einheit Gottes zu einer philosophischen Spekulation geworden. Dabei sind Texte wie Dt. 6,4 – „Höre, Israel, Gott ist allein der Herr" – nicht einfach eine Beschreibung Gottes in seinem ewigen Sein, sondern sehr viel konkreter und praktischer gemeint. Das „Shema" (so heißt dieser Text) manifestiert den Anspruch Gottes gegenüber den vielen anderen Göttern in der damals polytheistischen Umwelt. Es ist also ein Aufruf zur Loyalität und nicht eine theologische Feststellung im Rahmen des so genannten „ethischen Monotheismus".[87] Der Text ist ein

Aufruf an die Israeliten, ihr Leben Gott ganz anzuvertrauen und nicht unter der Tyrannei der vielen Götter zu leben. Mit anderen Worten: Es geht darum, nicht so zu leben, als gäbe es unterschiedliche Götter für jeden Lebensbereich – einen fürs Feld, einen für den Fluss, einen für die Fruchtbarkeit und einen für die Sonne.

>>>>>>> Das Judentum bekennt laut, dass es einen Gott gibt, der Herr über jeden Aspekt des Lebens ist. Hier wird wieder die konkrete und praktische Natur des hebräischen Denkens sichtbar. Polytheisten können ihr Leben aufsplitten und es unter vielen verschiedenen Mächten aufteilen. Maurice Friedman hingegen sagt richtig: *„Der gläubige Mann in Israel unterscheidet sich von den ‚Heiden' nicht dadurch, dass sein Gott rein geistiger Natur ist, sondern dadurch, dass er der alleinige Gott ist und alle Dinge auf ihn bezogen werden."*[88] Monotheisten haben nur einen Bezugspunkt. Das ist die biblische Denkweise – konkret und praktisch, nicht theoretisch oder spekulativ. Die Konsequenzen dieses Glaubens reichen weit, nicht nur in der Theologie, sondern auch in der praktischen Missiologie. Eine Re-Hebräisierung des Christentums ist darum für die Entstehung einer missionarisch-inkarnierenden Kirche lebenswichtig.

>>>>>>> Auch für uns und unsere Suche nach einem Fundament für die Jüngerschaft hat der Anspruch, dass Gott allein unser Bezugspunkt sein soll, radikale Konsequenzen. Biblischer Monotheismus heißt nämlich auch, dass wir nicht so tun können, als gäbe es einen „Gott" für die Kirche, einen für die Politik und einen anderen für die Wirtschaft oder das Privatleben. Das ganze Leben – jeder Aspekt, jede Dimension – soll auf Gott bezogen sein. So gesehen ist das Shema ein Anspruch von Gottes Exklusivität und eine direkte Anfrage Gottes an die Rolle von Götzen und Idolen im Leben der Menschen.

>>>>>>> Wenn man diese radikale Lehre als Christ anwendet, dann vereinigen sich alle Dimensionen des Daseins in Jesus und sie „befreit" Gott aus seinem Gefängnis hinter den bunten Kirchenfenstern. Sie

beseitigt vor allem ein für alle Mal die zutiefst unbiblische (hellenistische) Trennung zwischen heilig und weltlich, die so typisch für das Denken der Christenheit ist. Sie befreit uns, das Leben als göttliche Einladung, Arbeit als Mission und Vergnügen als Anbetung zu verstehen: Wenn die gesamte Existenz auf Gott bezogen ist, dann wird das Leben selbst zu einer Quelle der Anbetung, die Kraft ausstrahlt.

4. Die Herrlichkeit Gottes

Eines der wunderbarsten Elemente des jüdischen Mystizismus ist die rabbinische Lehre von der „Schechina" (der Herrlichkeit Gottes). In der spielerischen Art der jüdischen Theologie nimmt die Schechina gern eine Persönlichkeit an – normalerweise die Gestalt einer Frau – und wird sinnbildlich als Gottes Ehefrau dargestellt. Allerdings lebt sie im Exil, weil Gott und seine Herrlichkeit durch den Sündenfall tragisch getrennt wurden. Die Trennung geschah bei einem kosmischen Zusammenstoß, bei dem Gottes Herrlichkeit in Milliarden von Teilen zersprang und sich auf die ganze geschaffene Materie ergoss. Das heißt: Die heiligen Funken sind jetzt in allen Dingen eingeschlossen. Selbst das Allerniedrigste hat einen heiligen Funken in sich.

>>>>>> Das Schöne an dieser Lehre ist der Gedanke, dass unsere heiligen Taten – das heißt: alle Aktionen, die in heiliger Absicht geschehen und auf Gott ausgerichtet sind – diesen Funken befreien und es der Schechina erlauben, zurück zu ihrem Ehemann zu reisen. Gott und seine Herrlichkeit werden also wieder vereinigt, wenn Menschen in Heiligkeit handeln. Martin Buber sagt: *„Die Schechina ist in die Verborgenheit verbannt; sie liegt gebunden auf dem Grund aller Dinge und wird in jedem Ding durch den Menschen erlöst, der durch eine eigene Vision oder Tat die Seele der Sache freisetzt."*[89] Der Nobelpreisträger Isaac Singer, der wunderbare Romane über verschiedene Aspekte des jüdischen Mystizismus geschrieben hat, sagte: *„Wenn der Mensch*

Tugend wählt, stärkt er alle Dimensionen des Lebens. Engel sehnen sich nach einem Menschen, der gute Taten tut, denn das bringt der ganzen Welt Freude und Kraft. Eine gute Tat hilft Gott und der göttlichen Gegenwart, eins zu werden. Eine Sünde, auf der anderen Seite, bringt der ganzen Welt Finsternis.“[90]

>>>>>>> Diese Lehren soll man nicht wörtlich nehmen oder als heilig ansehen (das tun die meisten Rabbiner auch nicht!), aber sie helfen uns, den Auftrag des Volkes Gottes in der Welt zu verstehen. Wenn wir befreiend und Gott hingegeben handeln, entfachen wir etwas von dem Schöpfungszweck, der in allen Dingen verborgen liegt – wir setzen Gottes Herrlichkeit frei. Und wenn wir das tun, ehren wir Gott. Wieder betont hier der jüdische Mystizismus die Treue zum Leben in seiner ganzen Fülle – und genau das fehlt in den Worten und Taten der Christenheit so oft. Im Judentum haben alle Dinge Elemente des Heiligen in sich und müssen geachtet werden – Menschen, Tiere, die Umwelt, sogar die Technik. Der Gründer des Chassidismus, Rabbi Israel Bar Shem Tov, sagte deshalb: „*Man soll sogar mit seinen Werkzeugen und seinem ganzen Besitz Erbarmen haben, denn man soll auf den heiligen Funken achten.*“[91]

>>>>>>> Es gibt dazu die schöne Geschichte des Rabbi Jakob, der tief gläubig war, aber zur Askese neigte. Eines Tages hat dieser Rabbi eine Vision: Er trifft die umherirrende Herrlichkeit Gottes, die versucht, zu Gott zurückzukehren. Die Frau ist allerdings von Kopf bis Fuß in einen langen schwarzen Schleier gekleidet. Nur ihre staubigen und von der langen Reise blutigen Füße sind sichtbar. Die Frau spricht den Rabbi an: „*Ich bin todmüde, denn Menschen haben mich gejagt. Ich bin todkrank, denn sie haben mich gefoltert. Und ich schäme mich, denn sie haben mich ausgeschlossen. Ihr Menschen seid Tyrannen, die mich im Exil halten. Wenn ihr einander anfeindet, jagt ihr mich. Wenn ihr Böses gegeneinander plant, foltert ihr mich. Wenn ihr einander verleumdet, lehnt ihr mich ab. Mit euren Taten sendet ihr euren Mitmenschen ins*

Exil und damit auch mich. Und du, Rabbi Jakob, merkst du nicht, dass du dich, obwohl du mir mit Eifer nachfolgen willst, in Wirklichkeit von mir entfernst? Man kann nicht mich (die Schechina) lieben und Menschen im Stich lassen." Und sie schloss: *„Denke bloß nicht, dass meine Stirn mit himmlischem Licht leuchtet. Ich habe auch keinen Heiligenschein. Mein Gesicht ist das der Schöpfung."* Dann nimmt sie den Schleier von ihrem Gesicht, und Rabbi Jakob erkennt das Gesicht seines Nachbarn.

5. Das Herz aller Sachen und die Sache des Herzens

Im Judentum gibt es eine spezielle Herzenshaltung, die „kavanah" genannt wird.[92] Gemeint ist damit, dass jemand sehr bewusst auf etwas achtet, dass er also Herz und Verstand ganz auf eine Sache ausrichtet, damit seine Taten so zielgerichtet wie möglich geschehen. Das kann sich auf bestimmte Handlungen, aber auch auf das Bibelstudium, das Gebet oder auf Gott beziehen. Im Vordergrund steht dabei nicht das Bewusstsein, von Gott beauftragt zu sein, sondern Gott selbst, also derjenige, der beauftragt. Kavanah könnte man auch erklären als Verlagerung des Denkens weg von der Tat zu ihrer inneren Bedeutung – mit dem Ziel, Zugang zum darin geweckten Heiligen zu finden. Diese Einstellung will zum Wesen einer Tat vorstoßen und an ihrer Inspiration teilhaben, damit sie zu einer Ausübung heiliger Gebote wird. Abraham Heschel sagt: *„Kavanah ist die Orientierung an Gott und verlangt Beteiligung und Neuausrichtung der ganzen Person. Es geht darum, die zerstreuten Kräfte des Selbst zusammenzuführen, es bedeutet Teilnahme von Herz und Seele, nicht nur von Wille und Verstand."*[93]

>>>>>>> Martin Buber, der einflussreichste Interpret des Judentums im 20. Jahrhundert, verdeutlicht an einer chassidischen Anekdote den Zusammenhang zwischen innerer Ausrichtung und Erlösung: *„Henoch war ein Schuster, und mit jedem Stich seiner Ahle, die Unter- und*

Oberleder zusammennähte, verband er Gott und die Schechina. So übt der Mensch eine Wirkung auf das Ewige aus – nicht durch irgendwelche speziellen Werke, sondern durch die innere Absicht, mit der er seine ganze Arbeit tut. Das ist die Lehre von der Heiligung des Alltags. Es geht hier nicht um neue spezielle heilige oder mystische Aktivitäten, sondern darum, dass man seine Aufgaben – die normalen, offensichtlichen Aufgaben des täglichen Lebens – entsprechend ihrer Wahrheit und ihrer Bedeutung ausführt.“[94] Buber geht noch weiter: *„Wer eine gute Tat mit völliger kavanah tut, also so handelt, dass seine ganze Existenz dabei und darin auf Gott ausgerichtet ist, der arbeitet an der Erlösung der Welt mit, er erobert sie für Gott.“*[95] Und an anderer Stelle sagt er: *„Was zählt, ist nicht die Tat selbst, sondern dass jede Tat mit Heiligkeit – das heißt auf Gott ausgerichtet – getan wird; das ist ein Weg zum Herzen der Welt. Es gibt nichts, das böse in sich selbst wäre; jede Leidenschaft kann eine Tugend werden, jede Neigung ein ‚Fahrzeug Gottes'. Entscheidend ist nicht die Tat selbst, sondern ihre Heiligung. Jede Tat ist geheiligt, wenn sie auf Erlösung ausgerichtet ist. Die Seele des Täters allein bestimmt den Charakter der Tat. Damit wird die Tat in Wahrheit das Lebenszentrum der Religiosität.“*[96]

>>>>>>> Das ist eine sehr hilfreiche und zutiefst biblische Vorstellung. Die Bibel betont immer wieder, wie entscheidend Motiv und Absicht für das Ergebnis unserer Handlungen sind, aber wir haben den Menschen diesen Gedanken nicht wirklich zugänglich gemacht und umgesetzt. Außerdem fehlt uns der theologische Rahmen, um unsere alltäglichen Taten direkt mit der Erlösung in Verbindung zu bringen. Später werden wir noch näher darauf eingehen, dass eine Neuentdeckung der Taten entscheidend ist, wenn wir ein lebendiges missionarisches Engagement in unserer Umgebung ausleben wollen.

>>>>>>> An dieser Stelle müssen wir kurz auf die jüdische Lehre von den zwei Neigungen eingehen: die gute Neigung und die schlechte Neigung. Die gute Neigung ist all das, was uns zu Gott führt und die

Kräfte der Seele auf ihn hin ausrichtet. Die böse Neigung dagegen bedeutet, seine Leidenschaften ziellos zu lassen. Diese sind nicht in sich selbst böse, sondern weil sie uns ohne heilige Ausrichtung von Gott wegführen. Die Lehre besagt darüber hinaus, dass wir Gott sogar mit unseren bösen Neigungen anbeten können, ja müssen. Das ist nicht so schockierend, wie es auf den ersten Blick scheinen mag. Es bedeutet lediglich, dass wir Gott mit allen unseren Leidenschaften dienen sollen. Nichts soll von der erlösenden Ausrichtung des Inneren auf Gott ausgenommen werden. Buber sagt: *„Die Mischnah versteht den Satz ‚Du sollst Gott den Herrn lieben mit deinem ganzen Herzen' so, dass wir mit beiden Neigungen, den guten und den bösen, Gott lieben sollen; das heißt, dass mit und durch unsere Entscheidung der Eifer unserer Leidenschaft umgelenkt wird und sich der vereinigten Tat mit aller Kraft anschließt. Denn keine Neigung ist böse in sich selbst; sie wird vom Menschen böse gemacht, wenn er ihr nachgibt, anstatt sie zu beherrschen.“*[97]

>>>>>>> Wir wissen sehr wohl, dass Leidenschaft uns überwältigen kann. Die Lehre von den beiden Neigungen aber macht deutlich, dass eine „niedrigere“ Leidenschaft nur durch eine größere überwunden werden kann. Es braucht einen Akt heiliger Leidenschaft, wenn wir unsere bösen Impulse erlösen wollen. Paul Ramsay betont: *„Wenn ein Mensch nicht den Herrn von ganzem Herzen liebt, wird er nicht ein reines Verstandeswesen ohne Liebe, er liebt einfach etwas anderes von ganzem Herzen, ganzer Seele, aller Kraft und allem Denken. Was man liebt, liegt immer tiefer als der Verstand, und der Verstand ist immer im Dienst irgendeiner Liebe.“*[98]

>>>>>>> Leidenschaft ist nur böse, wenn sie im richtungslosen Zustand bleibt, wenn sie sich weigert, sich dem heiligen Willen Gottes unterzuordnen, und dadurch die Ausrichtung auf Gott verweigert. Im Judentum finden wir immer und immer wieder die Einsicht, dass Leidenschaft die elementare Kraft ist, die zur Quelle großer menschlicher

Werke wird, der bösen wie der heiligen. Buber sagt: *„Von allen Werken der Schöpfung ist die Leidenschaft das ‚sehr Gute', ohne das der Mensch weder Gott dienen, noch überhaupt leben kann."*[99]

>>>>>>> Es geht also um die Ausrichtung unserer Taten. C.S.Lewis hat die Wichtigkeit dieser Ausrichtung verstanden und schreibt darum im Buch „Die Große Scheidung": *„Es gibt nur ein Gutes, das ist Gott. Alles andere ist gut, wenn es auf ihn schaut, und schlecht, wenn es sich von ihm abwendet."*[100] Die Leidenschaft bestimmt die Energie einer Tat, die Zielsetzung aber ihren Charakter.

>>>>>>> Noch einmal: Wir glauben, dass diese Erkenntnis sehr wichtig ist, wenn wir einen wirklich missionarischen Glauben entwickeln wollen. Durch den ihm innewohnenden Dualismus hat das westliche Christentum nämlich große Mühe, Vergnügen, Leidenschaft, Instinkte und Triebe in den Glauben zu integrieren. Deshalb hat sie sich auf die Seele konzentriert und den Leib mit seinen Trieben außen vorgelassen. Das führt dazu, dass Menschen kaum in der Lage sind, diese Triebe überhaupt zu verstehen – speziell, wenn es um die Sexualität geht. Der hebräische Geist möchte die Kräfte unserer Sexualität gern ihrem schöpfungsgemäßen Zweck zukommen lassen und versteht sie sogar als heiligen Akt, wenn sie von Gott her definiert wird. Solange wir in der westlichen Kirche nicht in der Lage sind, unsere Sexualität in den Glauben zu integrieren, sind wir dazu verdammt, sie als dunkle, ja, sogar als satanische Kraft zu erleben, die gegen den Glauben und Gott wirkt. Ein missionarischer Glaube kann diese Trennung nicht zulassen und muss versuchen, alle Lebensbereiche des Menschen zu Gott in Beziehung zu setzen, einschließlich der Sexualität. Alles im Leben braucht eine Ausrichtung, und in der Ausrichtung auf Gott wird unser Leben vollständig. Das, verbunden mit heiliger Leidenschaft, ergibt einen sehr lebendigen Glauben in der Welt.

6. Die Heiligkeit des Alltags

Mit der Idee der kavanah hängt auch der Gedanke der Heiligung des Alltäglichen zusammen, die für die Weltanschauung des jüdischen Mystizismus so bezeichnend ist. In den Zitaten von Martin Buber wurde dieses Konzept schon erwähnt, aber es verdient, hier noch näher ausgeführt zu werden: Im Kern baut die Heiligung des Alltags auf dem Verständnis auf, dass es nur zwei Realitäten gibt: das Heilige und das Noch-nicht-Heilige. Und die missionarische Aufgabe des Volkes Gottes besteht darin, das Noch-nicht-Heilige in Heiliges umzuwandeln. Das geschieht dadurch, dass wir all unsere Taten auf Gott ausrichten (und nicht weg von ihm), und durch das Maß an Heiligkeit und Zielgerichtetheit, mit dem wir unsere alltäglichen Arbeiten verrichten. Entscheidend ist: Jede Tat, wie scheinbar profan oder trivial sie auch sein mag, kann zu einem heiligen Geschehen werden, wenn sie mit der richtigen Absicht und einer heiligen Ausrichtung getan wird.[101]

>>>>>>> Der jüdische Mystizismus hat dabei eine wunderbar positive Sicht von Heiligkeit. Im Christentum wird Heiligkeit (wie auch Glaube) oftmals durch Verneinungen oder Vermeidungen definiert. Im Judentum finden wir dagegen eine sehr positive, lebensbejahende Einstellung zur Heiligkeit. Die ist nämlich nicht durch das definiert, was wir vermeiden sollen, sondern durch das, was wir in der Heiligung des Alltags tun. Alle Dinge, alle Ereignisse, alle Aktivitäten können Gelegenheit der Heiligung sein, wenn man kavanah in sie legt.

>>>>>>> Wenn wir mit der Realität, mit der wir ohnehin auskommen müssen, in einem heiligen Einklang leben, dann heiligen wir alles, was wir tun. Es geht hier also nicht um Verzicht. Wenn man sein Essen als heiligen Akt empfindet und den Geschmack der Speisen vor Gott genießt, wird der Tisch zum Altar. Wenn ein Mann arbeitet, setzt er die heiligen Funken frei, die in allen Werkzeugen verborgen sind. Wenn man betend über ein Feld geht, verbindet sich das sanfte Lied der Pflanzen, das sie für Gott singen, mit dem Lied unserer Seele.

Wenn man einander im Bewusstsein der Gegenwart Gottes zutrinkt, ist das, als wenn man miteinander die Torah liest. Wenn man anbetend einen Volkstanz tanzt, liegt ein Glanz über den Tänzern. Wenn ein Mann vor Gott bei seiner Frau liegt, ruht die Schechina über ihnen.[102]

>>>>>>> Dieser positive Begriff von Heiligkeit verändert das Leben und die Welt, weil er missionarisch ist. Das Dasein ist in Bewegung und will die Welt verändern, heiligen. Diese Heiligkeit ist nichts Flüchtiges oder Kurzlebiges, sondern in jeder Sphäre des Lebens aktiv – und sie schreckt auch nicht vor der Erlösung von dunklen Dingen zurück. Darin begegnen sich Gott und der Mensch in ihrem Tun: *„Es ist wahre Heiligkeit, wenn sich Gottes Heiligung der Welt und unsere Heiligung der Welt treffen."*[103]

7. Der Glaube und die Treue

Es gibt noch ein Grundanliegen des Judentums, von dem wir etwas lernen können: nämlich die Definition von Glauben (die sich wesentlich vom hellenistischen Verständnis unterscheidet). Der Unterschied zwischen der griechischen und der hebräischen Zugangsweise wird schon an den Worten deutlich, die die beiden Weltanschauungen für „Glauben" gebrauchen – in Israel sagt man „emunah" und in der griechischen Philosophie „pistis". Emunah ist ein aktives Wort, das man mit „vertrauen schenken" übersetzen könnte, und zielt als typisch hebräischer Ausdruck auf konkrete Taten und Beziehungen ab. Es hat eine stark existentielle Bedeutung und ist am Leben orientiert. Die hellenistische Vorstellung von pistis dagegen richtet sich vor allem auf den Inhalt des Glaubens, sein Wesen und seine Definition. „Glaube" meint hier vor allem eine Art Wissen oder Verstehen. Kurz: Im Griechischen geht es um etwas, das man versteht, im Hebräischen um die Kunst des Lebens.

››››››› In der Entwicklung der westlichen Christenheit hat sich das griechische Konzept gegenüber dem hebräischen erkennbar durchgesetzt, obwohl natürlich auch Elemente aus dem Judentum Bestandteil unseres Glaubens geblieben sind. So hat etwa Luther in der Reformation das hebräische Konzept von Glauben neu entdeckt – eine Entdeckung, die leider von den theologischen Argumentationen der Reformation und der Gegenreformation bald wieder verdunkelt wurde. Dass das Glaubensbekenntnis höher geachtet wird als das Vertrauen ist über weite Strecken heute noch so. Und das heißt: Wenn wir einen wirklich missionarischen, ansteckenden Glauben wiedergewinnen wollen, muss diese Fehlentwicklung rückgängig gemacht werden. Ein Bekenntnis ist wichtig, aber es darf nicht wichtiger werden als die Lebendigkeit des Glaubens. Als missionarische Gemeinde können wir uns die Debatten über winzigste Details der Lehre nicht länger leisten. Vielmehr müssen wir wieder verstehen, dass Glaube existentielles Vertrauen auf Gott bedeutet.

››››››› Evangelisation in der entstehenden globalen Kultur muss eine wirkliche Begegnung mit Jesus ermöglichen und darf nicht nur eine Lehre über Jesus vermitteln. Wir müssen unsere Erkenntnis-Sucht überwinden und Glauben auf biblische Art als aktives Vertrauen auf Gott ausdrücken lernen. Genau das gibt uns eine messianische Spiritualität.

C. Die Leidenschaft des Glaubens

8. Aktion als Sakrament

Christen haben oft diskutiert, was das Eigentliche am Christentum sei: die guten Werke oder der Glaube an Christus. Mir kommt das vor wie die Frage, welches Blatt der Schere das Wichtigste ist. Eine ernsthafte gute Tat ist das Einzige, was dich bis zum Punkt treiben kann, an dem du das Handtuch wirfst. Glaube an Christus ist das Einzige, was dich dann vor Verzweiflung bewahrt – und aus diesem Glauben müssen unweigerlich wieder gute Taten kommen. >>> C.S. Lewis

Die nächste Generation erreichen

Wir haben oben schon darüber gesprochen, dass die neue globale Kultur des 21. Jahrhunderts ein eher ganzheitliches Weltbild vertritt. Sie spürt offensichtlich, dass der Geist und die Materie mehr verbunden werden müssen. Darum ist auch ihr Verständnis von Spiritualität nicht mehr so dualistisch, sondern eher diesseitig orientiert – und es bezieht das ganze Leben mit ein. Diese Form der Wahrnehmung entspricht wesentlich mehr dem Geist des Judentums als dem griechischen Denken. Das heißt: Mit dem Ende des Christentums und der Moderne kommt ein postmodernes Bewusstsein auf, das neu an der spirituellen Durchdringung des Alltags und an einem positiven Verhältnis zur Sinnlichkeit interessiert ist. Alles, was wir bisher beschrieben haben, kann daher postmodernen Menschen Türen für die christliche Botschaft öffnen, mehr als je zuvor; zumindest, wenn es in einen neuen, Christus-zentrierten Glauben integriert wird.

>>>>>>> Die Menschen suchen heute Gemeinschaften, die demokratisch und solidarisch sind und in denen Gleichberechtigung herrscht; eine Gruppe, die offen und nicht bis ins Letzte definiert ist, erdnah, nicht kompliziert, eine, in der es um das Leben und nicht um graue Theorie geht. Außerdem sind sie sehr an Umwelt, Politik und Ethik interessiert – weniger aus ideologischen Gründen als aus Sorge um die Menschheit. Das alles zeigt, dass die verschiedenen Elemente der hebräischen Weltsicht, die wir diskutiert haben, Brücken zu postmodernen Menschen bauen können. Wenn wir das Christentum wieder von seinen hebräischen Wurzeln her verstehen und dadurch eine messianische Spiritualität entwickeln, wie sie Jesus, Paulus und die ersten Christen lebten, ist die Kirche besser in der Lage, die neuen Generationen zu erreichen.

Lass dein Licht leuchten

Wir sind der festen Überzeugung, dass wir so liebevoll in die Seelen postmoderner Menschen hinein flüstern können, dass diese anfangen, nach Gott zu suchen. Allerdings glauben wir nicht mehr, dass das wie früher einfach durch Predigten oder Gottesdienste passiert. Viel wichtiger sind heute einfache, praktische Zugänge – wie unsere eigene Geschichte oder einfach die Liebe.

>>>>>>> Das bringt uns zu einer Frage, die uns oft gestellt wird, nämlich die nach dem Verhältnis von Verkündigung und guten Werken. In vielen Gemeinden wird ja vor allem das erste stark betont. Solche Kirchen schulen ihre Mitglieder, das Evangelium mit ihren Freunden und Bekannten zu teilen, und halten Evangelisationen ab, in denen die klare Predigt des Evangeliums im Vordergrund steht. Andere Kirchen betonen eher das praktische Engagement. Sie zitieren gern Franz von Assisi: *„Predige das Evangelium immer und überall; wenn nötig, gebrauche auch Worte."* In diesen Gemeinden bedeutet „Mission" eher sozialer Dienst und gesellschaftliches Handeln.

>>>>>>> Woher kommt die Spannung zwischen Verkündigung und praktischem Einsatz? Natürlich gibt es ein paar bemerkenswerte Ausnahmen, aber generell macht uns die Trennung von evangelistischem und diakonischem Handeln Sorge. In unserem Modell der missionarischen Gemeinde betonen wir immer wieder, wie nötig eine kontextualisierte Verkündigung ist. Aber wir können uns nicht vorstellen, dass eine solche Verkündigung irgendetwas verändert, wenn sie nicht aus einer liebevollen, gastfreundlichen und großzügigen Gemeinschaft von Glaubenden heraus erwächst. Es gibt leider einige traditionelle Gemeinden, die die Wirksamkeit von guten Werken herunterspielen. Man denkt dort, dass gute Werke überhaupt keine Rolle in der Verkündigung des Evangeliums spielen, weil sie uns ja nicht retten können. Und das ist eine eindeutige Überreaktion. Natürlich können uns gute Werke nicht retten; Rettung kommt aus Gottes Gnade durch das Leben Jesu Christi. Trotzdem sind wir überzeugt, dass konkretes geistliches Handeln eine sakramentale Wirkung hat.

>>>>>>> Es ist für eine missionarische Gemeinde lebenswichtig, dass sie wieder eine messianische Spiritualität aufbaut, die den Alltag heiligt, weil die Kirche genau in diesem Alltag existiert. Wenn wir eine inkarnierende Gemeinschaft sein wollen, dann muss die Kirche auch ihre Fähigkeit wieder entdecken, Gott in den praktischen Lebensvollzügen wahrzunehmen. Das Volk Gottes muss den Sinn und den Zweck seiner Aktivitäten in Gott verankern, wenn es wirklich missionarisch werden will. Mit anderen Worten: Wir müssen den geistlichen Wert praktischer Taten neu erkennen, die getan werden, um das Reich Gottes in der Welt voranzubringen. In uns muss ein Schalter umgelegt werden, nämlich von ‚passiv' auf ‚aktiv'. Das bedeutet in der westlichen Spiritualität einen echten Paradigmenwechsel: Die Kirche muss bereit und fähig werden, Gott im praktischen Handeln zu finden, damit andere ihn dort auch erkennen können.

>>>>>>> So betrachtet ist das „Handeln" selbst ein Sakrament der Gnade; und zwar nicht nur für den Empfänger der guten Tat, sondern auch für den Handelnden. Wir treten für ein missionarisches Handeln ein, das im Namen Jesu geschieht und dadurch das primäre Sakrament der missionarischen Kirche ist. Damit meinen wir, dass die Kirche ein neues Verständnis für die ‚heilige Tat im Namen Gottes' braucht, das gerade im Alten Testament weit verbreitet ist. Martin Buber sagt zu Recht: *„Etwas Unendliches fließt in die heilige Tat eines Menschen; und etwas Unendliches fließt aus ihr, die Fülle des Schicksals der Welt, stumm hineingewebt, fließt durch seine Hände."* So wie Taufe und Abendmahl Sakramente sind, ‚mit und unter' denen Gottes Gnade sichtbar wird, gilt das auch für die Tat eines Christen, die im Namen Gottes geschieht. Wenn wir Buber ernst nehmen, können wir unsere missionarische Aufgabe voll annehmen und uns dabei bewusst sein, dass Gott in unseren Taten gegenwärtig ist. Darum ist die missionarische Aktion eine wichtige Quelle für geistliche Einsicht und Erfahrung. Die Rabbiner sagen, dass man bei einer guten Tat niemals allein ist, weil sich in ihr Gott und Mensch begegnen.

>>>>>>> Eine messianische Spiritualität setzt alle Bereiche des Lebens in Beziehung zur Erlösung. Das ist deshalb so wichtig, weil wir dadurch lernen, unser Handeln neu zu verstehen. Wenn Gott erlösend handelt, dann sollten unsere Taten das Gleiche ausdrücken, schließlich ist „der erlösende Gott" das zentrale Thema der Bibel. In der Praxis kann Erlösung auf zwei Weisen geschehen: a) durch Macht, wenn z.B. ein Volk durch einen Kraftakt Gottes aus der Sklaverei befreit wird; oder b) durch Erlösung („das Lösegeld bezahlen"), wenn beispielsweise ein „Er-Löser" einen Preis zahlt und so einen Sklaven freikauft. Gott tut in der Bibel beides (das Kreuz vereinigt diese Elemente in sich), und diese Verbindung kann ein Sinnbild für das missionarische Handeln der Kirche in der Welt werden. Noch einmal: Gott ist der Erlöser, und als solcher zeigt er uns ein Modell, wie auch wir

in der Welt handeln können. Etwas „erlösen" bedeutet, das Verlorene zurückkaufen, es reinigen und wieder seiner ursprünglichen Bestimmung zuführen.

>>>>>>> Es gibt in der menschlichen Existenz und Kultur praktisch nichts, das nicht in diesem Sinne erlöst und in Anbetung verwandelt werden könnte – einschließlich unseres Handelns. Wenn wir mit C.S. Lewis sagen, dass alle Laster eigentlich irregeleitete Tugenden sind, dann sehen wir die Welt und die Menschheit mit anderen Augen. Aus diesem Verständnis heraus können Christinnen und Christen in allen Dimensionen des menschlichen Lebens aktiv sein, besonders sinnvoll ist es aber im Bereich der Kultur, weil Menschen und Gesellschaften darin gemeinsame Werte ausdrücken. Wenn wir unsere Kultur „erlösen" wollen, dann sollten wir ihre Ausdrucksformen (Filme, Literatur, Popmusik, Lifestyle, Religiosität und anderes) aktiv wahrnehmen und interpretieren. Denn all diese Dinge können erlöst und wieder zur Ehre Gottes gebraucht werden, weil genau sie das menschliche Suchen und Sehnen ausdrücken, das mit dem Herzen und den Wünschen Gottes in Beziehung gebracht werden muss, wenn es erlöst werden soll.

>>>>>>> In diesem Sinn hat übrigens Paulus in seiner Rede auf dem Areopag in Apg. 17 gehandelt: Er erklärt den griechischen Zuhörern, dass die geistliche Suche ihrer eigenen Kultur völlig legitim war (er verdammt sie also nicht, sondern nimmt sie als Anknüpfungspunkt). Und dann führt er sie direkt zur Auferstehung Jesu. Wir müssen heute neu den Mut haben, den Namen „Jesus" inmitten der geistlichen Suche unserer Gesellschaft zu nennen – das ist unsere missionarische Verantwortung! Wenn nicht wir, wer sonst? Oder haben wir einfach Angst, dass wir zu den Themen Kunst, Kultur oder der Suche nach dem Sinn nichts zu sagen hätten? Wie dem auch sei: Erlösendes Handeln verlangt, dass wir inmitten all dieser Dinge sind und versuchen, einiges im Namen Jesu aus der „Verlorenheit" herauszuholen.

>>>>>>> Natürlich ist es entscheidend, dass unsere Taten von der Gnade Gottes getragen werden. Ja, mehr noch: Die Gnade sollte in unserem Handeln deutlicher zu erfahren sein, als in den (eher abstrakten) Standard-Sakramenten der traditionellen Kirche. Menschen haben zum Glück die Möglichkeit gegen menschliches Leiden zu protestieren, indem sie etwas tun, um es zu lindern. Und wenn wir im Namen Jesu Leiden lindern, dann wird etwas von der Gnade Gottes erkennbar. Solch ein Handeln befreit uns nicht nur davon, uns pausenlos um uns selbst zu drehen, es richtet auch unsere Aufmerksamkeit auf andere und trägt dazu bei, dass sowohl der andere, als auch wir Gott auf neue Art erfahren.

>>>>>>> Der Literaturnobelpreisträger Elie Wiesel beschreibt den sakramentalen Wert des menschlichen Handelns unter anderem in diesem Auszug aus „Twilight“: *„Wenn du dich da so gesehen hättest, eingerahmt in der Tür (sagte Pedro einmal zu Michael), dann hättest du gelernt, an den Reichtum der Existenz zu glauben – wie ich es tue –, und verstanden, dass man ihn haben und teilen kann. Es ist so einfach! Du siehst einen Musiker auf der Strasse; gib ihm tausend Francs statt zehn – und er wird an Gott glauben. Du siehst eine Frau weinen; schenk ihr ein liebevolles Lächeln, selbst wenn du sie nicht kennst – sie wird an dich glauben. Du siehst einen verlassenen alten Mann; öffne ihm dein Herz, und er wird wieder an sich selbst glauben. Du wirst sie alle überraschen. Dank deiner werden sie zittern, alles um sie herum wird zu vibrieren beginnen. Selig ist der, der überrascht und sich überraschen lässt.“*

>>>>>>> So gesehen sind Taten nicht nur ein sakramentales Handeln, sie haben sogar Offenbarungscharakter, weil sie Gott in seiner Güte offenbaren. Es gibt einen Spruch im Talmud, den man sogar so verstehen kann, als ob Gott in der Tat selbst wohnt: *„Aus seiner eigenen Tat hört ein Mann oder ein Volk die Stimme Gottes.“* Die Schreiber des Neuen Testaments sind in diesem typisch hebräischen Denken übrigens völlig daheim. Einige Beispiele:

> *„Lasst euer Licht leuchten vor den Menschen, dass sie eure guten Taten sehen und euren Vater im Himmel preisen." (Matth. 5,16)*
> *„Lebt so unter den Heiden, dass sie, obwohl sie euch beschuldigen, Böses zu tun, eure guten Taten sehen und Gott ehren, wenn er uns besucht." (1. Pt. 2,12)*
> *„Wenn jemand spricht, soll er so reden, als wenn er direkt Worte Gottes redet. Wenn einer dient, soll er das in der Kraft Gottes tun, damit in allen Dingen Gott durch Jesus Christus geehrt wird."* (1. Pt. 4,11)

Wenn wir im Namen Jesu Christi handeln, dann wird in unseren Taten die Herrlichkeit Gottes offenbar. Dass heißt: Wenn wir Verse wie diese wirklich ernst nehmen, müssen wir zugeben, dass Gott klarer in unseren Taten der Güte zu finden ist als etwa in Bergen und Wäldern. Es ist zumindest wesentlich „biblischer", zu glauben, dass Gott im Handeln von Christen anwesend ist als in der Natur.

>>>>>>> Die Erkenntnis, dass unsere Werke und Taten sakramental und offenbarend sind, steckt voller aufregender Möglichkeiten – weil sie nicht nur deutlich macht, wie sehr unser Handeln auf die Menschen um uns herum wirkt, sondern weil sie auch uns verändert. Wenn wir im Namen Christi agieren, finden wir Gott an Orten, an denen wir ihn vorher nicht gefunden haben – auf der Strasse, bei der Arbeit, im Geschäft und beim Spielen. Im Grunde genommen können wir ihn überall da finden, wo wir aus Hingabe an Gott handeln und so zu einem Medium für seine Gnade werden. Wenn Paulus sagt *„Denn wir sind Gottes Werk, in Jesus Christus geschaffen zu guten Werken, die Gott vorher für uns bereitet hat"* (Eph. 2,10), dann drückt er etwas Wesentliches über uns aus: Unser Handeln ist Teil von Gottes Plan für uns. Darum kann niemand sagen, dass unser geistliches Leben nichts mit unseren guten Taten zu tun hätte. Alles hat mit ihnen zu tun – und es ist Zeit, diesen Gedanken neu zu entdecken.

Errettung durch gute Werke?

Wenn wir hier so viel über Taten und Werke reden, sehen einige natürlich schon wieder die Schatten der Werkgerechtigkeit im Hintergrund. Und genau die haben die Reformatoren ja zu Recht bekämpft. Die Rechtfertigung „allein aus Gnade durch den Glauben" ist und bleibt ein zentrales Thema der paulinischen Schriften: Dass ein Mensch Gnade erfährt, hat nichts, aber auch gar nichts mit seinem Handeln zu tun, sondern wird von Gott aus Gnade gewährt – wenn ein Mensch an ihn glaubt. Darum wollen wir noch einmal wiederholen: Was wir hier ausführen, weicht keinen Millimeter von dieser zentralen, unverzichtbaren Wahrheit des Neuen Testaments ab.

›››››››Wir versuchen etwas anderes: Wir möchten den Wert der Taten und Werke selbst betonen. Können sie uns retten? Nein! Sind sie trotzdem wesentlich und wichtig? Ja, absolut. Sie sind für unseren kollektiven und persönlichen Auftrag genau so wichtig wie für unser Glaubensleben. Und wenn jemand das hinterfragt, können wir nur zurückfragen: Warum werden wir (das Volk der Erretteten) laut der Bibel beim Jüngsten Gericht von Gott nach unseren Taten gerichtet (vgl. etwa 1. Kor. 3,10-15, Matth. 12,36f, Offb. 20, Joh. 5,27-30)? Wenn Taten überhaupt keine Bedeutung haben, warum folgen sie uns dann bis in den himmlischen Richtersaal? Warum nimmt Gott sie so ernst? Lebt Glaube nur im Herzen und in Absichten oder wird man uns auch „an unseren Früchten erkennen"?

›››››››Die christliche Theologie hat lange davor zurückgeschreckt, über gute Taten zu reden. Das müssen wir ein für alle Mal hinter uns lassen. Wir müssen echte menschliche Güte doch nicht extra klein machen, um Gott zu verherrlichen. Jakobus sagt, dass alles Gute von Gott kommt und in ihm seine Quelle hat (1,17); darum kann es ihn auch nicht entehren, wenn wir bestimmte menschliche Taten gut nennen. Wenn jemand sein Leben oder seinen Besitz opfert, um einem anderem zu helfen, dann dürfen wir auch ausdrücken, dass das in sich selbst eine gute Tat ist. Sie hat einen Wert in sich. Rettet sie den Wohltäter? Nein, auf keinen Fall, ein Mensch kann nur gerettet werden, wenn er an Jesus Christus glaubt. Wir verändern also den inhaltlichen Fokus unseres evangelischen Glaubens kein bisschen, wenn wir unsere Taten wieder als einen Ort der Gnade und des Segens verstehen möchten, an dem man Gott begegnen kann.

>>>>>>> In seinem Buch „The Crooked Shall Be Made Straight" erzählt der israelische Schriftsteller S.Y. Agnon die Geschichte eines einfachen, frommen Mannes namens Menashe, der einen kleinen Laden hat. Der Laden läuft schlecht, weil Menashe es als großzügiger Mensch nicht übers Herz bringt, von Leuten Geld zu verlangen, die keines haben. Seine rücksichtsloseren Konkurrenten drängen ihn schließlich aus dem Geschäft, und er muss als Bettler von Stadt zu Stadt ziehen. Da hat der örtliche Rabbi Erbarmen mit dem armen, anständigen Mann und gibt im einen Brief mit auf den Weg, der ihn als guten und ehrlichen Mann empfiehlt, der eine milde Gabe verdient hat.

>>>>>>> Menashe bettelt ein Jahr lang und hat eines Tages so viel Geld beieinander, dass er sein Geschäft wiedereröffnen kann. An seinem letz ten Abend auf der Strasse übernachtet er in einem Gasthof und begegnet dort einem hinterhältigen Einheimischen. Als Menashe diesem Mann seinen Empfehlungsbrief vom Rabbi zeigt, leuchten dessen Augen auf. *„Wenn ich einen solchen Brief hätte, müsste ich nie mehr arbeiten"* denkt er und bietet Menashe einen schönen Batzen Geld, wenn er ihm den Brief verkauft. Menashe sieht die Möglichkeit, sein Geld blitzschnell zu verdoppeln; außerdem weiß er, dass er den Brief des Rabbi nicht mehr braucht, also verkauft er ihn. Nun hat er mehr Geld in der Tasche als je zuvor und beschließt, sein Glück zu feiern. Vielleicht schämt er sich auch ein wenig, weil er den Brief des ehrenwerten Rabbi zu Geld gemacht hat – jedenfalls betrinkt sich Menashe fürchterlich, und in seinem Rausch wird ihm alles gestohlen, was er hat, selbst sein Gebetsschal. Er hat nicht einmal mehr Geld zur Heimkehr und muss wieder betteln gehen.

>>>>>>> Inzwischen wird der Betrüger, der ihm den Brief abgekauft hat, von Räubern überfallen und ermordet. Sein Körper wird bis zur Unkenntlichkeit verstümmelt, und als man den Leichnam mit Menashes Brief in der Tasche findet, nimmt man natürlich an, dass Menashe ermordet wurde. Seine Frau wird benachrichtigt; woraufhin sie nach einigen Monaten wieder heiratet und ein Jahr später einen Sohn bekommt – genau zu der Zeit, in der der elende Menashe zurückkommt. Menashe betritt seine Heimatstadt just an dem Tag, an dem seine Frau und ihr neuer Mann die Beschneidung ihres Kindes feiern. Nun ist der anständige Menashe in einem furchtbaren Dilemma: Wenn er seine Identität preisgibt, würde die neue Ehe seiner Frau aufgelöst, weil sie illegal ist. Er würde auch ihr Kind als uneheliches Kind brandmarken und es damit aus der jüdischen Gemeinschaft ausschließen. Und weil er sich außerstande sieht, das Leben derer zu zerstören, die er liebt, zieht er sich auf den Friedhof außerhalb der Stadt zurück. Hier zieht er den Friedhofswärter ins Vertrauen und erzählt ihm die Geschichte seines Elends. Der Friedhofswärter hat Mitleid mit diesem traurigen, frommen Mann, hütet sein Geheimnis und versorgt ihn mit Essen und einem Dach über dem Kopf. Als Menashe kurz darauf stirbt, lässt er ihn in demselben Grab begraben, das seine Frau vor zwei Jahren für ihn eingerichtet hatte, als sie ihn für tot hielt.

>>>>>>> Was sagt diese Geschichte? Nun, sie zeigt gleichnishaft, wie man seinen Namen verlieren und ihn wieder finden kann. Als Menashe noch als anständiger und freundlicher Kaufmann lebte, war sein guter Name sein Ausweis. Das symbolisiert der Brief des Rabbi. Als er den Brief verkaufte, handelte er aber im Gegensatz zu seinem eigentlichen Charakter und aus Gewinnsucht: Als er den Brief verkaufte, gab er buchstäblich seinen Namen weg. Es war, als wenn der wirkliche Menashe aufgehört hätte zu existieren. Erst später, als er sich zu einem enormen Akt der Selbstverleugnung durchringt, bekommt er seinen Namen und damit seine Identität zurück: Er wird unter seinem

eigenen Grabstein begraben, so dass sein Name wieder hergestellt ist. Menashe lebt wieder (ironischerweise in dem Moment, in dem er stirbt).

>>>>>>> Unsere Taten drücken unseren Namen und unsere Identität aus. Wenn wir unsere Berufung verleugnen, wie Christus zu leben, verleugnen wir unsere christliche Identität. Wir werden durch unsere Taten gewiss nicht errettet, aber erkannt. Jesus sagte seinen Jüngern mehrfach, dass sie an ihrer Liebe erkannt werden sollten. Ihre Taten waren Ausdruck ihres Namens: Christen.

Drinnen und draußen

In unserer Diskussion der „kavanah" haben wir schon betont, wie wichtig die Absicht und die innere Ausrichtung einer Handlung sind. Wenn wir unsere missionarische Aufgabe sinnvoll erfüllen wollen, ist eine bewusste Zielrichtung unverzichtbar. Eine gute Tat mag grundsätzlich anderen dienen, aber erst durch die innere Ausrichtung auf Gott wachse ich selbst. Allerdings: Der Gott der Bibel ist nicht nur an unserem Denken, unseren Motiven oder unseren Taten interessiert, sondern an unserem ganzen Leben. Darum geht es beim Glauben immer um unsere Existenz, nicht nur um den frommen Bereich. Die Welt braucht mehr als versteckte, individuelle und innerliche Heiligkeit. Sie braucht mehr als heilige Gefühle und gute Absichten. Gott möchte unser Sein, und nur wenn die Gemeinde nach dem Willen Gottes lebt, wird die Welt wieder für Gott gewonnen werden (Rö. 12.1-2).

>>>>>>> Das, was die Bibel „Gehorsam" nennt, findet dabei auf zwei Ebenen statt. Zum einen ist Gehorsam ein Akt der Seele; sie entwickelt die richtige Absicht und fasst einen inneren Beschluss. Zum anderen ist es ein Akt des Körpers. Er muss den Beschluss in die Tat umsetzen; hier geht es also um äußeren Gehorsam. Folgende kleine Geschichte illustriert den Unterschied zwischen innerem und äußerem Gehorsam

vielleicht ganz gut: Die Mutter ermahnt den kleinen Hans, sich hinzusetzen und sein Mittagessen zu essen. Wie viele Kinder weigert er sich. Die Mutter sagt also noch einmal: *„Hans, setz dich hin und iss!"* Kein Erfolg. Schließlich drückt sie ihn in seinen Stuhl und droht mit Strafe. Widerspenstig bis zum Ende, sagt Hans: *„Äußerlich sitze ich, aber innerlich stehe ich noch!"*

>>>>>>> Um Gottes Willen zu erfüllen, sind innerer und äußerer Gehorsam nötig. Ohne die richtige Motivation sind unsere Taten unvollständig, und alle guten äußeren Aktionen verlangen ein inneres Anerkennen. Abraham Heschel fragte einmal: *„Was bringt eine Skulptur hervor – die innere Vision des Künstlers oder sein Ringen mit dem Stein?"* Das Leben, meint er, *„ist wie ein Kunstwerk: das Ergebnis einer inneren Schau, kombiniert mit dem Ringen in konkreten Situationen"*. Unsere Taten sind unvollkommen, wenn sie nicht aus beiden Dimensionen bestehen – innerem Entschluss und äußerer Aktion. Noch einmal Heschel: *„Keine religiöse Tat ist vollständig, wenn sie nicht aus einem willigen Herzen und dem Verlangen der Seele kommt. Man kann nicht Gott mit dem Körper ehren, wenn man nicht weiß, wie man ihn mit der Seele ehrt. Ich glaube, dass der Hauptgrund, warum Gott uns zum Gehorsam ruft, nicht die Disziplin um ihrer selbst willen ist. Vielmehr soll der Gehorsam uns geistlich empfänglich halten, offen für Gott und für seine Stimme."*

Tu es doch einfach!

Falls Sie nun denken, wir seien reine Aktivisten: Nein! Es geht uns ganz bestimmt nicht um blinden Aktivismus. Davor bewahrt uns schon die Betonung der inneren Absicht (der kavanah). Uns geht es vor allem darum, das Gleichgewicht wieder herzustellen, das zwischen innerem und äußerem Wachstum in der Jüngerschaft herrschen sollte. Beim Wachstum im Glauben geht es eben nicht nur um Lernen und Stille, so wichtig das auch sein mag. Wir brauchen natürlich die geistliche Disziplin, um auf Gott zu hören und ihn im Gebet und in der Stille besser kennen lernen zu können. Aber wenn wir ernsthafte Nachfolger des Messias sein wollen, brauchen wir auch einen Rhythmus der Aktivität. Jesus war ein Revolutionär, aber unter seinen Nachfolgern entdecken wir nur wenig revolutionäres Handeln. So wird im Moment zwar fleißig über die Mission in der Postmoderne diskutiert, es finden aber lang nicht so viele missionarische Aktionen statt. Es gibt einen Haufen von Büchern mit Anweisungen, was man alles tun könnte, aber viel zu wenige Praxismodelle. Das muss anders werden. Wir brauchen viel mehr Aktion, und wir sind überzeugt, dass die Kirche Gott nur neu kennen lernen wird, wenn sie wirklich etwas tut. Jemand sagte einmal zu Recht: *„Der beste Weg, die Zukunft vorauszusagen, ist der, sie zu erfinden."* Nicht, dass die Zukunft völlig in unserer Hand wäre. Gott lenkt diesen Prozess, aber wenn wir anfangen zu handeln, werden wir Gottes Willen für die Zukunft am Leichtesten entdecken. Die Bibel berichtet immer wieder von den mächtigen Taten Gottes in der Geschichte. Wir übersehen dabei aber oft, dass dieselbe Bibel mindestens genauso oft Gottes Hoffnung erwähnt, dass sein Volk doch mächtige Taten tun möge.

>>>>>>> Buber sagt: *„Die gute Tat tun, heißt, die Welt mit Gott erfüllen; Gott in Wahrheit dienen, heißt, ihn ins Leben zu ziehen."* Es ist ein Kennzeichen des biblischen Glaubens, dass ein Christ nicht damit zufrieden sein kann, die Wahrheit als bloße Idee, als ästhetische Übung, philosophische Theorie oder als Kunstwerk zu betrachten. Bernhard von Clairvaux (1090-1153) hat einmal gesagt: *„Da sind die, die Wissen um des Wissens willen suchen; das ist Neugier. Da sind die, die Wissen suchen, damit andere sie kennen; das ist Eitelkeit. Da sind die, die Wissen suchen, um zu dienen; das ist Liebe."*

>>>>>>> Wahrheit muss sich in Handlungen ausdrücken, und jede Suche nach Wahrheit braucht als Ergebnis gute Taten. Eine gute

Tat führt zu Jesus hin und ergibt sich aus einer Beziehung zu Jesus. So hat auch C.S. Lewis die guten Werke verstanden. Er glaubte, dass der Versuch, ein wirklich moralisches Leben zu führen, einen erst zur Verzweiflung und dann zur Quelle echter Rechtfertigung, nämlich zu Jesus führen wird. Er betonte in diesem Zusammenhang, dass diejenigen, die bereits ihr Vertrauen auf Jesus gesetzt haben, ihren Glauben in guten Taten ausdrücken sollen. Unser Ziel ist also „Wahrheit als Tat". Messianischer Glaube ist nämlich immer getränkt mit dem Willen, die wahre Gemeinschaft hier auf der Erde zu wagen. Seine Sehnsucht nach Gott ist die Sehnsucht, ihm einen Platz in dieser Welt zu bereiten.

>>>>>>> Heschel drückt es kurz und prägnant aus: *„Aktion ist Wahrheit."* Und er fährt fort: *„Die Tat ist die Erläuterung der Existenz. Sie drückt mit Leib und Seele den Durst nach Gott aus. Die jüdische mitzwot (heilige Tat) ist ein Gebet in Form einer Tat. Die mitzvoth sind die jüdischen Sakramente, Sakramente, die in gemeinsamen Taten der Güte ausgedrückt werden."* Wenn man das akzeptiert, dann wird das Handeln tatsächlich zum Zentrum. Auf die Gefahr hin, Buber zu häufig zu zitieren, wollen wir ihn doch noch einmal hören: *„Echte Religiosität hat nichts zu tun mit den Träumen romantischer Herzen, mit der Selbstverliebtheit verwöhnter Seelen oder klugen geistigen Übungen von Intellektuellen. Echte Religiosität ist Tun. Sie möchte das Ungeformte aus dem Material dieser Welt herausbilden. Das Gesicht Gottes ruht unsichtbar in einem Block von Erde; es muss da herausgeschnitzt und -gearbeitet werden. Sich hier zu engagieren, das heißt religiös sein – nichts anderes."* Das ist nichts anderes als das, was Jakobus, der Bruder Jesu, schrieb: *„Religion, die Gott unser Vater als rein und fleckenlos annimmt, ist: sich um Witwen und Waisen in ihrer Not zu kümmern und sich selbst von der Welt unbefleckt halten."* (Jak. 1,27)

>>>>>>> Mission ist eine Aufgabe! Sie definiert uns und gibt dem Volk Gottes seine unverwechselbare Richtung und sein Ziel. Im Bild

der Geschichte von Menashe gesprochen: Mission gibt uns unseren Namen. Jede geistliche Kultur und Lehre, die das ausblendet, ist künstlich und unecht. Ein rein gedanklicher, persönlicher Glaube hat mit dem, was Christus uns vorgelebt hat, nichts zu tun. Das bedeutet nicht, dass Nachdenken und Reflexion nicht wichtig wären; sie müssen aber Teil eines umfassenderen, aktiven missionarischen Lebens sein. Wir sind davon überzeugt, dass man in einem aktiven geistlichen Leben Gott besser lobt, intensiver betet und gründlicher die Bibel studiert.

>>>>>>> Vielleicht hilft hier das Bild vom Segeln. Präsident Woodrow Wilson hat einmal gesagt: *„Was ist Freiheit? Wenn wir ein Segelboot beobachten, das leicht übers Wasser gleitet, sagen wir gern ‚Wie frei das dahin gleitet!' Damit meinen wir, wie perfekt es dem Wind angepasst ist und wie vollkommen es dem himmlischen Atem folgt, der seine Segel füllt. Drehe es gegen den Wind, dann wird es anhalten und schwanken, jedes Segel flattert und der ganze Rahmen zittert. Das Boot ist nur dann frei, wenn man es zurück in den Wind fallen lässt und es sich wieder den Kräften anpassen kann, denen es gehorchen muss."*

>>>>>>> Jeder, der je gesegelt hat, versteht, was Wilson hier beschreibt. Wenn ein Segelboot Bug voran in den Wind gedreht wird, ist seine Fahrt jäh zu Ende. Das ist wie ein Schock. Und wenn der Schwung einmal dahin ist, ist es auch mühsam, ihn wieder aufzubauen. Dahinter steckt ein einfaches Prinzip: Wenn ein Körper in Bewegung ist, will er in Bewegung bleiben – und ein Körper in Ruhe will die Ruhe beibehalten. Im Leben eines Christen ist das nicht anders. Ein Leben voller Aktion, Bewegung und Energie ist der beste Ort um Meditation, Gebet und Reflektion auch aktiv zu pflegen.

>>>>>>> Ein Christ erlebt mehr, wenn sein Leben unter dem Wind des Heiligen Geistes Schwung bekommt. Im Lukasevangelium sendet Jesus 72 Jünger auf eine Missionsreise durchs Land. Er berichtet: *„Die 72 kehrten voller Freude zurück und sagten: ‚Herr, sogar die Dämonen*

sind uns untertan in deinem Namen!'" (Lk. 10,17) Die Ausgesandten sind durch ihre Aktion in Schwung gekommen; nach dem Motto: *„Probier etwas aus, dann wirst du merken, wie gut es tut."* Tu es einfach! Natürlich geht es auch hier nicht um Aktionismus. Davon gibt es heute in der Kirche zu viel. Unzählige Geistliche rennen sich die Hacken ab, um die Maschine „Kirche" am Laufen zu halten. Eine messianische Spiritualität ruft dagegen nach gezielten, missionarischen Aktivitäten. Mit Verweis auf die großen biblischen Glaubenshelden bemerkte Martin Buber einmal scharf: *„Es gab eine Zeit, in der der große Tätige erwartete, mit seiner Tat das Angesicht der Welt zu verändern und alles Werdende mit seinem Willen zu inspirieren. Den Bedingungen dieser Welt nicht untertan, war er in der Bedingungslosigkeit Gottes gegründet, dessen Worte er in seinen Entscheidungen so klar spürte wie das Blut in seinen Adern."* Dieses Vertrauen darauf, dass Menschen berufen sind, mit Gottes Hilfe Übermenschliches zu schaffen, ist heute völlig untergraben; sowohl das Gottesbewusstsein, als auch das Handeln des Menschen werden massiv klein gehalten. Angeblich ist alles, was man hoffen darf, an einem kleinen „Fortschritt" beteiligt zu sein. So wurde die Macht des Geistes durch die Geschäftigkeit und die Kraft des persönlichen Einsatzes durch das Verhandlungsgeschick ersetzt. *„Wer nicht länger das Unmögliche ersehnt, wird höchstens das allzu Wahrscheinliche erreichen."* Das scheint uns die gegenwärtige Krise der Kirche gut zu beschreiben.

Wie sollen wir denn leben?

Zum Schluss dieses Kapitels ein paar Hinweise, wie wir von einer eher passiven zu einer aktiveren Spiritualität kommen. Es ist nur logisch, dass die missionarische Gemeinde, die das Handeln als Sakrament versteht, sich ganz im Leben, in der Evangelisation, in der Diakonie, in lokalen Initiativen, in Freizeitzentren und in Cafés engagiert. Sie hat ja gelernt, dass man Gott an den Orten findet (oder dass Gott sie dort findet?), die früher als „gott-los“ galten, weil sie außerhalb des Gemeindelebens lagen. Allerdings: Eigentlich kann man Gott gar nicht suchen, denn es gibt nichts, in dem er nicht zu finden wäre. Letztlich geht es also um unsere Einstellung und unsere Wahrnehmung. Wenn wir einmal erkannt haben, wie Gott in der Welt handelt, dann können wir uns praktisch überall missionarisch engagieren. Die ganze Welt wird dadurch zu einer Spielwiese des Reiches Gottes.

>>>>>>> Ein interessantes Nebenprodukt einer solchen Perspektive von Aktion und Sakrament ist, dass andere dabei relativ einfach mitmachen können. Jede Gruppe, die ein gemeinsames Ziel hat (sei es soziale Gerechtigkeit oder sonst eine gemeinsame Tätigkeit), fängt an zu handeln. Viele soziale Bewegungen entstehen dadurch, dass Leute zusammenkommen und ein gemeinsames Anliegen ausdrücken. Das kann ein politischer Anlass sein („Befreit Nelson Mandela!“) oder ein sozialer Einsatz („Neues Leben für alte Mauern“) – die Aktion selbst bringt ganz verschiedene Leute zusammen. Und dadurch können solche Einsätze auch wunderbare Gelegenheiten für Evangelisation und Mission werden.

>>>>>>> Vor kurzem haben wir eine Reihe sehr interessanter Projekte in San Francisco bei einer Gruppe namens „ReImagine“ und in Los Angeles bei einem Haufen wilder und radikaler Christen namens Ichthus kennen gelernt (wir haben beide schon früher erwähnt). Beide Initiativen bestehen aus Kunst-Aktivisten, die ihre Kunst als Medium für missionarische Veränderung nutzen. Sie sammeln Menschen für Kunstprojekte und gründen so eine Plattform, um darauf neue Gemeinden zu bauen und inkarnierend missionarisch tätig zu sein.

>>>>>>> Ein besonders interessantes Beispiel einer solchen Arbeit ist „Cellspace“ im Zentrum von San Francisco. Cellspace ist allerdings kein christliches Projekt, sondern wird von marxistisch-buddhistischen Radikalen betrieben. Die waren von einer Vision getrieben und wur-

den durch ein 20.000 Dollar-Erbe motiviert, eine verlassene Fabrik zu kaufen. Ein paar Freunde zogen dort ein und fingen an, die alten Gemäuer in ein Kulturzentrum zu verwandeln – eines der lebendigsten, die wir je gesehen haben. Es ist als Genossenschaft organisiert, das heißt: jeder kann mitmachen, und die Künstler nutzen alle möglichen Formen von Kunst, um Aussagen über die Stadt und ihre Politik zu machen. Als wir sie besuchten, lief im vorderen Teil gerade eine Kunstausstellung – und hinten ein Kurzfilmfestival über das Schicksal der Obdachlosen und die Vergreisung der Innenstadt. So könnte auch christliche Mission aussehen.

>>>>>>> Wenn Gottes Volk heute mutig genug wäre, sich neu als inkarnierende Gemeinschaft zu verstehen und sich für die Veränderung der Welt einzusetzen (missionarische Aktion), würden sie viel mehr erreichen als die gegenwärtigen, passiven „Komm-zu-uns-und-nimm-in-der-Bank-Platz“-Gemeinden. Schon Mehrzweckgebäude machen es möglich, die vorhandenen Ressourcen besser einzusetzen; sie laden nämlich zu Projekten ein, an denen viele Menschen teilnehmen können. „Aktion“ wird so zur inneren Mitte der Gemeinschaft und zu einem Ausdruck von Gerechtigkeit, Gnade und Treue (Matth. 23,23). Darum bauen ja heute viele Gemeinden ihre Gemeinde um, etwa zu Sporthallen oder Gesundheitszentren, und geben so der Kirche ein anderes, nach außen gewandtes Aussehen.

>>>>>>> Das versucht auch „Elevation“ (Alans Café). Es hat das Ziel, Orte der Nähe zu schaffen, an denen sich Leute aus allen möglichen Kreisen treffen und gemeinsam etwas tun können. Viele von ihnen sind Noch-nicht-Christen, aber indem sie mit Christen zusammen unterwegs sind und gemeinsam etwas unternehmen, werden sie automatisch eingeladen, sich mehr Gedanken über Gott und den Sinn des Lebens zu machen. Bei „Elevation“ gibt es unter anderem Kunstunterricht, philosophische Diskussionsgruppen, Filme, Graffiti-, Tanz- und Kochkurse, Einkaufskooperativen und vieles mehr. Gemeinsam

etwas tun: Darum dreht sich alles. Leute stimmen mit den Füßen und durch ihre Interessen ab.

>>>>>>> Bei den erwähnten Beispielen geht es zwar überwiegend um Kunst, es sind aber auch ganz andere Aktivitäten denkbar. Kunst ist ein wunderbarer Weg, ganz natürliche Diskussionen über den Sinn und das Ziel des Lebens anzufangen, denn wahre Kunst hat immer mit der Existenz des Menschen zu tun.

>>>>>>> In allen erwähnten Beispielen sind die gemeinsamen Aktionen zum Brennpunkt der Mission geworden, und Menschen erleben Gnade durch das Handeln der Christen. So kann die Kirche anfangen, sich selbst als ein Agent missionarischen Handelns zu verstehen. Der große Vorteil solcher gesellschaftlicher Aktionen liegt in der Möglichkeit, dass viele Leute mitmachen können, auch wenn sie noch nicht Christen sind. So kann eine „Fokus-orientierte" Gruppe von Christen Menschen helfen, Jesus in der Gemeinschaft zu erfahren, ohne dass sie Kompromisse bei der Umsetzung des Evangeliums machen müsste. Menschen erfahren Gott durch das, was wir tun; das ist das Geheimnis.

>>>>>>> Nur eine messianische Spiritualität ermöglicht es uns, das Alltägliche zu heiligen und so alltägliche Verbindungen zwischen Himmel und Erde zu bauen. Postmoderne Menschen sehnen sich nicht nach besserer Lehre oder klarerer Theologie, sondern nach einfachen Akten der Freundlichkeit in einer chaotischen und kalten Welt. Wie sagte doch Jesus? *„Lasst euer Licht leuchten vor den Menschen, dass sie eure guten Werke sehen und euern Vater im Himmel preisen."* (Matth. 5,16)

C. Die Leidenschaft des Glaubens

9. „The medium is the message“

Das Medium bestimmt wirklich die Botschaft.
Alles ist in Ordnung, aber das Schiff
fährt immer noch in die falsche Richtung
>>> Edward de Bono

Der große Ausbruch

Der bezaubernde Film „Chicken Run“ erzählt von einer Gruppe von Hühnern in einer Hühnerfarm, die einem Konzentrationslager gleicht. Dort müssen die Tiere unermüdlich Eier produzieren, und wenn ein Huhn seine Legequote nicht erreicht, wird es für die Eliminierung markiert, das heißt: für den Kochtopf. In Szenen, die an den Klassiker „Der große Ausbruch“ erinnern, versucht Ginger, die tierische Heldin von „Chicken Run“, immer wieder, eine Massenflucht zu organisieren. Sie hat nämlich eine Vision, wie das Leben in Freiheit aussehen könnte.

>>>>>>> In einem ziemlich tragischen Moment versucht die mutige Henne, die anderen Hühner mit ihrer Vision anzustecken, merkt dann aber, dass die meisten ihrer Genossinnen überhaupt keine Vorstellung von Freiheit haben. Warum soll man versuchen, sein Schicksal zu ändern, wenn es, wie eins der Hühner unglücklich bemerkt, nun mal „Hühnerschicksal ist“, Eier zu legen und dann zu sterben?

>>>>>>> Ginger aber ist eine echte Heldin, die sich weigert, in der allgemeinen Lethargie des Lagers zu versinken. Sie wird für die Gruppe

zur Prophetin und Visionärin und zu einer wirklich guten Leiterin. Unter Gefahr ihres eigenen Lebens und obwohl sie selbst leidet und immer wieder eingesperrt wird, gelingt ihr schließlich ein verrückter (und vor allem völlig unhuhnischer) Ausbruchsplan: Sie baut eine Flugmaschine. Ihre Vision und ihr Opfer wecken die ganze Belegschaft aus der Trägheit und befreien sie von ihrer Feigheit, so dass schließlich alle gerettet werden und in der Freiheit landen – natürlich unter Lebensgefahr. Sie mussten es alle gemeinsam riskieren.

>>>>>>> Wir hoffen, dass das Folgende nicht zu melodramatisch klingt, aber wir sind überzeugt, dass missionarische Leiter heute genau so eine Einstellung brauchen – die Welt wartet nämlich auf radikale Jünger, die wissen, dass unsere Zeit einen entscheidenden Schritt weg vom traditionellen Bild von „Kirche" verlangt. Und es ist wohl nicht übertrieben zu sagen, dass die meisten Leute in der westlichen Kirche heute einfach nicht über das Christentum hinaussehen können, das sie so gut kennen. Wie die Zellengenossen Gingers können sie sich einfach nicht vorstellen, dass das Leben auch ganz anders sein könnte. Kein Wunder, dass so viele Gemeindeleiter sagen: *„Wir haben das schon immer so gemacht."* Denen, die radikale Veränderungen wollen, wird meist gesagt, sie sollten doch bitte aufhören, Unruhe zu stiften. Ja, oft sind es gerade die Leiter großer Gemeinden, die solche Querdenker am ehesten zum Schweigen bringen wollen. Wir haben beide mehr als einmal von Pastoren großer Gemeinden gehört, dass die Kirche doch gar nicht so schlecht dran sei. Leider erinnert genau dieses falsche Sicherheitsgefühl an das Hühnerfarm-Denken: Dort sind die eigentlichen Fesseln nämlich in den Köpfen der Insassen.

>>>>>>> Es ist wahr, dass die meisten Opfer von Internierungslagern irgendwann die Hoffnung auf Freiheit aufgeben und so einen geistigen Tod erleben – lange bevor sie körperlich sterben. Sie geben ihre innere Freiheit auf. An dieser Stelle ist es sehr wichtig, zwischen innerer und äußerer Freiheit zu unterscheiden: Man kann die äußere Frei-

heit verlieren, aber die innere kann uns niemand nehmen. Und diese innere Freiheit ist eine Sache unseres Glaubens, wie Sören Kierkegaard so treffend in seinen Schriften ausführt. Wenn wir uns von den Fesseln eines sterbenden Christentums befreien wollen, dann brauchen wir eine innere christliche Freiheit, in der sich ein alternatives Bild des gemeinschaftlichen Lebens entwickeln kann. Denn: Jetzt ist es an der Zeit, eine neue Spiritualität und eine neue Vision davon zu entwickeln, wie Kirche und christliches Miteinander aussehen können.

>>>>>>> Wir sind überzeugt, dass eine solche Spiritualität missionarisch und evangelistisch sein wird, weil sie vom Evangelium in all seinen Dimensionen inspiriert sein muss. Und darum wird sie auch die Kultur um sich herum so ansehen, wie Jesus und die Urgemeinde es taten – als einen Ort der Mission. Der Ausbruch aus der lähmenden Haltung des Christentums braucht mutige Schritte der „Gingers" in unserer Mitte. Es wäre schön, wenn es uns in diesem Kapitel gelingen würde, Ihre Sehnsucht nach einer solchen Entdeckungsreise zu wecken und Sie mit auf die Suche nach einer reicheren, lebendigeren, relevanteren und wirkungsvolleren christlichen Gemeinschaft zu nehmen. Dazu möchten wir Ihnen vor allem von den Dingen erzählen, die wir selbst als hilfreich erlebt haben – aber auch das Zusammenspiel von Gemeinschaft, Gott und Welt auf neue Art definieren. Außerdem möchten wir ein sehr wirkungsvolles Instrument vorstellen, mit dem wir die Wirkung unseres persönlichen Lebens und unserer Gemeinschaft bewerten können.

Ich tue, was ich bin

Der Kern einer messianischen Spiritualität ist die Überzeugung, dass Gott uns dadurch verändert, dass er unsere Identität erneuert. So einfach ist das. In Jesus Christus sind wir nach der Bibel eine *„neue Kreatur"*, *„Erben des Königreiches"*, *„Gottes Kinder"*, *„Heilige"*. Das sind nicht nur

Etiketten, die unser altes Leben neu kennzeichnen, sondern Identitäten, die wir anziehen, wenn wir von Jesus Christus neu lebendig gemacht werden (Römer 6). Die „Wiedergeburt" zeichnet uns aus – und dann sind wir eingeladen, diese grundlegende neue Persönlichkeit auch zu leben. Weil wir durch unsere Beziehung zu Jesus zu „Heiligen" werden, gilt Gottes Aufforderung, beständig in dieser Identität zu sein.

>>>>>>> Nun: Was tun Heilige? Sie leben heilig. Theologen unterscheiden bei diesem Thema zwischen Zuspruch und Anspruch. Der Zuspruch definiert uns, und der Anspruch ruft uns auf, dem Zuspruch im täglichen Leben gerecht zu werden. Genau so sind ja die meisten Texte im Neuen Testament aufgebaut, vor allem die Briefe des Paulus: Fast überall beschreibt der Apostel im ersten Teil den Zuspruch (Ihr seid errettet, gerecht gemacht etc.) und entwickelt dann in der zweiten Hälfte daraus den Anspruch (Darum lebt als ...).

>>>>>>> Wer ich bin oder besser: wer ich in Jesus geworden bin, das muss durch mein Verhalten erkennbar werden. Wenn sich jemand beispielsweise als Gourmet-Koch versteht, dann weiß jeder, was er tut, und wenn eine Frau sich als Sportlerin definiert, ist es klar, dass sie eine Menge Sport treibt. So sollte es auch bei unserem Glauben sein: Weil unsere wesentliche Identität die in Christus ist, sollte unser Christsein unser Leben am erkennbarsten prägen.

>>>>>>> Wir beide haben nach unserer Bekehrung die stärksten Veränderungen dadurch erlebt, dass wir anfingen, eine missionarische Identität auszubilden. Michael begann, als Evangelist umherzureisen und predigte bald in ganz Australien. Allerdings fand er es ziemlich schnell nervtötend, dass er überwiegend in Kirchen eingeladen wurde, in die sich nur sehr selten ein Ungläubiger verirrte. Mehr und mehr wurde ihm klar, dass er gerne eine neue Generation von missionarischen Leitern ausbilden wollte, um die Evangelisation und die Mission endlich von den Kanzeln und der klassischen Ortsgemeinde zu befreien. Das führte zu seiner Berufung an ein Seminar in Sydney.

>>>>>>> Alan erlebte den Paradigmenwechsel in seinem Denken, als er in seiner Kirche die Verantwortung für Mission und Gemeindeentwicklung in einem der südlichen Staaten Australiens übernahm. Er blieb dabei bewusst im Leitungskreis einer örtlichen Gemeinde, weil er immer auch Praktiker und nicht nur Bürokrat sein wollte. Wir wollten beide auf jeden Fall Praxis und Theorie verbinden. Darum gründeten wir mit anderen Leuten FORGE, ein Netzwerk für missionarisches Training in Australien. Unser Arbeiten mit zwei Schwerpunkten (Theorie und Praxis) hat uns dabei geholfen, die Probleme unserer Kirchen zu verstehen und zu erkennen, vor welchen Herausforderungen die Gemeinde in der aufkommenden globalen Kultur steht. Uns wurde klar: Die Kirche im Westen muss gegenüber ihrer Kultur eine ganz neue missionarische Haltung entwickeln – oder sie wird sterben. Auf diesem Weg hat Gott uns zu Missionaren werden lassen.

>>>>>>> Der Wechsel vom klassischen Gemeindedenken zum missionarischen Leben war nicht nur eine oberflächliche Umorientierung, sondern eine wirklich radikale Veränderung. Wir sehen seither die Welt und die Kirche mit anderen Augen. Und das beeinflusst unsere Arbeit genauso wie unser Privatleben – übrigens auch die Art und Weise, wie wir mit Gott umgehen und sein Wirken in der Welt wahrnehmen. Etwa die Tatsache, dass wir ihn heute an seltsamen Orten finden, die ein normaler Theologe nie aufsuchen würde. Als Missionare in Australien fingen wir an, das gesamte christliche Leben anders zu sehen. Wir nennen uns darum heute auch nicht mehr „Pfarrer", sondern Missionare – weil uns das viel besser definiert. Schließlich haben wir begriffen, dass das christliche Leben selbst neu definiert werden muss. Heute gehen wir so weit zu sagen, dass das Leben selbst ein Mittel zur Mission ist.

>>>>>>> Wir haben hier von unserer persönlichen „Bekehrung" berichtet, weil wir glauben, dass alle, die nach apostolischem Verständnis missionarisch werden wollen, eine solche innere Wende erleben müssen, die es ihnen ermöglicht, die Welt mit anderen, nämlich den Augen

Gottes zu sehen. Ein solch visionärer Blick unterschied Ginger von den übrigen Hühnern in ihrem Lager. Sie wusste, dass etwas anders werden musste, wenn sie als Gemeinschaft von Hühnern (über-)leben wollten. Man kann die wirklichen Probleme des Daseins nur mit missionarischen Augen erkennen – wenn man anfängt, wie ein Missionar zu leben und zu handeln. Dazu braucht es eine Bekehrung. Und jeder, der sie erlebt, wird sich als Revolutionär wieder finden, weil er merkt, dass die durchschnittlichen Gemeinden keineswegs so sind, wie sie sein sollten und wie sie sich selbst einschätzen.

>>>

Wir haben dieses Thema im Kapitel über messianische Spiritualität behandelt, weil es mit dem Geist und unserer geistlichen Identität zu tun hat. Freiheit ist immer gefährlich. Schließlich geht es bei allen wichtigen Entscheidungen um die ganze Persönlichkeit. Man muss wirklich bereit werden, Gott anders zu sehen und die Prägungen, die einen bisher bestimmt haben, hinter sich zu lassen.

>>>>>>> Vielleicht hat der Film „Matrix“ deshalb bei vielen Christen etwas angerührt: Er hat sie nämlich an das gefährliche Etwas erinnert, das schlafend auf dem Grunde ihrer Identität als Jünger eines unzähmbaren, wilden und freien Messias ruht. „Jünger“ sollten identisch sein mit dem, über den sie sich definieren. Das heißt: Wir sind ein Volk mit einem einmaligen Auftrag, den keine andere Gruppe ausführen kann oder will – wir können, sollen und dürfen Menschen für Jesus gewinnen. Aber solch ein Auftrag verlangt, wie in der „Matrix“, dass man Verantwortung wahrnimmt und ein Revolutionär wird, ein Aktivist, der entschlossen ist, den Lauf der Dinge zu verändern.

Das Medium bestimmt die Botschaft

In den 60er Jahren entwickelte Marshall McLuhan einen berühmten Leitsatz über die Medien, in dem er den Existentialismus und die Medienwissenschaften zusammenbrachte: „The medium is the message." Das Medium ist die Botschaft, oder besser: Die Art, *wie* und *womit* wir etwas sagen, bestimmt, *was* wir sagen.

>>>>>>> McLuhans bahnbrechendes Buch „On Media" hilft auch, die Kirche und ihre missionarische Wirkung zu verstehen und zu beurteilen. Darum wollen wir hier kurz zusammenfassen, was der große Denker formulierte. Also: Das Wort „Medien" gebraucht McLuhan im weitesten Sinn für die Technologien und Ausdrucksformen des Lebens. Er ging zu Recht davon aus, dass alle Technologien und Werkzeuge letztlich Verlängerungen oder Erweiterungen des menschlichen Körpers sind. Das Rad ist zum Beispiel eine Erweiterung des Fußes, Waffen sind Verlängerungen der Hand, der Zähne oder der Füße. Und ein Taschenrechner ist nichts anderes als eine Erweiterung der Rechenfähigkeiten unseres Gehirns. Jede Technologie stellt so ein Medium dar, durch das wir grundlegende Funktionen unseres Bewusstseins oder unseres Körpers auslagern.

>>>>>>> Auf dieser Grundlage stellt McLuhan nun fest, dass die eigentliche „Botschaft" eines jeden Mediums darin besteht, wie sehr es das menschliche Verhalten ändert. Mit anderen Worten: Jede Technologie erschafft neue soziale und individuelle Verhaltensmuster. Ein Beispiel: Die Eisenbahn brachte der menschlichen Gesellschaft weder die Bewegung, noch den Transport; beides gab es schon lange vorher – sogar schon vor der Erfindung des Rades. Nein, die neuen Medien beschleunigten und erweiterten die bisherigen menschlichen Möglichkeiten nur. Das Ergebnis aber waren völlig neue Städte und ein neues Arbeits- und Freizeitverhalten. So betrachtet, „erschuf" zum Beispiel die Erfindung der Dampfmaschine das, was wir heute die Industrielle Revolution nennen. Ähnlich einflussreich waren die Erfin-

dung der Druckerpresse, die Entdeckung des Eisens oder die Entwicklung der Schifffahrt. Technologien haben also eine gewaltige Wirkung auf unsere Wahrnehmung und unseren Umgang mit der Welt – mit guten und mit schlechten Konsequenzen (meistens beides).

>>>>>>> Was bedeutet das für uns? Nun: Einige Menschen haben ihr Gehirn seit längerem in ihren Palm Pilot ausgelagert, und selbst ein unausgesprochener Verhaltenskodex kann unser Bewusstsein und unser Handeln massiv beeinflussen. Die Grundidee hinter dem Satz „Das Medium bestimmt die Botschaft" ist: Erst formen wir unsere Werkzeuge, dann formen sie uns. McLuhan wollte, dass wir erkennen, welche Auswirkungen unsere Technologien auf uns haben. Sie sind nicht neutral, sie beeinflussen uns zutiefst – viel mehr, als wir es glauben wollen. Darum tun wir gut daran, über ihre Wirkung auf uns nachzudenken. Noch einmal: Das gilt für alle Methoden und Techniken, einschließlich derer, die die Kirche einsetzt.

>>>>>>> Was das alles für Konsequenzen hat, sieht man wahrscheinlich an den elektronischen Medien am allerbesten; und hier hatte McLuhan wirklich eine prophetische Sicht. Erstens stimmt es, dass die elektronischen Medien (wie Fernsehen, Radio und Internet) Erweiterungen des menschlichen Denkens sind. McLuhan nennt sie „Erweiterungen des Bewusstseins", und zweitens erleben wir gerade, wie diese Medien die Welt verändern. Das Ergebnis ist eine globale Umklammerung der Menschheit, in der wir unser Bewusstsein an wirtschaftliche Interessengruppen verpachtet haben: Medien-Mogule mieten sich unser Bewusstsein und verkaufen es uns mit Profit zurück. Wir werden immer mehr vom Geld und von Firmeninteressen geprägt. Lassen Sie uns nun McLuhans Theorie auf die Methoden anwenden, die die Kirche in der Christenheit benutzt hat, um Mission zu treiben.

Die Predigt

Seien wir ehrlich: Die Unterhaltungsindustrie, vor allem der Film, hat die traditionelle Art, wie kommuniziert wird, vollkommen verändert, und die Kirche sollte das endlich zur Kenntnis nehmen. Wenn wir Hollywood-Filme nur als visuelle Geschichtchen betrachten (was sie natürlich auch sind), vergessen wir leicht, welchen Einfluss sie auf uns haben – Filme machen uns! Um mit McLuhan zu reden: Die Leute haben ihre Phantasie nach Hollywood ausgelagert, und die Filme haben zugleich unsere Erwartungen an gute Kommunikation zutiefst verändert.

››››››› Ein Durchschnittsamerikaner sieht pro Jahr etwa hundert Kinofilme; ganz zu schweigen von unzähligen anderen Fernsehsendungen, MTV-Clips und den Impulsen aus dem Internet. Wenn Prediger sich bemühen, die Botschaft rüberzubringen, dann haben sie heute eine unfassbare Konkurrenz: nämlich millionenschwere Filmbudgets. Traurigerweise bauen wir in der Kommunikation des Evangeliums aber weiterhin fast ausschließlich auf die Monolog-Predigt. Da stellt sich schon die Frage: Werden zukünftige Generationen medial so anspruchsvoll sein (wie es postmoderne Menschen vielfach heute schon sind), dass sie eine Dreißig-Minuten-Predigt einfach nicht mehr so hören können wie ihre Eltern und Grosseltern?

››››››› Ein Prediger muss inzwischen wahre Wunder tun, wenn er die Aufmerksamkeit neuer Leute gewinnen möchte – vor allem aber muss er lernen, anders zu kommunizieren. Die Film-Generation lebt zum Beispiel von der „Hyper-Realität" – um einen postmodernen Ausdruck zu gebrauchen – und sie nimmt diese Wirklichkeitswahrnehmung sehr ernst. Und damit kommt die Ära der Monologpredigt, die auch noch etwas bewirken soll, für diese Leute zu einem abrupten und traurigen Ende. Man kann ernsthaft fragen, ob Billy Graham möglicherweise der letzte der großen Massenevangelisten war. Wir meinen damit nicht, dass die Kommunikation durch das gesprochene Wort grundsätzlich am Ende ist, aber Prediger müssen sich sehr gut überlegen, wie sie reden, wenn sie gehört werden wollen. Außer bei hervorragenden Kommunikatoren (und sie müssen sehr gut sein) haben reine Wort-Predigten heute wenig oder gar keine Wirkung.

>>>>>>> Wir dürfen nicht vergessen, dass die Predigt, wie wir sie kennen, auch nur eine bestimmte Methode ist, dazu noch eine ziemlich abgenutzte – ein Modell, das eher aus der christlich-philosophischen Liebe zur Rhetorik stammt als aus der Bibel. Außerdem bindet es die Gemeinde in nicht immer gesunder Form an die Person des Redners. Tatsächlich gehört zur Theorie von McLuhan der deutliche Hinweis darauf, dass Technologien süchtig machen! Er nennt diesen Zustand „narkotisch" (Versuchen Sie mal, ohne Ihren Computer zu leben.) Übertragen heißt das: Versuchen Sie einmal, sich eine Gemeinde ohne ausgebildeten Prediger vorzustellen. Zuerst formen wir unsere Werkzeuge, dann formen sie uns. Wir haben die klassische Predigt erfunden (das heißt: wir haben uns von den griechischen und römischen Philosophen eine Redeform ausgeliehen), und dann erfand die Predigt uns. Wir sind völlig von ihr abhängig! Wenn Sie Pastor einer richtig klassischen Gemeinde sein sollten, dann schauen Sie doch mal, was passiert, wenn Sie versuchen, nächsten Sonntag nicht zu predigen.

Das Gebäude

Schauen wir uns einen anderen Bereich des kirchlichen Lebens an, der uns ebenfalls beweist, wie tiefgründig und wichtig McLuhans intellektuelle Anfragen sind und dass sie auch für eine missionarisch-apostolische Spiritualität große Bedeutung haben. Schon im zweiten Teil dieses Buches haben wir über die Wirkung von Gebäuden geredet und wie sie oft unsere Arbeit einschränken. Unsere Gemeindehäuser können eine „Wir-gegen-die"-Mentalität erzeugen, aber sie tun noch mehr. Sie beeinflussen nicht nur die Art, wie wir andere, sondern auch, wie wir uns selbst sehen. Um das vorher erwähnte Zitat McLuhans abzuwandeln: Erst formen wir unsere Gebäude, dann formen unsere Gebäude uns. Die Christenheit ist so sehr von Gebäuden geprägt, dass es schwierig ist, deren Einfluss auf uns und unser soziales Verhalten auch nur einigermaßen abzuschätzen. Für praktisch alle Gemeinden, mit denen wir je gearbeitet haben, wäre es fast unmöglich, sich „Kirche“ ohne Gebäude vorzustellen. Selbst neue Gemeindegründungen denken meistens, dass sie ohne Gebäude unvollständig wären.

>>>>>>> Die meisten Christen wissen natürlich, dass die Bibel unter „Gemeinde“ nicht ein Gebäude, sondern eine Gemeinschaft versteht. Und als Jesus sagte „Ich will meine Gemeinde bauen“, da dachte er bestimmt nicht an ein Bauprogramm. Gebäude sind bloß Werkzeuge, das müssen wir uns immer wieder ins Gedächtnis rufen. Die christliche Gemeinschaft war jedenfalls am erfolgreichsten und seiner wahren Natur als Volk Gottes am nächsten, als es noch keine Gebäude besaß. Das Christentum brachte uns dann all die großartigen Häuser und Kathedralen, Kirchtürme und Bankreihen, die uns geprägt, eingesperrt und lange daran gehindert haben, wirkliche Gemeinschaft zu entdecken. Das ist eine Tragödie. Verstehen Sie uns recht: Gebäude sind nützlich, aber es sind nur Werkzeuge. Und wenn ein Werkzeug unsere Fähigkeit abstumpft, unsere Mission und unseren Zweck in dieser Welt zu erfüllen, dann muss man es hinterfragen und Konsequenzen ziehen.

>>>>>>> Ein guter Freund von uns (und einer unserer Helden) heißt Ashley Barker und leitet einen missionarischen Orden unter den Ärmsten der Armen in Melbourne und Bangkok. Vor ein paar Jahren besuchten Ashley und Alan eine Konferenz, die in einem neuen Mega-Gemeindezentrum stattfand. Wirklich neutral stellte Ashley damals die Frage: „Was sagt uns eigentlich dieses Medium über die Botschaft?“ Die Frage war interessant, und sie wollten ihr auf den Grund gehen. Also: Die Wände waren apricotfarben oder grau, und es gab nir-

gendwo Kunst oder irgendeine Symbolik. Der größte Teil des Gebäudes war mit langen Stuhlreihen bestückt, die alle nach vorn auf eine große Bühne mit hervorragender Licht- und Soundanlage gerichtet waren. Was also war die nonverbale Botschaft dieses Gebäudes? Hier unsere Auslegung: Die große Mehrheit der Leute wird als passive Konsumenten angesehen, während die wenigen aktiven Leute, die hochprofessionell auf der Bühne stehen, die Produzenten sind. Die Gemeinde sah letztlich so aus, als wäre sie für eine große Show konzipiert worden. Das Gebäude zeigte Reichtum, Erfolg und Professionalität und erfüllte damit wahrscheinlich alle Bedürfnisse der Konsumenten. Aber was sagte es wohl einem Noch-nicht-Christen über das Evangelium?

>>

Hier sind wir an einem wichtigen Punkt: Unser Auftrag und unser Umfeld müssen entscheiden, welche Methoden und Ausdrucksformen wir gebrauchen, nicht umgekehrt. Denn wenn wir diese Reihenfolge nicht strikt einhalten, werden unsere Werkzeuge uns überlisten. Das kann konkret heißen: Verkaufen Sie Ihr Gebäude und befreien Sie Ihre Gemeinde, oder bauen Sie die Versammlungsorte so um, dass sie eine missionarische Wirkung bekommen: Öffnen Sie Ihr Gebäude für sportliche Aktivitäten, betreiben Sie ein Gesundheitszentrum oder ein Café, entwickeln Sie einen Genossenschafts-Supermarkt oder eine Kleingartenanlage. Aber denken Sie bitte nicht mehr in den Kategorien eines statischen, attraktionalen, teuren, Einmal-die-Woche-Zentrums. Bauen Sie Orte der Begegnung zwischen dem Volk Gottes und den Menschen in seiner Umgebung. Wir sollten Gebäude entwerfen, in die Menschen natürlicherweise kommen. Schließlich können Kirchen während der Woche alles Mögliche für das Wohlergehen des Stadtteils anbieten. Bauen wir Gebäude, die die Gemeinde positiv und missionarisch motivieren! Wir müssen unsere Werkzeuge selbst formen, und dürfen uns nicht von ihnen formen lassen.

Das theologische Seminar

Ein weiterer Bereich der Kirche hat eine große Bedeutung für den Aufbau missionarischer Leiter und Gemeinden: Wir meinen die Institutionen, die unsere Hauptamtlichen ausbilden. Sie spielen eine dermaßen wichtige Rolle in der Gestaltung der Zukunft, dass wir sie einfach einmal im Licht der Aussagen McLuhans anschauen müssen.

>>>>>>> Irgendetwas in der Ausbildung unserer „Profis" scheint die Kirche zu lähmen. Schauen Sie sich bitte mal die „Methoden" unserer theologischen Seminare an und fragen Sie sich dann: „Wie haben diese Werkzeuge uns bislang geprägt?" Wir finden die Antwort, wenn wir untersuchen, welche Auswirkungen diese Methoden auf die Leitungsstrukturen und die Arbeit der Gemeinden haben. Wenn das Medium die Botschaft bestimmt: Was ist dann die unausgesprochene „Botschaft" der theologischen Seminare? Wenn die Hörsäle der Akademien Räume voller Stühle sind, die alle nach vorn auf das Rednerpult ausgerichtet werden, muss es uns nicht wundern, dass Gemeinden genau so aussehen. Dass in den Seminaren ein Experte Informationen weitergibt, unterscheidet sich übrigens auch nicht wesentlich von einem Gottesdienst.

>>>>>>> Natürlich wissen wir, dass die Wirklichkeit komplexer ist, trotzdem sollten wir uns fragen, ob in unseren Ausbildungsstätten nicht ein Modell existiert, das dann in fast allen Bereichen des Gemeindelebens reproduziert wird? Weil es bequem ist, biblisches Wissen und Jüngerschaft an die Experten auszulagern, machen wir alle mit (beachte wieder „Chicken Run"). Aus diesem Grund hat Michael eine der heute führenden theologischen Ausbildungsstätten in Australien angeregt, Theorie und Praxis besser zu verbinden. Im „Morling Seminary" in Sydney sitzen die Studenten nicht mehr einfach nur auf Stühlen und nehmen Unmengen von Worten auf, die als Monolog vorgetragen werden. Aktion und Reflektion werden beim Lernen verbunden. Zwar versuchen inzwischen viele Seminare diesen Schritt, aber

die meisten bleiben doch im klassischen Vorlesungsstil stecken. Das Medium bestimmt die Botschaft! Verbal kann man etwas tausendmal sagen, aber erst wenn es erfahrbar ist, wird wirklich kommuniziert. Die Menschen reproduzieren, was sie erleben. Das bekannte Wort enthält viel Wahrheit: *„Deine Taten sprechen so laut, dass ich deine Worte nicht hören kann"*!

>>>>>>> Viele sind mit dem klassischen Modell von Mission möglicherweise sogar zufrieden, aber wenn wir mit neuen Formen von Jesus-Gemeinschaften experimentieren wollen, geht es um sehr grundlegende Dinge: Um eine wirklich missionarisch-inkarnierende Gemeinde aufzubauen, brauchen wir nämlich neue Methoden und Werkzeuge. Vergessen wir nicht: Das theologische Seminar ist auch so ein Werkzeug. Es wird höchste Zeit, dass wir überlegen, wie die Ausbildung von theologischen Leitern in Zukunft aussehen kann, und es lohnt sich, zu fragen, wie Jesus seine Jünger „ausbildete". Und da stellt sich auch die Frage: Ist das Werkzeug der „Akademie" wirklich das richtige Medium für eine Botschaft von Jüngerschaft und Mission?

Wir sind unsere Botschaft

Schließlich möchten wir die bohrenden Fragen von McLuhan auch auf unser persönliches und gemeinschaftliches geistliches Leben anwenden. Wenn wir ernst nehmen, dass das Medium die Botschaft bestimmt, dann ist auch klar, warum unsere Taten als Ausdruck unseres ganzen Seins viel lauter reden als unsere Worte. Unser Leben sendet die ganze Zeit nonverbale Botschaften aus.

>>>>>>> Der dänische Philosoph Sören Kierkegaard nannte das *„Existentielle Kommunikation"*, und er meinte damit, dass unser Leben unsere eigentliche Botschaft ist. Konkret heißt das: Ihre Existenz als menschliches Wesen kommuniziert mehr als alles, was Sie sagen oder denken. Kierkegaard lehnte deshalb die Ideen Hegels zutiefst ab, der

lehrte, dass Wahrheit objektiv erfasst werden könne. Mit beißender Ironie schrieb er, dass *„Hegel einen wunderbaren Turm baut, aber in einer Hütte lebt“*. Damit stellte er fest, dass Hegel in der wirklichen Welt gar nicht in dem System leben konnte, das seine Philosophie produziert hatte. In der Welt blieb er damit nur ein distanzierter Zuschauer. Mit anderen Worten: Er entsprach nicht seiner eigenen Botschaft. Darum gilt: Die einzig wahre Predigt, die man hören und anwenden kann, kommt nicht von den Worten des Predigers auf der Kanzel, sondern aus seiner eigenen Existenz.

>>>>>>> Genau das ist die Botschaft des biblischen Existentialismus. In seinem Kommentar zu Kierkegaards Denken sagt F. Sontag: *„Die Existenz gehört zum Individuum, nicht zum Konzept des Allgemeinen. Wenn man nur Ideen entwickelt, löst man die Existenz in Möglichkeiten auf und löst sie damit vom Realen. Wir müssen von der Möglichkeit zum Realen vorwärts schreiten, das bedeutet: eine konkrete Aktion beschließen. Zum Beispiel ist es ein Irrtum, das Christentum in ‚gelehrte Wissenschaft‘ umzuwandeln, denn das Christentum wird abgeschafft, wenn das gelingt. Seine Existenz liegt auf der Ebene von individueller Entscheidung und Entschiedenheit. Das Christentum ist keine Lehre, sondern ‚existentielle Kommunikation‘“*.

>>>>>>> Das war das Problem des historischen Christentums: die Reduktion des Evangeliums auf Wissenschaft und Lehre. Wir müssen sehr ernst nehmen, dass das Medium „Lebenspraxis“ deutliche Botschaften vermittelt, die andauernd von den Leuten um uns herum gelesen werden. Das ist eine ziemlich alarmierende Wahrheit, weil eben *„unsere Taten so laut sind, dass man die Worte nicht hört“*. Was ist die Botschaft meines Lebens? Liest man mich als einen Jünger? Und sehen die Menschen ein klares Bild von Jesus durch meine Persönlichkeit?

>>>>>>> Nehmen Sie zum Beispiel unser Leben in der Mittelklasse: Wir nehmen uns doch eher selten Zeit, die Voraussetzungen zu hinterfragen, die diesem Leben zugrunde liegen. Soziologisch gesehen

ist die Mittelklasse auf Werten wie Sicherheit, Ansehen, Einfluss, Geld, Wettbewerb, Familie und Bildung aufgebaut. Vieles davon wird niemals aus der Perspektive des Evangeliums bewertet. Dabei ist es sehr offensichtlich, dass unsere „Mittelklassigkeit" das Evangelium oft untergräbt und verdunkelt. Für Alan ist es zum Beispiel eine echte Belastung, dass er ein gutes Auto und ein Haus in Melbourne City besitzt, weil diese Dinge einen Status kommunizieren, den er für fragwürdig hält. Solche Dinge sind ja nicht neutral. Unser Auto, unser Haus und unsere Bildung stehen für etwas. Die Frage ist nur: Was sagen sie über das Evangelium? Wenn wir die Kulturen in unserer Umgebung effektiv evangelisieren wollen, müssen wir auch diese Aspekte unter die Lupe nehmen. Wenn wir Jünger Jesu sein wollen, können wir Fragen von Klasse oder Kultur nie ausklammern – sein Leben muss unser Leben prägen.

>>>>>>> Viele Philosophien und Theologien versuchen, die Existenz des Menschen an sich zu beschreiben und klammern dabei den ganz konkreten, individuellen Menschen aus, so, als ob die Wahrheit „da draußen" und ohne Relevanz für das konkrete Leben wäre. Für Kierkegaard dagegen ist „Wahrheit kennen" und „Wahrheit sein" das gleiche. Die Wahrheit ist nicht „da draußen", sie muss „hier drinnen" offenbar werden. Es lohnt sich, mit diesem komplexen Gedanken Kierkegaards zu ringen. Das folgende Zitat mag verwirrend klingen, aber lesen Sie es bitte sehr sorgfältig und lassen Sie es einfach mal auf sich wirken: *„Die Wahrheit besteht nicht darin, dass man die Wahrheit kennt, sondern dass man die Wahrheit ist. Die Wahrheit zu kennen ist eine Folge der Tatsache, dass man Wahrheit ist, nicht umgekehrt. Genau darum führt es zur Unwahrheit, wenn man das Kennen der Wahrheit von ihrem Sein trennt, oder wenn man meint, dass ‚die Wahrheit kennen' das gleiche ist wie ‚die Wahrheit tun', denn in Wirklichkeit ist es genau umgekehrt: Nur die Wahrheit, die man ist, ist die, die man kennt."*

>>>>>>> Der britische Missiologe J.V. Taylor bemerkte einmal: „*Wie unwichtig, ja wie töricht, ist alle Kommunikation, wenn sie nicht aus genau der Wahrheit geboren ist, die sie mitteilen will!*“ Die Wahrheit kann nicht vom Leben selbst getrennt werden. Wenn sie wahr ist, muss es meine Wahrheit sein. Sie muss mich verändern. Ich muss in ihr engagiert sein. Wahrheit bedeutet persönliche Veränderung und Engagement.

>>>>>>> Um wieder einmal Martin Buber zu zitieren: „*Ein ‚Zaddiq' (ein Gerechter) sagte einmal über die Rabbis, die die Schrift für andere auslegen: ‚Welchen Sinn macht es, wenn sie Torah sprechen? Der Mensch sollte so handeln, dass sein ganzes Verhalten Torah ist, und er selbst zur Torah wird.' Und an anderer Stelle sagte jemand: ‚Das Ziel des weisen Mannes ist es, selber zu einer vollkommenen Lehre zu werden und all seine Taten zu Werkzeugen der Lehre zu machen; und wo er das nicht direkt kann, ist es sein Ziel, eine Übertragung der Lehre und ein Kommentar zu sein; so verbreitet er die Lehre durch all seine Bewegungen.' Die Menschen, in denen die Natur der Torah sich erfüllt, werden ‚Zaddiqs' genannt, die Gerechten, voll des Gesetzes. Sie sind die Träger der Lehre, nicht nur als Apostel, sondern als ihre Realität. Sie sind die Lehre.*“

>>>>>>> Woanders sagt Buber: „*Jede Person, die authentisch lebt, wird zu einer Torah, einer Lehre, werden.*“ Jesaja, Jeremia, Paulus, Jakobus, Tertullian, Franz von Assisi, Luther, Wesley, Bonhoeffer, Martin Luther King und Jesus – vor allem natürlich Jesus – gehören zu den zentralen Figuren in der Geschichte unseres Glaubens und ihre Wirkung bestand vor allem darin, dass sie auf eine bestimmte Art lebten – nicht als Folge, sondern als Grundlage ihrer Lehre; sie lebten so, dass ihr Leben als Lehre diente. Ihr Leben hat ihre Botschaft kommuniziert.

>>

In diesem Zusammenhang muss man auch erwähnen, dass eine echte Gemeinschaft nur möglich ist, wenn die Beziehungen zwischen Menschen verändert werden; und diese veränderten Beziehungen sind wiederum nur durch die inneren Veränderungen derer möglich, die die Gemeinschaft leiten und für sie arbeiten. Mit anderen Worten: Missionarische Gemeinschaft muss bei den Leitern anfangen. Die müssen die Visionen und Werte so verkörpern, dass suchende Menschen Gottes Vision in und durch ihr Leben „sehen". Das bedeutet für Leiter auch, dass sie Opfer bringen müssen – vor allem, wenn er oder sie von Anderen Opfer verlangt! Wir sind der festen Überzeugung, dass Leute von heute, die täglich von Tausenden von schlauen Werbebotschaften bombardiert werden, niemandem nachfolgen, der seine Botschaft nicht auslebt. Wenn die Leiter die Botschaft nicht verkörpern, wird ihnen keiner folgen: *„Leiter, ihr könnt nicht andere dahin führen, wohin ihr selbst nicht gehen wollt; ihr könnt nicht lehren, was ihr nicht kennt."*

Jenseits der Entweder-Oder-Kirche

Nun wollen wir uns der Frage zuwenden, wie die Kirche sich so neustrukturieren kann, dass sie eine missionarisch-messianische Spiritualität verkörpert. Wir glauben nämlich, dass das Medium „Kirche" selbst eine Botschaft ausdrücken muss, die es den Menschen möglich macht, Gott in jedem Lebensbereich und nicht nur in der Kirche zu finden.

>>>>>>> Wir müssen hier noch einmal kurz auf das Thema „Dualismus" zurückkommen, weil es ja andauernd in der Struktur und den Aktivitäten der traditionellen Kirche zutage tritt. In einem Diagramm ausgedrückt, würde diese dualistische Struktur etwa so aussehen:

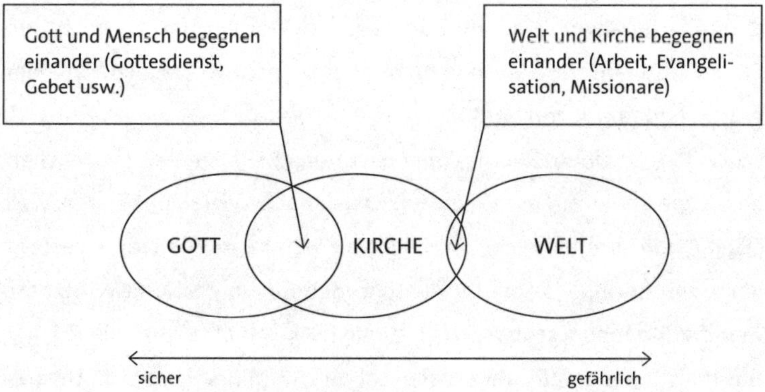

Dualistisches Kirchenverständnis

Abbildung 6

Nach diesem Bild können wir uns ungefähr vorstellen, wie eine durchschnittliche Gemeindebesucherin die Kirche erlebt: Sie betritt die Gemeinde (mittlerer Kreis) – einen neutralen Ort gleich gesinnter Menschen, in dem man sicher ist und bestätigt wird. Dann geht sie in den Gottesdienstraum (dorthin, wo sich „Gott“ und „Kirche“ überschneiden); sie hört den Aufruf zum Anbeten; die Musik und der Lobpreis beginnen. Jetzt fängt sie an, Gott zu erleben. Nach dem Singen und nachdem sie das Gefühl der Nähe Gottes gespürt hat, wird unsere durchschnittliche Gemeindebesucherin (nennen wir sie Claudia) dem Wort Gottes in der Predigt ausgesetzt. Anschließend erfährt sie Gott als persönlichen Retter noch einmal auf tiefer gehende Art – nämlich im Abendmahl. Ein paar Lieder später trifft sich Claudia wieder im mittleren Kreis mit ihren christlichen Brüdern und Schwestern bei einem Kaffee oder Mineralwasser. Dann muss sie sich darauf einstellen, dass sie zurück in die „Welt“ geht (rechter Kreis). In Claudias dualistischer Erfahrung ist die Welt (oft unbewusst) ein gefährlicher Ort für Christen. Denn: Gott ist nicht „in der Welt“. Sie fühlt sich bedrängt und schafft es knapp bis zum Hauskreis am Mittwoch, in dem sie Gott genau so begegnet wie am Sonntag. Am Morgen hat sie noch ihre Stille Zeit, in der Gott auftaucht, aber ansonsten ist sie allein in einer geistlich gefährlichen Welt.

>>>>>>> Verzeihen Sie die Überzeichnungen, aber wir sind sicher, dass viele von uns diese Grunderfahrung nachvollziehen können, weil „Gemeinde" immer wieder so erlebt werden kann. Die Tragik besteht vor allem darin, dass alles in diesem Medium so gestaltet wird, dass Claudia ihr Leben grundsätzlich dualistisch erlebt. Selbst die Predigt hat meist wenig mit ihrem realen Leben zu tun und ist viel zu theoretisch. Niemand wollte das so – es steckt irgendwie im Medium und in den Grundannahmen, die der Theologie und der Praxis des Christentums so häufig zu Grunde liegen. Ganz gleich, wie sucherfreundlich man den Gottesdienst macht, er kommuniziert fast immer einen Dualismus. Gott wird als Gemeinde-Gott und nicht als Gott des ganzen Lebens erlebt. Darum hat solch eine Gemeinschaft auch keinen missionarischen Charakter. Ihre institutionelle Botschaft wirkt gegen alle verbalen Botschaften und nimmt ihnen so die Kraft. Und sie vermittelt in der Regel keine Konzepte, nach denen Menschen ihre Arbeit, ihre Freizeit oder ihr Studium als missionarische Möglichkeit wahrnehmen lernen. Mission ist eine Sache der Kirche und wird von Experten gemacht. Wir brauchen wohl kaum zu wiederholen, dass die neutestamentliche Kirche nicht so war.

>>>>>>> Lassen Sie uns die drei Kreise des Diagramms einmal anders anordnen: Man kann das Verhältnis von Gott, Welt und Gemeinde nämlich ganz anders verstehen – missionarisch, inkarnierend, messianisch und apostolisch. Damit bringt es die vier Elemente dieses Buches zusammen. Wir glauben, dass das eine entscheidende Veränderung der normalen „Christentums-Kirche" bedeutet. Sehen Sie selbst:

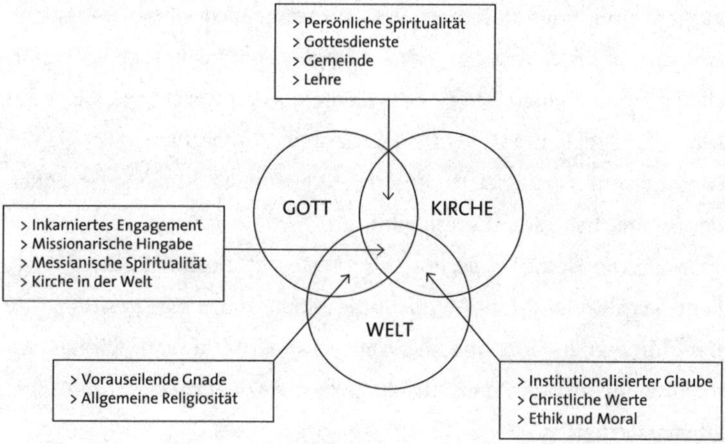

Missionarisch-inkarnierend-messianisch-apostolisches Kirchenverständnis

Abbildung 7

Wenn wir die Kreise anders anordnen, bekommen wir ein völlig neues Bild christlicher Erfahrung: In der Mitte, da, wo sich die Kreise überschneiden, haben wir eine Kirche, die wirklich missionarisch ist, gut inkarniert, und die durch ihr Handeln die Mission Jesu in die Welt hinein ausdehnt. Lobpreis und Anbetung sind eingebunden in den Kontext der Mission, kulturell verständlich, mit missionarischer Ausrichtung und offen für alle. Evangelisation und soziale Zuwendung gehören zusammen, wir arbeiten mit Gott gemeinsam an der Erlösung der Welt (Er ist ja schon dort!), und unsere geistliche Existenz umfasst die Vielfalt des ganzen Lebens.

>>>>>>> Dieses neue Bild von Kirche vermitteln wir auch den Praktikanten des FORGE Missions- und Schulungsnetzwerks, und die größte Belohnung für uns ist, wenn wir sehen, dass Studenten ein Licht

aufgeht und ihnen dämmert, dass sie tatsächlich all die vielfältigen Elemente ihres Lebens zusammenbringen und das immer noch „Kirche“ nennen können. Kirche oder Gemeinde kann nicht vom Rest des Lebens ausgeklammert sein. Im Gegenteil: Wir glauben, dass die Kirche nur dann Gottes Ziele verwirklicht, wenn sie all die losen Enden des Lebens bei Gott zusammenbringt.

>>>>>>> Die Herausforderung, die Kreise auf diese Art anzuordnen, liegt beim Kreis „Kirche“. Sprich: Die Kirche muss ihre Position, ihre Beziehungen zu Gott und zur Welt verändern. Dadurch können wir die Bindung an den Dualismus durchbrechen. Wir müssen mit Ginger „fliegen lernen“.

Partner Gottes

Im Talmud gibt es folgendes Rätsel: *„Wenn Gott gewollt hätte, dass der Mensch vom Brot lebt, warum schuf er keinen Brotbaum?“* Die Antwort ist: Gott hätte natürlich einen Baum schaffen können, an dem knusprige Brotlaibe wachsen. Er zog es aber vor, uns Korn zu geben, damit wir ein Feld anlegen und Samen säen. Er möchte, dass wir den Acker bebauen, während er den Regen sendet. Er möchte, dass wir die Ernte einbringen, während er die Sonne scheinen lässt. Er möchte, dass wir das Korn mahlen, den Teig kneten und das Brot backen. Er gibt uns Luft für unsere Lungen und Kraft für die Arme. Warum? Weil er möchte, dass wir seine Partner werden.

>>>>>>> Natürlich könnte Gott einfach unsere Bedürfnisse stillen und jedes Problem lösen. Aber er lädt uns zu aktiver Partnerschaft ein. Er sorgt für Erde, Luft, Wasser, Sonne und Kraft und bittet uns dann, damit zu arbeiten. Genauso ist es auch in der Mission. Wahrscheinlich hätte er die ganze Welt längst bekehren können, aber ihm ist Partnerschaft wichtiger als bloßer Erfolg.

>>

Einer der wirklich großen Evangelisten Australiens heißt John Smith und leitet eine der fruchtbarsten Missionsbewegungen im Land. Er hat in vielen Schulen, in Pubs, in Motorradclubs, im Parlament und überall dazwischen evangelisiert. John ist ein echter Wesleyaner und verkündet dessen Lehre mit Begeisterung. Und wenn John redet, dann erzählt er immer viele Geschichten – hier ist nur eine:

>>>>>>> Eines Tages kam nach einer evangelistischen Ansprache eine schöne junge Frau auf John zu. Sie war von seinen Worten tief bewegt und wollte unbedingt mit ihm weiter über den Glauben reden. John hatte aber leider einen Anschlusstermin. Sie war jedoch so hartnäckig, dass er schließlich zusagte, sie später am Abend zu treffen. Sie steckte ihm einen Zettel mit ihrer Adresse zu und ging weg. Nun kommt das Spannende: Als John sich die Adresse näher besah, merkte er, dass ihn die Frau in einem der bekanntesten Striptease-Clubs der Stadt treffen wollte. Das war für den Evangelisten ein echtes Dilemma. Normalerweise nahm er immer einen Mitarbeiter mit, wenn er an schwierige Orte musste, außerdem hatte er Angst, dass das Ganze eine Falle sein könnte und eine Zeitung nur darauf wartete, einen der führenden Evangelisten Australiens beim Betreten eines Stripclubs zu fotografieren. Trotzdem entschied er sich, allein zu gehen. (Was auch immer Sie von dieser Entscheidung halten – warten Sie noch mit Ihrem Urteil).

>>>>>>> Er ging also in den Strip Club, fand einen Tisch und bat die Kellnerin, Linda zu holen. Als die Kellnerin wiederkam, brachte sie zwar einen Drink, aber nicht die junge Frau. Als der Evangelist erklärte, dass er extra gekommen sei, um Linda zu treffen, wollte die Kellnerin das nicht glauben und fragte nach seinem Namen. Er nannte seinen Namen, aber da lachte sie nur und sagte: „Klar, hier heißt jeder John Smith“. Schließlich konnte er sie aber überzeugen, dass er mit Linda verabredet war.

>>>>>>> Als sie kam, dankte sie John sehr, dass er gekommen war, und begann, ihm ihre Lebensgeschichte zu erzählen: Sie hatte immer

gern getanzt und wollte eigentlich Künstlerin werden. Mit siebzehn Jahren lernte sie dann einen Christen kennen und verliebte sich in ihn. Der junge Mann lud sie ein, John in seiner Gemeinde zu hören und sie bekehrte sich. Ihr Freund kam allerdings aus einer ultrakonservativen Gemeinde, die alle weltlichen Vergnügungen, vor allem das Tanzen, ablehnte. Die Eltern übten darum großen Druck auf den jungen Mann aus, er möge die Beziehung beenden. Daraufhin stellte der Christ Linda vor die Wahl: Entweder er oder der Tanz. Sie entschied sich für ihren Lebenstraum, war aber am Boden zerstört, weil sie von nun an den christlichen Glauben mit den Ansichten dieser engstirnigen Leute verband. Wenig später gab sie ihren Glauben auf und widmete sich ganz ihrer Tanzkarriere. Leider meinte das Leben es aber nicht gut mit ihr: Sie bekam keine Anstellung als Tänzerin und endete beim Strippen. So konnte sie wenigstens tanzen, und weil es dafür viel Geld gab, verdrängte sie die unguten Gefühle, die sie eigentlich hatte. Eine Geschichte wie viele in diesem traurigen Geschäft.

›››››› Die beiden redeten noch mehr über Lindas Familie, ihre Träume, über Jesus und den Sinn des Lebens, und irgendwann spürte die junge Frau, dass sie zu Jesus zurückkehren wollte: John sprach also direkt im Club mit ihr ein erneutes Übergabegebet. Normalerweise sind Bekehrungsgeschichten an dieser Stelle zu Ende, aber diese hatte ein interessantes Nachspiel: Als Linda mit ihrer Vorstellung dran war, schaute sie den Mann an, der gerade mit ihr gebetet hatte, und bat ihn, sitzen zu bleiben und ihrem Tanz zuzuschauen. Da saß nun der führende Evangelist Australiens und wurde von einer Neubekehrten gebeten, ihr beim Strippen zuzusehen. John hatte den Eindruck, dass das ein wenig zu weit ginge, aber Linda beharrte darauf, also blieb er (Noch einmal bitten wir Sie, mit Ihrem Urteil zu warten. John ist in solchen Sachen eben extrem rigoros, weil er auch an den schlimmsten Orten Botschafter Christi sein möchte). Jedenfalls tanzte Linda nun ihr Programm: Sie hatte das Lied „Only Seventeen“

von Janis Joplin gewählt, ein Lied, in dem es darum geht, dass sich jemand abgelehnt und als „hässliches Entlein“ fühlt. Kurzum: Die junge Frau hatte die Geschichte ihres Glaubensverlustes mit in ihren Strip eingebaut.

>>>>>>> Die Frage, die John im Zusammenhang mit dieser Geschichte gern stellt – und die wir Ihnen jetzt stellen – ist: „War Jesus an diesem Abend in diesem Strip-Club?“ Kann man an solch einem Ort der Tragik und der Zerbrochenheit Gott finden? Wir sind der Überzeugung, dass man dazu von der Bibel her nur „Ja“ sagen kann. Darum ist die nächste Frage die entscheidende missionarische Schlüsselfrage: Wenn Gott an diesem Ort war und Linda durch Jesus Christus zu sich gezogen hat, durfte John ihr dann als Missionar an diesen Ort folgen? Um ein zerbrochenes Leben zu retten? Hatte Gott den Boden bereitet, Sonne und Regen gegeben? War Gott in dieser Situation vorausgegangen, damit John den Striptease anschauen und die Frau von der Sünde zur Ganzheit führen konnte? Die Antwort überlassen wir Ihnen. Was wir darüber denken, ahnen Sie wahrscheinlich.

>>>>>>> Natürlich wollen wir hier nicht dazu aufrufen, dass nun alle in die Clubs rennen und Stripper evangelisieren sollen. Wir beide könnten das wahrscheinlich nicht, ohne dabei in Versuchung zu geraten. Aber das ist nicht der entscheidende Punkt. Wir müssen uns die Frage stellen, ob wir Gott in seiner Mission folgen. Die Missionstheologie des Westens hat uns lange Zeit (ausgesprochen und unausgesprochen) gelehrt, dass wir Gott mitnehmen müssen, wenn wir als Missionare irgendwo hin gehen. Wir „erzählen“ den Menschen von Gott und nehmen an, dass sie bisher noch keine Erfahrungen mit ihm hatten. Aber das ist unbiblisch! Tatsache ist: Gott ist schon da! Und er war schon immer da. Er wirbt, lädt ein, ruft und zieht Menschen zu sich. So als wenn er sagen würde *„Schaut auf meinen großartigen Sohn! Ist er nicht wunderbar? Kommt, redet mit ihm....“*

>>>

Schauen wir uns noch einmal das letzte Diagramm an: Es stellt die drei überlappenden Kreise dar, in denen missionarisches Handeln geschieht – weil sich darin Gott und die Welt und das Volk Gottes überschneiden. Das ist der Ort, an dem die vorlaufende Gnade zur rettenden Gnade wird. Wir haben unseren Kirchenbetrieb und unser geistliches Leben, ja sogar die Evangelisation viel zu lange getrennt von der Welt betrieben, so lange, dass wir noch gar kein wirkliches Konzept für ein echtes missionarisch-inkarnierendes Engagement haben. So lange, dass wir uns heute fürchten, an die Orte zu gehen, an denen Gott längst wirkt.

>>>>>>> In der Apostelgeschichte und der Zeit der Urkirche war das anders – und ganz sicher auch bei Jesus, der gar nicht genug davon bekam, mit den Lindas dieser Welt in Pubs herumzuhängen. Genau das war es ja auch, was die religiösen Führer seiner Zeit beleidigte. Jesus machte aber trotzdem weiter, weil er die Verlorenen und die Zerbrochenen, die „Sünder“ und die Unbedeutenden liebte – und weil er wollte, dass sie Gott kennen lernen. Das Reich Gottes kam in Gestalt Jesu zu ihnen, so wie es durch uns für andere erfahrbar werden kann (wir sind doch Agenten des Reiches Gottes, oder?) – wenn wir es nur schaffen, hinauszugehen und uns unter die Leute zu mischen.

>>>>>>> Die „South Melbourne Restoration Community“, eine Gemeinde speziell für Zwanzig- bis Dreißigjährige, hat zum Beispiel ihren Alphakurs einfach im örtlichen Pub abgehalten, wo distanzierte Leute unverkrampft dazukommen und bei der Diskussion mitmachen konnten. Und das ist nur ein kleines Beispiel, wie die Kirche aus den gewohnten Formen ausbrechen und das Reich Gottes in die Welt einbrechen kann. Es ist Zeit, auszuschwärmen!

D. Die Leiter von morgen >>>>>>>>>>>>>>>>>>>>
>>>>>>>>>>>>>>>>>>>>>>>>>>>>>>>>>>>>>
>>>>>>>>>>>>>>>>>>>>>>>>>>>>>>>>>>>>>
>>>>>>>>>>>>>>>>>>>>>>>>>>>>>>>>>>>>>
>>>>>>>>>>>>>>>>>>>>>>>>>>>>>>>>>>>>>
>>>>>>>>>>>>>>>>>>>>>>>>>>>>>>>>>>>>>

>>>>>>>>>>>>>> 10. APPLE – ein geniales Konzept

Etwas ist stärker als alle Armeen der Welt:
eine Idee, deren Zeit gekommen ist. >>> *Victor Hugo*

Eine neue Art von Leitung

In diesem Kapitel wollen wir uns einen Aspekt anschauen, der für den Übergang von einer Christentums- zu einer missionarischen Kirche besonders wichtig ist: die apostolische Leitung. Ohne gesunde Leitungsstrukturen wird die missionarische Kirche wahrscheinlich gar nicht zustande kommen – und selbst wenn sie die Geburtswehen überstehen sollte, wird sie ohne gute Leitung nicht lange am Leben bleiben. Vor dem eigentlichen Übergang zu einer missionarischen Kirche müssen daher zukunftsweisende Ideen für tragfähige Leitungskonzepte stehen. Darum betrachten wir nun das vierte Kennzeichen der neu entstehenden Kirche: Sie wird „apostolisch" sein. In Kombination mit den ersten drei Merkmalen (missionarisch, inkarnierend und messianisch) stellt die apostolische Leitung ein wesentliches Element der Kirche der Zukunft dar.

>>>>>>> Damit die Gemeinde erneuert wird und wachsen kann, braucht es eine neue Konzentration auf die Leitungsstrukturen. Da kommt natürlich sofort die Frage auf: *„Welche Form von Leitung*

meinen wir?" In den Gemeinden tummeln sich ja schon jede Menge „Leiter", nur haben die meisten davon nicht wirklich Einfluss auf die Gemeindekultur. Deshalb reden wir hier von einer ganz bestimmten Gestalt von Leitung, deren Entwicklung vielleicht die wichtigste strategische Frage unseres Jahrzehnts darstellt – einer Frage, von deren Beantwortung es abhängen wird, ob die Kirche in den kommenden Jahren das Evangelium verkörpern lernt oder nicht.

>>>>>>> Also: Welche Form der Leitung brauchen wir? Schauen wir uns zuerst einmal die Anweisungen von Paulus in Epheser 4,1-16 an: *„Als Gefangener des Herrn bitte ich euch dringend, ein Leben zu führen, das der Berufung würdig ist, die ihr erhalten habt. Seid demütig und sanft; seid geduldig und ertragt einander in Liebe. Setzt alles daran, die Einheit des Geistes durch das Band des Friedens zu bewahren. Es gibt einen Leib und einen Geist – so wie ihr zu einer Hoffnung berufen wurdet – einen Herrn, einen Glauben, eine Taufe; einen Gott und Vater aller, der über allen und durch alle und in allen ist. Aber jedem von uns wurde die Gnade nach der Zuteilung Christi gegeben... Er war es, der einige zu Aposteln machte, einige zu Propheten, einige zu Evangelisten, einige zu Hirten und Lehrern, um Gottes Volk zu Werken und Dienst auszurüsten, damit der ganze Leib aufgebaut wird, bis wir alle die Einheit im Glauben und in der Erkenntnis des Sohnes Gottes erreichen, reif werden und zum vollen Maß der Fülle Christi kommen. Dann werden wir nicht länger kleine Kinder sein, hin- und hergetrieben von den Wellen, hier- und dorthin geblasen durch jeden Wind der Lehre und durch die Schlauheit und Raffinesse der Menschen mit ihren betrügerischen Plänen. Stattdessen wollen wir die Wahrheit in Liebe reden und in allen Dingen heranwachsen auf ihn zu, der das Haupt ist, das heißt Christus. Von ihm her wächst der ganze Leib, zusammengefügt und -gehalten durch jedes stützende Gelenk, und baut sich in Liebe auf, indem jedes Teil sein Werk tut."* (Eigene Übersetzung)

>>>>>>> Wir möchten diesen Text und seine Konsequenzen für die Leitung sowohl unter theologischen, als auch unter soziologischen

Gesichtspunkten betrachten. Bevor wir den Text genauer anschauen, hilft es, wenn wir einige Begriffe klären: Wir werden zum Beispiel immer wieder von „Dienstmatrix" oder „Leitungsmatrix" reden und meinen damit das, was man traditionell den „fünffältigen Dienst" des Ephesertextes nennt. Diesen umständlichen Begriff „fünffältiger Dienst" haben wir durch die einprägsame Abkürzung APPLE (englisch = Apfel) ersetzt, die einfach die fünf im Text genannten Funktionen zusammenfasst: **A**postel, **P**ropheten, **P**astoren (Hirten), **L**ehrer und **E**vangelisten. Wenn wir dem biblischen Text folgen, erkennen wir einen inneren Entwicklungsprozess hin zur organischen und theologischen Einheit der APPLE-Leitung; diesen Prozess nennen wir den „Mechanismus der Reife". Wir treten dafür ein, dass diese Art der Leitung in unseren Gemeinden wieder entdeckt wird.

Die APPLE-Theologie

Wir gehen davon aus, dass der Epheserbrief (wie die meisten Briefe) damals bald in den Hausgemeinden der Region zirkulierte. Das ist wichtig, weil dieser Brief eben nicht nur die Erfahrungen einer Gemeinde, sondern vieler Gemeinden widerspiegelt. Und das wiederum hat Folgen für alle Gemeinden an allen Orten und, wie wir hinzufügen möchten, zu allen Zeiten. Außerdem darf man nicht vergessen, dass dieses Leitungsbild in der wichtigsten Abhandlung über das Wesen der Gemeinde und ihre Aufgabe steht. Die Gedanken des Epheserbriefs sind der Grundstock für die Ekklesiologie des Paulus und können darum als zeitlos gültige Beschreibung für die Gestaltung von Gemeinde gelesen werden. Der Gedankengang des Textes ist ziemlich klar, wie dieses Diagramm illustriert:

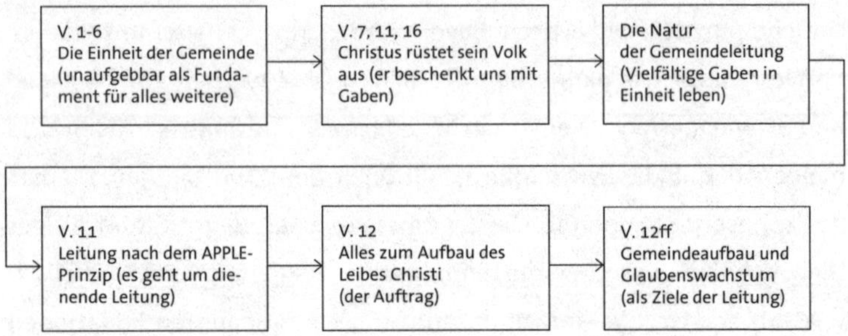

Abbildung 8

Paulus beginnt mit der Aufforderung, an der Einheit der christlichen Gemeinde mit aller Kraft festzuhalten, trotz ihrer Komplexität, ihrer Verschiedenheit und ihrer divergierenden Umfelder. An dieser Stelle ist ein solcher Ruf besonders wichtig, weil Paulus ja für gleichberechtigte Gemeinschaften von Leitern eintritt, die dem Leib Christi verschiedene Arten der Führung ermöglichen sollen. Gerade wenn wir die Verschiedenheit dieser Formen von Leitung akzeptieren, brauchen wir Einheit – eine Einheit, die in einem Geist, einem Glauben, einer Taufe, einem Herrn und einem Gott und Vater begründet ist (Verse 1-6).

>>>>>>> Als nächstes spricht Paulus davon, dass Christus sein Volk mit Gnadengaben zum Dienst ausrüstet. Jedem von uns (also buchstäblich „allen Christen"!) wurden Gnadengaben gegeben, die Christus zuteilt. Er war es, der einige zu Aposteln, einige zu Propheten, einige zu Evangelisten und einige zu Hirten und Lehrern machte (Vers 7,11). Diese Verse scheinen zu unterstreichen, dass der Dienst der Kirche grundlegend charismatischer Natur ist. Es ist wichtig, das zu erkennen, weil es beim APPLE-Konzept nicht um Dienststrukturen, sondern um Leitungsfunktionen geht. Die Gnade Jesu für seine Gemeinde kann nämlich nicht in Diensten institutionalisiert werden.

>>>>>>> Wir setzen uns dafür ein, dass die Fülle der paulinischen Lehre in Bezug auf die christliche Leitung wieder entdeckt wird.

Das bedeutet für viele traditionelle Gemeinden vor allem, dass sie die belebenden Aufgaben von Aposteln, Propheten und Evangelisten zulassen, die im Christentum weitestgehend ausgeschlossen wurden. Mit der gleichen Konsequenz, mit der Paulus festhält, dass die Gemeinden sich um einen Herrn, einen Glauben und eine Taufe sammeln sollen, sagt er, dass Gott dieses spezielle Gabenmuster mit einer klaren Absicht für die Kirche geschenkt hat. Deshalb sind wir der Überzeugung, dass dieser Text weder grammatisch, noch theologisch oder thematisch teilbar ist. Man kann einen solchen Abschnitt nicht einfach in verschieden gültige Teile zerlegen, ohne ihm seine Stimmigkeit und seine Kraft zu nehmen. Dem Text zufolge ist die Lehre von der Einheit der Kirche untrennbar mit dem APPLE-Konzept verbunden. Das heißt: Die Gemeinde und ihr Dienst sind eins, und an dieser Stelle wird ihre Mission direkt in Beziehung zu ihrer Leitungsstruktur gesetzt.

>>>>>>> Mehr noch: Wenn wir den Epheser-Text als Einheit lesen, ist die Fähigkeit der Gemeinde, zur Reife zu kommen, unlösbar damit verbunden, dass sie einen vollständigen fünffachen Leitungsdienst hervorbringt. Die Verbindung zwischen dem APPLE-Konzept und der Reife, beziehungsweise der Mission der Kirche ist gar nicht zu übersehen. Hören wir noch einmal auf die Verse 12-16: „... *um Gottes Volk zu Werken und Dienst auszurüsten, damit der ganze Leib aufgebaut wird, bis wir alle die Einheit im Glauben und in der Erkenntnis des Sohnes Gottes erreichen, reif werden und zum vollen Maß der Fülle Christi kommen.*" Dann werden wir nicht länger kleine geistliche Kinder sein, die von den Strömungen hin- und hergetrieben, von jeder neuen Lehre hier- und dorthin geblasen und durch die Schlauheit und Raffinesse der Menschen hintergangen werden. Stattdessen werden wir liebevoll und wahrhaftig sein und in allen Dingen zu dem hin wachsen, der unser Haupt ist: Christus. Von ihm her wächst der ganze Leib, der sich in Liebe aufbaut, indem jedes Teil sein Werk tut.

>>>>>>> Wir verstehen diesen Text so, dass Paulus den APPLE-förmigen Dienst als den entscheidenden Weg ansieht, um Mission und Leitungsstrukturen aufzubauen und um als Christ zur Reife zu kommen. Er scheint sagen zu wollen, dass es gar nicht möglich ist, ohne die fünffältigen Dienste richtig zu reifen. Und wenn dem so ist, dann kann man nur noch über das Unheil erschrecken, das die Kirche angerichtet hat, als sie diesen wichtigen Teil des neutestamentlichen Leitungsverständnisses aktiv unterdrückt hat. Wenn wir die biblischen Verse so nehmen, wie sie da stehen, dann müsste sich einiges verändern. Ja, möglicherweise ist gerade die Tatsache, dass dieses Leitungskonzept nicht bewusst aufgebaut und praktiziert wurde, verantwortlich für die Unreife der Kirche im Westen und ihre missionarische Lähmung.

>>>>>>> Wir glauben zum Beispiel, dass es ein Fehler war, die Rolle des Evangelisten so an den Rand zu drängen und sie nicht in der Gemeinde zu beheimaten. Noch beunruhigender ist aber, dass die Aufgaben der Propheten und Apostel von den großen Kirchen völlig ignoriert wurden. Wir sind überzeugt, dass wirkungsvolle Mission da entsteht, wo alle fünf Leitungsgaben harmonisch zusammenwirken. Pastoren und Lehrer haben allzu lange die Leitungsgremien unserer Kirchen bestimmt. Es ist Zeit, dass wir endlich zu einer Balance kommen.

>>>>>>> Zur Klärung der Begriffe wollen wir die fünf grundlegenden Leitungsaufgaben von Epheser 4 kurz definieren, wobei wir noch einmal betonen, dass es dabei nicht um Ämter geht:

- Die apostolische Leitung wird normalerweise überregional ausgeübt. Sie ruft neue missionarische Projekte ins Leben und überwacht ihre Entwicklung.
- Die prophetische Leitung unterscheidet in bestimmten Situationen geistliche Realitäten und kommuniziert sie zur rechten Zeit und auf die richtige Art, um so die Mission des Volkes Gottes voranzutreiben.

> Die evangelistische Leitung kommuniziert die Botschaft des Evangeliums so, dass Menschen sich eingeladen fühlen, mit ihrem Leben darauf zu antworten.

> Die pastorale Leitung übernimmt den Hirtendienst für das Volk Gottes, indem sie seelsorgerlich und geistlich ernährt, schützt, begleitet, betreut und vorangeht.

> Die lehrende Leitung kommuniziert die offenbarte Weisheit Gottes, damit das Volk Gottes erkennt, wie es das umsetzen kann, was Jesus ihm geboten hat.

Bei diesen Aufgaben geht es um abgegrenzte Dienstbereiche, die sich aber durchaus überschneiden können. Zum Beispiel kann eine Person, die vor allem die Gabe der Lehre hat, auch Menschen zu Christus führen; ein apostolischer Pionier, der ein neues missionarisches Konzept umsetzt, kann auch als Hirte und Lehrer wirken; einer, der das Evangelium kommuniziert, kann auch eine neue Arbeit beginnen oder Jünger lehren – und ein prophetisch Begabter kann auch evangelistisch gebraucht werden. Wichtig ist, dass hier Kernbegabungen von Menschen beschrieben werden, die in die Mission gerufen sind.

>>>>>>> Alle Leitungsaufgaben arbeiten gemeinsam darauf hin, dass die Christen in der Gemeinde zu ihrem Dienst ausgerüstet werden und der Leib Christi zur Reife kommt. Der Epheserbrief als Ganzes macht deutlich, dass diese Berufungen sich gegenseitig anerkennen und in der Verantwortung vor den jeweils anderen ausgeübt werden sollen. Die folgende Tabelle ist eine Übersicht, die die Definition, die Schwerpunkte, die Schwachstellen und die Wirkung der fünf Leitungsaufgaben noch einmal zusammenfasst:

Rolle	Definition	Schwerpunkt	Blinder Fleck	Wirkung
Apostel	Einer, der gesandt ist	Die Dringlichkeit von morgen	Bedürfnisse von heute	Ausdehnung
Prophet	Einer, der es weiß	Aktuelle Bedürfnisse im Licht von morgen	Bedürfnisse von heute	Integration
Pastor (Hirte)	Einer, der sich kümmert	Bedürfnisse von heute	Die Dringlichkeit von morgen	Ernährung
Lehrer	Einer, der erklärt	Integration	Zeit	Verständnis
Evangelist	Einer, der rekrutiert	Die Dringlichkeit von heute	Bedürfnisse von heute	Erweiterung

Wie Sie sehen, haben wir die Dienste zum Teil weiter definiert als das andere tun. Ein Apostel ist für uns jemand, der die Gemeinde in Richtung Gemeindegründung und Grenzüberschreitung ausdehnt und ihr hilft, zu einer Bewegung zu werden, die über die eigenen Grenzen hinausgeht. Ein Prophet ist für uns jemand, der weiß, wie Gott in bestimmten Fragen der Gemeinde denkt, was er ihr sagen will und wie er Veränderung und Wachstum bewirkt.

>>>>>>> Wichtig ist dabei, dass diese Aufgaben nicht nur auf die Leitungspersonen beschränkt sein dürfen, wenn eine maximale missionarische Wirkung erzielt werden soll – hier geht es um die ganze Gemeinde. Das APPLE-Konzept muss also zweidimensional verstanden werden: Einerseits reden wir von der Leitung (Leitungsmatrix), andererseits von der ganzen Gemeinde (Dienstmatrix). Auch wenn nur einige „Apostel" genannt werden, soll die ganze Gemeinde apostolisch sein. Einige wird man als Evangelisten bezeichnen, aber die ganze Gemeinschaft soll evangelistisch sein. Das kann man so darstellen:

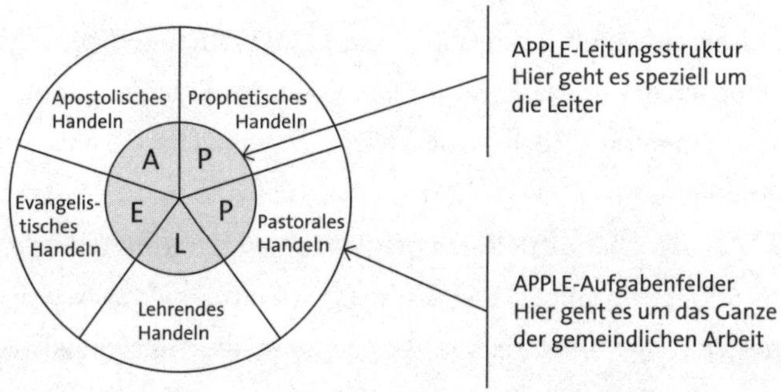

Abbildung 9

Paulus schreibt in Eph. 4,7: *„Jedem von uns ist die Gnade gegeben, wie Christus sie zugeteilt hat."* Und in Vers 11: *„Und er gab einige als Apostel, einige als Propheten, einige als Evangelisten und einige als Hirten und Lehrer"*. Der entscheidende revolutionäre Aspekt ist: Diese fünf Aufgaben beschreiben die ganze Gemeinde. Wenn wir die Formulierung *„Jedem von uns"* zusammen mit dem wiederholten *„Einigen gab er"* lesen, dann folgt daraus, dass alle Christen in diese fünffältige Matrix eingeschlossen sind.

>>>>>>> Wir sind der festen Überzeugung, dass Paulus hier nicht, wie so oft dargestellt, nur die offizielle Gemeindeleitung beschreibt – ihm geht es um die Gemeinde selbst. Der Apostel musste sich ja noch nicht mit den seltsamen Vorstellungen des „Dienstrechtes für Ordinierte" herumschlagen, weil es die Trennung zwischen Haupt- und Ehrenamtlichen so im Neuen Testament einfach nicht gab. Wir haben das schon mehrfach erwähnt, aber nach 1700 Jahren Christentum kann das wohl nicht oft genug gesagt werden.

>>>>>>> Letztlich beschreibt Paulus im Epheserbrief jedes einzelne Mitglied der Gemeinde. Denn ganz gleich, welche Begabung oder welche Aufgabe in der Gemeinde wir analysieren: Sie passen alle in eines der fünf Aufgabenfelder. Das kann uns helfen, die Menschen

in der Gemeinde mit ihren Gaben ganz neu wahrzunehmen. Gerade weil Menschen sich stark mit ihren Begabungen identifizieren, ist es wichtig, ihnen zu zeigen, dass sie damit geistliche Verantwortung bekommen.

>>>>>>> Für manche von Ihnen mag das eine ungewohnte Auslegung dieses Textes sein, aber stellen Sie sich doch bitte mal vor, wie sich ein solches Leitungsverständnis in der Ortsgemeinde auswirken würde. Nehmen Sie irgendein Gemeindeglied und versuchen Sie, ihn oder sie in eins der fünf Aufgabenfelder zu platzieren. Viele Ehrenamtliche haben großartige Gaben, die die Gemeinde missionarisch voranbringen könnten, haben aber noch nie gehört, welche Bedeutung das für die Gemeinde hat.

>>

Mit dieser Auslegung wollen wir die Anweisungen von Paulus, die die Leitungspersonen der Gemeinde betreffen, gar nicht abwerten. Wir verstehen die Leitungsmatrix einfach als Gemeinschaft in der Gemeinschaft, deren Mitglieder berufen sind, bestimmte Dienste beispielhaft zu verkörpern und damit Leiter für den Rest Gemeinde zu sein. Mit anderen Worten: Einige Leiter sind klassische pastorale Leiter, die die Gemeinde seelsorgerlich und geistlich führen. Andere sind prophetische Typen, wieder andere apostolische usw. Jesus schenkt ihnen diese Gaben, und jetzt werden sie über sich selbst hinaus berufen, andere in diesem Dienst anzuleiten. Das kann man als „Berufung in der Berufung" bezeichnen.

>>>>>>> Wir haben schon mehrmals darauf hingewiesen, dass alle Christen eine Gabe haben, weil wir der festen Überzeugung sind, dass es keine richtige Mission geben wird, wenn wir das nicht wahrnehmen. Dabei müssen wir auch akzeptieren, dass nicht alle ordinierten Geistlichen notwendigerweise begabte Leiter sind. Die APPLE-Gaben zu haben, ist etwas anderes, als sie in einer leitenden Funktion auszuüben. Die These, dass eine bestimmte Begabung auch zur Leitung

qualifiziert, lässt sich in der Praxis einfach nicht halten. Jemand kann ein hervorragender Mitarbeiter und zugleich ein schrecklicher Leiter sein. Die meisten von uns kennen solche Fälle. Es kann zum Beispiel sein, dass ein prophetisch begabter Mensch wirklich aus dem Herzen Gottes redet, aber wenn man ihn zum Leiter macht, erweist er sich als organisatorisch ungeschickt oder sogar destruktiv.

>>>>>>> Natürlich gibt es auch Leitungspersönlichkeiten, die wirklich prophetisch begabt sind. Leitung erweist sich eher als eine ergänzende Fähigkeit, mit deren Hilfe man andere aufbauen kann und der andere gern folgen. Deshalb muss Leitung konzeptionell von Gaben und Diensten unterschieden werden. In einigen Menschen überschneiden sie sich, aber nicht in allen.

>>>

Darüber hinaus kann man über die APPLE-Matrix sagen, dass sie immer dann funktioniert, wenn ein Team sie in Einheit und Vielfalt ausübt. Jede Rolle wird erst vom Ganzen her legitimiert. Deshalb ist es ja so erschreckend, wenn wir gegenwärtig in den Gemeinden eine derart einseitige Konzentration auf Pastoren und Lehrern haben – auf Kosten von Aposteln, Propheten und Evangelisten. Solch eine Einseitigkeit ist eine gründliche Verkehrung der Grundidee des Paulus. Genauso falsch wäre aber auch eine Gemeinde, die nur aus Aposteln oder Evangelisten besteht.

>>>>>>> Paulus macht deutlich, dass die missionarisch-apostolische Gemeinschaft ein korporatives Verständnis von Gemeinde, Dienst und Leitung braucht. Sie muss auf allen Ebenen als Leib funktionieren, besonders aber auf der Leitungsebene, weil die Leiter als Modell für andere dienen. Im neutestamentlichen Modell ist daher überhaupt kein Raum für eine Ein-Mann-Leitung. Aus diesem Grund lehnen wir das klassische hierarchische Modell mit dem so genannten „Hauptpastor" an der Spitze auch ab. Biblisch gesehen braucht jede Leitung alle Gaben des APPLE.

>>>

Die „South Melbourne Restoration Community“ hat eine höchst anregende Leitungsstruktur aufgebaut, die das zweidimensionale Verständnis des APPLE umsetzt. Diese Gemeinde wird nicht länger allein von Hauptamtlichen geleitet, sondern hat ein APPLE-Leitungsteam, das jedem Gemeindeglied helfen soll, seinen Platz im Ganzen zu finden.

>>>>>>> Noch viel weiter ist die erstaunliche „St.John´s Church“ in Sheffield. Unter der Leitung von Mike Breen und Paddy Mallon hat diese Gemeinde ein Konzept entwickelt, mit dem alle Mitglieder ihre Gabe in der APPLE-Matrix entdecken können. Und dann bieten sie zu jeder Gabe eine ganze Sammlung von Jüngerschaftskursen und Seminaren an, in denen man Leiten lernt. Die Gemeinde explodiert dadurch geradezu vor lauter Missionseifer und Engagement.

>>>>>>> So viel zu den theologischen Konsequenzen von Epheser 4. Wir kommen nun zu einigen soziologischen Dimensionen des Textes – speziell was die Organisationstheorie und die Leitungsentwicklung betrifft.

Die APPLE-Soziologie

Wenn wir die Kirche als soziologische Größe betrachten und uns die Auswirkung verschiedener Führungsstile anschauen, stellen wir fest, dass das paulinische Konzept durch die besten Führungs- und Management-Theorien unserer Zeit gestützt wird. Allerdings sind die Begriffe, die Paulus benutzt, theologisch so belastet, dass wir gerne einmal einen Schritt zurücktreten und das Thema unter soziologischen Gesichtspunkten betrachten wollen; gerade weil wir wissen, dass die Kirche mit den Rollen der Apostel, der Propheten und der Evangelisten oft Mühe hatte. Schauen wir uns das mal an!

>>>>>>> Die meisten Organisationsstrukturen kennen einen oder mehrere der folgenden Führungsstile:

- > Der **Unternehmer** bricht neuen Boden auf, denkt strategisch und initiiert neue Bereiche der Organisation.
- > Der **Infragesteller** stört den Status Quo und fordert zu notwendigen Richtungsänderungen heraus.
- > Der **Kommunikator** bringt die Botschaft der Organisation nach draußen und verkauft sie der jeweiligen Zielgruppe.
- > Der **Betreuer** sorgt für den organisatorischen Zusammenhalt und kümmert sich um die Menschen in der Organisation.
- > Der **Systematiker** verbindet die verschiedenen Teile zu einer Einheit und bringt den Einzelnen die Struktur des Ganzen zu Bewusstsein.

Verschiedene Sozialwissenschaftler benutzen natürlich ganz unterschiedliche Ausdrücke für diese Funktionen, aber als Typen sind sie bekannt. In den meisten Management-Theorien wird allerdings vorausgesetzt, dass diese Leitungstypen in ganz verschiedene Richtungen arbeiten. Stellen wir uns nun aber mal ein Führungssystem vor, in dem der Unternehmer bewusst mit dem Hinterfrager zusammenarbeitet und in dem sich die zwei gegenseitig dynamisch beeinflussen. Stellen wir uns darüber hinaus vor, dass beide mit dem Werbefachmann an einem Strang ziehen, der die „Botschaft" des Unternehmens hinausträgt und die Ideen oder Produkte verkauft. Zu dritt sind sie wiederum in ständigem Kontakt mit dem Personalverantwortlichen (Betreuer) und mit dem Systematiker, der das Konzept in Form bringt. Ganz egal, in welchem Zusammenhang: Ein solches System würde eine enorme Synergie erzeugen. Die kreative Kombination der verschiedenen Leitungsstile würde weitaus mehr Wirkung zeigen als die bloße Summe ihrer Teile.

>>>>>>> Genau solch ein Modell schlägt Paulus im Epheserbrief vor – ein dynamisches Zusammenwirken verschiedener Gaben und Motivationen, die gemeinsam als Einheit arbeiten, um das Ganze aufzubauen. Eine derartige sozio-dynamische Sicht des APPLE kann man so illustrieren:

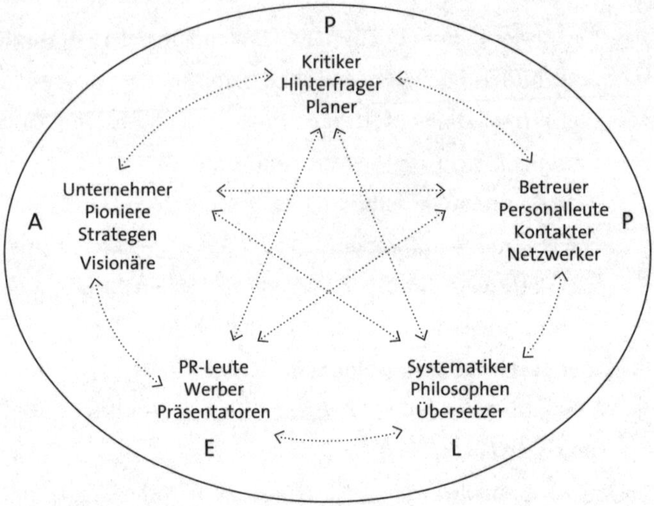

Abbildung 10

Es wäre eine interessante Übung, einmal einen der fünf Leitungstypen aus der Gleichung herauszunehmen (z.B. den Unternehmer) und sich dann zu fragen: *„Was haben wir jetzt verloren?"* Schreiben Sie die möglichen Antworten auf, und wenn Sie diese Übung für alle fünf Funktionen gemacht haben, fragen Sie sich: *„Fehlt noch eine Funktion oder ein Führungsstil? Müsste man einen Faktor hinzufügen?"* Sie werden feststellen: Nein! In den fünf Funktionen sind alle entscheidenden Faktoren enthalten. Diese Übungen machen etwas vom Genie und von der Synergie des ganzen APPLE-Systems deutlich. Die oben genannten soziologischen Begriffe würden etwa so dem Modell des Paulus entsprechen:

Der Unternehmer = der Apostel
Der Infragesteller = der Prophet
Der Betreuer = der Pastor (Hirte)
Der Systematiker = der Lehrer
Der Werbemann = der Evangelist

Die Begriffe unterscheiden sich natürlich, die Konzepte sind aber die gleichen. Säkulare Führungstheorien fordern seit langem genau so eine synergistische, kreative, dynamische und interaktive Leitungsform, wie sie von Paulus formuliert wird, weil Organisationen verarmen, wenn sie nur einen oder zwei Führungsstile favorisieren. Ein Beispiel dafür kennen Sie ja.

Die Ökologie des missionarischen Wachstums

Jetzt wollen wir drei grundlegende Prinzipien betrachten, die für eine gesunde Organisationsentwicklung unverzichtbar sind: Die Systeme, die wir schaffen müssen organisch, reproduzierbar und selbsterhaltend sein. Nach den Erkenntnissen der zeitgenössischen Systemtheoretiker sind das die entscheidenden Kriterien. Paulus wusste das aber schon lange, bevor die neuzeitlichen Wissenschaftler es „entdeckten". Wenn wir das APPLE-System betrachten, sehen wir, dass es diese Kriterien auf bemerkenswerte Art erfüllt:

1. Es arbeitet **organisch**: Der Ephesertext selbst ist ja mit organischen Bildern nur so „getränkt" (da ist die Rede von Leib, Sehnen, Gelenken, Einheit in der Vielheit usw.). Paulus geht es quasi um ein „ökologisches Gleichgewicht", eine Gesundheit des Ganzen aufgrund der Gesundheit der Teile. Dieses Gleichgewicht haben wir zu unserem Nachteil verändert, indem wir die apostolischen, prophetischen und evangelistischen Typen ausgeschlossen haben. Eine andere organische Metapher, die man hier anwenden kann, ist die der DNA. Ein Körper hat ja viele unterschiedliche Organe und Systeme (z.B. das Verdauungs-, das Nerven- oder das Herz-Kreislaufsystem). Diese Systeme werden letztlich durch die Informationen in der DNA koordiniert und zusammengehalten. Wir glauben, dass das APPLE-System ein Teil der DNA der Kirche ist, mit dem man nicht herumexperimentieren sollte.

2. Es ist **reproduzierbar**: Eine APPLE-Gemeinde kann sowohl auf der lokalen als auch auf der regionalen Ebene reproduziert werden (V. 7, 11-12). Weil die Dienstmatrix zum Wesen der Gemeinde gehört, wird eine gesunde Gemeinde immer Menschen mit diesen Gaben finden.

3. Es ist **selbsterhaltend** und selbstbelebend: Wenn die Gemeinde im APPLE-Modus arbeitet, wird sie sich selbst aufbauen und weiterentwickeln. Der Text sagt ja deutlich, dass die APPLE-Matrix zu Wachstum und zur Reife führt (V. 14-16).

>>>>>>> In dieses Modell sind aber noch mehr Kennzeichen organisatorischer Gesundheit eingebaut. Zum Beispiel erlaubt es bei aller Betonung der Einheit eine große Vielfalt. Und das ist die „Geheimformel" jeder fundierten Organisationsentwicklung. Je fester die Einheit „in Christus" ist, desto größer ist auch die Vielfalt an Persönlichkeiten, geistlichen Ansätzen, Leitungsstilen und Gaben. Jede missionarische Gemeinde, die das APPLE-Modell anwendet, hält deshalb die klassische Spannung von der „Einheit in der Vielfalt" aus. Das paulinische Konzept ermöglicht nämlich das Zusammenfügen verschiedener Tendenzen, die die Organisationstheorien „Identität und Diversifikation" sowie „Freiheit und Fortschritt" nennen. „Identität" meint das, was die Organisation auszeichnet und zusammenhält (Einheit) – ihr gemeinsames Ethos und ihre Ziele. „Diversifikation" dagegen bezeichnet die Neigung jeder Gruppe, bewusst viele verschiedene Ausdrucksformen dieser Grundwerte zu entwickeln (Vielfalt). „Freiheit" ist die Erlaubnis, ja, die Einladung der Leitungsebenen, verschiedene Meinungen zu haben, sie auszudrücken und die Grundwerte immer neu zu diskutieren. Und „Fortschritt" geschieht dann, wenn sich alle einig werden, dass sie die Meinungsverschiedenheiten überwinden und neue Antworten finden wollen.

>>>>>>> Das APPLE-Konzept wirkt ähnlich, wenn es gut strukturiert wird: Es formt eine Gemeindekultur, die zugleich anbindet und loslässt, Freiheit und Fortschritt ermöglicht. Die Kirche des Christentums

hat jedoch eine Vorliebe für hierarchische Strukturen und fördert deshalb eher klare Anordnungen. In einer derartigen Kultur werden Entscheidungen von „oben“ getroffen und nach unten weitergegeben. Es gibt weder eine anregende Interaktion, noch eine breite Teilhabe an Entscheidungen. In vielen Konfessionen und Ortsgemeinden kann man daher beobachten, dass die Mitglieder am unteren Ende des Systems oftmals das Gefühl haben, übergangen zu werden. Das APPLE-Modell erlaubt es der Gemeinde dagegen, den Dialog zu üben und so echten Fortschritt zu erleben, weil es eine breite Vielfalt von Gaben gibt und alle Bereiche der Gemeinde gleichberechtigt anerkannt werden. Zudem ist dieses Modell aufgrund seiner dynamischen Natur lernfähig: Die Mitglieder, die mehr nach außen sehen (in diesem Fall A, P und E) sorgen dafür, dass Informationen von außen ins System kommen und die Gemeinde mit ihrer Umgebung lebendig umgeht.

>>>>>>> All das zeigt, dass das APPLE-System eine sehr gesunde Grundstruktur hat und für alle, die missionarisch arbeiten wollen, ein passendes organisches Modell von Führung und Organisation bietet. Ja, es wäre richtig schwer, nicht missionarisch zu arbeiten, wenn man diese Struktur in das Leben des Volkes Gottes einbaut.

>>>>>>> Alan war übrigens an einer Reorganisation seiner Kirche auf nationaler und internationaler Ebene beteiligt – und zwar im Rahmen des „Internationalen Missionarischen Teams“ (IMT). Dieses IMT war so effektiv, dass es für eine enorme Belebung des Missionsgedankens in seiner Kirche in Großbritannien, Australien und Neuseeland sorgte. Das sagen wir, um deutlich zu machen, dass die hier vorgestellten Konzepte sowohl in einzelnen Gemeinden als auch regional und international getestet worden sind. Noch ist es zu früh, um eine umfassende Auswertung vorzunehmen, doch eines zeigt sich schon jetzt: Das Konzept funktioniert.

APPLE und die Bewegungen Gottes

Wir glauben, dass die Kirche der Zukunft sich eher als Bewegung denn als Institution verstehen wird. Darum ist es wichtig, sich bewusst zu machen, welche Verbindungen es zwischen Bewegungen, dem Lebenszyklus von Organismen und dem APPLE-System gibt: Grundsätzlich durchlaufen Organismen von der Geburt bis zum Tod einen so genannten „Lebenszyklus". Und weil eine christliche Gemeinde menschlich gesehen ein organisierter Organismus ist, geht auch sie durch solche Lebenszyklen. Das muss uns nicht überraschen, denn es ist ein Teil der organischen Natur des Volkes Gottes. Man kann den Lebenszyklus einer Ortsgemeinde oder einer Denomination etwa so illustrieren:

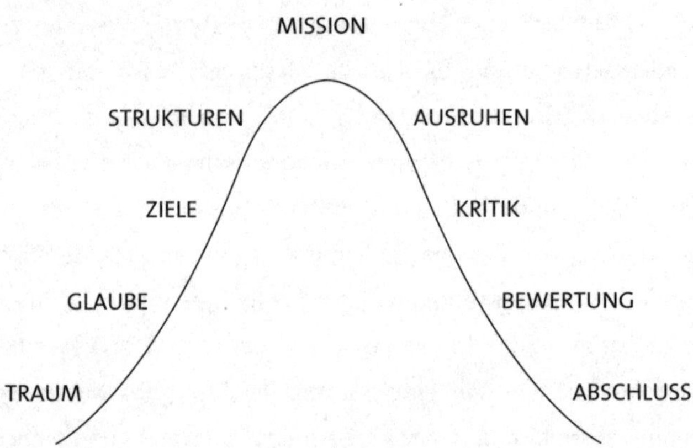

Abbildung 11

Ein typischer Lebenszyklus beginnt mit einem Traum und endet mit einem klaren Abschluss. Dazwischen formuliert eine Gruppe aufgrund des Traums gewisse Glaubensgrundsätze und entwickelt dann entsprechende Ziele und Strukturen. Auf dem Höhepunkt ihres Zyklus erlebt die Organisation, dass sie ihren Auftrag und ihren ursprünglichen Traum tatsächlich erfüllt.

>>>>>>> Sie können sich sicher vorstellen, wie diese glockenartige Kurve in einer Gemeinde oder der Organisation, zu der Sie mal gehörten, aussah. Denken Sie zum Beispiel an eine Gruppe von Menschen, die davon träumt, im Vorort einer großen Stadt eine neue Gemeinde zu gründen. Auf dem Höhepunkt der Kurve werden sie eine dynamische, wachsende Vorortgemeinde sein, voll junger Familien und Kinder, mit einer Vielzahl verschiedener Angebote. Aber wenn sich die Bevölkerungszusammensetzung der Gegend verändert, wenn die Teenager wegziehen oder die jungen Familien sich kein Häuschen mehr leisten können, fällt die Kurve wieder ab. Es dauert dann nicht lange, und die Gemeinde redet nostalgisch von den „guten alten Tagen". Es folgen endlose Diskussionen über das, „was wir falsch machen" – und das wiederum fördert Polarisationen und führt schlussendlich zum Absterben der Gemeinde. Das ist gar kein ungewöhnliches Szenario.

>>>>>>> Es ist allerdings sehr interessant, sich einen solchen Lebenszyklus einmal unter dem Aspekt der Leitungsstrukturen anzusehen. Unterschiedliche Arten von Leitern spielen nämlich in den verschiedenen Stufen des Lebenszyklus verschiedene Rollen. So braucht es zu Beginn vor allem die Vision eines unternehmerisch denkenden, risikofreudigen Leiters (etwa eines Apostels), um eine Organisation ins Leben zu rufen. Wenn die Gruppe wächst, muss sie sich allerdings verändern, und dann kann der apostolische Typ sogar zum Hindernis werden, wenn er zu viel Einfluss ausübt. Auf dieser Stufe braucht die Organisation eher einen Propheten oder noch besser einen Lehrer, der die Vision mit größtmöglicher Wirkung vermitteln kann. Die Details dieses Prozesses sind je nach Organisation verschieden, aber wir müssen erkennen, dass in verschiedenen Abschnitten des Lebenszyklus einer Organisation verschiedene Arten der Leitung vorherrschen.

>>>>>>> Natürlich arbeitet eine richtig angewandte APPLE-Leitung immer als Einheit; das heißt, dass nicht nur ein Führungs- und Dienststil, sondern immer alle fünf zusammen wirken. Dennoch ist es möglich, anhand dieses Modells herauszufinden, welche Art von Leitung in einer bestimmten Phase des Lebenszyklus den größten Einfluss ausübt: Generell werden während der ersten Phasen einer neuen Bewegung der apostolische, der prophetische und der evangelistische Leitungsstil über die Hirten und die Lehrer dominieren. Das heißt nicht, dass Seelsorger und Lehrer in dieser Zeit abwesend sind, aber sie üben viel weniger Einfluss aus als die anderen drei Leitungstypen. Später kann die Situation genau umgekehrt aussehen, wenn Hirten und Lehrer die Führung übernehmen und der Gemeinde helfen, mit dem Wachstum, aber auch mit dem Mitgliederschwund richtig umzugehen. Die symbiotische Beziehung zwischen diesen beiden Gruppen wird im nächsten Diagramm veranschaulicht.

>>>>>>> Am Anfang ihres Lebenszyklus hat eine Gruppe wahrscheinlich eine lebhafte und deutlich ausgeprägte Kultur; ihr Wertesystem ist dadurch manchmal enger (eher schwarz-weiss) und wird leidenschaftlich verteidigt. Die weichere, menschliche Seite bleibt im Hintergrund, und durch die vorherrschende Führungs-Typologie ist der ganze Ton sehr siegesgewiss und offensiv. Eine solche organisatorische Kultur ist nicht immer harmonisch, aber sie sorgt für Wachstum. Die Gruppe ist durch die Vision, den Auftrag und die eindeutige Ausrichtung hoch motiviert. In der späteren Phase ihres Lebens wird die Organisation dagegen deutlich stabiler – allerdings auf Kosten der Dynamik und des Auftrags. An diesem Punkt sind heute viele christliche Gemeinden und Missionswerke, überhaupt ein großer Teil des westlichen Christentums. Anders ausgedrückt: Meist überwiegen in der Kirche heute die pastoralen und Lehrer-Typen, während die apostolischen, prophetischen und evangelistischen Typen kaum eine Rolle spielen.

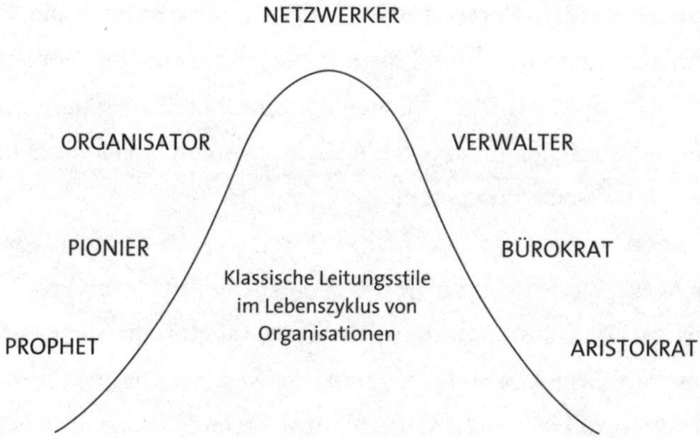

Abbildung 12

>>>>>>> Diese Entwicklung kann man quer durch die Geschichte beobachten. Auch die vielen theologischen Debatten über Apostel und Propheten zeigen, dass Pastoren und Lehrer die anderen aus dem System ausgeschlossen haben. Diese Leitungstypen werden gezwungen, ihre Gaben außerhalb der etablierten Gemeinden oder Konfessionen auszuüben – sie landen dann in Missionsgesellschaften, im Geschäftsleben oder in fundamentalistischen Kreisen. Wir kennen viele hochbegabte Christen aus dem APE-Spektrum, die eine klar erkennbare Leitungsgabe haben, denen man aber klar gemacht hat, dass sie im normalen Gemeindesystem keinen Platz haben. Das ist eine echte Tragödie, weil die Kirche wesentliche Elemente des APPLE-Systems verliert! Darum noch einmal: Der gegenwärtige Niedergang und Missstand der Kirchen hängt mit dem Verlust der missionarisch-apostolischen Leitung zusammen.

>>>>>>> Tatsache ist: Wir brauchen das ganze System. Wenn sich die frühen Pioniere einer Nation aufmachen, die Wildnis zu erobern und zu erschließen, stehen sie vor großen Herausforderungen. Die Geschichte der ländlichen Gesellschaften im amerikanischen Mittelwesten zeugt davon. Es brauchte einen starken Pioniergeist, sie aufzubauen. Aber

wenn ein Land erst einmal erschlossen ist, dann müssen die Siedler kommen, Städte bauen und die Infrastruktur errichten. Pioniere finden neues Land, die Siedler bauen darauf. Ohne die Pioniere gäbe es kein Siedlungsland, und ohne die Siedler würden die Pioniere nie die Frucht ihrer Eroberungen sehen.

>>>

Das APPLE-System kann man übrigens auch mit einem Auto vergleichen. Im Auto gibt es ja normalerweise mindestens zwei Pedale – eines zum Gasgeben und eines zum Bremsen. Man braucht beide, um gut fahren zu können. Genauso braucht gesunde Führung sowohl die Typen, die Gas geben, als auch andere, die bremsen können. Ganz grob gesagt: Die APE-Typen geben eher Gas, während die PL-Typen eher Siedler sind und bremsen. Für eine missionarische und ganzheitliche Leitungsstruktur ist es nötig, dass alle Typen effektiv zusammenarbeiten.

Wie die Gänse

Am Anfang dieses Kapitels haben wir festgestellt, dass eine missionarisch-apostolische Gemeinde nur unter einer ganzheitlichen APPLE-Leitung wirklich aufblühen kann. Und leider hat die Kirche im Westen gegenwärtig noch nicht genug apostolische, prophetische und evangelistische Leiter, um ihren Auftrag auszuführen. Deshalb fordern wir eine gründliche Restrukturierung, um für die missionarischen Leitertypen Platz zu machen. Natürlich gibt es Ausnahmen, aber die meisten theologischen Seminare, die wir kennen, produzieren grundsätzlich Hirten (also: seelsorgerliche und geistliche Leiter) und Lehrer, die dann in die etablierten Gemeinden ausgesandt werden. Aber wir brauchen heute nicht noch mehr Erhaltung! Zumindest im Westen bedeutet „Erhaltung" eigentlich Niedergang – das sehen wir seit der Aufklärung.

>>>>>>> Wir könnten das ändern, wenn wir uns strategisch darauf konzentrierten, für unsere Zeit ein voll entwickeltes Leitungskonzept

auszubilden und zu fördern. Eine derartige Schwerpunktverlagerung erfordert allerdings den Willen, unsere Ressourcen tatsächlich umzuverteilen und unsere organisatorische und kirchliche Kultur völlig zu verändern. Etablierte Kirchen müssten beispielsweise den „Störern" auf allen Ebenen erlauben, den Status Quo zu hinterfragen – eine Haltung, die momentan noch wenig zu finden ist. Wir glauben, dass die Zukunft des Christentums in unseren westlichen Ländern davon abhängt, ob wir wieder eine dynamische missionarische Bewegung werden. Das allerdings gelingt nicht, wenn wir nicht die Leitungsmatrix von Paulus wieder entdecken, weil uns sonst der Mechanismus zu wachsen und zu reifen fehlt.

>>>

Zum Schluss dieses Abschnittes wollen wir Sören Kierkegaards berühmte Gänse-Parabel neu erzählen. Sie spricht für sich: Stellen Sie sich vor, Gänse könnten reden – und sie hätten ihren Wochenablauf so geordnet, dass sie regelmäßig Gottesdienst feiern. Sie treffen sich nun jeden Sonntag und hören die Predigt eines Gänserichs. Der redet über das hohe und hehre Schicksal der Gänse – und jedes Mal, wenn Gottes Name erwähnt wird, machen die weiblichen Gänse einen Knicks und die männlichen beugen das Haupt. Der Gänserich predigt von der Schönheit des Fliegens, und tatsächlich: In ihrer Phantasie fliegen die Gänse weit weg in wunderbare Regionen. Doch wenn die Versammlung vorbei ist, erhebt sich die Gemeinde – und watschelt heim. Am nächsten Sonntag besuchen wieder alle den Gottesdienst, hören die Predigt über das Fliegen – und watscheln heim. Sie nehmen zu, werden dick und schmackhaft und landen schlussendlich am Heiligen Abend in der Röhre – und das war es. Ja, das war es.

>>>>>>> Denn nach den wohltönenden Predigten am Sonntag haben sich die Gänse am Montag immer viel zu erzählen. Unter anderem die Geschichte von der Gans, die ernsthaft einmal versuchte, die Flügel zu gebrauchen, die der Schöpfer ihr gegeben hatte – was ihr passierte

und welche Schrecken sie erleben musste. Aber natürlich durften sie am Sonntag nicht davon reden, denn damit würden sie ja zugeben, dass ihr Gottesdienst Gott und sie selbst lächerlich macht.

>>>>>>> Unter den Gänsen gab es aber auch einige, die abmagerten und Gewicht verloren, woraufhin die anderen Gänse sagten: *„Da, jetzt sehen wir, wohin dieses Fliegenwollen führt. Weil diese Spinner dauernd das Fliegen im Kopf haben, verlieren sie an Gewicht und genießen die Gnade Gottes nicht so wie wir, die wir dick, fett und schmackhaft werden – denn die Gnade Gottes macht dick, fett und schmackhaft."* Und am nächsten Sonntag gehen sie wieder zur Kirche, und der Obergänserich predigt erneut über das hohe und hehre Ziel, für das der Schöpfer sie bestimmt hat: ihre Flügel zu gebrauchen.

>>>>>>> So ähnlich ist es mit dem Gottesdienst des Christentums. Der Mensch hat auch Flügel – denn er hat Vorstellungskraft. Die soll und kann ihm helfen zu fliegen – aber alles, was wir tun, ist spielen. Wir lassen uns in einer stillen Stunde oder in einem Sonntagstraum von der Phantasie unterhalten, aber ansonsten bleiben wir, wie wir sind. Am Montag sehen wir es als Gnade Gottes an, dass wir dick und schmackhaft werden: eine neue Schicht Fett anlegen, Geld sparen, Ansehen in der Welt erwerben, viele Kinder kriegen und erfolgreich werden. All das sind für uns Beweise der Gnade Gottes. Aber all die, die sich wirklich auf Gott einlassen und darum oft voll Sorgen sind, die Angriffe, Mühe und Probleme haben – es kann nach dem Neuen Testament gar nicht anders sein – von denen sagen wir spöttisch: *„Seht her, die genießen die Gnade Gottes nicht."*

>>>>>>> Und wenn jemand das liest, sagt er *„Interessant, wie interessant"*. Und das war´s. Er watschelt heim und versucht mit seiner ganzen Kraft, dick, fett und schmackhaft zu werden. Und am Sonntag hört er der Predigt des Pastors zu – ganz wie die Gänse.

D. Die Leiter von morgen

11. Phantasie und Leitung

Wir sind die Leute in der Klammer – am Ende einer Ära,
aber noch nicht ganz am Beginn der nächsten.
Unsere Karten passen nicht mehr auf die neuen Länder.
Damit das alles einen Sinn bekommt, müssen wir eine Vision kultivieren.
>>> Jean Houston

Der Tod der Dienstkultur

Während der Vorbereitungen auf dieses Buch sind wir (zusammen und jeder für sich) um die Welt gereist, weil wir innovative Formen missionarischer Gemeinden kennen lernen wollten. Unsere Reisen führten uns dabei in die USA, nach Großbritannien, Italien, Frankreich, Israel, Neuseeland und Südafrika. Allerdings waren die Eindrücke auf den ersten Blick ziemlich ernüchternd: Fast alle Gemeinden, die wir besuchten, waren im Großen und Ganzen ziemlich langweilig und vorhersagbar. Warum? Weil alle genau gleich aussehen, sich genau gleich anfühlen und auch gleich handeln. Sie singen fast die gleichen Lieder, haben den gleichen Gottesdienstablauf und pflegen den gleichen Lobpreisstil. Die Tatsache, dass das alles so unoriginell ist, verstörte und schockierte uns richtig.

>>>>>>> Es scheint, als gäbe es eine „Schablone", die von allen Gemeinden angewendet wird, ganz gleich, in welcher Kultur sie leben. Die geschichtlich gewachsenen Formen schreiben uns offenbar vor,

wie wir uns zu verhalten haben und pressen uns in eine bestimmte Denkweise. Und wenn eine Gemeinschaft sich einmal anders ausdrücken möchte, wird sie an den Rand gedrängt oder ist so im Untergrund verborgen, dass man sie kaum finden kann. Wir sind überzeugt, dass die „Gemeinde nach Schema F" ein Zeichen dafür ist, dass die Tradition über das Leben gesiegt hat – und damit auch über lebendige Formen des Glaubens und der Mission.

>>>>>>> Wir wüssten gern, wer oder was für diese geistliche Schwäche, diese schmerzhafte Abwesenheit von Kreativität eigentlich verantwortlich ist. Wo kommt diese einengende Schablone her? Und warum folgen wir ihr so bedingungslos? Die Hauptverantwortung muss sicher bei den Kirchen- und Gemeindeleitern gesucht werden, weil es deren Aufgabe ist, die Richtung anzugeben und die Kultur einer Organisation zu formen. Um es genauer zu sagen: Wir glauben, dass das Problem die standardisierte Form der Leitung durch Pastoren ist, die in der Kirche des Westens vorherrscht – und natürlich die dazugehörigen Ausbildungssysteme. Außerdem gibt es auf der Ebene der Kirchenleitungen und der Ortsgemeinde schmerzhaft wenig Ermutigung, einfach mal loszulegen und Neues zu probieren. Aktive Kreativität wird in der Praxis nicht unterstützt, weil schon im System dafür kein Platz ist. Darum versagt die Leitung, wenn Phantasie und Vorstellungskraft als entscheidende Ressource für Mission und Mitarbeit nicht geschätzt werden.

Imagination und die Kultur des neuen Jahrtausends

Winston Churchill prophezeite einst, dass die *„Reiche der Zukunft die Reiche der Imagination sein werden"*. Damit hat er nicht nur den Rückgang des britischen Empires, wie es damals existierte, vorhergesagt, sondern uns einen Schlüssel für die sozialen, religiösen und politischen Entwürfe der Zukunft gegeben. Imagination meint

- > Visualisierung: die Fähigkeit, Bilder und Ideen im Kopf zu formen – vor allem von Dingen, die man nie selbst gesehen oder erlebt hat
- > Findigkeit: die Fähigkeit, sich Problemlösungen vorzustellen und sie den Gegebenheiten entsprechend anzuwenden
- > Kreativität: die Fähigkeit, ein Abbild der Wirklichkeit zu erzeugen – vor allem in der Kunst und der Literatur. Das bezieht sich nicht nur auf die Fantasie, sondern auch auf die – aus der missionarischen Perspektive noch wichtigere – Kunst, innovativ oder poetisch zu sein. Imagination und Kreativität sind eng verwandt. John Kao sagt: *„Kreativität ist der ganze Prozess, durch den Ideen generiert, entwickelt und umgesetzt werden. Er umfasst all das, was Menschen gewöhnlich unter Innovation und Unternehmergeist verstehen: die Kunst, neue Ideen zu gebären, und die Disziplin, diese Ideen zu formen und bis zur Stufe der Wertschöpfung zu entwickeln."*

Kreativität und Imagination sind heute besonders wichtig, weil wir aus der Moderne in das 21. Jahrhundert übergegangen sind. Das „Reich" des Christentums geht im Westen zu Ende, und in der neu entstehenden missionarischen Kirche muss die Imagination als unbezahlbare Ressource geschätzt werden; wenn nicht, dann ist die christliche Sache verloren.

>>>>>>> Über den Wandel zwischen der modernen und der postmodernen Kultur ist viel geschrieben worden. Eine der Hauptveränderungen in diesem massiven Paradigmenwechsel ist der Übergang von einer Kultur der linken zu einer der rechten Gehirnhälfte. Wir haben uns von einer rational-linearen zu einer mehr erfahrungsorientierten und nichtlinearen Kultur entwickelt. So kann man wohl sagen, dass wir heute in einer Designer-Kultur leben. Schon ein flüchtiger Blick ins Internet zeigt uns die kreative, visuelle Kraft dieser neuen Epoche. Wir leben in einer Zeit, in der Kreativität und Vielfalt im Zentrum stehen

– und die Kirche muss sich diesem Übergang erst noch anpassen. Wir glauben, dass es jetzt auch für die Kirche Zeit ist, ihre schlafende rechte Gehirnhälfte aufzuwecken, weil wir die Imagination und die Kreativität ganz neu kultivieren müssen, damit wir unsere Botschaft verständlich in die entstehende Kultur hinein kommunizieren können.

>>>>>>> Um das kreative Potential der Kirche zu aktivieren, wollen wir mit Hilfe dreier Aussagen Einsteins eine Diskussion über die Imagination und ihre Bedeutung für die missionarische Kirche umreißen.

Imagination ist wichtiger als Wissen

Einstein sagte einmal: *„Ich bin Künstler genug, um mich ganz auf meine Vorstellungskraft zu verlassen. Imagination ist wichtiger als Wissen. Wissen ist begrenzt. Imagination umfasst die Welt.“* Das ist vor allem deshalb eine bemerkenswerte Aussage, weil sie aus dem Munde eines großartigen Denkers stammt. Imagination ist wichtiger als Wissen! Wenn das stimmt, sollten wir herausfinden, warum dem so ist. Könnte hier eine strategische Priorität für die missionarische Gemeinde der Zukunft verborgen liegen?

>>>>>>> Kreativität wird heute auch in der Wirtschaft als die entscheidende Ressource für das 21. Jahrhundert gehandelt. Man weiß, dass Innovation der wichtigste Faktor für eine Firma ist, die in der globalen Ökonomie und den ständig wechselnden Kulturen eine Rolle spielen will: In Wirtschaftshochschulen überall auf der Welt werden inzwischen Kurse in Innovation und Unternehmenskultur angeboten. Die meisten Regierungen bieten steuerliche Anreize für Forschungs- und Entwicklungsprojekte jeder Art, weil die Kreativität das Gebiet ist, auf dem man nationale und internationale Firmeninteressen strategisch positionieren muss.

>>>>>>> Zugleich spielen Ästhetik und Design inzwischen eine zentrale Rolle in der Entwicklung von neuen Produkten. Reine Funktionali-

tät macht eine Ware noch nicht verkäuflich. Design ist inzwischen ein, vielleicht der entscheidende Faktor zum Erfolg eines Produktes. Auch wenn das grob klingen mag und wir die kulturkritischen Seiten des Evangeliums keineswegs verleugnen wollen, stellt sich die Frage: Muss nicht die Kirche das Element von Design und Stil ernsthaft in Betracht ziehen, wenn sie ihre Botschaft einer medienorientierten, designverwöhnten, postmodernen Hörerschaft vermitteln will? Dabei geht es um mehr als nur um ausgeklügelte neue Kommunikationstechniken. Es geht um den Charakter der Kirche als Missionsbewegung, um Fort-Schritt.

>>>>>>> Dieser Gedanke einer „durchgestylten" Kirche verlangt allerdings, dass die Leitungen sich einige sehr kreative Gedanken machen. Wir müssen zum Beispiel bewusst überlegen, wie wir als Gemeinde auftreten wollen, welchen Eindruck wir auf die Menschen draußen machen und ob wir alle Aspekte unseres Seins verständlich kommunizieren. Edward de Bono beschreibt den Zusammenhang zwischen Design (also einem bewussten Entwurf) und Fortschritt so: *„Wenn es für eine Krankheit eine bewährte und bekannte Heilmethode gibt, möchten die meisten Patienten lieber, dass ihr Doktor diese Methode anwendet, anstatt eine neue zu entwickeln. Nur: Möglicherweise gibt es viel bessere Wege der Heilung. Wir können sie aber nicht entwickeln, wenn andauernd die traditionellen Methoden bevorzugt werden. Es muss uns daher gar nicht verwundern, dass die Methoden des letzten Jahrtausends uns auf vergangene Erfolge reduzieren. Ein Entwurf ist bestenfalls ein riskanter Prozess, aber ohne neue Entwürfe gibt es keinen Fortschritt."*

>>>>>>> Erinnern wir uns: Kunst ist immer ein Kampf zwischen dem inneren Zustand und dem äußeren Ausdruck. Das heißt, Kreativität und Einbildungskraft fügen das Element der Kunst zu einem Gemeindeleben hinzu, das so oft unkreativ, voraussagbar und funktional ist. Wer würde leugnen, dass wir künstlerische Elemente, sprich: Elemente

der Überraschung in unserer Anbetungskultur, der Jüngerschaft, aber auch in der Mission und im Gemeinschaftsleben brauchen? Dazu kommt: Nur Kreativität bringt eine Organisation an die Spitze. Fast alle Firmen arbeiten hart, um sich einem Markt anzupassen, der sich ständig verändert. Wenn sie überleben, ja, sogar blühen wollen, dann müssen sie die Kreativität bewusst als die wichtige Ressource einsetzen, die ihnen den gewünschten Wettbewerbsvorteil verschafft. So einen Wettbewerbsvorteil braucht die Mission genauso (wenn auch aus anderen Gründen), und die Imagination öffnet die Tür dazu.

›››››› Schließlich: Weil die Lebenszyklen von Organisationen aus Gründen des Marktes und des Wettbewerbs immer kürzer werden, lernen Firmen heute, dass sie sich ständig neu erfinden müssen. Es verlangt ein beträchtliches Vorstellungsvermögen und eine große Vision, wenn eine Gemeinschaft sich mit ihrer Identität und ihren Zielen beschäftigen und sich dem Markt anpassen will. Wenn das schon für die Geschäftswelt gilt, die sehr empfindsam auf Märkte reagiert, weil sie von ihren Kunden motiviert wird, wie viel mehr gilt es dann für die Kirchen im Westen.

›››››› Besonders akut wird das Problem, wenn wir beobachten, wie groß der Abgrund zwischen einer durchschnittlichen Gemeinde und ihrem „Markt" heute geworden ist. Wir sind überzeugt, dass missionarische Leiter der Kirche auf der Suche nach neuen Ausdrucksformen helfen müssen, weil sie sonst die Verantwortung für ihr Aussterben mittragen. Denken Sie nur mal an die Zeit, in der die britische Motorradindustrie auf der Welt führend war. Die Marken BSA, Norton und Triumph standen damals für hohe Qualität und waren überall begehrt. Und? Wer kennt sie heute noch? Abgesehen von der Firma Triumph, die ihre Tradition wiederaufleben ließ, sind diese Marken heute nur noch für Sammler und Nostalgiker interessant. Weil die Firmen es verpasst haben, mit der Zeit zu gehen, sind sie eingegangen. Anstatt sich anzupassen, haben sie sich geweigert, ihre Produkte kreativ weiter zu entwickeln: Sie hatten nicht einmal eine Abteilung für Forschung und Entwicklung.

>>>>>>> Darüber hinaus gilt: Was heute zählt, ist Wissen. In vieler Hinsicht baut die Wirtschaft auf Informationen und Wissen auf. Aber Informationen an sich sind wertlos, vor allem, wenn es viel zu viele davon gibt. Man braucht Imagination und Kreativität, um aus bloßen Daten etwas Sinnvolles zu gestalten. Erst Kreativität macht reines Wissen bedeutend, weil sie dem Benutzer einen brauchbaren Zugang zum Wissen verschafft. Darum kann Kreativität alten Tätigkeiten und Ritualen neue Bedeutung geben, ausgetragene Symbole neu interpretieren und so auch innovative Zukunftskonzepte entwickeln. Nun können wir besser verstehen, was Einstein meinte, wenn er sagte, Imagination sei wichtiger als bloßes Wissen.

Wenn du es dir nicht vorstellen kannst, kannst du es nicht tun

David Bosch hat in seinem bahnbrechenden Buch über Mission festgestellt: *„Die Mission der Kirche muss ständig neu erdacht und erfunden werden."* Ohne Einsteins Formulierung *„Wenn du dir etwas nicht vorstellen kannst, dann kannst du es auch nicht tun"* direkt zu erwähnen, bezieht sich Bosch auf den dynamischen Prozess, in dem das Volk Gottes seine grundlegenden Aufgaben in der Welt ständig neu verorten muss. Ein Prozess, der angesichts neuer missionarischer Herausforderungen und der Veränderung der Gesellschaft ständig nötig ist. Der Gedanke klingt einleuchtend: Wenn man sich etwas nicht vorstellen kann – sei es eine Aufgabe, ein Ziel oder sonst etwas – dann kann man auch nichts erschaffen oder zustande bringen. Aber dieser grundlegende Ansatz, Mission, Dienst oder Gemeinde immer wieder neu zu durchdenken, ist unseren Gemeinden im Westen völlig fremd.

>>>>>>> Denken Sie einfach mal an das Gebäude, in dem Sie gerade sind, während Sie dieses Buch lesen. Unabhängig davon, ob Ihnen die

Räume gefallen oder nicht – sie wären niemals ohne einen Bauplan gebaut worden. Selbst für die einfachsten Gebäude braucht es Überlegung, Planung und Vorbereitung. Das Gebäude muss im Kopf des Architekten oder Bauherrn schon da sein, bevor es in der Wirklichkeit existiert. Das Gleiche gilt auch für jede Form von Kunst oder die soziale Struktur menschlicher Gemeinschaften – und auch für die Mission des Volkes Gottes in der Welt.

>>>>>>> Was die Mission angeht: Stephen Covey spricht in „Die 7 Wege zur Effektivität" von der *„ersten und der zweiten Schöpfung"*. Die erste Schöpfung findet in der Vorstellung statt, bevor es in der Realität zur Verwirklichung kommt. Dabei gilt natürlich: Die zweite Schöpfung muss der ersten folgen, sonst geschieht nichts. Covey fasst diesen Aspekt unter dem Titel „Anfangen und vom Ende her denken" zusammen. Das drückt zugleich aus, warum die Imagination so wichtig für die Mission, die Mitarbeit, die Leitung und das Gemeindeleben ist: „Denke vom Ende her." Das Ende liegt jedoch in der Zukunft und ist darum nur mit Hilfe der Vorstellungskraft zugänglich – durch die gottgegebene Fähigkeit, die Welt zu erträumen, in der wir gern leben würden. Darum lautet eine der wichtigsten Aufgaben der Vorstellungskraft: Lasst uns aus der Gesellschaft, in der wir leben müssen, eine erschaffen, in der wir leben wollen.

>>>>>>> Eine der besten Definitionen von „Armut" ist der Hinweis auf das Fehlen eines Traumes, einer Vision und einer Hoffnung. Daryl Gardiner, der Direktor von „Jugend für Christus" in Neuseeland, ist zum Beispiel davon überzeugt, dass die Hauptaufgabe der Mission unter den Armen darin besteht, dass diese wieder anfangen können zu träumen. Aus seiner Sicht sind Arme Menschen ohne einen Traum. Ein Missionar hat die Aufgabe, die Vorstellungskraft wieder wachzurufen, die in der Tiefe der menschlichen Seele liegt, um so die Möglichkeiten einer neuen Zukunft mit dem Evangelium zu wecken und die Quellen menschlicher Motivation aufzuschließen – Glaube, Liebe,

Genuss und Hoffnung. Es geht darum, den Sinn für das Ziel und die Bestimmung des Lebens neu zu wecken. Und das bedeutet: Wir müssen wieder träumen, und dazu müssen wir eine Liebe zur Phantasie und zur Imagination kultivieren.

>>>

Eine der wichtigsten Aufgaben von Leitern ist es, der Gemeinschaft zu helfen, dass sie wieder träumen kann. Unglücklicherweise gehen viele christliche Leiter davon aus, dass sie die einzigen Visionäre in der Gemeinde sind, dass die Gemeindeglieder ihre Vision widerspruchslos annehmen und dass sie ihr aufgrund der Position des Leiters folgen müssen. Viele von uns lehnen eine solche Vorstellung von Leitung inzwischen ab, trotzdem taucht dieses Denken in vielen so genannten Führungsseminaren immer noch auf. Dort wird gelehrt, dass alles in Ordnung ist, wenn die Absolventen ihre Vision einer Gemeinschaft überstülpen, ohne auf die Sehnsüchte und Träume der Menschen zu hören.

>>>>>>> Zum Glück gibt es aber auch gesündere und ganzheitlichere Ansätze von Vision und visionärer Leitung: Philosophisch gesehen macht nämlich ein großer visionärer Leiter nichts anderes, als dass er die Träume und Visionen einer Gruppe weckt und sie in einen größeren Sinnzusammenhang stellt; er schenkt den Menschen also eine große Vision, die die vielen kleinen Visionen der Einzelnen zusammenbindet. Es ist einfach so, dass kein Mensch bereit ist, für meinen privaten Sinn des Lebens zu sterben. Sie oder er wird immer nur bereit sein, für ihren oder seinen eigenen Sinn zu sterben. Meine Aufgabe als Leiter ist es daher, die Vision so zu artikulieren, dass andere ihre eigenen Ziele in die gemeinsame Vision der Gemeinschaft einfließen lassen können. Nur wenn Menschen überzeugt sind, dass die große Vision durch ihre eigene kleine legitimiert ist, werden sie sich durch die Vision des Leiters auch motivieren lassen. In diesem Sinne ist es das größte Kompliment, das jemand einem Leiter machen kann, wenn

er oder sie bereit ist, Teil der gemeinsamen Vision zu sein. Weil man dabei heiligen Boden betritt, muss ein solcher Prozess mit Ehrfurcht gestaltet werden.

>>>>>>> Als Martin Luther King seine Vision eines besseren Amerika in seiner legendären „Ich habe einen Traum"-Rede formulierte, drückte er keine Ideen aus, die für die Leute neu gewesen wären. Schon die Propheten des Alten Testaments hatten den Grundstock für die Bilder geliefert, die er benutzte. Entscheidend ist: Unter den Zuhörern ging etwas viel Grundsätzlicheres vor, weil King wie ein Geburtshelfer für den großen Traum Gottes handelte, der jedem menschlichen Schrei nach Gerechtigkeit zugrunde liegt. Statt den Leuten einfach eine neue Vision zu geben, weckte er ihre längst vorhandene Sehnsucht nach Gerechtigkeit und Frieden, indem er dieser Sehnsucht Worte, Legitimität und Richtung gab. Letztlich besteht das Geheimnis visionärer Führung in der Fähigkeit, eine Zukunftssehnsucht so in einer gemeinsamen Vision auszudrücken, dass die Menschen wieder träumen können. Und das trifft natürlich auch auf die apostolische Leitung zu: Der Leiter ist der Schlüssel zur Freisetzung geistlicher Kreativität und Innovation.

>>>>>>> Aber Imagination braucht Mut und bringt Risiken mit sich. Ohne Mut gäbe es wahrscheinlich gar keine Imagination. Und ohne Risiko gäbe es auch keine apostolische Leiterschaft, sondern nur priesterliche Erhaltung und all das langweilige Zeug, das die Leute von einer Begegnung mit der radikalen und gefährlichen Person Jesu abhält. Denn der ist einer, der von seinen Hörern verlangt, alles zu riskieren, um das Königreich Gottes zu gewinnen – und noch mehr, um es voranzutreiben. Glaube ist daher nicht das „Fürwahrhalten" bestimmter Sätze, sondern ein riskantes „Glücks-Spiel", bei dem es darum geht, sein Leben für eine Überzeugung zu riskieren. Eine missionarische Gemeinde muss ebenso kreativ wie mutig sein. Missionarische Leitung ist bereit, Neues auszuprobieren, und wenn nötig alles zu ris-

kieren, damit das Reich Gottes anbrechen kann. Eigentlich sollte jede Gemeinde eine „Abteilung für Forschung und Entwicklung" haben – ein Forum, in dem man träumen kann und in dem nichts unmöglich und kein Gedanke zu verrückt ist. Jede wahrhaft missionarische Gemeinde wird wie verrückt experimentieren, um neue Wege zu finden, wie sie als Volk Gottes leben und handeln und das Evangelium anderen zugänglich machen kann.

Probleme und Lösungen

Schließlich der letzte Einsteinsche Gedanke zur Entwicklung der Imagination (wir haben ihn zu Beginn schon einmal zitiert): *„Die Art von Denken, das die Probleme der Welt lösen wird, wird von anderer Art sein als das Denken, das die Probleme erschuf."* Einstein sagt hier einfach, dass Probleme nicht auf der Bewusstseinsebene gelöst werden können, auf der sie entstanden sind; viereckiges Denken erschafft zwangsläufig viereckige Paradigmen, die auch zu viereckigen Lösungen führen. Aber das viereckige Paradigma schafft eben zugleich auch viereckige Probleme. Einstein sagt, dass viereckige Denker unmöglich die viereckigen Probleme lösen können, wenn sie in dem Denken stecken bleiben, das die Probleme erschaffen hat. Um viereckige Probleme zu lösen, müssen wir in einen Bereich jenseits des viereckigen Denkens vorstoßen.

>>>>>>> Bill Easum drückt das so aus: *„Gemeinden, die aus dem Sumpf ihres dysfunktionalen Systems und aus ihrer tödlichen Abwärtsspirale ausbrechen wollen, müssen lernen, anders zu fühlen, zu denken und zu handeln als bisher. Die Zeit, in der wir leben, verlangt eine Änderung unserer Lebensmuster, etwas Ähnliches wie eine Neuverdrahtung des Hirns."* Das ist keine leichte Sache, bedeutet es doch oft, dass der „Kaiser" (unsere geliebte Institution) von einem „Kind" (dem Innovator) gesagt bekommt, dass er nackt ist. Doch auch wenn es schwierig

erscheint: Es ist nötig, dass wir kreativer werden, wenn wir von einer Christenheits-Kirche zu einer missionarischen Bewegung werden wollen. Wie macht man so etwas?

>>>>>>> Bevor wir uns ganz praktischen Möglichkeiten zuwenden, wie man ein derartiges neues Denken lernen kann, müssen wir noch auf die Dynamik von Paradigmen und Paradigmenwechseln eingehen. Thomas Kuhn beschreibt dieses Thema in seinem epochemachenden Buch „Die Struktur wissenschaftlicher Revolutionen", in dem er den Übergang zwischen verschiedenen wissenschaftlichen Weltanschauungen betrachtet. Nach Kuhn ist ein Paradigma ein selbsterhaltendes und aus sich selbst begründetes Denkmodell. Es ist eine Art, unsere Welt zu verstehen und auch ihre Verständnisprobleme zu lösen, indem man von bestimmten Annahmen ausgeht, die zur Lösung der Probleme führen sollen. Die Wissenschaft fühlt sich diesen Paradigmen bei ihrer Suche nach der Wahrheit derart verpflichtet, dass man in der Geschichte eine Reihe sehr markanter Paradigmenwechsel benennen kann. Am bekanntesten sind sicherlich die Übergänge vom prä-kopernikanischen zum kopernikanischen Weltbild, von den Denkansätzen Newtons zu denen Einsteins und von der Relativitätstheorie zur Quantenphysik. Lewis Mumford drückt es so aus: *„Jeder Übergang beruht auf einer neuen metaphysischen und ideologischen Grundlage, oder vielmehr auf tieferen Ahnungen und Intuitionen, die rationalisiert werden und so die Form eines neuen Bildes des Kosmos und der Menschheit annehmen."*

>>>>>>> Weil auch die Kirche eine Gemeinschaft auf der Suche nach der Wahrheit ist, die nach bestimmten Paradigmen arbeitet, kann uns das Buch von Kuhn helfen, die Mission der Gemeinde im Kontext des neuen Jahrtausends neu zu definieren. Es warnt uns aber auch, dass wichtige neue Perspektiven sehr leicht durch ein vorherrschendes Paradigma erstickt werden können – etwas, das im Christentum oft der Fall gewesen ist. Darum muss die Kirche

verstehen, wie ein Übergang von einem Paradigma zum anderen vor sich geht:

1. Wir beginnen mit einem etablierten Denkmuster, das das Bewusstsein, die Wissenschaftslehre und die Kosmologie einer Epoche beherrscht. Obwohl es dominant ist, sollte diese Weltsicht Raum für Neues lassen, denn nur so geht die Suche nach Antworten weiter.
2. Im Denkmuster selbst entsteht ein wachsendes Gefühl der Fremdheit – eine Ahnung, dass etwas mit den Paradigmen nicht stimmt. Seltsamerweise entsteht dieses Gefühl gerade, weil die vorhandenen Methoden es den Experten ermöglichen, viele Bereiche zu beherrschen. Konsequenterweise sind diejenigen, die das Paradigma am besten verstehen, oft auch die, die als erste aus dem allgemeinen Konsens ausbrechen und anfangen, *„in ihrem Denken herumzuschweifen"*, wie Kuhn es nennt – sie erleben eine neue Freiheit, Anomalien auszuhalten und sie nicht durch vorgefasste Meinungen mit dem Paradigma versöhnen zu müssen.
3. Der beschriebene Vorgang wird zwar langsam, aber unaufhaltsam anerkannt. Aus dem Rinnsal der neuen Erkenntnis wird eine Flut. Eine Gruppe von Abtrünnigen entsteht, gefolgt von einer Fülle neuer Theorien, die alle auf der Suche nach einem neuen Verständnis der Dinge sind. Jetzt beginnt der eigentliche Prozess des Übergangs.
4. Ein neues Denkmuster entsteht – meist unter heftiger Opposition derer, die am alten festhalten. Kopernikus rettete seinen Hals nur, indem er die „Ketzerei", die in seiner Theorie versteckt war, widerrief, landete aber gleichwohl lebenslang im Gefängnis. Es ist interessant, dass Menschen bereit sind, andere wegen deren Weltanschauung zu verfolgen. Wahrscheinlich ist der Grund der, dass sie so viel von sich selbst

in das gegenwärtige Paradigma investiert haben und ihre Identität daraus ziehen. Aus diesem Grund erlauben es auch Konfessionen selten, dass ihre Grundüberzeugungen („Heiligen Kühe") in Frage gestellt werden.

Als wir das FORGE-Ausbildungszentrum in Melbourne gründeten, wussten wir gleich, dass wir damit das etablierte Bild der theologischen Ausbildung herausfordern. FORGE ist ja ein Netzwerk von Arbeitsgemeinschaften, die alle das Ziel haben, Missionare für die westliche Welt auszubilden – schon das ist eine Innovation. Darum wundert es auch nicht, dass es den etablierten theologischen Seminaren so schwer fällt, unsere Lernmethoden anzuerkennen. An einer Akademie lehren normalerweise Akademiker, also Leute, die ihr ganzes Leben auf der Weitergabe von Wissen aufgebaut haben. Etwas, das sich von unserer Leiterausbildung radikal unterscheidet.
>>>>>>> Das zeigt, wie leicht Innovationen (und darum jeder wirkliche Fortschritt) im Christentums-Paradigma der Kirche an den Rand gedrängt und angekettet werden können. Es passiert selten, dass eine etablierte Institution ein neues, alternatives Modell – und damit eine ernsthafte Anfrage an die eigene Legitimation – akzeptiert. Machiavelli hat einmal gesagt, dass Erneuerer immer verfolgt werden und ihre Innovation immer Widerstand erfährt. Je dringender die Erneuerung ist, desto stärker wird der Widerstand sein.

Einige Schlüssel zum Paradigmenwechsel

Eine der wichtigsten Erkenntnisse, die wir in der Arbeit mit etablierten Gemeinden gewonnen haben, ist die, dass Menschen erst einmal ein Problembewusstsein entwickeln müssen, bevor sie an einer Lösung interessiert sind. Menschen ändern sich nämlich nicht, bevor sie nicht wirklich müssen. Darum passiert an vielen Orten folgendes: Die Leiter kommen mit großartigen Lösungen, treffen aber auf massiven Widerstand, weil sie das Problem noch nicht deutlich genug kommuniziert haben. Daher die Frage: Was kann ein Leiter tun, um einen Paradigmenwechsel zu unterstützen? Hier sind ein paar Ideen.

Ermutigen Sie zu heiliger Unzufriedenheit

Eine der wichtigsten Waffen eines geistlichen Revolutionärs ist die Fähigkeit, eine heilige Unzufriedenheit zu kultivieren – ein kritisches Nicht-Zufrieden-Sein mit dem, was ist, und ein Verlangen nach dem, was sein könnte. Aber es soll dabei wirklich um die heiligen Dinge gehen, weil es sonst sehr leicht passiert, dass man die unheilige Variante der Unzufriedenheit weckt. Der alte marxistische Slogan *„Reibe an den wunden Stellen der Unzufriedenheit"* war tatsächlich brillant. Die frühen Marxisten wussten schon, wie man ein Klima des Aufstandes, der Revolution, kurz: eine Bewegung erzeugt. Davon kann sich auch ein revolutionärer missionarischer Leiter inspirieren lassen.

>>>>>>> Wenn wir den missionarisch-inkarnierenden Geist in unserer Zeit wecken wollen, dürfen wir keine Angst haben, unpopulär zu sein oder als Revolutionäre zu gelten. Der wahre Revolutionär ist der, der nichts zu verlieren hat. Reibe an der Unzufriedenheit, lege sie bloß und streue Salz drauf – die Zeit drängt. Das Christentum muss überwunden werden, damit ein apostolischer Glaube und eine zukunftsfähige Praxis etabliert werden können, wenn wir unserer Berufung treu sein wollen, Nachfolger des revolutionären Jesus zu sein.

Ermögliche subversive Fragen

Genauso wichtig ist die Kunst, subversive Fragen zu stellen. Jemand hat einmal gesagt, dass hinter jeder Frage eine Suche steckt und dass diese Suche schlussendlich zu Gott führt. Genau solch radikale Fragen schlagen wir vor. Gute Fragen sind deshalb subversiv, weil sie den Hörer zur Selbstwahrnehmung zwingen und ihn dazu bringen, persönliche Antworten zu suchen. Es ist übrigens viel revolutionärer radikale Fragen zu stellen als Antworten zu liefern. Von Hauptamtlichen werden oft Antworten erwartet, dabei kämen sie viel weiter, wenn sie bessere und effektivere Fragen stellen würden.

>>>>>>> In der Organisationstheorie der 90er Jahre kam es zu einer großen Weiterentwicklung, als man lernte, die Rolle der Fragen in der Entwicklung von gesunden Organisationen ernst zu nehmen. Die dahinter liegende Theorie lehrt, dass ein echter Lerneffekt erst dann entsteht, wenn man in Lernprozesse Fragen einbringt. Wenn diese Theorie recht hat, muss man sich also fragen: Was sind die richtigen Fragen? Oder in der Theorie von Kuhn formuliert: Welche Fragen helfen uns, aus unserem Paradigma auszusteigen und wirklich voranzukommen? Hier einige Beispiele, die wir hilfreich fanden.

>>>>>>> *„Ist ein Dosenöffner ein Dosenöffner, wenn er keine Dosen öffnen kann?“* Jeder von uns hat schon einmal einen Dosenöffner in der Hand gehabt, der keine Dosen mehr öffnet. Er sieht zwar noch so aus, aber er tut nicht mehr das, was ein Dosenöffner tun sollte. Die Frage ist: *„Soll man ihn noch Dosenöffner nennen?“* Das ist eine äußerst subversive Frage, weil sie uns zwingt, über den Unterschied von Form („Das Ding sieht noch so aus“) und Funktion („Das Ding funktioniert nicht mehr“) nachzudenken. Natürlich dauert es dann meist nicht lange, bis ein heller Kopf in der Gruppe diese Frage auf die Gemeinde überträgt: *„Ist eine Gemeinde noch Gemeinde, wenn sie nicht mehr wie eine Gemeinde funktioniert?“* Das ist wahrhaft eine raffinierte Frage. Mittlerweile sollten Sie unsere Antwort kennen, aber wir möchten Sie lieber selbst darüber nachdenken lassen.

>>>>>>> Anderes Beispiel: *„Wenn Sie noch einmal von vorn anfangen könnten, würden Sie alles wieder genauso machen?“* Wir haben diese Frage ja selbst weiter vorn im Buch beantwortet. Alan hat sie vielen

Gemeinden und Gruppen gestellt, die um Erneuerung ringen, und er hat noch nie gehört, dass jemand alles genauso wieder tun würde. Nun, die Frage ist dann: *„Warum machen Sie es jetzt so? Wenn jeder menschliche Fortschritt auf der Annahme aufbaut, dass alles besser gemacht werden kann, warum haben Sie mit dem Fortschritt aufgehört? Wir sind doch noch nicht perfekt, oder? Warum versuchen wir dann nicht mehr, Kirche besser zu machen? Und was tun wir jetzt, wo wir nicht mehr die Unwissenden spielen können?"*

>>>>>>> Noch was Fieses: *„Wie würde Ihre Gemeinde aussehen, wenn Sie a) kein Gebäude mehr hätten, b) sich nicht mehr am Sonntag treffen könnten und c) keinen Pastor oder klares Leitungsteam mehr hätten?"* Alle diese Fragen zwingen uns, radikal über unsere Erfahrungen mit der Gemeinde nachzudenken. Sie decken auf, wie sehr uns das Denken des Christentums beeinflusst und dadurch Versagen programmiert hat. Die Christenheit wird nämlich immer mit Gebäuden, Sonntagsgottesdiensten und Hauptamtlichen gleichgesetzt! Immer und überall. Obwohl die neutestamentliche Gemeinde nichts davon hatte.

>>>>>>> Was die Fragen angeht, möchten wir missionarische Leiter ermutigen, eine ganze Liste davon zu entwickeln und überhaupt Fragen viel häufiger und intensiver einzusetzen, als es gegenwärtig geschieht. Benutzen Sie auch Gleichnisse oder erzählen Sie Geschichten, denn auch die „erwischen von hinten" (um Kierkegaard zu zitieren) und laden den Hörer ein, die Lücken selbst auszufüllen und sich selbst in der Geschichte zu entdecken (z.B. Matt. 21.45).

Werden Sie Anfänger

Eine weitere Möglichkeit, kreativ zu werden, ist die, wie ein Anfänger denken zu lernen – nicht wie ein Experte. Das ist besonders wichtig, wenn wir der Meinung sind, dass wir den richtigen Weg schon kennen. Experten-Denken ist nämlich oft lediglich ein Denken, das sich in einem verhärteten Paradigma festgefressen hat. Versuchen Sie einmal, die Dinge so zu sehen, als würden Sie sie das allererste Mal wahrnehmen. Das bringt uns zurück zum Märchen von „des Kaisers neuen Kleidern", nicht wahr? Die Erwachsenen waren es gewohnt, in festen Bahnen zu denken, aber das Kind war noch nicht so geeicht. Insofern gilt: Üben Sie das Verlernen genauso wie Sie Lerntechniken üben.

>>>>>>> Noch ein Tipp: Sozialpsychologen loben seit langer Zeit den Wert des Spielens für die allgemeine Gesundheit. Das Christentum, vor allem in der westlichen Tradition (mit ihrer historischen Antipathie gegen jede Form des Vergnügens und des Genusses) kann uns schnell zu verklemmten und unangenehmen Menschen machen. Wir müssen deshalb wieder lernen zu spielen. Das ist auch für die Neuentdeckung einer missionarischen Arbeit von so entscheidender Bedeutung, dass wir gar nicht oft genug darauf hinweisen können. Ein Spiel ist viel mehr als nur Zeitvertreib. Haben Sie schon einmal gemerkt, auf wie viele Arten ein Kind einen Stuhl gebrauchen kann? Für uns ist das Ding einfach nur eine Sitzgelegenheit. Für ein Kind kann ein Stuhl buchstäblich alles werden: ein Haus, eine Flugabwehr-Rakete, ein Baustein, eine Höhle, alles. Verhaltensforscher unterscheiden hier zwischen „assoziativem" und „dissoziativem" Denken. Der Erwachsene hat gelernt, den Stuhl eindimensional zu sehen und assoziiert mit ihm nur eine grundlegende Funktion. Das Kind geht dagegen eher dissoziativ an die Gegenstände in seiner Welt heran, darum ist diese kindliche Welt auch vieldimensional und voller Möglichkeiten. Genau diesen Aspekt der Kindlichkeit müssen wir neu aktivieren, wenn wir die Gemeinschaft, die Mission und die Mitarbeit wieder entdecken wollen. Gehen Sie spielerisch mit Dingen, Ideen, Aktivitäten und Menschen um. So öffnen sich neue Möglichkeiten.

Beachten Sie die Außenseiter

Die Geschichte zeigt, dass Erneuerungsbewegungen in der Kirche immer von den Rändern her geschehen. Das kann in allen Arten von Gemeinden und Bewegungen nachgewiesen werden. Was lernen wir daraus? Nur völlige Offenheit für die Ideen und Menschen an den Rändern bringt dem Volk Jesu den dringend nötigen Zustrom von neuem Denken, Fühlen und Handeln. Natürlich stellen gerade die Außenseiter die vorherrschende bürgerliche Mittelklasse-Monotonie in Frage, die in der westlichen Kirche so verbreitet ist. Ja, oftmals ist es sogar die Kultur der Kirche selbst, die Menschen an den Rand drängt und unterdrückt, nur weil sie anders sind. Solche „Randsiedler" fühlen sich natürlich in der vorherrschenden westlichen Gemeindekultur sehr fremd. Aber so oft sind es gerade diese Leute, die eine neue Perspektive oder sogar eine geistliche Wiederbelebung einbringen.

>>>>>>> Sollten Sie das bezweifeln, dann vergessen Sie bitte nicht, dass unsere Geschichte als missionarisches Volk sich vom Leben und Werk Jesu herleitet, der selbst ein Mensch am Rande war und andauernd mit Menschen herumhing, die durch das religiöse System ihrer Zeit gründlich ausgegrenzt wurden. Wir stellen uns oft vor, wie Jesus auf diese Menschen gewirkt haben muss. Nicht weniger interessant ist es aber, sich einmal die umgekehrte Wirkung vorzustellen: Wie haben diese Leute wohl auf Jesus gewirkt, der ja seinerseits einer bestimmten Kultur entsprang. Wir sind ziemlich sicher, dass ein großer Teil der Radikalität Jesu daher kam, dass er die verachteten „Sünder" seiner Zeit so liebte, mit ihnen lebte und so eine tiefe Beziehung zu ihnen hatte.

>>>>>>> Wir selbst spüren, wie sehr es uns bereichert und verändert hat, dass wir inzwischen verstärkt mit Menschen am Rande der Gesellschaft zu tun haben. John Stuart Mill hat einmal festgestellt, dass *„exzentrisches Verhalten immer da zunahm, wo auch die Charakterstärke zunahm; und die Menge der Exzentrizität in einer Gesellschaft*

war immer proportional zur Menge von Genies, von geistiger Energie und Charakterstärke, die in ihr zu finden waren. Dass heute so wenige Leute es wagen, exzentrisch zu sein, deutet auf eine große Gefahr in unserer Gesellschaft hin."

>>>>>>> Wir müssen für die Leute an den Rändern nicht nur radikal offen sein, sondern für alle Arten von Nonkonformisten Raum schaffen. Diese Außenseiter spielen eine wichtige Rolle und lehren uns, die Dinge aus einem anderen Blickwinkel zu sehen. In einem sehr realen Sinn handeln Außenseiter bisweilen im biblischen Sinne prophetisch, weil sie die Lügengebäude aufdecken, die die herrschende Gruppe aufgebaut hat, um ihre gemeinsamen Illusionen zu behalten – ein Mechanismus, den es in allen Gruppen gibt. Die Propheten des Alten Testaments zeigen sehr deutlich, wie wichtig diese Gabe Gottes für sein Volk ist. Aber es genügt ja schon, sich das Leben Jesu anzuschauen, um ein vollkommenes Bild eines biblischen Nonkonformisten zu haben. Jesus akzeptierte die vorherrschenden Normen und Definitionen für geistliches Leben eigentlich nie; und doch verkörperte er vollkommen Gottes Botschaft an die Welt. Er war das Wort. In ihm sind Medium und Botschaft identisch.

>>>>>>> Tatsache ist, dass selbst nervige, alte Schrullen sehr nützlich sein können, wenn es darum geht, unsere Illusionen aufzudecken – die Illusionen, die uns davon abhalten, Gott neu zu erleben und unsere Sache anders und besser zu machen. Auch wenn solche Menschen oft schwer zu ertragen sind, spielen sie eine wichtige soziale Rolle, und wir sollten uns Mühe geben, hinter ihrem irritierenden Heulen und Klagen Hinweise auf Gottes Stimme und Willen zu hören. Dass Gott bisweilen seltsame Wege wählt, um mit den Menschen zu kommunizieren, wissen wir ja aus der Bibel.

Mehr Risiko!

Von den Exzentrikern und den Schrullen springen wir nun zu einem Thema, das genauso seltsam, aber nicht weniger wichtig ist: Risiko. Risiko ist ein wunderbares Stimulans für kreatives Denken. Wir haben schon gesehen, dass Phantasie und Kreativität an sich gefährlich sind, wir glauben aber, dass es ohne Risiko kaum Wachstum und Fortschritt geben wird. Wenn Sie mithelfen wollen, eine missionarisch-apostolische Gemeinde „zur Welt zu bringen", dann müssen Sie und Ihre Organisation Risiken eingehen.

>>>>>>> Einfach gesagt: Erst wenn Sie den Boden unter den Füßen verlieren und es riskant wird, fangen die kreativen Säfte richtig an zu fließen. Wenn wir immer nur Sachen machen, die wir gelernt haben und die sicher und normal sind, kommen wir nicht weiter. Aber wenn wir unsere Komfortzone verlassen, sind wir gezwungen zu lernen. Mission ist riskant, aber gerade das Risiko bedeutet, dass Sie und Ihre Organisation dazulernen.

>>>>>>> Wir haben oben schon Edward de Bono zitiert, der darauf hinweist, dass man ein neues Loch nicht dadurch graben kann, dass man am gleichen Ort tiefer gräbt. Dieser Gedanke geht in die gleiche Richtung wie Einsteins Bemerkung über die Probleme, die man nicht mit dem gleichen Denken lösen kann, durch die sie entstanden sind. In der Forschung nennt man den Glauben, dass man zu wesentlich anderen Ergebnissen kommt, wenn man das Gleiche „besser" macht, „organisatorische Verrücktheit". Und doch tun wir das andauernd. Das Christentum wurde auf alle erdenkliche Art verbessert und überarbeitet, angepasst und getunt; aber immer noch tun wir die gleichen Sachen – nur „besser".

>>>>>>> Laterales Denken („Quer"-Denken) sucht Alternativen, indem es neue Methoden und neue Wege probiert, die Dinge zu betrachten. Das heißt: Wenn du ein neues Loch graben willst, höre auf, das alte Loch immer tiefer zu machen – geh lieber woanders hin und fang da

an zu graben. Bewege dich „seitwärts", nicht immer nur am gleichen Ort. Vertikales Denken baut darauf auf, dass wir immer die gleichen Denkschemata verwenden, laterales Denken ändert andauernd den Standort. Ein Weg, laterales Denken zu fördern, ist beispielsweise die Provokation, die bekannte Muster durchbricht und die Wahrnehmung schult. Darum ist sie so wichtig: Die Kirche hat ja in ihrer Geschichte bislang nicht viel Neigung gezeigt, sich seitwärts zu bewegen. In der Regel hat sie ihre eigene Art von organisatorischer Verrücktheit der Unruhe der Veränderung vorgezogen.

Ein Klima der Veränderung schaffen

Weniger gefährlich, aber nicht weniger wichtig für den Prozess der Erneuerung ist ein Klima der Kreativität. Mit anderen Worten: Entwickeln Sie eine Atmosphäre, in der die Kreativität blühen kann. Es ist und bleibt eine Aufgabe der Leitung, Vorstellungskraft und Kreativität in der Gemeinde leidenschaftlich willkommen zu heißen und sie als wichtige Ressourcen für die Mission, die Mitarbeit und die Leitungsstrukturen zu schätzen.

>>>>>>> Die Leitung einer Gemeinschaft sollte Mut machen, die Dinge immer wieder in Frage zu stellen. Und sie sollte Raum geben für Experimente – im Wissen, dass so ein Prozess gefährlich, tückisch und unweigerlich chaotisch sein wird. Eine kluge Gemeinde kann eine Kultur entstehen lassen, in der die Theorie und die Praxis der Organisation immer wieder hinterfragt werden und eine Menge von Leuten bei kreativen Anlässen mitträumen und mitspinnen dürfen. Natürlich wird es dabei auch Fehler geben, aber zugleich wird es zu exponentiellem Lernen und missionarischen Möglichkeiten kommen, die Sie nie für möglich gehalten hätten.

>>>>>>> Versuchen Sie, in Ihren Leitungsteams eine gesunde Mischung beider Typen zu haben: Menschen, die von der linken, und

Menschen, die von der rechten Gehirnhälfte gesteuert sind. Ordinierte Hauptamtliche, die von einem theologischen Seminar kommen, leben tendenziell eher rationalistisch und von der linken Gehirnhälfte her. Um dieser Überbetonung des Verstandes entgegen zu steuern, muss die Kirche bewusst Teams schaffen, in denen kreative und rationale Typen Seite an Seite arbeiten und gemeinsam die Kirche umgestalten. Wie bei allen organischen Systemen kommt es dabei auf die Mischung an.

>>>>>>> Ein Klima der Veränderung wird übrigens auch dadurch gefördert, dass man sich darauf vorbereitet, außerhalb des normalen Rahmens zu handeln. Bei FORGE zum Beispiel werfen wir den Praktikanten gerne ein paar unerwartete Herausforderungen hin – und dann sollen sie einfach mal loslegen. Hier sind ein paar solcher Frechheiten:

Spiel den Hofnarren. Den nutzten die Könige der Renaissance, um aus der Umklammerung der Jasager auszubrechen. Die Aufgabe des Narren war es, jeden Vorschlag zu parodieren und ihn so in neuem Licht erscheinen zu lassen.

Verändere etwas. Je länger man etwas immer gleich tut, umso schwieriger wird es, anders zu handeln. Essen Sie mal Eis zum Frühstück. Sehen Sie mal einen Film, den Sie normalerweise nicht anschauen wurden. Nehmen Sie mal einen völlig anderen Weg zur Arbeit. Oder fahren Sie rückwärts Ihre Strasse entlang.

Lerne von Fehlern. Ehe Thomas Edison eine funktionierende Glühbirne erfand, entwickelte er rund 1800 Arten, die nicht funktionierten. Und Kolumbus wollte eigentlich nach Indien. Irren ist menschlich – und eine der wichtigsten Quellen, um Neues zu lernen.

Versuch es mal ganz anders. Die meisten Fortschritte geschehen, weil jemand das herrschende Vorgehen hinterfragt und etwas anderes versucht. Welche Regeln könnten Sie hier und jetzt hinterfragen? Gehen Sie doch mal im Hawaii-Hemd ins Büro.

Brich aus deinem Rahmen aus. Jeder kann in einer Boutique nach Mode suchen oder in einem Museum nach Geschichte. Suchen Sie mal in einem Haushaltwarengeschäft nach Mode oder in einem Flughafen nach Ethik. Oder laden Sie jemanden zu einem Picknick in der Nähe der Müllkippe ein.

Kombiniere verschiedene Ansätze. Gutenberg kombinierte die Weinpresse mit der Münzprägung und schuf so bewegliche Lettern und die Druckmaschine. Das Kombinieren ungewöhnlicher Ideen liegt dem kreativen Denken seit jeher zugrunde. Warum sollten wir nicht mal einen Gottesdienst im Schwimmbad machen?

Entdecke die Möglichkeiten. Nichts ist gefährlicher als eine Idee, wenn es die einzige ist. Man kommt dann am besten auf eine wirklich große Idee, wenn man ganz viele hat. Oftmals machen wir uns gar nicht klar, auf wie viele Arten und Weisen man das Leben wahrnehmen kann.

>>>

In ihrem Buch „Built to Last" geben James C. Collins und Jerry I. Porras noch weitere Anregungen, wie man seine Kreativität motivieren und etwas in Bewegung bringen kann:

Gut ist nie genug. Sorgen Sie für einen ständigen Prozess der Selbstverbesserung – jetzt und für alle Zeit. An dem Tag, an dem Sie mit allem zufrieden sind, hören Sie auf kreativ zu sein.

Versuche eine Menge und behalte, was klappt. Versuchen Sie, viele Aktionen und Experimentierfelder zu entwickeln, die neue und unerwartete Fortschritte ermöglichen; so imitieren visionäre Firmen die Evolution der Arten.

Akzeptiere Fehler. Weil man nicht vorhersagen kann, welche Variante am besten klappen wird, muss man Fehler und Irrtümer als integralen Teil des Evolutionsprozesses akzeptieren.

Lass dich herausfordern. Nehmen Sie jede Woche eine neue Herausforderung an. Arbeiten Sie regelmäßig an interessanten Problemen;

erforschen Sie etwas Neues mit dem Ziel, es zu lösen oder neue Ideen zu entwickeln.

Adoptiere ein Genie. Man profitiert, wenn man vom Leben, den Ideen und den Taten großer Menschen der Geschichte lernt. Sie wissen mittlerweile, dass zu unseren Helden Einstein, Kierkegaard und Buber gehören. Wir lieben aber auch Van Gogh, Heschel, Simone Weil, Robert Frost und David Bosch. Vielleicht schwärmen Sie ja mehr für Dorothy Sayers, Picasso, T.S. Eliot, Thomas Edison oder Hannibal (nicht Lecter!).

Übe assoziatives Denken. Richtig durchgeführt, kann ein „Brainstorming" nicht nur eine Menge neue Ideen liefern, sondern auch bei der Entscheidung helfen, welche die beste ist.

Mach dir Notizen. Tragen Sie immer ein kleines Notizbuch bei sich. Wenn Sie eine Idee haben, können Sie sie schnell notieren. Vielleicht werden Sie beim Durchlesen merken, dass 90% Ihrer Notizen nichts wert sind – keine Sorge, das ist normal. Wichtig sind die 10%, die etwas taugen.

Trainiere die Kreativität. Wenn Ihnen mal eine Idee fehlt, öffnen Sie einfach ein Wörterbuch, suchen ein beliebiges Wort heraus und versuchen, Ideen zu formulieren, in denen dieses Wort vorkommt. Sie werden überrascht sein, wie gut das funktioniert. Die Idee dahinter ist überraschend: Völlige Freiheit behindert manchmal die Kreativität. Bisweilen gibt es nichts Besseres als Einschränkungen, um das Denken anzuregen.

Definiere dein Problem. Nehmen Sie ein Stück Papier oder sonst etwas zum Schreiben und definieren sie Ihr Problem ganz genau. Wahrscheinlich werden die Ideen Sie nur so anspringen, wenn Sie das gemacht haben.

Die sechs Denkhüte

Wir schließen dieses Kapitel über die Vorstellungskraft, indem wir Ihnen Edward de Bonos Spiel mit den sechs Denkhüten vorstellen. Dabei geht es um ein Gruppenspiel, mit dessen Hilfe man Probleme lösen kann. Die sechs Hüte stellen sechs Arten des Denkens dar, oder besser: Denkrichtungen. Die Teilnehmer einigen sich bei diesem Spiel darauf, eine Zeit lang immer wieder die Hüte zu tauschen, um so ein Problem aus einem jeweils bestimmten Blickwinkel zu betrachten, den sie normalerweise nicht einnehmen würden. Wenn ein Teilnehmer einen bestimmten Hut auf dem Kopf hat, darf er nur aus der Perspektive denken, die der Hut erlaubt. Dabei wird unglaubliches kreatives Potential frei. Warum? In de Bono´s Worten: *„Dieses Spiel trennt das Ego von der Leistung.“* Insofern kann jeder Teilnehmer zur Lösung beitragen, ohne sein Ego verleugnen zu müssen. Der Hut ermöglicht es, eine Lösung zu denken und auszusprechen, die eine Person eigentlich nicht vertritt oder auf die sie ohne den Hut gar nicht gekommen wäre. Das System der sechs Hüte hilft, Neues zu denken – ohne den eigenen Standpunkt verteidigen zu müssen. Jeder kann unter jedem Hut etwas beitragen, selbst wenn er am Anfang das Gegenteil vertreten hat. Man kann dieses großartige Spiel eigentlich für alles brauchen, selbst für ein Bibelstudium in der Gruppe. Man braucht nicht einmal wirkliche Hüte, es reicht die Vorstellungskraft, dass man jetzt auf eine bestimmte Art denken möchte.

Die sechs Hüte

Der weiße Hut: Denke an weißes Papier. Es ist neutral und fasst die Sachinformationen. Der weiße Hut hat also mit Daten und Fakten zu tun. Er fragt: *„Welche Informationen haben wir? Welche fehlen? Welche hätten wir gern? Wie kommen wir an Informationen heran?“*

Der rote Hut: Denke an Feuer und Wärme. Die haben mit Gefühlen, Intuition, Ahnungen und Emotionen zu tun. *„So empfinde ich bei die-*

sem Vorschlag." „Mein Bauch sagt mir: Das klappt nicht." „Mir gefällt diese Art nicht." „Meine Eingebung sagt mir, dass die Preise bald fallen werden."

Der schwarze Hut: Denke an einen Richter, der Übeltäter bestraft. Hier geht es um die Vorsicht. Der Hut bewahrt uns vor Fehlern, Dummheiten und illegalen Entscheidungen. Er weist nach, warum etwas nicht möglich ist oder warum es sich nicht lohnt. *„Die Vorschriften erlauben das nicht." „Dafür bringen wir kein Geld zusammen." „Er hat keine Erfahrung."*

Der gelbe Hut: Denke an Sonnenschein. Der gelbe Hut steht für Optimismus und positives Denken. Er sucht nach dem Machbaren und den Möglichkeiten, etwas zu tun – sie müssen aber begründet sein: *„Das könnte klappen, wenn wir die Produktion näher zum Kunden bringen." „Wir sollten das ausprobieren, bevor wir es annehmen oder ablehnen."*

Der grüne Hut: Denke an Vegetation und reiches Wachstum. Der grüne Hut steht für kreatives Denken, neue Ideen, mehr Alternativen, Möglichkeiten und Hypothesen. Das braucht eine kreative Anstrengung. *„Gibt es Alternativen, egal, wie verrückt sie am Anfang klingen mögen?" „Könnten wir das anders machen?" „Gäbe es eine andere Erklärung?"*

Der blaue Hut: Denke an den blauen Himmel. Hier geht es um den Überblick und die Kontrolle des Prozesses. Der blaue Hut setzt die Agenda für den ganzen Prozess. Er schlägt den nächsten Schritt vor und kann um Input von den anderen Hüten bitten. Er fragt nach Zusammenfassungen, Schlussfolgerungen und Entscheidungen. Er kann Kommentare abgeben: *„Wir haben jetzt viel zu lange einen Sündenbock gesucht." „Könnten wir zusammenfassen, wo wir stehen?" „Ich denke, wir sollten mal wieder unsere Prioritäten anschauen." „Vorschlag: einmal ein bisschen mehr Grünes-Hut-Denken!"* Der blaue Hut gehört normalerweise dem Gesprächsleiter oder dem Organisator des Treffens.

>>

Versuchen Sie einmal, bei der nächsten Diskussion über die Zukunft Ihrer Gemeinde oder wenn es um neue Ideen geht, das System der sechs Hüte anzuwenden. Es ist ein hilfreiches Werkzeug, um die Kreativität und die Vorstellungskraft zu fördern. Mit einem Wort Gerard Kellys: Es ist Zeit, dass es in unseren Kirchen *„neue Kreationen"* gibt. Und es ist Sache einer neuen apostolischen Leiterschaft, dafür zu sorgen. Wie Gary Hamel im Buch „Leading the Revolution" („Die Revolution anführen") sagt: *„Was immer ich mir vorstellen kann, kann ich vollbringen. Ich bin nicht länger Sklave in einer gesichtslosen Bürokratie. Ich bin ein Aktivist, nicht nur eine Arbeitsbiene. Ich bin ein Revolutionär".*

D. Die Leiter von morgen

12. Die Revolution organisieren

Das Entscheidende an der Strategie ist die Hingabe. Wenn deine Taten nicht klar und zielorientiert sind, hast du keine Strategie – weil jeder es tun kann … Ich wollte mein Leben immer wie eine Armee leben, die in ein Land eindringt, in dem es kein Zurück gibt. >>> Troy Tyler

Die Kirche als missionarische Bewegung

Welche Bedeutung unsere Ausführungen über die apostolische Leitung haben, wird noch deutlicher, wenn wir sie im Kontext mit anderen wichtigen Wesensmerkmalen der Mission betrachten. Hier, am Ende unserer Gedanken über die Kirche der Zukunft, möchten wir einige dieser Kennzeichen noch einmal genauer betrachten. Also: Wir sind überzeugt, dass eine apostolische Führung dann wirksam ist, wenn die Kirche sich 1. als missionarische Bewegung wieder entdeckt, wenn sie sich 2. als „Fokus-orientierte" Gemeinschaft versteht, wenn sie 3. organische Strukturen aufbaut, wenn sie sich 4. multipliziert und wenn sie 5. ein missionarisches Ausbildungssystem für Leiter entwickelt. Wir zählen diese Elemente hier auf, weil jedes einzelne von strategischer Bedeutung für die Langzeitwirkung einer zukünftigen missionarischen Gemeinde ist. Und wir hoffen natürlich, dass viele Leser diese wichtigen Themen aufgreifen und so mithelfen, die missionarische Kirche für das 21. Jahrhundert zu entwickeln.

>>>>>>> Das erste Thema, das wir hier vertiefen wollen, betrifft das Wesen von „Bewegungen“. Wir haben ja schon das Wesen von Lebenszyklen und ihre Beziehung zum Führungsstil untersucht. Hier wollen wir die Natur von Bewegungen selbst ein wenig mehr unter die Lupe nehmen. Alle sozialen Gruppen, die lokal, national oder international in die Gesellschaft hineinwirken, beginnen irgendwann als „Bewegung“. Die erste Phase einer solchen dynamischen sozialen Bewegung hat einige Kennzeichen, die man in den Strukturen der späteren Institutionen nicht mehr findet. Das gilt übrigens für Firmen, soziale Projekte oder politische Parteien genauso wie für Kirchen und andere christliche Gesellschaften: ganz gleich, ob Konfession, übergemeindliches Werk oder lokale Gemeindegründung – alle werden mit einem bestimmten Ethos und mit einer Energie ins Leben gerufen. Sie beginnen mit einer Vision, werden zu einer großen Bewegung und beeinflussen dann die Gesellschaft um sich herum.

>>>>>>> Wir sind überzeugt, dass es wichtig ist, den Charakter von Bewegungen zu studieren, weil wir schon in dem Begriff „Bewegung“ (flüssig, voller Vision, Chaos und Dynamik) einen entscheidenden Schlüssel für eine geistliche Veränderung der Welt finden. Wir definieren Bewegung so: *„Eine Gruppe, die sich um ein Ziel organisiert, das sie motiviert, dem sie sich verpflichtet und das in irgendeiner Form soziale oder persönliche Veränderung bewirkt, weil die Gemeinschaft sich aktiv bemüht, andere für ihr Ziel zu gewinnen, und weil ihr Einfluss sich im Kontrast zu der Ordnung, aus der sie kam, ausbreitet.“* Diese Definition klingt vielleicht etwas technisch, sie beschreibt aber ziemlich genau das neutestamentliche Volk Gottes.

>>>>>>> Betrachten wir noch einmal den Lebenszyklus einer Organisation – jetzt wesentlich differenzierter als in Kapitel 10. Wenn es um Bewegungen geht, sollten wir vor allem die Dynamik studieren, die in den ersten Wachstumsphasen der Organisation zu beobachten ist (die Gründung und das Keimen). Was passiert da genau? Welche Art

von Leitung braucht es in diesen Phasen? Wo muss organisiert werden? Und was führt zu Wachstum? Für jeden Missionar und Gemeindegründer, der versucht, in einem bestimmten Umfeld eine Art von Bewegung ins Leben zu rufen, sind das die elementaren Fragen. Stellen Sie sich diese Fragen bitte auch. Und stellen Sie sie an all die geschichtlichen Bewegungen, die Sie bewundern, und an Ihre Helden, damit Sie von ihnen lernen.

>>>>>>> Die Kurve unten zeigt übrigens, dass solche Fragen auch in der Phase des Niedergangs gestellt werden sollten: Der Niedergang steht nämlich in direkter Beziehung zur Institutionalisierung und führt schließlich zum Ende der Bewegung. Also: Was passiert in diesen Phasen? Welche Art von Leitung wird hier gepflegt? Worauf konzentriert sich die Organisation? Was fehlt? Das ist vor allem dann wichtig, wenn wir Gemeinden oder Konfessionen wieder beleben wollen.

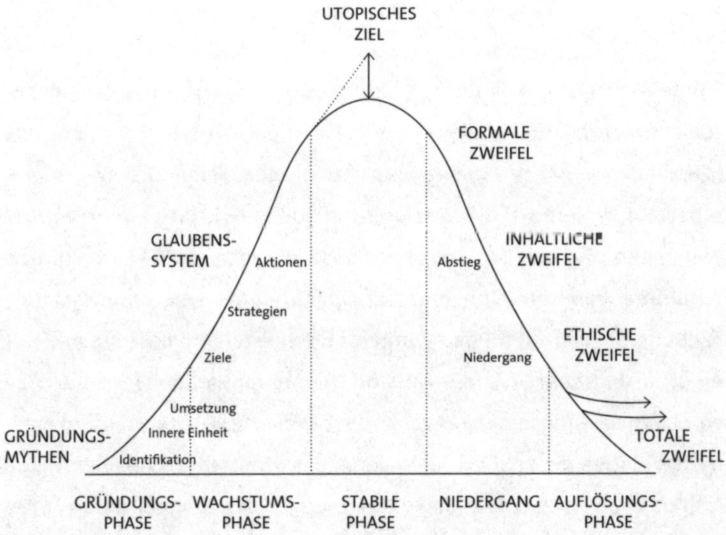

Abbildung 13

Die Fähigkeit, als Bewegung ständig zu wachsen, nennen Strategen „Sigma-Wachstum" – und genau danach sollten Kirchen streben. Das sieht dann so aus:

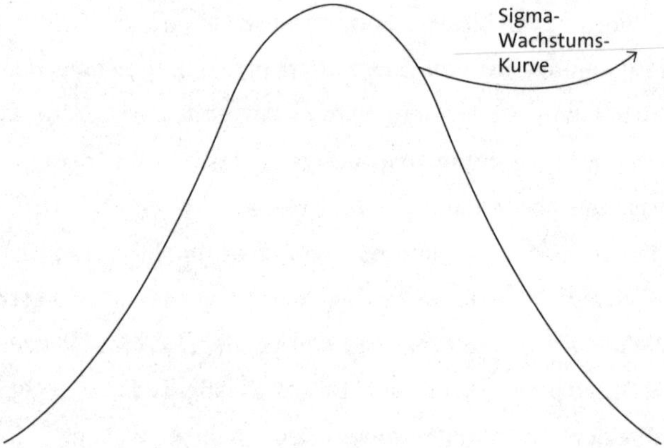

Abbildung 14

Einige Bewegungen in der Kirche haben sich im Lauf der Kirchengeschichte vor allem auf die innere geistliche Erneuerung konzentriert (z.B. die charismatische Bewegung oder die geistlichen Ordensgemeinschaften), andere auf die Mission nach außen (wie die Erweckungsbewegungen oder der Jesuitenorden). Wir glauben, dass beide Formen zusammengehören. Nun, wahrscheinlich würde eine nähere Untersuchung aller großen Bewegungen ohnehin zeigen, dass sie alle mit einer Leidenschaft für die Mission begannen, später aber auch zu einer Erneuerungsbewegung für die etablierte Kirche wurden. Nehmen wir etwa die Erweckung in der Azusa Street in Los Angeles in den Jahren 1906-1909. Diese Bewegung begann als Evangelisation unter den Armen und entwickelte sich zur Pfingstbewegung, die wiederum die charismatische Bewegung befruchtete. Wir verstehen besser, was damals passierte, wenn wir uns einige wesentliche Eigenschaften von

Bewegungen anschauen. Howard Snyder hat sie in seinem wichtigen Buch „Signs of the Spirit" (Zeichen des Geistes) vorgestellt:

Der Durst nach Erweckung. Eine heilige Unzufriedenheit mit dem gegenwärtigen Zustand beschleunigt eine Neuentdeckung der Vitalität und der Lebensmuster der Urgemeinde.

Die Betonung des Heiligen Geistes. Das Wirken des Heiligen Geistes wird nicht nur als Erfahrung der Vergangenheit, sondern auch als Möglichkeit in der Gegenwart verstanden.

Die Spannung zwischen dem Charismatischen und der Institution. Praktisch in jedem Fall von Erneuerung entstehen Spannungen innerhalb der bestehenden Strukturen.

Das Anliegen, eine kulturelle Gegenbewegung zu sein. Bewegungen rufen die Gemeinde zu einem radikalen Glauben und zu einer klareren Abgrenzung von der Welt auf.

Neue Formen der Leitung durch Laien. Erneuerungsbewegungen werden meist von Menschen geleitet, die keine formale Anerkennung in der Kirche haben. Der Schlüssel sind charismatische Führungsqualitäten. Dabei sind in neuen Bewegungen meist mehr Frauen aktiv.

Dienst an den Armen. Bewegungen entstehen fast immer unter Menschen an der Basis. Sie bringen die Massen in Bewegung (die Ungebildeten oder sozial Benachteiligten) und beginnen oft als Mission unter den Armen (bei Franziskus, Wesley oder in der Heilsarmee).

Energie und Dynamik. Neue Bewegungen haben die Fähigkeit, andere zu begeistern und sie als Leiter und Mitarbeiter zu gewinnen.

>>>

Es lohnt sich, Snyders Kriterien einmal mit denen von Soziologen zu vergleichen. So stellen Gerlach und Hine, zwei Soziologen, die Bewegungen untersuchen, darin folgende Elemente fest:

Eine zellenartige Struktur. Bewegungen sind meist in Segmente unterteilt, die aus verschiedenen Einheiten bestehen und durch persönliche, strukturelle und ideologische Verbindungen zusammengehalten werden. (Mit anderen Worten: eine Gruppe kleiner Glaubensgemeinschaften, Hauskirchen oder Zellgruppen um Jesus und seine Mission herum.)

Persönliche Rekrutierung. Neue Mitglieder werden durch engagierte Teilnehmer der Bewegung gewonnen, die ihre sozialen Beziehungsnetze verwenden. Freundschaften und organische Beziehungen sind dabei das wichtigste Mittel, um Menschen für die „Sache“ zu gewinnen.

Persönliche Hingabe. Die Begeisterung entsteht meist durch eine Handlung oder eine Erfahrung, die den „Bekehrten“ irgendwie von anderen Menschen unterscheidet, ihn mit neuen Werten identifiziert und neue Verhaltensmuster mit sich bringt.

Klare Werte und Ziele. Die Bewegung bietet einen Rahmen für das Leben, motiviert zur Veränderung, definiert die Opposition und schafft eine Basis für die Einheit unter den verschiedenen Gruppen. (Mit anderen Worten: Eine klar artikulierte und verständliche Lehre über Leben und Dienst ist nötig, die alle verbindet.)

Echte oder eingebildete Opposition. Die Gesellschaftsform oder die etablierte Ordnung, aus der die Bewegung entstanden ist, wird zu einem unangenehmen Gegenüber. Wesley und Booth wurden zum Beispiel von der anglikanischen Kirche gemieden. Auch Martin Luther King wurde vom etablierten Christentum seiner Zeit abgelehnt.

Freie Leitung. Erneuerungsbewegungen werden oft von Leuten geleitet, die in den alten Strukturen keine anerkannten Anführer waren. Der Schlüssel zu ihrer neuen Position ist deshalb ihr charismatischer, nicht ihr institutioneller Einfluss (nach Max Weber). Neue missionarische Bewegungen entstehen fast immer am Rande der Gesellschaft oder der Kultur und unter den gewöhnlichen Leuten. Sie sind nichtelitär. Und sie haben die Fähigkeit, andere zu begeistern und sie als Leiter und Teilnehmer zu gewinnen.

Die Parallelen zwischen Snyders theologischer und Gerlach und Hines soziologischer Aufzählung sind offensichtlich. Die Wissenschaftler benutzen unterschiedliche Begrifflichkeiten, aber sie beschreiben Phänomene, die allen menschlichen Bewegungen und sozialen Kräften gemein sind. So wird die Beobachtung Snyders, dass Erneuerungsbewegungen fast durchgehend in Spannung zu den herrschenden Kircheninstitutionen stehen, durch die These von Gerlach und Hine bestätigt, dass neue Bewegungen grundsätzlich von den herrschenden Systemen bekämpft werden. Beide Ansätze sehen die Wichtigkeit nicht-traditioneller Führungsmodelle, die Veränderungen einleiten und vorantreiben. Und schließlich stellen beide fest, dass Erneuerungsbewegungen das Verhalten ändern wollen und zuerst mit den Menschen arbeiten, die am Rande der Gesellschaft leben. Der einzige wirkliche Unterschied zwischen den beiden Analysen ist Snyders Betonung des Heiligen Geistes, der als treibende Kraft hinter der Erneuerung steht.

>>>>>>> Diese Grundmuster muss man kennen, wenn man eine wirklich missionarische Gemeinde aufbauen möchte. Eines ist jedenfalls sofort deutlich geworden: Die Kennzeichen, die die Autoren beschreiben, finden wir alle nicht bei den Kirchen oder den etablierten traditionellen Gemeinden, die in ihrem Lebenszyklus die Phase des Niedergangs erreicht haben. Die meisten etablierten Institutionen lehnen daher das Ethos einer Bewegung klar ab. Sie können und wollen damit auch nicht umgehen, weil es ihnen zu chaotisch und unkontrollierbar ist. Darum werden die meisten Bewegungen irgendwann aus der Mutter-Institution ausgeschlossen. Das müsste nicht sein, gäbe es an den höchsten Stellen der Organisation großherzige Toleranz. Die Institutionalisierung der Kirche hat uns leider der Dynamik beraubt, die nötig wäre, unsere selbst gesteckten Grenzen zu überschreiten. Um wirklich missionarisch zu bleiben, müssen wir uns daher der Gefahren der Institutionalisierung sehr bewusst sein.

›››››››Auf der anderen Seite sind wir sicher, dass diejenigen, die gerade in einer Bewegung engagiert sind, viele der oben aufgezählten Kennzeichen in ihrer Gruppe wieder finden. Uns ist wichtig, dass wir das Ethos einer Bewegung in vielen unserer Organisationen wieder erwecken, und darum ermutigen wir unsere Leser, diese Elemente sehr ernst zu nehmen, wenn sie neue missionarische Aktivitäten ins Leben rufen.

Jesus im Zentrum

Wir haben in Kapitel 3 ausführlich den Unterschied zwischen einer „Fokus-orientierten" und einer „Status-orientierten" Gemeinschaft erläutert. Und wir merken, dass diese Unterscheidung nicht nur für die inkarnierende Mission wichtig ist, sondern auch für die Art, wie wir gemeinsam leben und wie wir in der neu entstehenden globalen Kultur Leitungsmodelle entwickeln. Lassen Sie uns deshalb hier noch einen Schritt weiter gehen.

›››››››Nach der Theorie dieser „Orientierungen" gibt es drei verschiedene Möglichkeiten, wie Menschen sich versammeln können. Die „Status-orientierte" Gemeinschaft ist eine geschlossene Gruppe oder ein soziales System, das zwar eindeutige Grenzen, aber kein starkes ideologisches Zentrum hat. Wer „drinnen" und wer „draußen" ist, wird von klar definierten ideologisch-kulturellen Statuten geregelt. Normalerweise geht es dabei um moralische und kulturelle Verhaltensweisen oder um Glaubensbekenntnisse. Erinnern wir uns an das Bild der eingezäunten Farm: fest an den Rändern, flexibel in der Mitte. Die meisten herkömmlichen Institutionen sind – aus den verschiedensten Gründen – so aufgebaut:

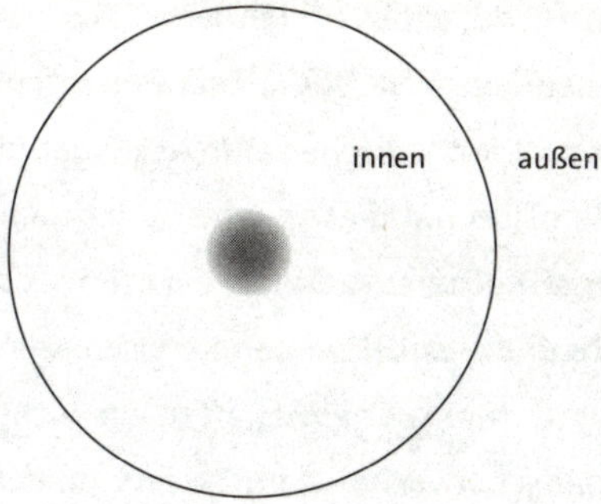

Flexibel in der Mitte, fest an den Rändern:
Status-Orientierung

Abbildung 15

Daneben gibt es „konturlose" Gemeinschaften, die weder eine ideologische Mitte noch Grenzen kennen, sondern nur aus Leuten bestehen, die sich halt treffen. Sie sind gar nicht so sicher, was sie zusammenbringt oder warum sie sich treffen und normalerweise hält das auch nicht lange. Solche Gruppen sind flexibel in der Mitte und flexibel an den Rändern. Im Blick auf die Mission können sie ganz früh am Anfang einer späteren Bewegung oder ganz an ihrem Ende entstehen:

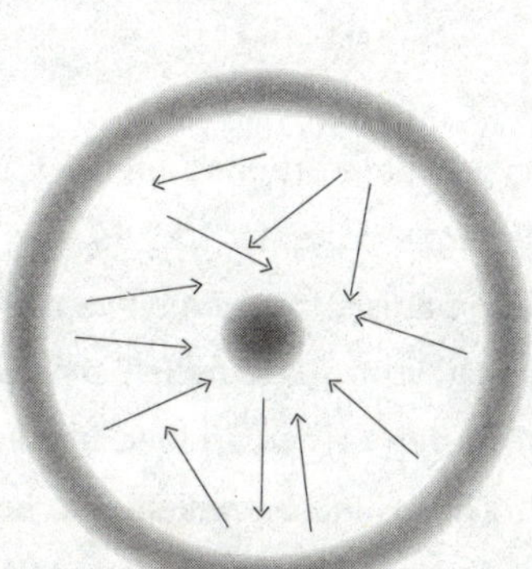

Flexibel in der Mitte, flexibel an den Rändern:
Keine Orientierung

Abbildung 16

Die dritte Form ist die „Fokus-orientierte“ Gemeinschaft. Sie unterscheidet sich deutlich von der „Status-orientierten“ Gruppe und ähnelt der Ranch im australischen Outback – der mit dem Brunnen in der Mitte. Im Zentrum hat diese Gemeinschaft eine starke Botschaft oder gemeinsame Kultur und braucht darum keine Grenzen. Sie ist fest in der Mitte und flexibel an den Rändern. Wir glauben, dass solche „Fokus-orientierten“ Gemeinschaften ein wichtiger Schlüssel zum Aufbau missionarischer Gruppen im 21. Jahrhundert sein werden:

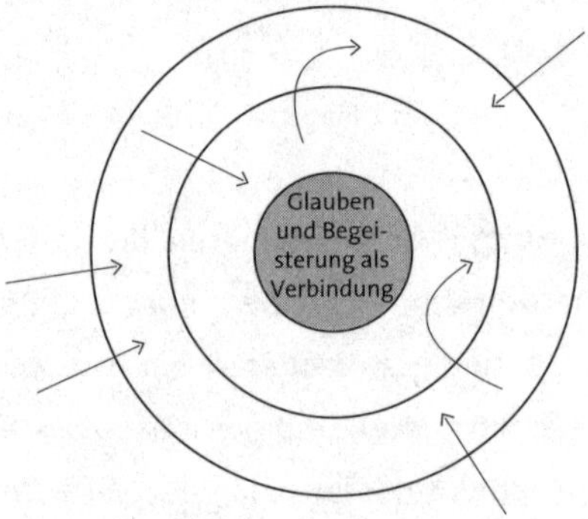

Fest in der Mitte, flexibel an den Rändern:
Fokus-Orientierung

Abbildung 17

In unserem Gleichnis von dem Brunnen und den Zäunen entspricht das Errichten von Zäunen (um die Herden „drinnen“ zu behalten) der grundlegenden Idee organisierter Gemeinden. Die herkömmliche Gemeinde mit ihrem Labyrinth kultureller, theologischer und sozialer Barrieren macht es den Leuten schwer, hineinzukommen. Dazu braucht es enormen Willen und bisweilen eine ungeheure Kraftanstrengung. Und wenn die Neuen die Zäune um die Gemeinde überwunden haben, sind sie als Gemeindemitglieder schon so sozialisiert, dass sie wahrscheinlich nicht mehr viel Verbindung mit ihrem ursprünglichen Umfeld haben. Das „Drin-Sein-Wollen“ hat sie tief greifend verändert. Sie sind nun Insider geworden und wissen selbst ganz genau, wer „Außenstehender" ist und warum.

>>>>>>> Wir sind überzeugt, dass es besser und biblischer ist, die Gemeinde wie eine Ranch im Outback zu planen: *„Wenn du selbst deine Verbindung zur Wasserquelle hältst und mithilfst, dass andere dazukommen können, werdet ihr eine Menge Leute finden, die aus ganz verschiedenen Lebenssituationen heraus Jesus begegnen."* Für uns gilt: Wir lassen Menschen aus jeder Richtung und aus jeder Entfernung zu Jesus kommen. Unser missionarisches Ziel ist es, die Gegenwart Jesu durch unser Leben aufzuzeigen und anderen diese entscheidende Verbindung zu ermöglichen. Das ist das Wesen unseres Dienstes als Priester – wir sollen Evangelisten sein (Röm. 15,15-16). Die Person Jesus steht dabei im Zentrum all unserer Aktivitäten. Er soll alles formen. Und die Kirche muss dafür sorgen, dass ihre Verbindung zu Jesus und die damit verbundene Verantwortung bestimmt, wie Gemeinde gebaut wird. Die folgende Grafik illustriert diese entscheidende Bewegung von Christus als der Quelle (in der Mitte) hin zu unseren Entscheidungen über Form und Funktion der Gemeinde (am Rand).

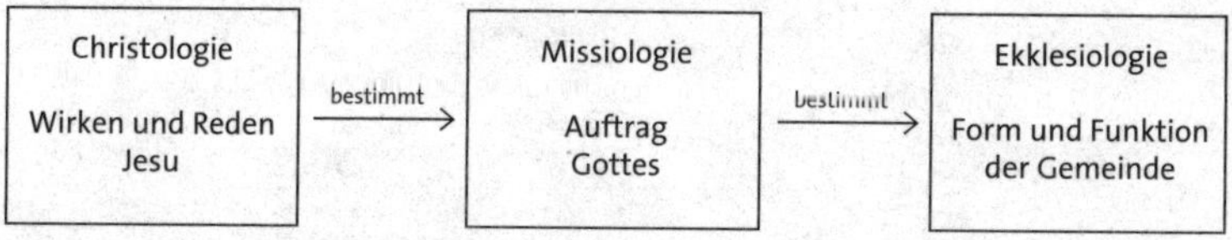

Abbildung 18

Unsere Christologie bestimmt unsere Missiologie, und die bestimmt unsere Ekklesiologie. Wenn wir diese Logik fälschlicherweise umkehren und unser Gemeindebild das Ziel und die Mission bestimmen lassen, dann werden wir nie echte Jünger Jesu – und dann wachsen auch keine authentisch missionarischen Gemeinschaften. Gemeinden, die diese Formel verdrehen, werden nie ernsthaft missionarisch sein, und sie verlieren auch den Kontakt zu Jesus. Solche Gemeinden verbringen ihre ganze Zeit mit Diskussionen über Gottesdienstformen, Programme, Wasserboiler oder ähnlichem und realisieren nicht, dass unser Verständnis von Kirche sich ganz natürlich aus unserer Mission ergeben sollte. Tut es das nicht, dann schließt sich die Gemeinde ab – und die lebendige Jesus-Erfahrung verbleicht zu einer schönen Erinnerung

>>>>>>> Ein weiterer Vorteil der „Fokus-orientierten" Gemeinde ist deren Möglichkeit (aufgrund ihrer Einheit in Jesus) eine große Verschiedenheit der Ausdrucksformen zu wagen. Das Modell „Fest in der Mitte – flexibel an den Rändern" ermöglicht einer großen Bandbreite von Menschen, durch die Gemeinde mit Jesus in Kontakt zu kommen. Wie sieht das in der Praxis aus? Was macht diese „feste Mitte" aus? In der „South Melbourne Restoration Community", Alans „Heimatgemeinde", kann man die theologischen Schwerpunkte so beschreiben:

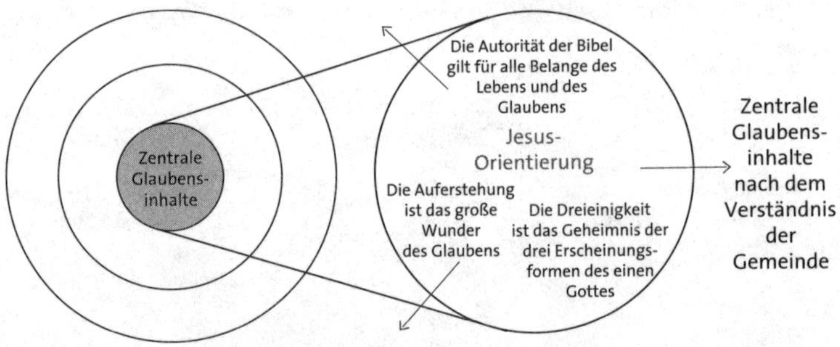

Die geistlichen Strukturen der South Melbourne Restoration Community

Abbildung 19

Theologisch weiß sich die Gemeinde voller Überzeugung den zentralen Wahrheiten des biblischen Glaubens verpflichtet (der Bibel, der Auferstehung, der Dreieinigkeit usw.), aber sie schreibt nicht vor, wie diese Wahrheiten ausgedrückt werden sollen. Natürlich muss vor allem die Leitung voll und ganz hinter den zentralen Glaubensinhalten stehen. Darüber hinaus werden andere eingeladen, diese Aspekte des neutestamentlichen Glaubens selbst zu erforschen und sich zu eigen zu machen. Andere zweitrangige Lehren der Schrift (z.B. die Taufe) werden ebenfalls ernst genommen, sind aber keine Voraussetzung für die Teilhabe an der Gemeinschaft. Jeder weiß, dass es eine große Bandbreite von Verständnissen gibt. Und um sich den Kernüberzeugungen zu nähern, hat die Gemeinde eine Vision und Werte, sowie eine Mission entwickelt, wobei jeder Raum bekommt, selbst auf der Suche zu sein. Der Glaube wird bewusst nicht vorgekaut und zu leichten Formeln reduziert, so dass eine persönliche Glaubensreise angeregt wird; das, was für die Mission in der neuen globalen Kultur so wichtig ist.

>>>>>>> Gerade wenn wir die so genannten „Millennials" betrachten, die 18-35jährigen, kann man gut zwei Bilder verbinden: „Katzen hüten" und „Pferde zur Tränke führen". Haben Sie schon mal probiert, Katzen zu hüten? Die lassen sich nämlich einfach nicht in Reih und Glied führen. Katzen sind extreme Individualisten. Und doch können Katzen gehütet werden, wenn man es clever anstellt. Stellen Sie einfach einen Teller mit Futter auf, wenn die Katzen Hunger haben, und sie kommen. Ähnlich ist es mit den Pferden. Ein Sprichwort sagt, dass man ein Pferd wohl zur Tränke führen, es aber nicht zum Trinken zwingen kann. Wetten, dass es doch geht? Ganz einfach: Geben Sie ihm Salz, und im Nu wird es das Wasser nur so runterschlürfen. Leiter in der globalen neuen Kultur müssen sich deshalb auf zwei Dinge konzentrieren: 1. Sie müssen für die richtige Art von Nahrung sorgen. Und 2. Sie müssen den Hunger kultivieren. Auch hierbei können wir bei Jesus ansetzen. Er ist das missionarische Haupt-"Kapital" der Gemeinde. Darum ist es Zeit, ihn auch wieder im Herzen der Kirche zu verankern.

Ökologische Leitung

In Kap. 10 haben wir kurz erwähnt, dass Pionierdienste immer 1. organisch, 2. reproduzierbar und 3. selbsterhaltende Lernsysteme sein sollten. Dabei ging es um diese Charakteristika in Bezug auf den APPLE-Dienst aus Epheser 4. Wir möchten hier ein wenig genauer auf diese Kriterien eingehen und anregen, sie als Ausgangspunkt für missionarische Initiativen oder Gemeinden zu nehmen. Wir nennen das „Ökologische Leitung", weil die Prinzipien aus unserem Ökosystem abgeleitet sind.

Organisch

Unter organisch verstehen wir, dass die Gemeinde in all ihren Ausdrucksformen ihrer wahren Natur als dynamischer, lebendiger Organismus treu bleibt und sich nicht zu einer mechanistischen Struktur entwickelt. Das bedeutet auch, dass in einer Gemeinschaft alle Aspekte des Lebens mit- und untereinander verbunden sind. Außerdem gehört der ständige Austausch mit der Umwelt dazu. Wir glauben, dass solch ein organisches System schon konzipiert und geplant werden sollte, bevor es eigentlich aktiv wird.

>>>>>>> Wir möchten nicht unnötig provozieren, aber wir sind in diesem Zusammenhang beide der Überzeugung, dass die Leiter der missionarischen Gemeinden sich der Herausforderung der Faktoren „Größe" und „Programm" bewusst sein müssen (die übrigens zusammenhängen). Die sich entwickelnde globale Kultur im Westen fragmentiert sich in immer mehr Untergruppen, und das Zeitalter der kleinen, organischen und missionarischen Einheiten zieht herauf. Die Ähnlichkeiten mit der Urgemeinde sind dabei nicht zufällig: Auch die ersten Christen lebten missionarisch und standen nicht im Zentrum der Kultur – wie die Kirche des Christentums. Kleinere missionarische Einheiten können nämlich viel natürlicher auf ihre Umwelt in den ver-

schiedenen Subkulturen reagieren, weil sie noch keine automatisierten Organisationen gebildet haben. Sie sind nicht einheitlich poliert, sondern reich gemustert. Sie fühlen sich menschlich an und bieten eine Gemeinschaft und eine Verbundenheit, die man in großen Kirchen nur andeuten kann.

>>>>>>> Wir möchten hier deutlich sagen, dass wir großen Gemeinden ihr Existenzrecht keinesfalls absprechen. Im Gegenteil – wir glauben ja, dass wir in der Kultur der Zukunft ganz unterschiedliche Modelle brauchen, auch große. Aber genau darum geht es – die Großgemeinde sollte nur eine Form sein, in der wir Gemeinde sind und bauen. Wir brauchen Öko-Vielfalt, damit eine nachhaltige und organische geistliche Gesundheit gewährleistet ist. Wir stellen deshalb hier die vorherrschende Meinung in Frage, dass Gemeindegründungen immer auf große Gemeinden abzielen sollten. Bei zukünftigen missionarischen Konzepten wird es eine unglaubliche Vielfalt geben und natürlich auch ganz unterschiedliche Vorstellungen davon, wie man „Kirche" versteht und betreibt – mit einem klaren Trend zu kleineren, organischen Gemeinschaften. Wir sehen Kirchen entstehen, die sich in Häusern, Cafés, Firmen, Discos, Parks, online oder noch an ganz anderen Orten treffen.

>>>>>>> Die meisten der „Emerging churches", die wir besucht haben, entwickeln bewusst kleinere Gemeinschaften und wollen den Missionsauftrag eher durch Gemeindegründungen als durch Gemeindewachstum erfüllen, weil sie so nicht nur besser auf neue Umgebungen reagieren können, sondern unserer Meinung nach auch viel näher bei der neutestamentlichen Ekklesiologie und Missionspraxis sind. Das Entscheidende ist aber nicht, ob sich die Gruppen in Häusern treffen, wie es die gegenwärtige Hauskirchenbewegung tut, sondern dass sie zu kleinen, unterschiedlichen, wenig organisierten, lebensbezogenen und missionarischen Glaubensgemeinschaften tendieren, die keine speziellen Kirchengebäude brauchen.

>>>>>>> Das dazugehörige Thema „Programm" hängt direkt mit der Größe zusammen. Wir haben viele Gemeinden gesehen, die durch ein hervorragendes Programm zahlenmäßig gewachsen sind – das aber tragischerweise auf Kosten echter Gemeinschaft und langfristiger organischer Gesundheit. Es passiert leicht, dass Leiter eine Gemeinde aus der natürlichen Gemeinschaftserfahrung herausprogrammieren. Der Missiologe James R. Krabill sagt deshalb: *„Missionarischer werden, kann in der Tat bedeuten, dass man weniger tut. Ein lateinamerikanisches Sprichwort sagt: ‚Wenn du nicht weißt, wo du herkommst und wo du hinwillst, dann ist jeder Bus der richtige.' Viele Versammlungen fahren ganz klar zu viele Busse! Sie brauchen nicht mehr Hokuspokus, sondern einen klareren Fokus. Dass man sich diszipliniert, eine missionarische Gemeinde zu sein, kann einem solch einen Fokus geben."*

>>>>>>> Wir sind oftmals so besessen von quantitativem Wachstum, dass wir verpassen, durch die Multiplikation von Gemeinden zu wachsen – was in der Natur und der Biologie die viel organischere Art des Wachstums ist. Das Ergebnis sind sonst große Gemeinden, die irgendwie ihre Leute managen müssen – mit großen, teuren und eindimensionalen Gebäuden und mit immer mehr administrativem Aufwand. Die Zellgruppe in diesem System wird dann leicht eine Art Pseudo-Gemeinschaft, die den Verlust der echten Gesamt-Gemeinschaft ausgleichen soll, weil die Gemeinde über ihre optimale organische Größe hinaus gewachsen ist.

>>>>>>> Es ist verführerisch (und so leicht!), das Gemeindeleben zu institutionalisieren und eine automatisierte, fließbandartige Erfahrung von Gemeinde zu erzeugen. Wenn wir das tun, verlieren wir aber im Lauf der Zeit viele der gesünderen, chaotischen Aspekte des Lebens, die das Kennzeichen organischer Gruppen sind. Man kann sicher allgemein sagen: Je größer eine Gemeinde wird, desto maschinenartiger werden ihre Systeme, Strukturen und sozialen Muster. Die Gemeindewachstumstheorie betont ja selbst die Veränderungen, die

es im Leitungsstil braucht, wenn eine Gemeinde durch die verschiedenen Wachstumsphasen geht. Der Pastor bewegt sich von der Basis weg und wird immer mehr zu einem kirchlichen Generaldirektor. Das mag sogar funktionieren, bringt aber einen gewaltigen Verlust an geistlicher und missionarischer Gesundheit mit sich. Es ist interessant, dass das „Institut für Natürliche Gemeindeentwicklung" mit seinem internationalen Forschungsprojekt über die „biotische" (sprich: „organische") Gesundheit von Gemeinden herausfand, dass kleine Gemeinden genau so gesund sein können wie große. Sie sind aber in Mission und Evangelisation in der Regel viel effektiver.

>>>>>>> Wir sind sehr skeptisch geworden, wenn ein Programm die Lücken in der Vision ausfüllen soll. Programme sind wichtig, aber wir dürfen nie vergessen, dass jedes Medium seine eigene Botschaft hat: Erst erfinden wir unsere Werkzeuge, dann erfinden sie uns. Zur Entwicklung echter christlicher Gemeinschaft braucht es einen sanften Rhythmus und eine soziale Ökologie, zu der auch das Element der Überraschung gehört – und das kann man einfach nicht planen oder programmieren. Wir raten Leitern, gründlich zu überlegen, bevor sie ein neues Programm einführen. Ist es gerechtfertigt oder nötig? Auch in diesem Zusammenhang können wir von der Natur lernen: Wenn man eine Pflanze aufziehen will, muss man vorher wissen, wie sie beschaffen ist und welche Umgebung sie braucht. Gibt man ihr zuviel oder zu wenig Wasser oder Dünger, stirbt sie. Und sie braucht den regelmäßigen Rhythmus von Licht und Dunkelheit, damit sie wachsen und Frucht tragen kann.

>>>>>>> Zur Entwicklung einer organischen Gemeinde gehört deshalb auch, dass der Gemeindegründer anerkennen muss, dass er im Vorfeld nicht wissen kann, wie die Gemeinde vorangehen wird. So wie verschiedene Pflanzen im Garten unterschiedliche Naturen haben – und die Umgebung wird häufig mitbestimmen, wie sie sich entfalten können –, so haben neue missionarische Gemeinden ebenfalls ihren

eigenen Charakter, ihre Bestimmung (DNA) und ihre eigene Umgebung, die großen Einfluss darauf haben, welche Form und Struktur die Gemeinde annimmt. Wir ermutigen Gemeindegründer immer, nicht von vornherein anzunehmen, dass sie wissen, was Gemeinde ist und wie sie aussehen sollte – jedenfalls nicht, bevor sie nicht sehr, sehr gut auf das Umfeld gehört haben. Deshalb bringen wir unseren Praktikanten Folgendes bei:

- Beobachte den natürlichen sozialen Rhythmus der Gast- oder Zielgruppe.
- Studiere ihre sozialen Muster.
- Erkundige dich nach den sozialen Zentren; oder, wie Brian Ollman von der „Millennia Co-op" in Los Angeles sagt: *„Wo sind die Ameisenpfade? Und wo führen sie hin?"*
- Frage dich: *„Was bedeutet für diese Leute Kirche?"* und *„Wie würde eine Glaubensgemeinschaft mit Jesus in der Mitte unter diesen Leuten mit ihrer speziellen Kultur aussehen?"*
- Importiere kein fremdes oder künstliches Modell von Gemeinde. Versuche im Gegenteil eines zu entwickeln, das typisch für die jeweilige (Sub)Kultur ist.
- Frage dich immer wieder *„Was ist für diese Leute eine, bzw. die ‚gute Nachricht'?"*

Reproduzierbar

Es waren Christian Schwarz und sein Institut für „Natürliche Gemeindeentwicklung" (NGE), die das Konzept „Multiplikation statt Addition" in die Sprache des Gemeindewachstums eingeführt haben. Damit meint der Theologe, dass wir viel zu lange zufrieden waren, wenn Gemeinden lediglich durch die Addition neuer Mitglieder gewachsen sind. Darum haben wir uns nicht um Multiplikation, Gemeindegründung und andere Wege der Vervielfältigung gekümmert. Wir möchten an dieser Stelle gern den Ausdruck „Metabolisches Wachstum" für die geistliche Multiplikation einführen, denn er beschreibt genau, wie organisches Wachstum in der Natur und in der Geschichte tatsächlich geschieht.

>>>>>>> Der Film „Das Glücksprinzip" illustriert diese Art von Wachstum sehr eindrücklich. Er erzählt von einem Lehrer, der jedem Kind in einer Klasse von Zwölfjährigen eine Aufgabe gibt, nämlich die, die Geschichte zu ändern. Ein Kind (gespielt von Haley Joel Osment) beschließt nun, zwei Leuten etwas Gutes zu tun – unter einer Bedingung: dass sie ihm seine Freundlichkeit nicht zurückzahlen, sondern ihrerseits eine gute Tat an je zwei weiteren Menschen tun. Sie sollen also nicht zurückzahlen, sondern „vorwärts zahlen". Der Film verfolgt dann einfach nur den weltverändernden Einfluss dieser einfachen Idee. Das Ganze beginnt mit der guten Tat einer Person, die sich in zwei, dann vier, dann acht, dann sechzehn und so weiter multipliziert.

>>>>>>> Vielleicht kennen Sie die Geschichte ja schon in anderer Form. Nämlich vom Erfinder des Schachspiels. Dem gewährte der König von Indien für seine Erfindung einen Wunsch. Als „bescheidene" Belohnung erbat sich der kluge Mann ein Reiskorn auf dem ersten Feld des Schachbretts – und dann auf jedem Feld das Doppelte: zwei auf dem zweiten, vier auf dem dritten, acht auf dem vierten und so weiter. Am Anfang lächelte der König und dachte, dass er billig davon käme, aber am Ende konnte er den Wunsch nicht erfüllen. Er hätte nämlich 2^{63} Reiskörner liefern müssen, und das sind 2.223.372.036.000.000.000 Körner oder 153 Milliarden Tonnen Reis – mehr als die Welt in den nächsten 1000 Jahren ernten kann. Das meinen wir mit „metabolischem Wachstum":

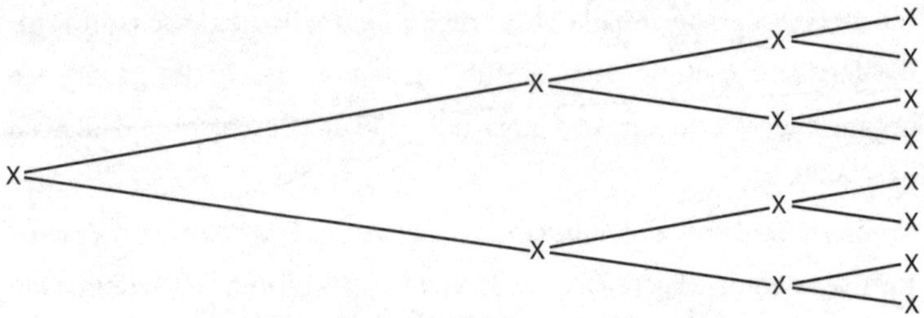

Abbildung 20

Seth Godin, ein Marketing-Guru, hat den Begriff „Ideenvirus" geprägt, um ein derartiges exponentiales Wachstum in der Werbung und für Ideen im Allgemeinen zu beschreiben. In seiner Vorstellung ist ein Ideenvirus eine großartige Idee, die unter ihrer Zielgruppe Amok läuft; eine zeitgemäße Idee, die das Denken und die Vorstellungskraft einer Gruppe von Menschen packt und jeden, mit dem sie in Berührung kommt, verändert und beeinflusst. Godin glaubt, dass in unserer schnelllebigen Welt die Kunst, solche Ideenviren zu entwerfen, die nächste große Herausforderung ist.

›››››› Haben Sie einmal von Hotmail gehört? Oder es gar benutzt? Wenn ja, dann nicht, weil die Leute von Hotmail viel Werbung im Fernsehen gemacht hätten (haben sie nämlich nicht), sondern weil die grundlegende Geschäftsidee der Hotmail-Firma irgendwie zu Ihnen durchgedrungen ist, dass man Ihnen freies E-mail jederzeit und überall auf der Welt verspricht. Hotmail wurde zu einem Ideenvirus. Jemand, den Sie kennen und dem Sie trauen, hat Sie wahrscheinlich damit angesteckt. Dass man weiß, wie sich solch eine Idee verbreitet, ist ein Teil der Genialität, die man braucht, um solch einen Ideenvirus in die Welt zu setzen. Und dieses Denken kann, ja muss auch ein Teil des strategischen Denkens sein, mit dem die Mission im Westen neu entwickelt wird.

>>>>>>> Ein Ideenvirus ist also einfach eine Idee, die auf die gleiche Art ansteckt, wie es ein Virus tut. Nehmen wir zum Beispiel einen Grippevirus: Der verbreitet sich normalerweise durch den Kontakt mit infizierten Gegenständen oder Menschen. Ähnliches gilt für einen Computervirus, der sich durch das Internet ausbreitet und in kurzer Zeit weltweit Computer verstopfen kann. Das ist „metabolisches“ Wachstum in Aktion, und missionarische Leiter können es sich gar nicht leisten, das zu ignorieren. Ja, wir sind überzeugt: Wenn wir diesen Ansatz verpassen, dann verpassen wir die Gelegenheit, die Welt wirklich zu evangelisieren.
>>>>>>> Wir müssen also einen entsprechenden geistlichen Mechanismus für organische Multiplikation finden. Die Frage in unseren verschiedenen Umfeldern heißt: *„Wie sehen die Medien aus, durch die wir in einer bestimmten Gruppe oder Kultur einen Ideenvirus entwickeln können?“* Wir müssen das strategische Medium finden, in das wir unsere Botschaft hinein-“niesen“, damit sie das tun kann, was alle großen Ideenviren tun: sich verbreiten.
>>>>>>> Falls Sie keine Zeit haben, das ganze Buch von Seth Godin zu lesen – hier ist seine Botschaft in Kurzform: Marketing, mit dem wir Leute stören, lohnt sich heute nicht mehr. Wir können es uns nicht mehr leisten, Leuten unerwünschte Werbebotschaften zu senden und darauf zu hoffen, dass jemand reagiert. Die Zukunft gehört dem Marketing, das sich darum kümmert, dass sich interessierte Leute gegenseitig bewerben. Initiieren Sie Kunden-Netzwerke und lassen Sie dann die Leute selbst reden. Godin gibt darüber hinaus viele kluge Ratschläge, die helfen könnten, die Welt zu verändern, wenn sie von missionarischen Denkern ernst genommen würden.
>>>>>>> Wie drückt sich so ein Ideenvirus aus? Wo wohnt er? Und wie sieht er aus? Es hilft, wenn wir uns Ideen als Manifeste vorstellen; ein Ideen-Manifest ist ein kraftvoller, logischer „Essay“, der eine Gruppe von Gedanken zusammenfasst und daraus etwas Prägnantes entwi-

ckelt: Wenn man alle möglichen Ideen – egal in welchem Format – in einem Manifest zusammenfasst, entsteht ein neuer Zusammenhang. Und wenn man solch ein Manifest benutzen kann, um das Denken, Reden oder Handeln von Menschen zu verändern, schafft man einen Wert. Um eine Idee zu kommunizieren, muss sie allerdings in ein passendes Medium verpackt werden. Das kann ein Bild, ein Satz, ein Artikel, ein Film, ja sogar eine mathematische Formel sein (e=mc2). Das Medium, das den Ideenvirus transportiert, bestimmt, wie gut er sich bewegen und wie schnell er wachsen kann. Ein Medium ist nicht das Manifest selbst – jede Idee, die etwas Bestimmtes aussagen will, ist ein Manifest, und das Medium ist die Substanz, in der die Idee lebt.

>>>>>>> Das Medium kann zum Beispiel Mund-zu-Mund-Propaganda sein, das Internet, eine organische Gemeindegründung oder eine Aktivität mit Schneeballeffekt – wie auch immer die Idee des Evangeliums zu einer neuen Gruppe von Menschen gelangt. Der Trick ist, das richtige Medium zu finden, es, wenn nötig, herzustellen und es zu nutzen, damit es die Idee rüberbringt. Es überrascht nicht, dass Godin seine eigenen Ideen als kostenlosen Download im Internet vertreibt – denn das ist heute das kraftvollste Mittel, um einen Ideenvirus zu verbreiten.

>>>

Letztlich ist Reproduzierbarkeit (und ein Ideenvirus) eine Erweiterung des Gedankens der organischen Gemeinde. Wir müssen dabei gar nicht weiter suchen als in unserem eigenen Körper oder beim nächsten Baum. Es gehört zum grundlegenden Ziel aller lebendigen Systeme, dass sie auf die eine oder die andere Art Abkömmlinge produzieren wollen. Der APPLEbaum bringt Früchte hervor, und im Herzen jeder Frucht sind wieder Samenkörner. Im Samen ist alles vorhanden, was man für einen zukünftigen APPLEbaum braucht. Wir ermutigen Leiter deshalb, gründlich von organischen Systemen zu lernen, wenn sie gesunde Glaubensgemeinschaften bauen möchten.

>>>>>>> Bevor ein Missionar ein konkretes Projekt beginnt, sollte er sich den Gedanken der Reproduktion zu eigen machen. Denn wenn er das von vornherein tut, dann baut er quasi alles darum herum, anstatt die Multiplikation später künstlich anzuhängen. Im letzten Jahrzehnt konnten wir das eher ungesunde Phänomen nämlich in vielen Gemeinden in den USA, in Australien und in Großbritannien beobachten: Gemeindegründungen wurden als Strategie für Wachstum und Mission propagiert und praktiziert – und dann fehlten die entsprechende DNA und die Kraft, um die Gemeinschaft dauerhaft zu festigen. Es war lobenswert, dass man eine wirklich missionarische Form beschloss, aber weil ein solches Projekt für die Ursprungsgemeinde letztlich doch etwas Künstliches war, konnten viele Neugründungen nicht wirklich Wurzeln schlagen. Samen dagegen produzieren Bäume, die ihrerseits Samen produzieren – und das alles ist in der DNA enthalten.

>>>>>>> Ein weiteres Element der Vervielfältigung ist die Fruchtbarkeit selbst – oder die „Funktionalität", wie es die „Natürliche Gemeindeentwicklung" nennt. Fruchtbarkeit ist in alle biologischen Systeme eingebaut und letztlich für das Überleben und das Wachstum der Geschöpfe Gottes verantwortlich. Wenn ein Tier oder eine Pflanze sich nicht fortpflanzt, dann stimmt etwas nicht – und die Art ist bedroht. Wir glauben, dass das gleichermaßen für Gemeinden und das Gemeindeleben gilt. Gemeinden, die sich nicht organisch fortpflanzen, verpassen die eigentliche Absicht des Evangeliums. Das Evangelium ist vom Wesen her eine Botschaft (ein Samen, ein Ideenvirus), die weiterverbreitet werden will. Eine Gemeinde, die das missachtet, wird – egal in welchem Kontext – auf Dauer unfruchtbar. Die Bibel ist voller Bilder, die vom Fruchtbringen (und dem entsprechenden Segen) oder von der Unfruchtbarkeit (und dem entsprechenden Gericht) reden (Joh. 15 etwa), und auch viele Gleichnisse Jesu behandeln dieses Thema ganz direkt. Deshalb müssen wir bereit sein, an unser gegenwärtiges System unbequeme Fragen zu stellen, wenn wir unfruchtbar sind.

Nachhaltigkeit

Nachhaltigkeit ist das letzte Kennzeichen einer gesunden Ökologie – auch wenn es um missionarische Leitung und Gemeindestrukturen geht. Organisches Wachstum sorgt für das richtige innere Leben und die Strukturen einer missionarischen Gemeinde, Reproduzierbarkeit trägt dazu bei, dass die Gemeinde dem Evangelium und der Mission treu ist – und Nachhaltigkeit sichert, dass die Gemeinde langfristig an ihrer Aufgabe bleibt.

>>>>>>> Nachhaltigkeit ist eine wesentliche Aufgabe der Leitung in der Pionierphase und bedeutet, dass die Leiter ernsthaft darauf achten, wie eine Organisation dauerhafte Wurzeln entwickelt, wächst und gedeiht. Dafür müssen Wege gesucht werden, wie die Organisation durch alle Phasen ihres Lebenszyklus hindurch erhalten werden kann. Das gelingt aber nur, wenn sie kontinuierlich auf die Veränderungen der Umwelt reagiert. Geschäftsleute wissen das, weil ihnen gar nichts anderes übrig bleibt. Wenn eine Firma nicht auf Marktschwankungen reagiert, ist sie aus dem Geschäft. Dabei können sich Schwierigkeiten als wunderbare Lehrer erweisen, weil sie die Geschäftsleitung gesunder Firmen zur Anpassung an neue Situationen und Herausforderungen zwingen. Chefs haben täglich Entscheidungen zu treffen und wissen, dass die Dauerhaftigkeit ihrer Firma direkt damit zusammenhängt, dass das Management und die Geschäftsleitung auf den Markt reagieren und die Infrastruktur des Geschäfts pflegen.

>>>>>>> Nun: Das Ziel einer Firma ist Gewinn, und die Kirche misst ihren Erfolg sicherlich nicht an finanziellen Kriterien – ihr Ziel ist es, ihre Mission und ihren Auftrag zu erfüllen. Das ist natürlich schwieriger zu messen, aber die Gemeinde, die daran arbeitet, sich ständig zu verbessern, anzupassen und auf die Kultur um sie herum zu reagieren, arbeitet nachhaltiger und dauerhafter als eine, die wenig darauf achtet.

>>

Obwohl Gemeinden ihre Nachhaltigkeit nicht am finanziellen Gewinn messen sollten, ist es wichtig, dass sie die Unterstützung ihres Leitungsteams gesund planen. Normalerweise gehen Gemeinden im Westen ja davon aus, dass Hauptamtliche zentral bezahlt werden. Ein Pastor wird aus den gesammelten Finanzen der Gemeinde, des Missionswerks oder der Kirche bezahlt. Lassen Sie uns das bitte einmal für einen Moment hinterfragen. In einer solchen Struktur kann ein Leitungsteam doch nur so sehr wachsen, wie die Gemeinde auch wächst – normalerweise heißt das: ein Hauptamtlicher auf etwa siebzig aktive Gemeindeglieder, je nachdem wie wohlhabend die Gemeinde ist. In einem schwierigen missionarischen Umfeld führt diese Formel allerdings direkt zum Scheitern. Hinzu kommt, dass eine derart zentralisierte Finanzierung den Mitarbeiter abhängig macht – nämlich von den vorherrschenden Gemeindeinteressen. Es ist zum Beispiel äußerst schwierig, gegenüber einer Gruppe, die deinen Lohn zahlt, herausfordernd prophetisch zu reden. Und diese Unmöglichkeit, einen echt prophetischen Dienst zu kultivieren, trägt direkt zur Institutionalisierung der Gemeinde bei, weil die Leitung immer eine Geisel der konservativen Gruppen in der Gemeinde bleibt. Veränderung wird dadurch unnatürlich schwierig.

>>>>>>> Wir regen an, dass Leiter in Pioniersituationen andere Wege entwickeln, um sich und ihre Mitarbeiter zu finanzieren. Hier sind drei erprobte Methoden:

Teilzeitarbeit oder „Zeltmachen". In diesem Modell arbeitet der Leiter, Pastor oder Missionar an zwei Orten parallel, in und außerhalb der Gemeinde, um seinen Dienst im missionarischen Umfeld zu finanzieren. Das hat große Vorteile:

- Weil es dem Leiter in der Gemeinde oder im Missionswerk eine gewisse Freiheit gibt.
- Weil die Gruppe die Leitung weniger manipulieren kann. Es bleibt eine Beziehung der Liebe.

Weil der Mitarbeiter missionarisch ehrlich bleibt, wenn er sinnvoll und regelmäßig mit Nicht-Christen zusammen arbeitet.

Persönliche Unterstützung. Die Gemeinden denken oft an Mission in Übersee, selten aber an Mission im Westen, obwohl das einer der besten Wege ist, langfristig selbst missionarisch zu bleiben. Die Vorteile solch eines Missionars-Unterstützungssystems, bei dem eine Gemeinde einen Hauptamtlichen finanziert, sind:

> Der Missionar hat eine direkte Beziehung zu denen, die ihn unterstützen. Viele der Unterstützer sind Familienmitglieder oder Freunde, die ihn tragen, weil sie ihn schon lange kennen.

> Der Missionar übernimmt Verantwortung für seine Unterstützung, und es wird Teil seines Dienstes, diese Basis zu pflegen. Das führt zu mehr Gebet beim Missionar und bei den Unterstützern.

> Das Missionsteam kann wachsen – in Abhängigkeit von der Vision und der Fähigkeit, neue Mitglieder zu rekrutieren. Als solches ist das Team nicht nur nachhaltig, sondern auch reproduzierbar und organisch.

Zentrale Unterstützung. Wir haben schon erwähnt, dass dies die traditionelle Form der Finanzierung von Hauptamtlichen ist. Sie bringt zwar einige Probleme mit sich, ist aber dennoch denkbar. Sie kann beispielsweise von einem Kirchenverband oder direkt von einer „Muttergemeinde" getragen werden. Wir schlagen vor, dass eine solche Finanzierung eher bei den Mitarbeitern der Verwaltung gesucht wird, während die missionarischen Mitarbeiter teilzeitlich arbeiten oder ihre persönliche Unterstützung aufbauen.

Eine Mischung. In gewissen Situationen kann man eine Kombination aller drei Möglichkeiten ins Auge fassen.

>>>

Wir haben viele sehr effektive Missionsgesellschaften kennen gelernt, die eine dieser Möglichkeiten zur Finanzierung ihrer Hauptamtlichen angewendet haben und dabei gesund gewachsen sind. „Urban Neighbours of Hope" etwa, der missionarische Orden unter den Armen in Melbourne und Bangkok, hat viele Gemeinden gegründet und macht eine wunderbare soziale Arbeit – ohne einen einzigen Cent an zentraler Unterstützung für die Mitarbeiter. Das Gleiche gilt für die Gruppen „Frontier Servants" in Australien und Indien und „InnerChange" in Amerika, Kambodscha und Vietnam. Einige unserer Künstler-Missionars-Kollegen in San Francisco und Los Angeles arbeiten teilweise mit Missionsunterstützung und teilweise als Zeltmacher. Das ist wahrscheinlich das Finanzierungssystem der Zukunft. Wir schlagen vor, dass Gemeindegründer und etablierte Gemeinden sich das ebenfalls überlegen. Denn es geht um Dauerhaftigkeit und organisches Wachstum.

Jedes nach seiner Art

Die Herausforderungen von Gemeindegründungen und Mission in der Ersten Welt rufen nach einer speziellen Ausbildung, die sich deutlich von der Standardausbildung der Theologen unterscheidet. Die Aufgaben eines Missionars sehen nun einmal anders aus als die des normalen Gemeindedienstes. Wenn wir akzeptieren, dass die Beschreibung der Dienste und Fähigkeiten im Epheserbrief (Apostel, Propheten, Pastoren, Lehrer und Evangelisten) normativ für die Kirche ist, hilft uns das, auch das nötige Training für all diese Typen zu entwickeln. Es ist offensichtlich, dass die Fähigkeiten, die für die missionarische Leitung nötig sind, am ehesten zu den apostolischen, prophetischen und evangelistischen Gaben passen, die hier erwähnt werden. Die allgemeine Standardausbildung zum Dienst, die in den meisten institutionellen Strukturen vorherrscht, konzentriert sich dagegen vor allem auf die

Ausbildung von Hirten und Lehrern. Darum liegt hier der Schwerpunkt auf biblischen, theologischen, ethischen und Seelsorge-Themen. Wir wollen die Bedeutung dieser Themen nicht in Frage stellen, weil sie für die Gesundheit bestehender Gemeinden natürlich wichtig sind. Aber es fehlt eine Betonung des besonderen Dienstes, der für die komplexe Aufgabe der Gemeindegründung im 21. Jahrhundert nötig ist – ein Lehrplan, der die apostolischen, prophetischen und evangelistischen Gaben betont.

>>>>>>> Wir sind überzeugt, dass Gemeindegründer oder Missionare in der westlichen, postmodernen Umgebung zu den theologischen Fähigkeiten vor allem folgende Gaben brauchen:

- Die Fähigkeit, unternehmerisch zu denken und Konzepte zu entwickeln
- Die Fähigkeit, sich in der säkularen (statt nur der kirchlichen) Kultur zu engagieren
- Die Fähigkeit, Marketing-Strategien anzuwenden
- Die Fähigkeit, elementare Kenntnisse in soziologischer Forschung und der Interpretation allgemeiner sozialer Trends auf die Gemeinde anzuwenden
- Die Fähigkeit, evangelistisch zu kommunizieren und medienorientiert zu arbeiten
- Die Fähigkeiten, zu leiten und Teams zu entwickeln

>>

Das „DAWN-Projekt“ hat wesentlich dazu beigetragen, dass erfolgreiche Ausbildungsprogramme für Pionierleiter und -gründer entwickelt wurden. Auf diesem Hintergrund haben Alan, Michael und andere missionarische Leiter dann das „FORGE-Ausbildungsnetzwerk“ in Australien entwickelt. Wir zitieren hier einige Stellen aus der dahinter stehenden Konzeption, damit Sie sehen, wie die Ausbildung missionarischer Leiter in einem bestimmten Kontext aussehen kann. Das Ziel von FORGE ist es nämlich, *„mitzuhelfen, dass die missionarische*

Kirche in Australien, Neuseeland und darüber hinaus begründet und aufgebaut wird“.

>>>

Dabei sind unsere Kernwerte:

- ein ganzheitliches Missions-Verständnis
- eine Ausbildung in Leitung, die Theorie und Praxis verbindet
- eine inkulturierte missionarische Methodologie
- die Betonung auf Basisbewegungen
- verschiedene Ansätze und Modelle
- vernetzte, überkonfessionelle Strukturen
- leidenschaftliches geistliches Leben
- die Förderung von Kreativität, Innovation und Experimentierfreude
- das Entwickeln neuer Formen der Leitung und der Mission

>>>

Dadurch wollen wir Folgendes erreichen:

- Dass Mission strategischen Vorrang hat
- Dass es mehr neue Gemeinden und missionarische Projekte gibt
- Dass die Entwicklung missionarischer Leiter gefördert wird
- Dass die Kirche ihre missionarische Identität entwickelt
- Dass ein Netzwerk und eine kraftvolle Gemeinschaft von Missionaren und Gemeindegründern aufgebaut wird

>>>

Und so wollen wir unsere Ziele erreichen:

- Wir bauen und formen eine neue Generation missionarischer Leiter
- Wir konzentrieren uns darauf, Pionierleiter zu fördern
- Wir laden unsere Praktikanten und Studenten ein, eine klare missionarische Identität zu entwickeln und zu pflegen
- Wir entwickeln für jeden Kontext eine passende Missiologie

- Wir stimulieren Innovation und Kreativität auf jede erdenkliche Art
- Wir koordinieren ein Netzwerk von Leitern und eine Gemeinschaft von Aktivisten

---

Wir glauben, dass die Philosophie unserer Ausbildung für die Entwicklung missionarischer Leiter von großer Bedeutung ist. Es ist unsere Philosophie, und wir verstehen sie nicht als Norm für alle Ausbildungsstätten. Wir sind aber überzeugt, dass die getroffenen Grundentscheidungen für die Leiterausbildung existentiell sind.

Hier also unsere Werte:

Es geht um das Handeln. Wir glauben nicht, dass man Mission theoretisch und losgelöst von einem missionarischen Umfeld lernen kann. Das Gleiche gilt für die Leitung und die Mitarbeit. Darum muss der größte Teil der Ausbildung im natürlichen Umfeld des Studenten geschehen – am Arbeitsplatz oder in einer Gemeinschaft.

Der Kontext ist alles. Praktikanten werden in abenteuerliche Situationen gestellt. Wir versuchen, sie in eine Umgebung zu senden, die für sie riskant ist und für die sie aus ihrer Komfortzone ausbrechen müssen, weil sie dabei am meisten lernen. Das heißt: Wir bringen das theoretische Lernen erst dann zu ihnen, wenn sie es brauchen.

Lernen durch Aktion-Reflektion. Wir glauben, dass die Aktion der Ausgangspunkt für die Reflektion und darum grundlegend für das Lernen und die Jüngerschaft ist. Wenn jemand nicht zuerst aktiv wird, wird auch kein echtes Lernen stattfinden.

Bevollmächtigung durch Beziehung. Wir glauben, dass Beziehungen der wichtigste Weg sind, Leitung und Einfluss weiterzugeben; darum sind diese auch in der Leiterausbildung unverzichtbar. Die wöchentlichen und monatlichen Sitzungen mit dem Coach bilden das Rückgrat des Praktikums bei FORGE.

Praktiker als Lehrer. Wir glauben, dass Lehrer nichts weitergeben können, was sie nicht aus eigener Erfahrung kennen, und dass sie nirgendwohin leiten können, wo sie nicht selbst hingehen wollen. Darum haben wir nur Lehrer, die selbst in einem Missions-, Gemeindegründungs- oder sonstigen Projekt stecken.

Erst Inspiration, dann Information. Wir glauben, dass Menschen nicht durch Informationen motiviert werden. Echte Motivation entsteht, wenn Leiter mit ihrer grundlegenden Leidenschaft und Berufung in Berührung kommen, sprich: Sie müssen bewegt und inspiriert werden, mit Leidenschaft für das Reich Gottes zu handeln. Unser Ziel ist darum vor allem, Inspiration zu erreichen, nicht nur neue Informationen zu geben.

Lernen durch persönliche Erfahrung. Alle Lerntheorien bestätigen, dass Menschen dann am besten lernen, wenn die Inhalte mit ihrem Leben zu tun haben. Zu glauben, dass Studenten wie ein unbeschriebenes Blatt sind, das jetzt mit Wissen gefüllt wird, ist schlechte Theologie und noch schlechtere Bildungsphilosophie. Darum versuchen wir, die mitgebrachte Erfahrung der Menschen und das Lernen zusammenzubringen.

Vorstellungskraft als Hilfe zur Leitung. Imagination ist die Grundlage von Vision, Innovation und Kreativität. Praktikanten und Studenten lernen darum bei FORGE, sich die Kirche und die Gemeinde innovativ und pionierhaft neu vorzustellen.

Entwicklung von Persönlichkeiten, nicht nur von Fähigkeiten. Weil wir glauben, dass Leitung das Schlüsselthema für jede Veränderung und für die Mission ist, zielen wir primär darauf ab, klare Führungspersönlichkeiten auszubilden und zu stärken, in zweiter Linie geht es um Fähigkeiten im allgemeinen.

Mehrdimensionale Führungskonzepte. Wir glauben, dass die Gemeinde die apostolischen, prophetischen und evangelistischen Funktionen wiedererwecken muss, um eine echt missionarische Kirche zu werden. Unsere Ausbildung konzentriert sich daher vor allem darauf, diese Funktionen in Beziehung zur Mission und zur Leitung zu entwickeln.

>>

FORGE ist ein Stück weit einmalig, weil es überkonfessionell arbeitet, weil darin viele Kollegen zusammenwirken und weil das Netzwerk aus vielen Projekten besteht. So ist es uns auch gelungen, dass unsere Praktikanten, obwohl sie in ihren lokalen Projekten bleiben und dort in der missionarischen Leitung ausgebildet werden, offizielle Abschlüsse erhalten. Übrigens: Wir glauben nicht, dass FORGE die alles rettende Kavallerie ist. Wir sehen unsere Arbeit eher als einen Versuch an, eine kreative, mutige und innovative neue Generation von Leitern für die Kirche in Australien heranzubilden. Wir empfehlen Ihnen deshalb auch nicht, unsere Ideen einfach zu übernehmen, sondern Methoden und Strukturen zu finden, die das Gleiche in Ihrem Kontext tun.

Ein Wort zum Schluss

Am Ende dieses Kapitels über Leitung und am Ende des ganzen Buches noch einmal ein Gleichnis eines radikalen Jüngers aus dem 19. Jahrhundert: Sören Kierkegaard. Und wieder geht es darin um Gänse. Viele von uns, vor allem diejenigen, die im Norden leben, haben schon einmal den Flug der Gänse beobachtet, wenn diese aufbrechen, um dem Frühling und dem Sommer rund um die Welt zu folgen. Sie machen dabei ein typisches krächzendes Geräusch. Wenn wir nun einmal genau hinsehen, welchen Effekt dieser wilde Ruf auf zahme Hofgänse hat – die das wilde Reisen schon lange zu Gunsten von Nahrung und Sicherheit aufgegeben haben – sehen wir, dass die zahmen Gänse beim Ruf ihrer wilden Cousins unten am Boden ein Stück mitrennen und wild mit den Flügeln schlagen, um den verrückten Flug der Wildgänse zu imitieren. Das Krächzen scheint offensichtlich etwas tief in ihnen zu wecken, eine Erinnerung an die ursprüngliche Wildheit.

>>>>>>> Diese Geschichte hat verschiedene Ebenen, die wir übertragen können. Zuallererst ist es die Aufgabe missionarischer Leiter, über die Köpfe derer zu fliegen, die sie leiten, um sie zur herausfordernden Reise der Mission zu rufen. Leitung verlangt, dass wir Menschen aufrufen, wilde Sachen zu machen, und sie daran erinnern, wozu sie geschaffen sind.

>>>>>>> Gleichzeitig erinnert uns die Geschichte daran, dass wir Jünger Christi sind. Jeder Jünger muss eine risikoreiche Reise antreten, denn er fliegt über die Köpfe der Menschen in seiner Kultur und ruft sie – zur gefährlichen und wunderbaren Reise zu Gott.

>>>>>>> Der Clou an der Geschichte aber ist: Es kommt oft vor, dass wilde Gänse zahm werden; aber so gut wie noch nie hat jemand beobachtet, dass zahme Gänse wieder wild werden können. Wir müssen uns deshalb sehr vor der betäubenden und lähmenden Wirkung des Christentums, seiner zahmen, nicht-missionarischen Kirche und aller sicheren Mittelklassigkeit hüten.

>>

Wir haben dieses Buch mit einer grundsätzlichen Frage begonnen: „Evolution oder Revolution?“ Wir glauben, dass an der Beantwortung dieser Frage die Zukunft des Glaubens hängt. Entweder wird die Kirche im Westen immer kraftloser und irrelevanter werden, oder sie hört den Weckruf zur Revolution. Wir veröffentlichen unser Manuskript in der Hoffnung, dass es der aufbrechenden missionarischen Kirche Rückendeckung gibt – in ihrem Versuch, aus den alten Mustern endlich auszubrechen.

>>>>>>> So, wie es im Augenblick aussieht, ist das ganze Projekt der missionarischen Kirche noch ziemlich klein und instabil. Noch wissen wir nicht, ob es gut oder schlecht ausgehen wird. Darum wird viel davon abhängen, wie die traditionellen Kirchen reagieren. Werden sie

den Pionieren Möglichkeiten und die Erlaubnis geben zu experimentieren, oder werden sie die zerbrechlichen neu entstehenden Gemeinden, die an den unmöglichsten Orten entstehen, an den Rand drängen? Ist die etablierte Kirche in der Lage, eine Zeitlang mit mehr Chaos und einem Mangel an Klarheit zu leben? Chaos ist nun mal eine Begleiterscheinung der Kreativität. Darum neigen Institutionen ja dazu, die Situation unter Kontrolle bekommen zu wollen und alle Versuche zu ersticken, die sie in Frage stellen.

>>>>>>> Es gibt allerdings erste positive Zeichen, dass strategische und kirchliche Leiter eingestehen, dass auf dem „Schiff, das sich Gemeinde nennt" nicht alles in Ordnung ist – vielleicht ist das schon genug Konsens, um Neues entstehen zu lassen, selbst wenn dazu eine gehörige Portion Kritik an der Theorie und der Praxis des existierenden Systems gehört. Entscheidender ist aber, dass sich genug Leute finden, die bereit sind, auf die kritischen Themen unserer Zeit zu antworten, die von neuen Formen der Gemeinde träumen und die ganz neue Projekte und missionarische Konzepte entwickeln. Wir glauben, dass die Verwirklichung dieser „Revolution", vor allem von jungen Menschen geleitet und ausgeführt werden wird – wie es mit den meisten Revolutionen der Fall ist. Fast alle bedeutenden Volksbewegungen wurden von jungen Menschen begonnen und durchgeführt.

>>>>>>> Unsere Zukunft liegt also in den unsicheren Händen einer Generation, die Mühe hat, sich zu entscheiden und sich zu verpflichten. Darum beten wir intensiv dafür, dass junge Menschen den nötigen Mut finden, mit der versklavenden Kraft des Gewöhnlichen und des Gewohnten zu brechen. Es gibt Zeichen, dass das inzwischen überall auf der Welt geschieht, und darüber freuen wir uns. Erinnern wir uns zum Schluss noch einmal an die Worte von Paulo Coelho: *„Das Schiff ist am sichersten im Hafen. Aber dafür sind Schiffe nicht gemacht."*

Anhang > Quellen

1 >>>>>>> „Emerging Church“ (die sich entfaltende Kirche) ist eine weltweite Bewegung, in der Wissenschaftler und Gemeindepraktiker gemeinsam versuchen, Grundlagen für eine zukunftsfähige Kirche zu entwickeln. Dabei sind die Wiederentdeckung des Leib-Christi-Gedankens und die Konzentration auf kulturell relevante Gemeinden zentrale Leitideen. Das vorliegende Buch ist Teil dieser Bewegung. Zum Einstieg empfehlen wir: Fabian Vogt, 1x1 der Emerging Church (Glashütten 2005) > Seite 13

2 >>>>>>> Die Autoren benutzen hier und im Folgenden den Begriff „missional“, um sich von klassischen Missionsverständnissen abzugrenzen. Da diese Wortschöpfung im Deutschen hölzern klingt und die spezielle Ausprägung des gemeinten Missionsbegriffs im Text hinreichend erläutert wird, wurde auf die Kreation eines deutschen Pendants verzichtet. „Missional“ meint etwa „missions-orientiert“ und „an der biblischen Mission ausgerichtet“: Das Wesen einer missionalen Gemeinde wird durch die Mission bestimmt. Anm. der Herausgeber > Seite 14

3 >>>>>>> Ekklesiologie ist die Lehre von der Kirche > Seite 35

4 >>>>>>> Hier sollte nicht unerwähnt bleiben, dass in der anglikanischen Kirche inzwischen intensiv in Richtung eines missionarischen Gemeindebewusstseins gedacht und gehandelt wird. > Seite 42

5 >>>>>>> Stuart Murray und Anne Wilkinson-Hayes, Hope from the Margins (Cambridge, England 2000), S. 4-5 > Seite 42

6 >>>>>>> Robert Banks, Redeeming the Routines: Bringing Theology to Life (Wheaton 1997), S. 50-65 > Seite 46

7 >>>>>>> William Diehl, Christianity and Real Life (Fortress 1976), v-vi, zitiert in: Banks, Redeeming the Routines, S. 59 > Seite 47

8 >>>>>>> „Doketismus ist eine Christologie, die durch platonische sowie durch aristotelische Gedanken beeinflusst wurde. Platon lehrte die Idee der Abstufungen der Wirklichkeit. Geist, Verstand und Gedanken sind am höchsten. Materie oder das Materielle sind dagegen weniger real. Diese Auffassung von Wirklichkeit brachte ethische Abstufungen mit sich. So kam es dazu, dass die Materie als moralisch schlecht angesehen wurde. Aristoteles hob den Gedanken göttlicher Unveränderlichkeit hervor, nach dem Gott durch nichts, was in der Welt geschieht, verändert oder auch nur berührt werden kann. Diese beiden Gedankengänge unterscheiden sich zwar, aber beide halten fest, dass die sichtbare, körperliche und materielle Welt irgendwie aus sich selbst heraus böse ist. Beide betonen Gottes Transzendenz, seine absolute Andersartigkeit und seine Unabhängigkeit von der materiellen Welt. Deshalb konnte Gott – nach diesem Verständnis – kein Mensch geworden sein." Millard J. Erickson, Christian Theology (Baker, 1985), S. 713 > Seite 47

9 >>>>>>> Rob Warner, 21st Century Church (London 1993), S. 131; Dt. Rob Warner: Kirche im 21.Jahrhundert (Asslar 1999), S. 168 > Seite 48

10 >>>>>> Dan Mayhew und Brad Sargent, Summit Fellowship Update (Oktober 1997), S. 67 > Seite 49

11 >>>>>> Gerard Kelly, RetroFuture, S. 17 > Seite 49

12 >>>>>> Tom Sine, Wild Hope (Crowborough, England 1992), zitiert in: Kelly, RetroFuture, S. 17 > Seite 49

13 >>>>>> Vgl. Dee Hock, Die chaordische Organisation (Stuttgart 2001) > Seite 50

14 >>>>>> John Gladwin, Love and Liberty: Faith and Unity in a Postmodern Age (London 1998), S. 209 > Seite 50

15 >>>>>> Siehe dazu: Rick Warren, Kirche mit Vision (Asslar 1995) > Seite 51

16 >>>>>> Margaret Walsh, Here's Hoping! Urban Theology Unit, New City Special Nr.8, 1991 > Seite 53

17 >>>>>> Robert Frost, The Investment, Robert Frost`s poems (New York 1968), 122 (Übers: R.S.) > Seite 68

18 >>>>>> Ebenda > Seite 69

19 >>>>>> David Bosch, Transforming Mission (Maryknoll 1991) S. 190-191. Übers. RS > Seite 74

20 >>>>>> Diese Begriffe kommen aus der Physik: „Zentripetal" ist die Kraft, die zum Zentrum hin zieht, während „zentrifugal" die Kraft bezeichnet, die von der Mitte weg geht. > Seite 77

21 >>>>>> Charles Ringma, Catch the Wind: The Shape of the Church to Come (Sydney 1994), S. 61 > Seite 86

22 >>>>>> Ebenda, S. 61-63 > Seite 86

23 >>>>>> Jürgen Moltmann, The Open Church: Invitation to a Messianic Lifestyle (London 1978), S. 27-36 Deutsch: Kirche in der Kraft des Geistes. Ein Beitrag zur messianischen Ekklesiologie (München 1975) > Seite 87

24 >>>>>> Ebd, S. 30 > Seite 88

25 >>>>>> Ebd, S. 30-31 > Seite 88

26 >>>>>> Hier hilft uns die bekannte Engel-Skala weiter (James F. Engel, Contemporary Christian Communications: Its Theory and Practice (Nashville 1979), 77–83.) Diese Skala definiert den normalen Prozess, den ein Mensch durchläuft, wenn er Christ wird. „Null" ist nahe beim Zentrum und -10 weit weg davon. Es ist ein sehr kognitives Modell, und wir glauben, dass sich Menschen eher durch Beziehungen zum Zentrum hin bewegen als durch Wissen; dennoch ist es ein hilfreicher Leitfaden zum Verständnis des Prozesses, durch den sich Menschen bewegen:

- 10	Bewusstsein des Übernatürlichen
- 9	Keine Kenntnis des Christentums
- 8	Anfangserkenntnis des Christentums
- 7	Interesse am christlichen Glauben
- 6	Verständnis der grundlegenden Tatsachen des Evangeliums
- 5	Verständnis, was das Evangelium praktisch fordert und bedeutet
- 4	Positive Haltung zum Evangelium
- 3	Verständnis der persönlichen Konsequenzen
- 2	Herausforderung und Entscheidung, zu handeln
- 1	Buße und Glaube
0	Wiedergeburt

> Seite 91

27 >>>>>> Vincent J. Donovan, Christianity Rediscovered (Maryknoll 1978), vii. > Seite 94

28 >>>>>> Diese Gedanken verdanken wir John Dickson (Drs., Macquarie University), dessen unveröffentlichter Artikel „Unsere verschiedenen Rollen in Gottes Mission" unseren Punkten zugrunde liegt. > Seite 101

29 >>>>>> Moltmann, The Open Church, S. 33 > Seite 103

30 >>>>>> Zitiert bei Pete Gilbert, Gerald Coates e.a.: Breaking the Mould (Eastbourne, Australia 1993), S. 125 > Seite 103

31 >>>>>> Wir nehmen hier einen Gedanken aus unserer späteren Diskussion vorweg: Wir begrenzen den Begriff „Evangelist" nicht auf Kanzelredner wie Billy Graham. Natürlich ist Dr. Graham eine Gabe an die weltweite Gemeinde, aber es kann durchaus sein, dass Evangelisten in der Ortsgemeinde nicht unbedingt die besten Redner sind. Hier geht es um jeden Christen, der die Gabe hat, das Evangelium verständlich zu präsentieren und häufig eine Antwort von Nichtchristen in Form von Buße und Glauben erhält. Das kann in einem Gespräch geschehen, aber normalerweise braucht es dafür einen längeren Prozess. Unsere persönliche Erfahrung ist, dass viele Evangelisten nicht unbedingt begabte Redner sind, dafür häufig ziemlich exzentrische Charaktere. Dennoch ist die Hand Gottes auf ihnen und Menschen kommen durch ihren Einsatz zum Glauben. > Seite 103

32 >>>>>> Robert Banks, Going to Church in the First Century: An Eyewitness Account (Sydney 1980), and Paul's Idea of Community, rev. ed. (Peabody 1994). Deutsch: Robert Banks, Sie trafen sich in den Häusern – Gemeindeleben im ersten Jahrhundert, Verlag Amt für missionarische Dienste, Hauskreisarbeit (Stuttgart) > Seite 106

33 >>>>>> Zitiert bei Ashley Barker, Collective Witness (Melbourne 2000), S. 52 > Seite 118

34 >>>>>> Jonathan Campbell, The Way of Jesus: Patterns for Movement, in: The Baton: Rediscovering the Way of Jesus, auf http://www.geocities.com/g_westlake/BatonOview.html > Seite 122

35 >>>>>> Ebenda S. 3 > Seite 123

36 >>>>>> Brian D. McLaren, Reinventing Your Church (Grand Rapids 1998), S. 49–63 > Seite 124

37 >>>>>> Wir sagen nicht, dass traditionelle Gemeindegebäude per se schlecht sind. Wir kennen verschiedene Innenstadtgemeinden, die sich in trendigen jungen urbanen Quartieren eingerichtet haben und für die es sehr passend ist, sich in alten kathedralenartigen Gebäuden zu treffen. Diese großen gotischen Gebäude im Kerzenlicht, der kreative Gebrauch von Schatten und Dunkelheit, die Akustik und die Echos, Kunst und Skulpturen – das alles ist „Kontextualisierung" für solche Gemeinden. Gemeinschaften, in denen viele Künstler, Filmemacher und junge Leute aus dem Bereich der neuen Medien sind, finden das gotische Gefühl sehr anregend. Hier sind missionarische Gründe für die Wahl eines solchen Gebäudes ausschlaggebend, nicht falsche theologische. > Seite 126

38 >>>>>> Howard Snyder, The Problem of Wineskins (Downers Grove 1975), S. 69–73 > Seite 126

39 >>>>>> Warner, 21st Century Church, S. 127–30 > Seite 128

40 >>>>>> Jacques Ellul, The Subversion of Christianity (Grand Rapids 1986), S. 55 > Seite 129

41 >>>>>> Warner, 21st Century Church, S. 130 > Seite 129

42 >>>>>> Banks, Paul's Idea of Community, s. 41 > Seite 129

43 >>>>>> Vielleicht klingt es hier, als würden wir abstreiten, dass bestimmte Orte eine geistliche Bedeutung für eine Person haben können. Das wollen wir nicht. Wir wissen sehr wohl, dass ein bestimmter Ort – sei es daheim, in der Kirche oder draußen – eine Hilfe bei der Verbindung mit Gott sein kann. Aber so sehr wir solche Plätze genießen – wir müssen vorsichtig sein, dass wir nicht die Botschaft aussenden: „Hier wohnt Gott". Es gehört zu unserer christlichen Spiritualität, dass Gott immer überall gegenwärtig ist, selbst wenn unsere Wahrnehmung seine Gegenwart oft besser zu bestimmten Zeiten und an bestimmten Orten erfahren kann. > Seite 130

44 >>>>>> Carol Davis, DAWN Report (Juni 2000) > Seite 130

45 >>>>>> Wir verweisen hier gern auf die Arbeit von Ashley Barker, dem Leiter der „Urban Neighbours of Hope" in Melbourne. Ashley Barker ist für uns beide eine große Inspiration. Er ist ein echter Missionar, dessen Arbeit unter den städtischen Armen uns geholfen hat, die Form der missionarischen Kirche besser zu umreißen. > Seite 134

46 >>>>>> Natürlich finden viele in einer Studentengruppe oder einem Sommereinsatz genau das, was Kirche sein sollte: Mission, Passion, Training, Verbindlichkeit, Liebe und Respekt. Es ist traurig, wenn sie danach oft berichten, dass ihren Heimatgemeinden all das fehlt und sie darum lieber in ihrer temporären Gemeinschaft bleiben würden als das anzunehmen, was die „richtige" Gemeinde ihnen zu bieten hat. > Seite 138

47 >>>>>> Banks, Paul's Idea of Community, S. 37 > Seite 138

48 >>>>>> René Padilla, Mission Between the Times (Grand Rapids 1985), S. 93 > Seite 140

49 >>>>>> Charles Kraft, Christianity in Culture (Maryknoll 1979), S. 46 > Seite 153

50 >>>>>> Orlando Costas, Christ Outside the Gate: Mission Beyond Christendom (Maryknoll > Seite 154

51 >>>>>> Orlando Costas, Christ Outside the Gate, S. 5 > Seite 155

52 >>>>>> Kraft, Christianity in Culture, S. 24 > Seite 155

53 >>>>>> Paul Hiebert, Critical Contextualization, S. 110. > Seite 157

54 >>>>>> Ebd. > Seite 157

55 >>>>>> Ebd. > Seite 157

56 >>>>>> John Travis ist das Pseudonym eines Gemeindegründers unter Moslems in Asien. Sein Spektrum von C1 bis C6 erschien in Phil Parshalls Artikel „Going too far?" („Zu weit gegangen?") im Evangelical Missions Quarterly 34:3 (Oktober 1998). Siehe auch Travis' Artikel „Must All Muslims Leave Islam To Follow Jesus" („Müssen alle Moslems den Islam verlassen, um Jesus nachzufolgen?") in der gleichen Ausgabe. > Seite 160

57 >>>>>> Ebd., S. 3 > Seite 160

58 >>>>>> Ebd. > Seite 161

59 >>>>>> Ebd. > Seite 162

60 >>>>>> Obwohl sich Travis speziell auf die Mission unter den Moslems bezieht, sind seine Richtlinien, wie man in einer C5-Bewegung Synkretismus vermeidet, generell hilfreich. Er sagt: „Wer mit neuen Gläubigen arbeitet, sollte im Jüngerschaftsprozess mindestens die folgenden Elemente beachten: 1. Jesus ist Herr und Retter, und es gibt kein Heil außerhalb von ihm. 2. Neue Gläubige werden getauft, treffen sich regelmäßig mit anderen Gläubigen (wo nötig, natürlich mit großer Vorsicht) und feiern das Abendmahl. 3. Neue Gläubige studieren das Injil (und die Torah und Zabur, falls erhältlich), also das Neue und das Alte Testament. 4. Neue Gläubige entsagen und wurden gelöst vom Okkultismus und schädlichen islamischen Volks-Bräuchen (z.B. Schamanismus, Gebet zu Heiligen, und dem Gebrauch von Zaubern, Flüchen, Beschwörungen usw.). 5. Moslemische Praktiken und Traditionen (z.B. Fasten, Almosen, Beschneidung, Besuch der Moschee, das Tragen der Kopfbedeckung, Verzicht auf Schweinefleisch und Alkohol usw.) werden als Ausdruck der Liebe zu Gott und Respekt vor dem Nächsten verstanden, nicht als Übungen, die zur Sündenvergebung nötig sind. 6. Der Koran, Mohammed und die traditionelle islamische Theologie werden im Licht der biblischen Wahrheit geprüft, beurteilt und wo nötig neu interpretiert. Biblisch vertretbare islamische Ansichten und Praktiken werden beibehalten, andere modifiziert, einige müssen abgelehnt werden. 7. Neue Gläubige zeigen die Frucht ihrer Wiedergeburt und ihres Wachstums in der Gnade (z.B. die Frucht des Geistes, wachsende Liebe usw.) und im Verlangen, die Verlorenen zu erreichen (z.B. durch Zeugnis und Fürbitte)". Travis, „Must Muslims Leave Islam?", S. 3 > Seite 163

61 >>>>>> D.h. als Gemeinschaft, die eine grundlegende Größe und der Ort für die Auslegung der Schrift ist > Seite 164

62 >>>>>> Barry McWaters, Conscious Evolution (Los Angeles 1981), S. 111–12 > Seite 165

63 >>>>>> Ruth Ostrow, Call Me Cosmic Any Day, Weekend Australian (21. August 1999), S. 30. > Seite 166

64 >>>>>> Marty Kaplan, Ambushed by Spirituality, Time (24 June 1996). > Seite 168

65 >>>>>> Zitiert bei Leonard Sweet, Postmodern Pilgrims (Nashville 2000), S. 4, aus J. Mack Stiles, Speaking of Jesus (Downers Grove, Ill.: InterVarsity, 1995), S. 120 > Seite 171

66 >>>>>> John Finney, Finding Faith Today (London 1992), S. 25 > Seite 172

67 >>>>>> Wieder schulden wir Chris Harding von Jugend für Christus, Sydney, Dank für diese Gedanken. > Seite 173

68 >>>>>> Elie Wiesel, All Rivers Run to the Sea (London 1996), S. 164 > Seite 174

69 >>>>>> John Drane, Faith in a Changing Culture (London 1997), S. 63 > Seite 175

70 >>>>>> Ebd., S. 67 > Seite 175

71 >>>>>> Eugene Peterson, Leap Over A Wall (San Francisco 1997), S. 85–86. > Seite 177

72 >>>>>> Zitiert in Sally Morgenthaler, Out of the Box: Authentic Worship in a Postmodern Culture, Worship Leader (May/June 1998), S. 25 > Seite 178

73 >>>>>> Zitiert von Robert Webber in Mike Yaconelli, ed., The Door Interviews (Grand Rapids 1989), S. 212–13 > Seite 181

74 >>>>>> Chris Harding, unveröffentlichtes Arbeitspapier, Youth for Christ Australia. > Seite 181

75 >>>>>> Die Geschichte stammt aus Michael Frosts Buch „Jesus, der Narr" (Sydney: Albatross, 1994), S. 19. Das Buch selbst versucht, einen überraschenden, subversiven und unkonventionellen Zugang dazu zu finden, wie Jesus die Weltsicht seiner Zeitgenossen veränderte. Der provozierende Buchtitel verärgerte viele Christen, und einige christliche Bücherläden weigerten sich, es zu verkaufen. Dafür nahmen es viele weltliche und New Age-Buchhandlungen auf, was unsere These unterstreicht, dass Jesus, einmal seines konventionellen kirchlichen Gewandes entkleidet, immer noch eine faszinierende Figur für viele Nicht-Kirchgänger ist. > Seite 183

76 >>>>>> Zitiert bei Yancey, The Jesus I Never Knew, S. 50 > Seite 186

77 >>>>>> Wenn Ihnen das zu hart vorkommt, schauen Sie mal in Ihren Bücherschrank und fragen sich, vor welchem Hintergrund die meisten Bücher geschrieben wurden – und welchen Effekt sie auf Nichtchristen haben. Sie werden überrascht sein. > Seite 188

78 >>>>>> Das Thema der Errettung durch Werke oder durch Gnade werden wir im Kapitel über „Aktion als Sakrament" aufnehmen. Hier genügt es zu sagen, dass die Autoren selbstverständlich die „Rettung allein durch die Gnade Gottes" vertreten. Wir wollen hier lediglich festhalten, dass unsere Taten einen Wert in sich haben (nicht einen rettenden Wert). > Seite 193

79 >>>>>> Damit wollen wir natürlich nicht sagen, dass die junge Kirche in ihrer Ausbreitung sich nicht mit hellenistisch-römischen Ideen beschäftigt hätte und von ihnen beeinflusst worden wäre. Der tiefe Kern, die DNA, war aber hebräisch. > Seite 198

80 >>>>>> Marcion (85-160 n.Chr.) war ein – extremer – Vertreter der grundsätzlich antijüdischen, dualistischen, doketischen und zutiefst hellenistischen Natur der nachapostolischen Kirche. Sein Einfluss ist heute noch spürbar. So war der große Kirchengeschichtler Adolf von Harnack ein bekennender Marcionist. Die gleiche Tendenz führte die Theologen des Dritten Reichs, etwa Gerhard Kittel, Otto Weber und andere, zu ihren Versuchen, den Glauben zu entjudaisieren, quasi zu einer theologischen „Endlösung“. Das war möglich, weil die grundlegende Verwerfung der hebräischen Weltsicht schon so früh geschah und die Infektion offenbar immer noch unter uns ist. > Seite 199

81 >>>>>> Die Bibel redet nie reflektierend über die Einheit Gottes auf der metaphysischen Ebene. Martin Buber hat es so ausgedrückt: „Gott macht keine philosophischen Feststellungen über sich selbst und spricht nicht in Formeln.“ (On Judaism, S. 91) Und Herschel fügt hinzu: „Der ‚Gott Israels‘ ist ein Name, kein Begriff, und der Unterschied zwischen beiden ist vielleicht der Unterschied zwischen Jerusalem und Athen. Ein Begriff gilt für alle Objekte von ähnlichen Eigenschaften; ein Name gilt einem Individuum. Der Name ‚Gott Israels‘ bezieht sich auf den einzigen und wahren Gott aller Menschen. Ein Begriff beschreibt, ein Name ruft an. Ein Begriff wird durch Verallgemeinerung geschaffen; einen Namen lernt man durch Beziehung. Ein Begriff wird verstanden, ein Name genannt. Ja, die Ausdrücke ‚Begriff‘ und ‚der Gott Israels‘ sind miteinander zutiefst inkompatibel.... Der Gott Israels ist ein verzehrendes Feuer (Dt. 4,24), kein Gegenstand der Abstraktion und Verallgemeinerung.“ Moral Grandeur and Spiritual Audacity (New York 1996), S. 268 > Seite 200

82 >>>>>> Aus dieser nebensächlichen, kaum unterscheidbaren „Lehre der Schrift“ entstand später die Spaltung der westlichen und der östlichen Kirchen in katholische und orthodoxe Kirche. Was ist das für eine Mentalität, die die gegebene Einheit der Kirchen einer spekulativen Randidee über die Einheit Gottes opfert? Genau diese pingelige Beschäftigung mit Details der Lehre offenbart die Gesinnung des Christentums in seiner hellenistischen Ausprägung. > Seite 201

83 >>>>>> Yancey, The Jesus I Never Knew, 49. (dt. Der unbekannte Jesus. Entdeckungen eines Christen.) > Seite 202

84 >>>>>> Wenn Ihnen das als Übertreibung vorkommt, denken Sie daran, dass nach der Religionstheorie das Heidentum die Tendenz zu unkontrolliertem Genuss des Körperlichen kennt. Viele Beobachter haben zu Recht die Ähnlichkeit der postmodernen Kultur mit dem Heidentum herausgestellt – mit ihrer Betonung des Körpers und des Vergnügens. Während das historische Christentum das Körperliche unterdrückte, hat das Judentum versucht, es zu heiligen. Das wird jetzt unsere Aufgabe. > Seite 208

85 >>>>>> Es gibt ganz sicher gesetzliche Tendenzen im Judentum, allerdings sind diese nicht auf das Judentum beschränkt. Das Christentum hat die ganzen Jahrhunderte hin-

durch mindestens genau so viel Gesetzlichkeit produziert. Das Judentum kann uns viel über ein echtes biblisches Verständnis lehren, aber dazu müssen wir stereotype Vorstellungen und Karikaturen des Judentums überwinden. > Seite 210

86 >>>>>> Dass das Gesetz „retten" kann, muss mit einem uneingeschränkten paulinischen Nein beantwortet werden. Dass das Gesetz aber „gut" und eine Hilfe ist, sich an Gott zu orientieren, muss genauso ein uneingeschränktes paulinisches „Ja" bekommen. > Seite 211

87 >>>> Wir streiten nicht ab, dass das „Shema" indirekte Folgen für unser Verständnis von Gott hat; aber im direkten Kontext von Dt. 6,2 sind die Verse mehr eine Aussage darüber, wie die Menschen damals Gott sahen, als darüber, was Theologen „das ewige Wesen Gottes" nennen. > Seite 211

88 >>>>>> Maurice Friedman, Martin Buber: The Life of Dialogue, 242, zitiert in Roy Oliver, The Wanderer and the Way (London 1968), S. 13 > Seite 212

89 >>>>>> Martin Buber, On Judaism (New York 1967), S. 106. Wenn das für evangelikale Ohren zu fremd klingt, finden wir bei C.S. Lewis eine verblüffend ähnliche Sicht der Dinge in seinem Essay „The Weight of Glory" in: The Weight of Glory and Other Addresses (Grand Rapids 1965), S. 4 > Seite 213

90 >>>>>> Isaac Bashevis Singer, Love And Exile (Garden City 1984), S. 19 > Seite 214

91 >>>>>> Martin Buber, Tales of the Hasidim, Vol. 1, The Early Masters (New York 1955), xi.; Dt. Die Erzählungen der Chassidim > Seite 214

92 >>>>>> Später werden wir viel mehr darauf eingehen, wie man heilige Absichten und Ziele als geistliche Übungen der Konzentration auf Gott entwickelt. Hier gehen wir nur kurz auf den Punkt der bewussten Absicht ein, die unseren Taten ihre innere Bedeutung gibt. > Seite 215

93 >>>>>> Siehe das bemerkenswerte Buch von Abraham Heschel, God in Search of Man: A Philosophy of Judaism (New York 1955), S. 316. Dt: Der Mensch fragt nach Gott. Untersuchungen zum Gebet und zur Symbolik. Auf S. 314-318 behandelt er dieses spannende Thema. In seiner Biographie von Martin Buber bemerkt Maurice Friedman: „Kavanah (in der Form der Kabbala) bedeutet die bewusste Konzentration des Willens, eine innere Haltung, die viel wirkungsvoller ist als die äußere Aktion, die dabei geschieht." Martin Buber, A Life of Dialogue, 18. In der chassidischen Form wird die Kavanah von einer magischen Absicht zu einer allgemeinen Heiligung oder inneren Hingabe, die man bei allen Taten und Aktivitäten aufbringt. Es geht hier „weniger um eine Willensanstrengung zur Erreichung eines Ziels als vielmehr um die volle Ausrichtung des ganzen Wesens in Übereinstimmung mit einem Empfinden, das aus der tiefsten Mitte meines Wesens entspringt. Ohne kavanah hat kein Dienst für Gott (abodah) irgendeinen Wert, denn die richtige Handlung hängt davon ab, wie ich innerlich religiös empfinde. Darum kennt der Chassidismus keine Trennung zwischen Religion und Ethik, zwischen Bezie-

hung zu Gott und zu meinen Mitmenschen; auch ist die Ethik nicht begrenzt auf irgendwelche vorgeschriebenen und speziellen Taten." (ebenda, S. 21) > Seite 215

94 >>>>>> Martin Buber, Mamre (Melbourne 1946), S. 78 > Seite 216

95 >>>>>> Ebenda, 173 > Seite 216

96 >>>>>> Ebenda, 48 > Seite 216

97 >>>>>> Ebenda, 82. Maurice Friedman bemerkt: „Leidenschaft bedeutet, dass man sein Menschsein nicht unterdrückt, bevor man in Beziehung zu anderen tritt, sondern dass man im Gegenteil sein ‚böses' Drängen so in die Beziehung leitet, dass sie, ohne ihre Kraft zu verlieren, aufhört, böse zu sein." Religion and Psychology: A Dialogical Approach (New York 1992), S. 23 > Seite 217

98 >>>>>> Paul Ramsay, Christianity and Society (1943 viii), S. 31 > Seite 217

99 >>>>>> Martin Buber, Israel and the World: Essays in a Time of Crisis (New York 1963), S. 18 > Seite 218

100 >>>>> C. S. Lewis, The Great Divorce (New York 1946), S. 97–98. Es gibt in der Christenheit durchaus Menschen, die erkannt haben, wie entscheidend es ist, unsere Taten auf Gott hin auszurichten. So sagt der heilige Johannes vom Kreuz in seinem Gedicht „Aufstieg auf den Berg Karmel": „Die Kraft der Seele besteht aus den Fähigkeiten, Leidenschaften und der Lust. All diese Stärken werden vom Willen beherrscht. Wenn der Wille diese Fähigkeiten, Leidenschaften und Lüste auf Gott zu richtet und sich von allem abwendet, was nicht Gott ist, nutzt die Seele ihre Kräfte für Gott und lernt, ihn mit all ihrer Kraft zu lieben." The Collected Works of Saint John of the Cross, translated by Kieran Kavanaugh and Otilio Rodriguez (Washington 1991), S. 292. Der Hauptunterschied ist, dass es in der westlichen Christenheit gewöhnlich nur die geistlichen Übungen und Taten, nicht der Alltag, sind, die solche bewusste Ausrichtung verlangen. Die alltäglichen Verrichtungen haben generell geringe Bedeutung für den Glauben der Heiligen. > Seite 218

101 >>>>> „Wenn du das Leben der Dinge und des bewussten Seins erforschen willst, kommst du zum Unergründlichen. Wenn du das Leben der Dinge und des bewussten Seins leugnest, stehst du vor dem Nichts. Wenn du aber dieses Leben heiligst, begegnest du dem lebendigen Gott." Martin Buber, I and Thou, trans. R. G. Smith (New York 1958), S. 79 > Seite 219

102 >>>>> Buber, Mamre, S. 178 > Seite 220

103 >>>>> Ein Ausspruch von Martin Buber, Quelle unbekannt. > Seite 220

Brian D. McLaren

Die geheime Botschaft von Jesus

Die Wahrheit, die alles verändern könnte

"Brian McLaren gelingt es hervorragend, das revolutionäre Auftreten des Nazareners einzufangen. Wer Jesus verstehen möchte, wird seine Freude an diesem Buch haben."

Publishers Weekly

Gebunden, 288 Seiten

ISBN 978-3-86770-083-2 (C & P Verlag)

ISBN 978-3-86591-155-1 (Gerth Medien)

Ist es möglich, dass die Kirche die eigentliche Botschaft von Jesus im Laufe der Zeit missverstanden oder in manchen Fällen sogar absichtlich verfälscht hat? Und was wäre, wenn viele von uns einem Christentum anhängen, das lange nicht mehr so lebendig und radikal ist wie die ursprüngliche Botschaft von Jesus?

Bestseller-Autor Brian McLaren lädt Sie ein, genau hinzusehen, intensiv nachzudenken und sich mit ihm auf eine Entdeckungsreise zu begeben. Auch wenn die Erkenntnisse, auf die Sie dabei stoßen, vielleicht Ihre bisherigen Vorstellungen und Prioritäten infrage stellen ...